经济法概论

主　编　凌程明　郑本兵　宋保年
副主编　魏海群　张　玉　方志伟

山东大学出版社

《经济法概论》编委会
成员名单

前 言

在依法治国和市场经济的背景下，经济法的作用正日益凸显。适应时代和社会的需要并将其与课堂教学紧密结合，是我们编写《经济法概论》这本教材的初衷。

本教材适用的读者对象主要是高等院校管理类、经济类各相关专业学生，也可以作为法律类专业的参考教材使用。同时还可以作为普通的社会读者学习了解经济法知识所用。

本教材本着适应学生的需要，反映我国最新经济法律法规的立法现状，以经济法学科体系为基础但又不过分追求体系的完整性，更强地突出知识的必要性和实用性的原则，在教材的体系、内容等方面做出了一些新的尝试。比如，每章都以一个较新的实际案例导入，从而实现"带着问题学习"的良好效果；在对知识点的介绍过程中，根据学生可能存在的知识和能力等的需要，并结合知识点的具体内容，设置了知识拓展和实例探讨等小环节，不仅可以有效拓展学生的知识面，而且还能够在潜移默化之中帮助学生增强面对实际问题时所必需的思考能力和动手能力；每章的内容之后都附有复习思考题，充分体现"教、学、练"相统一的特色要求。

本教材由凌程明、郑本兵、宋保年任主编，魏海群、张玉、方志伟任副主编。参加编写的人员及编写分工如下：第一章、第九章由魏海群负责编写；第二章由凌程明负责编写；第三章、第十一章由郑本兵负责编写；第四章、第十七章由徐金锋负责编写；第五章、第十三章第三节由张玉负责编写；第六章、第十章由方志伟负责编写；第七章由赵红负责编写；第八章由王珑负责编写；第十二章由田治勇负责编写；第十三章第一节、第二节由时奇文负责编写；第十三章第四节、第五节由戈树峰负责编写；第十四章由王晓静负责编写；第十五章、第十六章由高奎负责编写；第十八章由宋保年负责编写；第十九章由谭家宝负责编写。

在本教材的编写过程中，我们也参考了一些专家学者的有关著作和教材。同时，本教材的编写和出版，也得到了山东英才学院和山东大学出版社的大力支持。在此，我们一并表示衷心的感谢。

由于编写时间和编者水平所限，尽管经过了多次的认真修改，但书中的疏漏甚至错误之处也在所难免，敬请同行和读者批评指正。

编　者

2010 年 7 月

目 录

第一章 经济法基础理论 …… (1)

第一节 经济法的概念和特征 …… (1)
第二节 经济法的调整对象和地位 …… (4)
第三节 经济法律关系 …… (6)
第四节 经济法律责任 …… (9)
本章小结 …… (12)
复习思考题 …… (12)

第二章 企业法 …… (14)

第一节 企业法概述 …… (15)
第二节 个人独资企业法 …… (17)
第三节 合伙企业法 …… (20)
第四节 外商投资企业法 …… (28)
本章小结 …… (42)
复习思考题 …… (42)

第三章 公司法 …… (45)

第一节 公司法概述 …… (46)
第二节 有限责任公司 …… (51)
第三节 股份有限公司 …… (59)
第四节 公司董事、监事、高级管理人员的资格、义务和责任 …… (68)
第五节 公司债券与公司财务、会计 …… (70)
第六节 公司的变更、解散和清算 …… (73)
第七节 外国公司的分支机构 …… (76)
本章小结 …… (77)

复习思考题 …………………………………………………………………… (77)

第四章　破产法 ……………………………………………………………… (80)

第一节　破产法概述 ……………………………………………………… (80)
第二节　破产案件的申请与受理 ………………………………………… (86)
第三节　债务人财产与债权申报 ………………………………………… (88)
第四节　重整与和解 ……………………………………………………… (92)
第五节　破产宣告与破产清算 …………………………………………… (96)
本章小结……………………………………………………………………… (101)
复习思考题…………………………………………………………………… (101)

第五章　合同法……………………………………………………………… (103)

第一节　合同法概述………………………………………………………… (104)
第二节　合同的订立………………………………………………………… (108)
第三节　合同的效力………………………………………………………… (113)
第四节　合同的履行………………………………………………………… (118)
第五节　合同的变更、转让和终止 ……………………………………… (123)
第六节　违约责任…………………………………………………………… (127)
本章小结……………………………………………………………………… (133)
复习思考题…………………………………………………………………… (133)

第六章　担保法……………………………………………………………… (135)

第一节　担保法概述………………………………………………………… (135)
第二节　保　证……………………………………………………………… (137)
第三节　抵　押……………………………………………………………… (139)
第四节　质　押……………………………………………………………… (144)
第五节　留置与定金………………………………………………………… (146)
本章小结……………………………………………………………………… (149)
复习思考题…………………………………………………………………… (149)

第七章　工业产权法………………………………………………………… (151)

第一节　工业产权法概述…………………………………………………… (152)
第二节　商标法……………………………………………………………… (154)
第三节　专利法……………………………………………………………… (162)

本章小结 …… (172)
复习思考题 …… (172)

第八章　市场规范法 …… (174)

第一节　市场规范法概述 …… (175)
第二节　反垄断法 …… (176)
第三节　反不正当竞争法 …… (183)
本章小结 …… (189)
复习思考题 …… (190)

第九章　产品质量法 …… (192)

第一节　产品质量法概述 …… (192)
第二节　产品质量的监督 …… (194)
第三节　生产者、销售者的产品质量义务 …… (198)
第四节　生产者、销售者的产品质量责任 …… (200)
本章小结 …… (203)
复习思考题 …… (203)

第十章　消费者权益保护法 …… (205)

第一节　消费者权益保护法概述 …… (205)
第二节　消费者的权利与经营者的义务 …… (207)
第三节　消费争议的解决以及侵犯消费者权益的法律责任 …… (210)
本章小结 …… (214)
复习思考题 …… (214)

第十一章　城市房地产法 …… (216)

第一节　城市房地产法概述 …… (217)
第二节　房地产开发用地 …… (217)
第三节　房地产开发 …… (221)
第四节　房地产交易 …… (222)
第五节　房地产权属登记 …… (226)
本章小结 …… (228)
复习思考题 …… (228)

第十二章　税　法……………………………………………………………（230）
第一节　税法概述……………………………………………………………（230）
第二节　流转税法……………………………………………………………（235）
第三节　所得税法……………………………………………………………（244）
第四节　财产税法、特定行为税法和资源税法 ……………………………（248）
第五节　税收征收管理法……………………………………………………（250）
本章小结…………………………………………………………………………（253）
复习思考题………………………………………………………………………（254）
第十三章　金融法……………………………………………………………（256）
第一节　金融法概述…………………………………………………………（257）
第二节　银行法………………………………………………………………（258）
第三节　保险法………………………………………………………………（266）
第四节　票据法………………………………………………………………（281）
第五节　证券法………………………………………………………………（296）
本章小结…………………………………………………………………………（310）
复习思考题………………………………………………………………………（310）
第十四章　会计、审计、统计法……………………………………………（314）
第一节　会计法………………………………………………………………（315）
第二节　审计法………………………………………………………………（319）
第三节　统计法………………………………………………………………（322）
本章小结…………………………………………………………………………（326）
复习思考题………………………………………………………………………（326）
第十五章　有关世界贸易组织的法律制度…………………………………（328）
第一节　世界贸易组织概述…………………………………………………（328）
第二节　世界贸易组织的基本原则和规则…………………………………（332）
第三节　世界贸易组织的争端解决机制……………………………………（335）
第四节　中国加入世界贸易组织后的基本权利和义务……………………（338）
本章小结…………………………………………………………………………（341）
复习思考题………………………………………………………………………（341）

第十六章　广告法……………………………………………………（343）

第一节　广告法概述…………………………………………………（344）
第二节　广告准则与广告活动………………………………………（346）
本章小结………………………………………………………………（350）
复习思考题……………………………………………………………（350）

第十七章　政府采购法…………………………………………………（352）

第一节　政府采购法概述……………………………………………（352）
第二节　政府采购方式与程序………………………………………（357）
第三节　政府采购合同………………………………………………（361）
第四节　监督检查与法律责任………………………………………（363）
本章小结………………………………………………………………（366）
复习思考题……………………………………………………………（367）

第十八章　劳动与社会保障法…………………………………………（369）

第一节　劳动法概述…………………………………………………（370）
第二节　劳动合同……………………………………………………（376）
第三节　劳动争议的解决……………………………………………（388）
第四节　社会保险……………………………………………………（389）
本章小结………………………………………………………………（391）
复习思考题……………………………………………………………（392）

第十九章　经济仲裁与经济诉讼法律制度……………………………（394）

第一节　经济仲裁……………………………………………………（395）
第二节　经济诉讼……………………………………………………（401）
本章小结………………………………………………………………（412）
复习思考题……………………………………………………………（412）

参考文献…………………………………………………………………（414）

第一章　经济法基础理论

【学习目标】

1. 了解经济法的产生、发展和地位。
2. 理解经济法的调整对象、经济法与相关部门法的关系、经济法律关系。
3. 掌握经济法的概念、经济法律关系的构成要素、经济法律事实。
4. 能正确处理经济法与民法、行政法等相关部门法的关系。

【重点、难点】

1. 经济法的调整对象。
2. 经济法律关系的构成要素。
3. 经济法律事实。

开篇引例

甲与乙在自愿协商的基础上于2009年8月15日签订货物购销合同一份。双方在合同中约定:由甲方于2009年10月1日前向乙方交付10吨苹果;乙以每公斤6元的价格于交货后15日内一次性向甲方支付全部货款。合同签订后,甲方积极组织货源,并于10月1日按时向乙交付货物,但是乙方却以近期苹果销售情况不佳为由拒绝接受货物,于是双方发生纠纷。

问题:本案中反映的是何种法律关系?对于乙的拒绝接受行为,甲应当如何处理?

第一节　经济法的概念和特征

一、经济法的产生和发展

经济法同其他法律一样,是人类社会经济、政治等发展到一定历史阶段的产物。而且,随着生产力的发展、社会政治制度等的变化,经济法也经历了一个产生、发展的演变过程,并随着经济关系的复杂化而逐步充实和完善。

作为调整经济关系的法律规范,自人类社会有了阶级和国家就已出现。例如，人类历史上第一部较为完备的成文法典——公元前18世纪古巴比伦王国的《汉谟拉比法典》，其中就有很多调整当时的经济关系的法律规范。但是，在当时的自然经济状态下，法律往往表现为“诸法合体”、“民刑不分”，“经济法”作为一个法律概念，尚未明确提出，经济法更谈不上是一个独立的法律部门。

进入自由资本主义时期后，伴随着资产阶级所宣扬的“自由”、“平等”、“天赋人权”等政治思想和理念日益深入人心，人类社会的经济生活和国家对经济生活的法律调整也发生了较大的变化。在这一时期的经济生活方面，人们强调的是个人本位、自由竞争，崇尚的是“管得最少的政府是最好的政府”等等。于是，“诸法合体”的局面逐步被打破，调整平等主体之间的人身关系和财产关系的民法和商法开始作为一个独立的法律部门从法律体系中分化出来。但是，经济法的价值和作用依然没有得到充分的关注和重视，而是将经济关系纳入民商法的体系当中加以调整。另外值得一提的是：在这一时期，“经济法”终于被作为一个法律概念而提出。例如，早在1755年由法国空想社会主义者摩莱里发表的《自然法典》一书中，就有了“经济法”的概念。

然而，现代意义上的经济法，是在资本主义进入到垄断阶段，随着商品经济的极大发展和日益复杂化以及政府职能的逐步转变而发展起来，并逐渐确立其在国家调整经济生活中的重要地位。

19世纪末、20世纪初，资本主义国家发展到垄断资本主义阶段。受经济危机、垄断组织对经济的控制等因素的影响，资本主义社会的矛盾加剧，为了解决自身的矛盾，国家开始干预经济。随之，国家在经济方面的立法也逐步加强。美国1890年的《谢尔曼法》、1914年的《克莱顿法》以及《联邦贸易委员会法》，德国1915年的《关于限制契约最高价格的通知》、1919年的《煤炭经济法》和《钾盐经济法》等等，这些法律与自由资本主义时期的放任经济截然不同，都反映了国家对经济生活越来越多的干预。现代意义上的经济法逐步形成。

二、经济法的概念

1755年，法国空想社会主义者摩莱里在《自然法典》中首先提出“经济法”这一概念。1842年法国空想社会主义的著名代表之一德萨米在《公有法典》中也使用了“经济法”这个概念，并且发展了摩莱里的经济法思想。1865年，法国著名经济学家和政治家蒲鲁东在《工人阶级的政治能力》中再次提到经济法。1906年德国的《世界经济年鉴》中，使用了“经济的法”一词，被认为是首先使用现代经济法概念的。在此之后，许多国家的法律中开始使用经济法这一概念。

在我国，1979年五届全国人民代表大会第二次会议首次使用经济法概念。之后，在全国人民代表大会和中共中央、国务院的文件中，以及在立法规划中，都使用了"经济法"这一概念。

那么,何谓经济法?对于这一问题,我国目前的学术界还没有形成通说。我们认为,经济法是调整国家在管理和协调经济运行过程中发生的经济关系的法律规范的总称。

三、经济法的特征

(一)易变性

稳定性是法的基本特征之一,朝令夕改是无法适应社会健康、持续发展需要的。经济法的易变性是相对于其他部门法而言的,其根本上是由现代社会经济关系、经济思想、经济制度等的急速发展决定的。因此,经济立法也应当在稳定性和灵活性之间找准平衡点。

(二)公法与私法属性兼具

公法与私法是古罗马法学家乌尔比安最早提出的一种对法律的分类方法。私法是调整个人之间、社会组织之间以及个人与社会组织相互之间的人身、财产关系的法律规范。私法关系的主体法律地位是平等的,在主体的行为方面一般采用"意思自治",更多地体现和保护的是个体权益,如民法、商法、婚姻法、继承法等。而公法则主要是调整国家与个人、社会组织之间社会关系的法律规范。其法律关系主体在地位上往往是不平等的,更强地突出了公益优先的原则,如宪法、行政法、刑法、诉讼法等。

现代意义上的经济法,虽然主要是调整国家与个人、社会组织之间的经济关系,但也离不开个体利益之间的平衡,这决定了经济法公法与私法属性兼具的必然性。当然,由于具有"国家干预"这一本质属性,所以一般认为经济法仍然是以公为主、兼顾于私。

(三)程序保障的非独立性

在我国,民法、刑法、行政法和经济法是宪法之下的四大基本部门法。但前三者均有其相对应的独立的程序法典,即民事诉讼法、刑事诉讼法和行政诉讼法,而经济法却没有一个独立的程序法典与之相对应。这主要是由于经济法所调整的社会关系的复杂性、广泛性和独特性所决定的。在现代社会,随着社会经济的日益繁荣发展,经济法的调控范围也在随之不断地延伸、变化。涉及个体利益的经济关系,可以借助于民法的手段予以有效调控;涉及国家对经济秩序、市场环境的经济监管关系等,可以借助于行政的方式进行调控;如果是社会危害性比较严重的犯罪行为,当然要用最为严厉的刑法手段予以惩戒。因此,经济法程序保障的非独立性,并不意味着当经济权益受到侵害时就没有程序法去保障,更不会因此而有损于经济法作为一个独立法律部门的重要地位。

第二节 经济法的调整对象和地位

一、经济法的调整对象

调整对象和调整方法是划分部门法的主要依据。经济法的调整对象是指经济法所要保护、促进、鼓励、限制或者取缔的社会关系。概括地说，经济法的调整对象并非所有的经济关系，而是特定的经济关系，即国家在管理和协调经济运行过程中发生的经济关系。具体来讲，主要包括市场主体调控关系、市场运行调控关系、宏观经济调控关系和社会经济保障关系。

（一）市场主体调控关系

市场主体调控关系是指国家在对市场主体的活动进行管理以及市场主体在自身运行过程中所发生的经济关系。这里的市场主体主要是指在市场上从事直接和间接交易活动的经济组织，如企业（个人独资企业、合伙企业、公司等）和非企业性经济组织。

（二）市场运行调控关系

市场运行调控关系是指国家在社会主义市场经济运行过程中，为了维护国家、生产经营者和消费者的合法权益而干预市场所发生的经济关系，如关于产品质量、价格管理、反垄断、反不正当竞争等方面的法律规范所调整的经济关系。

（三）宏观经济调控关系

宏观经济调控关系是指国家从长远和社会公共利益出发，对关系国计民生的重大经济因素，在实行全局性的管理过程中，与其他社会组织所发生的具有隶属性或者指导性的社会经济关系。比如上下级组织之间的命令与服从、指导与被指导的关系，同一级别组织之间在业务上的管理与执行的关系等。

（四）社会经济保障关系

社会经济保障关系是指国家在建立和管理社会保障机制和救助机制，监督社会保障制度的有效实施的过程中所发生的经济关系。

二、经济法的地位

经济法的地位主要是解决经济法在整个法律体系中是否是一个独立的法律部门以及处于何种位置的问题。对此，理论界一直存在争议。

(一)经济法是一个独立的法律部门

判断经济法是否是一个独立的法律部门,主要是看经济法是否有独立的调整对象,亦即其是否调整了特定的社会关系。根据上述对经济法的调整对象的阐述,经济法是有其特定的调整对象的,即国家在管理和协调经济运行过程中发生的经济关系,具体包括市场主体调控关系、市场运行调控关系、宏观经济调控关系和社会经济保障关系。经济法通过对这四类主要的经济关系的调整,为我国社会主义市场经济体系的运行提供了完整的法律保障。因此,经济法不仅是一个独立的法律部门,而且也是一个自身有着内在完整体系的法律部门。

(二)经济法与其他相关法律部门的关系

要比较准确地界定经济法的地位,除了要探讨其是否是一个独立的法律部门之外,还应当将其与相关的法律部门进行比较,如果不能区分开来的话,自然也就很难说明其作为一个独立法律部门的地位。

经济法涉及公私权利的协调问题,因此,经济法与主要调整公权力运行和主要调整私权利行使的一些法律部门,例如行政法、民法等,都有着一定的联系。一方面,经济法包括对市场主体的调控,这与调整平等主体之间的人身关系和财产关系的民法有着千丝万缕的联系;另一方面,经济行政管理机关是重要的经济法律关系主体之一,这又与行政法建立了密切的联系。

1. 经济法与民法的关系

经济法与民法都以一定的经济关系为调整对象,两者有着密切的联系。首先,民法是调整市场经济的基本法,为经济法的产生奠定了基础。民法在整个法律体系中处于基础地位,是经济法的重要渊源,民法的基本原则和理念贯穿于经济法之中。其次,经济法是社会本位法,通过国家对经济的干预和调控以达到对个体利益的保护,从而保障民法意思自治的实现。因此,经济法又是民法发挥作用的重要保障。此外,民法和经济法都具有维护社会经济秩序的重要作用。

经济法与民法虽然有着非常密切的联系,但两者的区别也是非常明显的。第一,两者的价值取向不同。经济法以国家对经济的管理和干预为重要特征,强调社会利益为本位;民法强调当事人的意思自治,着眼于个体利益的保护。第二,两者的调整对象不同。经济法调整的是国家对经济活动的管理与协调关系;民法调整的是平等主体之间的人身关系和财产关系。第三,两者法律规范的构成不同。经济法既有任意性法律规范,也有强制性法律规范,其调整方法是奖励和惩罚相结合;民法以任意性法律规范为主,其调整方法以民事补偿为主。第四,两者法律关系的主体不同。经济法的主体包括国家机关、企事业单位、社会组织、公民、法人等,且主体地位可以具有不平等性;民法的主体是平等地位的公民、法人及其他社会组织。

2. 经济法与行政法的关系

经济法与行政法都涉及国家对社会公共生活的调整，都运用了行政手段，并且在主体方面也存在一定的相似之处。但两者的区别也是比较明显的：第一，两者的调整对象不同。经济法调整的是带有经济内容的行政管理和协调关系；行政法则主要调整的是具有行政隶属性的行政管理关系。第二，两者的调整方法不同。经济法采用以经济手段为主的包括民法和行政法等在内的多种方法调整经济关系；行政法则采取单纯的行政方法调整行政关系。第三，两者的基本功能不同。经济法的基本功能在于维护市场秩序，保障国民经济的健康发展；行政法则主要是规范行政权力的运行，维护政治秩序。第四，两者在主体身份方面也存在区别。行政机关在身份上具有双重属性，一方面，它是行使行政职权的国家机关；另一方面，行政机关又是具有经济管理和协调职能的市场经济活动的管理者、组织者。所以，经济法律关系中的行政机关实际是行使国家和社会经济管理职能的主体；而行政法律关系中的行政机关则是行使行政职能的主体。

第三节　经济法律关系

一、经济法律关系的概念和特征

法律关系是指由法律规范调整而形成的法律主体之间的具有权利义务内容的社会关系。经济法律关系是法律关系的一种，是由经济法律规范所调整而形成的经济法律主体之间的经济权利与经济义务关系。

经济法律关系除了具有法律关系的一般特征之外，还有其自身的特征，具体表现为：

1. 国家意志和当事人意志的协调统一性

经济法是国家对经济进行干预和调控的重要手段，体现了国家的意志。由经济法律规范所调整而形成的经济法律关系也体现了国家的意志。但是，经济法律关系在体现国家意志性的同时，并不忽略和排斥当事人的意志自由。

2. 经济权利和经济义务的综合一体性

任何法律关系都是以当事人之间一定的权利和义务关系为内容的。经济法律主体之间的经济权利和经济义务共同组成经济法律关系的内容，直接反映当事人之间的经济利益和要求。同时，经济权利和经济义务又是互相依存的，没有经济权利就没有经济义务；经济法律关系主体既不能只享有经济权利而不承担经济义务，也不能只承担经济义务而不享有经济权利。

3. 市场调节与宏观调控的协调统一性

社会主义市场经济体制，是有众多的市场主体在国家和政府必要的宏观调控下，遵循共同的市场规则，通过公平竞争以实现利益最大化的一种经济运行模式。在这种模式中，市场调节发挥着主要作用，但市场的调节也离不开宏观调控的辅助和引导作用。

4. 当事人自觉实现与国家强制力保障实现的统一性

一般情况下，对经济法律关系所确立的经济权利和经济义务当事人都能自觉地行使和履行。但是，如果当事人违反经济法律规范的要求，不愿意履行其经济义务时，就需要国家强制力的保障。

二、经济法律关系的构成要素

经济法律关系由主体、内容和客体三个要素构成，三者缺一不可。

（一）经济法律关系的主体

经济法律关系的主体是指参加经济法律关系，依法享有经济权利和承担经济义务的当事人。在经济法律关系中，享有权利的一方称为权利人，承担义务的一方称为义务人。

经济法律关系主体主要包括以下四类：

1. 国家机关。国家机关是指行使国家职能的各种机关的总称，包括权力机关、行政机关和司法机关等。作为经济法律关系主体的国家机关主要是指国家行政机关中的经济管理机关。

2. 经济组织和社会团体。经济组织是直接进行经济活动的社会组织，是最主要的经济法律关系主体。经济组织包括企业法人和非法人经济组织。社会团体是非经营性的社会组织，包括群众团体、公益组织和自律性组织等。

3. 经济组织的内部机构和有关人员。经济组织内部一般都有职能部门、分支机构或者基层单位，如企业内部的职能科室、车间等。如果经济组织内部机构的关系用经济法律规范来调整时，就成为经济法律关系的主体。

4. 个体工商户、农村承包经营户和自然人。当他们参与经济法律关系，形成经济权利和经济义务时，便成为经济法律关系的主体。

（二）经济法律关系的内容

经济法律关系的内容是指经济法律关系主体所享有的经济权利和承担的经济义务。经济法律关系的内容是经济法律关系的核心，直接体现了主体的利益和要求。经济权利和经济义务具有一体性，二者是相互依存的。

1. 经济权利

经济权利是指经济法主体依法具有自己为或者不为一定行为和要求他人为或者不为一定行为的资格或者能力。经济权利主要有以下几种：

(1)经济职权。经济职权是国家机关及其工作人员依法行使经济管理职能时享有的权利。经济职权的产生基于法律的直接规定或者国家的授权，具有服从和隶属性质。对于国家机关及其工作人员来说，这种职权既是权利又是义务，因此不能随意转让和放弃。经济职权主要表现为国家机关对经济活动进行计划、组织、监督和协调时所具有的权利，包括国民经济决策权、经营许可权、监督权等。

(2)财产所有权。财产所有权是指经济法律关系主体依法对自己所有的财产享有的占有、使用、收益和处分的权利。所有权具有排他性和绝对性，一物之上只允许存在一个所有权。

(3)经营管理权。经营管理权是指企业进行经营管理时所享有的权利。主要包括经营方式选择权、生产计划权、物资采购权、产品销售权、资金支配权、物资管理权以及人事管理权等。

(4)请求权。请求权是指经济法主体的合法权益受到侵犯或者在经济活动中发生纠纷时，依法享有的要求侵权人停止侵害和要求有关机关对其合法权益进行保护的权利。请求权主要包括要求赔偿权、请求调解权、申请仲裁权和诉讼权等。

2. 经济义务

经济义务是指经济法主体根据法律的规定必须为或者不为一定行为的责任。经济义务具有以下特征：(1)经济义务主体必须依据经济法律的规定为或者不为一定的经济行为，以满足经济权利主体的利益和要求；(2)经济义务主体的义务以法律的规定为限；(3)经济义务具有强制性，经济义务主体不履行或者不适当履行其义务的，要承担相应的法律责任，受到国家法律的制裁。

(三)经济法律关系的客体

经济法律关系的客体，是指经济法律关系主体的经济权利和经济义务所共同指向的对象。经济法律关系的客体是确定经济法律关系主体之间的经济权利和经济义务的依据。如果没有了客体，经济权利和经济义务就失去了依附的载体。

经济法律关系的客体主要有以下三种：

1. 物。物指的是可为人类所控制和支配、具有一定经济价值并以一定的物质形态表现的物品。物包括自然存在的物品、人类劳动生产的产品以及货币和有价证券等。物是最主要的经济法律关系客体。

2. 经济行为。经济行为是经济法律关系主体为实现一定的经济目的而进行的经济活动。经济行为包括生产经营行为、经济管理行为、完成一定工作的行为和提供一定劳务的行为等。

3. 智力成果。智力成果是一种非物质财富，是通过人的脑力劳动创造的以一定的载体表现出来的知识成果。作为经济法律关系客体的智力成果主要有专利、商标等。

三、经济法律关系的产生、变更与终止

经济法律关系的产生，是指在经济法主体之间形成经济权利和经济义务关系；经济法律关系的变更，是指经济法律关系主体、内容或者客体的变化；经济法律关系的终止，是指经济法主体之间权利和义务关系的消灭。

经济法律关系的产生、变更和终止必须具备三个条件：一是要以经济法律规范作为法律依据，也即经济法律关系要依法产生、变更和终止。二是要有经济法律关系的主体，这是经济权利和义务的承担者。三是要有一定的经济法律事实。经济法律事实，是指能够引起经济法律关系产生、变更或者终止的客观情况。法律事实是引起经济法律关系产生、变更和终止的直接原因。

经济法律事实包括法律行为和法律事件两类。

法律行为是指能够引起经济法律关系产生、变更和终止的人们有意识的活动。法律行为包括合法行为和违法行为。

法律事件是指不依人的主观意志为转移的能引起经济法律关系产生、变更和终止的现象。事件既可以是自然现象，如自然灾害；也可以是社会现象，如战争、动乱等。

第四节　经济法律责任

一、经济法律责任的概念和特征

法律责任是指行为人由于其违法行为、违约行为或者由于法律的特殊规定而承受的某种不利的法律后果。按照法律责任的性质可将其分为民事责任、刑事责任、行政责任等。经济法律责任，是指由经济法律规范规定，在经济法律关系主体违反其经济义务时必须承担的法律后果。

经济法律责任除具备法律责任的一般特征外，还有其自身的独有特征：

1. 经济法律责任的综合统一性。经济法律责任不是一种单一的法律责任，而是民事责任、行政责任和刑事责任的综合统一体。

2. 经济法律责任的双重处罚性。经济法律责任的双重处罚性主要表现在两个方面:一是对组织违法的“两罚”规定上,即对于违法的经济组织,既可以对其实施相应的经济制裁,又可以同时对其直接责任人员予以民事、行政甚至刑事制裁。二是对同一违法主体的“并罚”规定上,即对于同一违法主体可以在法律规定的情形下同时采取两种以上的制裁措施。

3. 经济法律责任的多元追究性。经济法律关系涉及的范围非常广泛,往往涉及多个经济行政管理机关的职责范围。因此,追究经济法律责任的经济行政管理机关是多元的而不是单一的。另外,除经济行政管理机关外,司法机关和仲裁机构等也有权在其职责范围内,依法追究相关违法主体的经济法律责任,它们也是经济法律责任的追究主体。

二、经济法律责任的归责原则

归责原则是指据以确定法律责任由行为人承担的理由或者标准。归责原则体现了立法的价值取向,是责任立法的指导方针,也是指导法律适用的基本准则。经济法律责任的归责原则主要是过错责任原则和无过错责任原则。

(一)过错责任原则

过错责任原则是以行为人主观上的过错作为其承担一定法律责任的基本条件和标准的责任认定规则。依据过错责任原则,行为人仅在有过错的情况下才承担法律责任;反之,则不承担法律责任。过错责任原则是追究经济法律责任时普遍适用的一种归责原则。

适用过错责任原则追究经济法律责任必须同时具备以下条件:

1. 行为人实施了经济违法行为。
2. 行为人在主观上有过错。
3. 客观上有损害或者危害的事实。
4. 违法行为与损害事实之间有因果关系。

(二)无过错责任原则

无过错责任原则,是指在法律明确规定的情况下,无论行为人主观上是否有过错都应对其行为导致的损害事实承担责任的责任认定规则。例如,我国《产品质量法》第 43 条规定:“因产品存在缺陷造成人身、他人财产损害的,受害人可以向产品的生产者要求赔偿,也可以向产品的销售者要求赔偿。属于产品的生产者的责任,产品的销售者赔偿的,产品的销售者有权向产品的生产者追偿。属于产品的销售者的责任,产品的生产者赔偿的,产品的生产者有权向产品的销售者追偿。”该种情形下对生产者或者销售者追究的损害赔偿责任,适用的就是无过错责任原则。

无过错责任原则是随着生产的发展、科技的进步和高度危险作业的不断增多,为了更加公平合理地追究法律责任、体现法律的公平公正、弥补过错责任原则的不足而逐渐确立的一种特殊归责原则。

三、经济法律责任的形式

经济法律责任的形式主要包括经济责任、行政责任和刑事责任。

(一)经济责任

经济责任是指对违法行为人依法采取的财产性的制裁措施。经济责任主要包括支付违约金、支付赔偿金、罚款、强制收购、没收财产等。

(二)行政责任

对行为人的经济违法行为,可以由相应的经济行政管理机关依法追究其行政责任,给予行政处罚。根据有关法律的规定,行政处罚具体包括警告、罚款、没收违法所得或者非法财物、责令停产停业、暂扣或者吊销许可证、暂扣或者吊销营业执照、行政拘留以及法律法规规定的其他行政处罚。

(三)刑事责任

对于违反经济法律规范,情节严重、依法构成犯罪的行为,应当移交司法机关处理,依法追究其刑事责任,给予刑事制裁。根据我国《刑法》的规定,刑罚的种类包括单独适用的主刑和可以单独或者附加适用的附加刑。主刑具体包括管制、拘役、有期徒刑、无期徒刑和死刑五种。附加刑包括罚金、剥夺政治权利和没收财产。另外,对于犯罪的外国人、无国籍人,还可以单独或者附加适用驱逐出境。

法律明确规定为单位犯罪的,对单位依法判处罚金,并对直接负责的主管人员和其他直接责任人员依法判处刑罚。

开篇引例解析

1. 本案中所反映的法律关系属于经济法律关系,具体地说,是合同法律关系。

2. 一般情况下,对经济法律关系所确立的经济权利和经济义务当事人都能自觉地行使和履行。但是,如果当事人违反经济法律规范的要求,不愿意履行其经济义务时,就需要国家强制力的保障。因此,甲方当事人在如约履行合同遭到拒绝的情况下,可以通过向人民法院提起诉讼等方式寻求国家强制力的保障,从而实现其经济权益。

本章小结

本章是经济法课程学习的入门基础，集中阐述了经济法的基础理论。经济法是调整国家在管理和协调经济运行过程中发生的经济关系的法律规范的总称。作为一个独立的法律部门，经济法有其特定的调整对象，即国家在管理和协调经济运行过程中发生的经济关系。经济法律关系由主体、内容与客体三方面要素构成，三者缺一不可。对于违反经济法律规范的行为，应当依法追究其经济法律责任。

复习思考题

一、单项选择题

1. 最先在其著作中提出经济法概念的学者是（　　）。

A. 蒲鲁东　　B. 德萨米　　C. 摩莱里　　D. 鲁姆夫

2. 我国在法律法规文件中最早使用"经济法"这一概念是在（　　）。

A. 1979 年　　B. 1985 年　　C. 1986 年　　D. 1988 年

3. 经济法的调整对象是（　　）。

A. 各种经济关系　　B. 特定的经济关系

C. 经济法律关系　　D. 经济权利和经济义务关系

二、多项选择题

4. 下列关于经济法律关系的表述正确的是（　　）。

A. 经济法律关系体现了国家意志和个人意志的统一性

B. 经济法律关系以经济权利和经济义务为内容

C. 经济法律关系具有市场调节与宏观调控的协调统一性

D. 经济法律关系具有当事人自觉实现与国家强制力保障实现的统一性

5. 经济法的调整对象是（　　）。

A. 市场主体调控关系　　B. 市场运行调控关系

C. 宏观经济调控关系　　D. 社会经济保障关系

三、思考题

6. 经济法的调整对象是什么？

7. 如何理解经济法的地位？

8. 什么是经济法律关系？经济法律关系的构成要素有哪些？

第二章　企业法

【学习目标】

1. 了解企业的概念与分类；了解企业法的概念和立法体系。

2. 理解个人独资企业、合伙企业和外商投资企业的概念和特征。

3. 掌握个人独资企业、合伙企业和外商投资企业的设立条件、权利和义务。

4. 能识别和解释企业运行实践中出现的违法现象。

5. 初步具备处理企业运行过程中的基本法律问题的能力。

【重点、难点】

1. 个人独资企业、合伙企业和外商投资企业的设立条件。

2. 合伙企业的内部经营和外部债务，合伙企业的种类及其权利义务，合伙人的入伙、退伙及其权利和义务。

3. 中外合资经营企业的设立条件和设立程序，中外合资经营企业的权利和义务。

4. 中外合作经营企业、外商独资企业与中外合资经营企业的异同及其设立的条件和程序。

开篇引例

2009年4月，刘某与关某、张某等3个朋友计划共同出资合伙经营一家酒吧，合伙协议决定使用刘某的个体工商营业执照。并决定：刘某与关某各出资5000元，张某出资1万元。利润分配为25%∶25%∶50%。关某向朋友借款4000元，购买酒吧办公用品。后关某提出，这4000元债务应该按照25%∶25%∶50%的利润分配比例承担。刘某与张某都不同意，遂发生争议。

请问：刘、关、张三人设立合伙企业的有关行为中是否存在违法之处？

第一节　企业法概述

一、企业的概念与分类

(一)企业的概念

企业是指依法设立的、从事营利性经济活动、具有独立或者相对独立的法律人格的经济组织。

企业这种特殊的社会组织既具有社会组织共有的一般社会属性,又具有其他社会组织不同的特性。企业的特征主要有:(1)法定性。企业是依法设立的社会经济组织,必须具备法律规定的设立条件,依照法律所规定的设立程序依法成立并取得权利能力和行为能力,依法开展经营活动。(2)营利性。企业从事的是商品经营或者营利性服务,其目的即在于实现利益的最大化。(3)人格的独立性。企业是自主经营、自负盈亏、独立核算的社会经济组织。法人型企业具有完全独立的法律人格,有自己独立的法人财产,能够以自己的名义开展经营活动并独立承担民事责任。非法人型企业只具有相对独立的民事主体地位,可以自己的名义开展经营活动或者参加诉讼活动等,但在财产和责任方面则不具有完全的独立性。

(二)企业的种类

依照不同的标准,可以对企业进行不同的分类。

1. 根据企业的所有制形式,可将企业分为国有企业、集体企业和私营企业等。这是我国曾长期主要采用的一种企业分类方法。

2. 根据企业生产规模的大小,可将企业分为大型企业、中型企业和小型企业。

3. 根据企业所从事的行业,可将企业分为工业企业、商业企业、邮电企业、交通运输企业、地质勘探企业、建筑安装企业等。

4. 根据企业投资主体是否具有涉外因素,可将企业分为内资企业、外商投资企业和外国企业等。

5. 根据企业的法律形态,即企业投资人的出资方式和责任形式,可将企业分为公司企业、合伙企业和个人独资企业。这种分类方法是目前国际上划分企业类型的最主要标准,采用这种分类方法划分的企业形态又被称为现代企业法律形态。我国也愈加重视以此标准来建立我国新的企业立法体系。

二、企业法的概念与立法体系

(一)企业法的概念

企业法,是指调整企业在设立、变更、终止以及经营过程中发生的经济关系的法律规范的总称。

企业法只调整特定的经济关系,具体主要包括以下三类:(1)国家对企业的规制及宏观调控关系;(2)企业的内部组织关系;(3)企业经营过程中部分涉及社会整体利益需由企业法调整的经济关系。

(二)我国企业立法的现状

我国对企业的立法,主要是在以企业的法律形态对企业分类并结合其他企业分类方法的基础上,分门别类地进行了大量的立法工作,目前已基本形成了比较完备的企业法律规范体系。我国的企业立法主要包括以下的法律法规:

1. 涉及国有企业改革的法律法规。主要有:1988 年 4 月 13 日第七届全国人民代表大会第一次会议通过、自 1988 年 8 月 1 日起施行的《中华人民共和国全民所有制工业企业法》以及 1992 年 7 月 23 日国务院颁布并开始施行的《中华人民共和国全民所有制工业企业转换机制条例》。

2. 涉及公司企业的法律。主要有:1993 年 12 月 29 日第八届全国人民代表大会常务委员会第五次会议通过、1999 年 12 月 25 日第九届全国人民代表大会常务委员会第十三次会议第一次修正、2004 年 8 月 28 日第十届全国人民代表大会常务委员会第十一次会议第二次修正、2005 年 10 月 27 日第十届全国人民代表大会常务委员会第十八次会议再次修正的《中华人民共和国公司法》。

3. 涉及合伙企业与独资企业的法律。主要有:1997 年 2 月 23 日第八届全国人民代表大会常务委员会第二十四次会议通过、2006 年 8 月 27 日第十届全国人民代表大会常务委员会第二十三次会议修正的《中华人民共和国合伙企业法》(以下简称《合伙企业法》),以及 1999 年 8 月 30 日第九届全国人民代表大会常务委员会第十一次会议通过、自 2000 年 1 月 1 日起施行的《中华人民共和国个人独资企业法》(以下简称《个人独资企业法》)。

4. 涉及外商投资企业的法律。主要有:1979 年 7 月 1 日第五届全国人民代表大会第二次会议通过、1990 年 4 月 4 日第七届全国人民代表大会第三次会议第一次修正、2001 年 3 月 15 日第九届全国人民代表大会第四次会议再次修正的《中华人民共和国中外合资经营企业法》(以下简称《中外合营企业法》),1988 年 4 月 13 日第七届全国人民代表大会第一次会议通过、2000 年 10 月 31 日第九届全国人民代表大会常务委员会第十八次会议修正的《中华人民共和国中外合作经营企业法》(以下简称《中外合作企业法》)，以及1986年4月12日第六届全国人民代表大会第四次会议通过、2000年10月31日第九届全国人民代表大会常务委员会第十八次会议修正的《中华人民共和国外资企业法》(以下简称《外资企业法》)。

5. 涉及企业破产的法律。主要有:2006年8月27日第十届全国人民代表大会常务委员会第二十三次会议通过、自2007年6月1日起施行的《中华人民共和国企业破产法》。另外，在1991年4月9日第七届全国人民代表大会第四次会议通过、2007年10月28日第十届全国人民代表大会常务委员会第三十次会议修正的《中华人民共和国民事诉讼法》中，对非法人企业的破产问题作出了规定。

第二节　个人独资企业法

一、个人独资企业的概念和特征

个人独资企业，是指依照《个人独资企业法》在中国境内设立、由一个自然人投资、财产为投资人个人所有、投资人以其个人财产对企业债务承担无限责任的经营组织。

个人独资企业具有以下特征:(1)个人独资企业是由一个自然人投资设立的企业;(2)投资人对企业债务承担无限责任;(3)个人独资企业的内部机构设置简单、组织灵活;(4)个人独资企业是非法人企业。

二、个人独资企业的设立

(一)个人独资企业的设立条件

1. 投资人为一个自然人，且只能是中国公民;
2. 有合法的企业名称;
3. 有投资人申报的出资;
4. 有固定的生产经营场所和必要的生产经营条件;
5. 有必要的从业人员。

(二)个人独资企业的设立程序

1. 申请。申请设立个人独资企业，应当由投资人或者其委托的代理人向个人独资企业所在地的登记机关提出设立的申请。法律法规规定须报经有关部门审批的，应当提交有关部门的批准文件。

2. 工商登记。登记机关应当在收到设立申请文件之日起 15 日内，对符合《个人独资企业法》规定条件的予以登记，发给营业执照；对不符合规定条件的不予登记，并发给企业登记驳回通知书。个人独资企业的营业执照的签发日期，为个人独资企业的成立日期，在领取个人独资企业营业执照前，投资人不得以个人独资企业名义从事经营活动。

3. 设立分支机构。个人独资企业设立分支机构，应当由投资人或者其委托的代理人向分支机构所在地的登记机关申请设立登记。分支机构的民事责任由设立分支机构的个人独资企业承担。

三、个人独资企业的投资人及其事务管理

(一)个人独资企业的投资人

依照我国有关法律的规定，个人独资企业的投资人应当是具有中国国籍、并具有完全民事行为能力的人。但是，法律、法规禁止从事营利性活动的人，例如国家公务员、党政机关领导干部、商业银行工作人员等，不得投资设立个人独资企业。

投资人对其投资经营的财产拥有所有权，可以依法转让和继承。企业财产无论是原始投入还是经营的积累，均归投资人所有。但是个人独资企业的财产和投资人的个人财产不能混淆，企业财产在企业终止之前仍然由企业管理经营。

个人投资人在申请企业登记时，明确以家庭共有财产作为个人出资的，应当依法以家庭共有财产对企业债务承担无限责任。

实例探讨

个人独资企业的债务清偿

甲出资成立了一家个人独资企业 A，为了吸引更多的合作伙伴，获得更高的信誉，在设立登记时明确以其家庭共有财产 20 万元作为出资。后在经营过程中，A 企业欠下 50 万元债务而无力清偿，债权人乙遂提出变卖甲的住宅用于清偿债务，但是甲却声称该房屋的产权人是其爱人丙，属于家庭共有财产，与企业债务无关。请问：甲的房屋是否应该用于为其开设的个人独资企业偿还债务？

(二)个人独资企业的事务管理

个人独资企业的投资人可以自行管理企业事务，也可以委托或者聘用其他具有民事行为能力的人负责企业的事务管理。投资人对受托人或者聘用人员职权的限制，不得对抗善意第三人。

根据我国《个人独资企业法》的规定，投资人委托或者聘用的管理个人独资企业事务的人员应当尽到诚信、勤勉的义务，不得从事下列行为：(1)利用职务上的便利，索取或者收受贿赂；(2)利用职务或者工作上的便利侵占企业财产；(3)挪用企业的资金归个人使用或者借贷给他人；(4)擅自将企业资金以个人名义或者以他人名义开立账户储存；(5)擅自以企业财产提供担保；(6)未经投资人同意，从事与本企业相竞争的业务；(7)未经投资人同意，同本企业订立合同或者进行交易；(8)未经投资人同意，擅自将企业商标或者其他知识产权转让给他人使用；(9)泄露本企业的商业秘密；(10)法律、行政法规禁止的其他行为。

四、个人独资企业的权利

依法成立的个人独资企业，其参与经济活动的权利依法受到保护。个人独资企业的权利主要有：

1. 依法申请贷款。个人独资企业可以根据《商业银行法》、《合同法》的相关规定申请贷款。

2. 依法取得土地使用权。

3. 拒绝摊派权。

4. 法律、法规规定的其他权利。个人独资企业除上述权利外，还依法享有其他的广泛权利，例如可以取得外贸经营权，拥有商标、专利权等。

五、个人独资企业的解散和清算

（一）个人独资企业的解散

个人独资企业的解散是指个人独资企业终止活动，民事主体资格归于消灭的行为。

个人独资企业有下列情形之一的，应当解散：(1)投资人决定解散；(2)投资人死亡或者被宣告死亡，无继承人或者继承人放弃继承；(3)依法被吊销营业执照；(4)法律、行政法规规定的其他情形。

（二）个人独资企业的清算

《个人独资企业法》对个人独资企业的清算规定了以下程序：

1. 通知和公告债权人。个人独资企业解散清算的，由投资人自行清算或者由债权人申请人民法院指定清算人清算。投资人自行清算的，应当在清算前 15 日内书面通知债权人；无法通知的，应当公告。债权人自接到通知之日起 30 日内，未接到通知自公告之日起 60 日内，向投资人申报债权。

2. 财产清偿顺序。个人独资企业解散，要按照下列顺序清偿：(1)所欠职工工资和社会保险费用；(2)所欠的税款；(3)其他债务。

3. 清算期间对投资人的要求。清算期间，个人独资企业不得开展与清算目的无关的经营活动，投资人不得转移、隐匿财产。

4. 投资人的持续清偿责任。个人独资企业解散后，原投资人对企业债务仍应承担偿还责任，但债权人在5年内未向债务人提出清偿请求的，该责任消灭。

5. 注销登记。个人独资企业清算结束后，投资人或者人民法院指定的清算人应当编制清算报告，并于清算结束之日起15日内向登记机关申请注销登记。登记机关注销登记，个人独资企业终止。

第三节　合伙企业法

一、合伙企业的概念

合伙企业，是指依照我国《合伙企业法》在中国境内设立的、由合伙人依照合伙协议、为了共同目的、共同出资设立的企业组织形式。

我国《合伙企业法》确定了两种合伙企业类型，即普通合伙企业和有限合伙企业。普通合伙企业由普通合伙人组成，全体合伙人对企业债务承担无限连带责任。有限合伙企业由普通合伙人和有限合伙人组成，普通合伙人对合伙企业债务承担无限连带责任，有限合伙人以其认缴的出资额为限对合伙企业债务承担责任。

二、普通合伙企业

(一)普通合伙企业设立的条件

1. 有两个以上合伙人，并且都是依法承担无限责任者。合伙人应当是具有完全民事行为能力的自然人、法人或者其他组织。法律、行政法规规定禁止从事营利性活动的人不得作为合伙人。

2. 有书面合伙协议。合伙协议由全体合伙人协商一致，形成书面文件，由全体合伙人签名盖章后生效。经全体合伙人协商一致，协议达成后还可以修改或者补充。

3. 有各合伙人实际缴付的出资。合伙人应当按照合伙协议约定的出资方式、出资数额和缴付出资的期限履行出资义务，合伙人实际缴付的出资为对企业的出资。法律没有规定合伙企业的最低资本数额限制。

4. 有合伙企业的名称和生产经营场所。合伙企业的名称是企业的文字符号，名称中应标明“普通合伙”的字样。

5. 法律规定的其他条件。

(二)合伙协议、合伙人出资和登记

1. 合伙协议

合伙协议是合伙企业的成立依据,也是确定合伙人权利义务的依据。合伙协议应当采取书面形式,其内容应当载明以下事项:(1)合伙企业的名称和主要经营场所;(2)合伙的目的和合伙企业的经营范围;(3)合伙人的姓名或者名称、住所;(4)合伙人的出资方式、数额和缴付期限;(5)利润分配、亏损分担方式;(6)合伙事务的执行;(7)入伙与退伙;(8)争议解决办法;(9)合伙企业的解散和清算;(10)违约责任。

2. 合伙人的出资

合伙人出资的方式比较灵活,可以货币、实物、知识产权、土地使用权或者其他财产权利出资,也可以劳务方式出资。合伙人以实物、知识产权、土地使用权或者其他财产权利出资,需要评估作价的,可以由全体合伙人协商一致确定,也可以由全体合伙人委托法定评估机构评估。合伙人以劳务出资的,其评估办法由全体合伙人协商确定,并在合伙协议中载明。合伙人以非货币方式出资,需要办理财产权转移手续的,应当依法办理。

3. 合伙企业登记

申请设立合伙企业,应当向企业登记机关提交登记申请书、合伙协议书、合伙人身份证明等文件。法律、行政法规规定需报经有关部门审批的,应当在申请设立登记时提交批准文件。企业登记机关应当自收到申请文件之日起 20 日内,作出是否登记的决定。企业营业执照签发日期为合伙企业成立日期。合伙企业设立分支机构,应当向分支机构所在地的企业登记机关申请登记,领取营业执照。

(三)合伙企业的财产、事务执行以及债务清偿

1. 合伙企业的财产

合伙企业的财产包括合伙人的出资和合伙企业的收益。合伙企业的财产由全体合伙人共同管理和使用,在合伙企业存续期间,除非有合伙人退伙等法定事由,合伙人不得请求分割企业的财产。

合伙人可以将其在合伙企业中的财产份额转让,合伙人之间转让其在合伙企业中的全部或部分财产份额时,应当通知其他合伙人;合伙人向合伙人以外的第三人转让其在合伙企业中的全部或部分财产份额时,须经其他合伙人一致同意;在同等条件下,其他合伙人有优先购买权。依法受让合伙人在合伙企业中的财产份额的人,经修改合伙协议即成为合伙企业的合伙人。合伙人以其在合伙

企业中的财产份额出质的，须经其他合伙人一致同意，未经其他合伙人一致同意，其行为无效，由此给善意第三人造成损失的，由行为人依法承担赔偿责任。

2. 合伙事务的执行

合伙人对合伙事务执行享有同等的权利，可以由全体合伙人共同执行，也可以由全体合伙人委托一个或者几个合伙人执行企业事务，也可以经全体合伙人一致同意聘请合伙人以外的人担任合伙企业的经营管理人员。委托一个或者几个合伙人执行企业事务的，执行事务的合伙人应当定期向其他合伙人报告事务执行情况以及合伙企业的经营和财务状况，其执行合伙事务所产生的收益归合伙企业，所产生的费用和亏损由合伙企业承担。合伙企业对合伙人执行合伙事务及对外代表合伙企业权利的限制，不得对抗善意第三人。

3. 合伙企业的利润分配和债务清偿

合伙企业的利润分配和亏损分担，按照合伙协议的约定进行处理；合伙协议未约定或约定不明的，由合伙人协商确定；协商不成的，由合伙人按照实缴出资比例分配、分担；无法确定出资比例的，由合伙人平均分配、分担。

合伙企业债务，首先由合伙企业的全部财产进行清偿，合伙企业财产不足清偿的，各合伙人承担无限连带责任。合伙人实际支付的清偿数额超过其依照既定比例所应承担的份额的，该合伙人有权就超出的部分向其他未支付或者未足额支付应承担数额的合伙人追偿。合伙人的个人债务与企业债务应严格区分，个人债权人不得以其对合伙人个人的债权抵消其对合伙企业的债务，也不得代位行使合伙人在合伙企业中的权利。合伙人个人财产不足以清偿其个人债务的，可以以其在合伙企业中的收益清偿，债权人也可以依法请求人民法院强制执行该合伙人在合伙企业中的财产份额用于清偿。

（四）入伙与退伙

1. 入伙

入伙，是指在合伙企业存续期间，合伙人以外的第三人加入合伙，从而取得合伙人资格的情形。

新合伙人入伙，除合伙协议另有约定外，应当经全体合伙人一致同意，并依法订立书面入伙协议，原合伙人应当向新合伙人如实告知合伙企业的经营状况和财务状况。

入伙的新合伙人与原合伙人享有同等权利，承担同等责任，新合伙人对入伙之前的企业债务承担无限连带责任。

2. 退伙

退伙，是指在合伙企业存续期间，部分合伙人退出合伙企业，从而丧失合伙人资格的情形。退伙有自愿退伙和法定退伙两种情形。

自愿退伙是指合伙人基于自愿的意思表示而退伙。自愿退伙分为协议退伙和通知退伙。协议退伙是合伙协议有约定或者合伙人决定的情况下的退伙。通知退伙是指合伙人在不给企业事务执行造成不良影响的情况下，提前30日通知其他合伙人的退伙情形。

法定退伙是指合伙人因出现法律规定的事由而退伙。法定退伙又分为当然退伙和除名。当然退伙的情形有：(1)作为合伙人的自然人死亡或者被宣告死亡；(2)个人丧失偿债能力；(3)作为合伙人的法人或者其他组织依法被吊销营业执照、责令关闭、撤销，或者被宣告破产；(4)法律规定或者合伙协议约定合伙人必须具有相关资格而丧失该资格；(5)合伙人在合伙企业中的全部财产被人民法院强制执行。发生除名退伙的情形有：(1)未履行出资义务；(2)因故意或者重大过失给合伙企业造成损失；(3)执行合伙企业事务时有不正当行为；(4)发生合伙协议约定的其他事由。除名要经其他合伙人一致同意，并将除名通知书面通知被除名的合伙人，被除名人接到除名通知时除名生效。被除名人对除名决议有异议的，可以自接到通知之日起30日内向人民法院起诉。

合伙人退伙的，其他合伙人应当与该退伙人按照退伙时的合伙企业的财产状况进行结算，退还退伙人的财产份额。退伙人对合伙企业造成损失负有赔偿责任的，相应扣减其应当赔偿的数额。退伙人对基于退伙之前的原因发生的合伙企业债务，承担无限连带责任。合伙人退伙时，合伙企业财产少于合伙企业债务的，合伙人应当依法分担亏损。

合伙人死亡或者依法被宣告死亡的，对该合伙人在合伙企业中的财产份额享有继承权的继承人，按照合伙协议的约定或者经全体合伙人同意，从继承开始之日起，取得合伙人的资格。若继承人不愿成为合伙人或者合伙协议另有约定继承人不能成为合伙人的，合伙企业应当向继承人退还被继承人合伙人的财产份额。合伙人的继承人为无民事行为能力人或者限制行为能力人的，经全体合伙人一致同意，可以成为有限合伙人，普通合伙企业转变为有限合伙企业。全体合伙人未能一致同意的，合伙企业应当将被继承人合伙人的财产份额退还该继承人。

三、特殊的普通合伙企业

(一)特殊的普通合伙企业的概念

特殊的普通合伙企业是指采用合伙制形式，以专业知识和专门技能为客户提供有偿服务的专业服务机构，比如律师事务所、会计师事务所、审计师事务所、医生的诊所等。这种服务不是一般的商业营利性服务，而是带有社会职业工作的性质。特殊的普通合伙企业名称中应当标明“特殊普通合伙”字样。

（二）合伙债务承担

一个合伙人或者数个合伙人在执业活动中因故意或者重大过失造成合伙企业债务的，应当承担无限责任或者无限连带责任，其他合伙人以其在合伙企业中的财产份额为限承担责任。合伙人在执业过程中非因故意或者重大过失造成的合伙企业债务，由全体合伙人承担无限连带责任。

（三）执业风险基金

为了保证债权人的利益，合伙企业应当建立执业风险基金、办理执业保险。执业风险基金用于偿付合伙人执业活动造成的债务。执业风险基金应当单独立户管理，具体管理办法由国务院规定。

四、有限合伙企业

（一）有限合伙企业概述

有限合伙企业是指由普通合伙人和有限合伙人组成，普通合伙人对合伙企业债务承担无限连带责任，有限合伙人以其认缴的出资额为限对合伙企业债务承担责任的合伙企业。有限合伙企业的合伙人为两人以上50人以下，其中至少有一个普通合伙人，有限合伙企业的名称中应当标明“有限合伙”字样。

（二）合伙协议和有限合伙人的权利、出资

1. 合伙协议

有限合伙企业的合伙协议应当载明下列事项：(1)普通合伙人和有限合伙人的姓名或者名称、住所；(2)执行事务合伙人应具备的条件和选择程序；(3)执行事务合伙人权限与违约处理办法；(4)执行事务合伙人的除名条件和更换程序；(5)有限合伙人入伙、退伙的条件、程序以及相关责任；(6)有限合伙人和普通合伙人相互转变程序。

2. 有限合伙人的权利

普通合伙人受到自我交易禁止和竞业禁止的限制；有限合伙人可以同本企业进行交易，也可以自营或者与他人共同经营与本有限合伙企业相竞争的业务，但合伙协议另有约定的除外。有限合伙人可以将其在合伙企业中的财产份额出质，但合伙协议另有约定的除外。有限合伙人可以按照合伙协议的约定向合伙人以外的第三人转让其在有限合伙企业中的财产份额，但应当提前30日通知其他合伙人。

3. 有限合伙人的出资

有限合伙人可以货币、实物、知识产权、土地使用权或者其他财产权利出资，但不得以劳务出资。有限合伙人未按照合伙协议约定的期限足额缴付出资的，应当承担补缴的义务，并对其他合伙人承担违约责任。

(三)有限合伙企业的事务执行

有限合伙企业由普通合伙人执行合伙企业事务，有限合伙人不得执行合伙企业的事务，不得对外代表合伙企业。有限合伙人有下列行为的，不视为执行合伙企业事务：(1)参与决定普通合伙人入伙、退伙；(2)对企业的经营管理提出建议；(3)参与选择承办合伙企业审计业务的会计师事务所；(4)获取经审计的有限合伙企业财务会计报告；(5)对涉及自身利益的情况，查阅有关财务会计账簿等财务资料；(6)在有限合伙企业中的利益受到侵害时，向有责任的合伙人主张权利或者提起诉讼；(7)执行事务合伙人怠于行使权利时，督促其行使权利或者为了本企业的利益以自己的名义提起诉讼；(8)依法为本企业担保。

如果第三人有理由相信有限合伙人为普通合伙人并与其交易的，该有限合伙人对该笔交易承担与普通合伙人同样的责任。有限合伙人未经授权以有限合伙企业的名义与他人进行交易，给有限合伙企业或者其他合伙人造成损失的，该有限合伙人应当承担赔偿责任。

(四)有限合伙人的入伙、退伙和资格继承

1. 入伙

有限合伙企业成立后，合伙人以外的人可以作为有限合伙人加入合伙企业，成为有限合伙人。新入伙的有限合伙人对入伙之前的企业债务，以其认缴的出资额为限承担责任。

2. 退伙

有限合伙人有下列情形之一的，应当退伙：(1)作为有限合伙人的自然人死亡或者依法被宣告死亡；(2)作为有限合伙人的法人或者其他组织依法被吊销营业执照、责令关闭、撤销，或者被宣告破产；(3)法律规定或者合伙协议约定有限合伙人必须具有相关资格而丧失该资格；(4)有限合伙人在合伙企业中的财产份额被人民法院强制执行。有限合伙人退伙后，对基于其退伙前的原因发生的有限合伙企业债务，以其退伙时从有限合伙企业中取回的财产承担责任。

3. 资格继承

作为有限合伙人的自然人死亡、被依法宣告死亡或者作为有限合伙人的法人及其他组织终止时，其继承人或者权利承受人可以依法取得该有限合伙人在有限合伙企业中的资格。

(五)有限合伙人和普通合伙人的相互转变

除合伙协议另有约定外，普通合伙人转变为有限合伙人或者有限合伙人转变为普通合伙人，应当经全体合伙人一致同意。有限合伙人转变为普通合伙人的，对其作为有限合伙人期间有限合伙企业发生的债务承担无限连带责任。普通合伙人转变为有限合伙人的，对其作为普通合伙人期间有限合伙企业发生的债务承担无限连带责任。

知识拓展

新合伙企业法的突破

于2007年6月1日起施行的《合伙企业法》有不少重大突破与亮点。

该法明确承认了有限合伙制度。有限合伙是一种具有悠久历史的企业形式，早在欧洲中世纪就已得到承认，世界各国也几乎都承认这种企业形式。有限合伙的优势在于将公司的有限责任与合伙制度结合，设立简便、经营灵活、运作成本低、免予缴纳企业层次的所得税等，因而得到了社会广泛的接受。有限合伙最初适用于小型的家族式企业，但在20世纪60年代后的美国，由于高额的所得税迫使人们寻找各种避税的工具，有限合伙成了一种比较理想的选择，从而使有限合伙大量出现，也使这种历史悠久的企业形式获得了新的活力。有限合伙特别为风险投资家所青睐，被广泛应用于石油、房地产等大规模投资开发项目。有限合伙的规模也由原来的小型企业的形式演变成拥有成千上万的合伙人的大型企业所采用的法律形式。有限合伙甚至还可以公开上市交易，被称为上市有限合伙。我国1997年制定《合伙企业法》时就曾经考虑把它纳入，但由于对该企业形式的种种误解或者疑虑，最终被删除了。尽管1997年的《合伙企业法》没有认可有限合伙，但是社会经济发展需要这种企业形式，特别是开发高新技术的风险投资领域，有限合伙是一种最适当、最合理的企业形式。我们的实际情况是，懂技术、会经营的人往往缺少资金，而不懂高新技术、但拥有大量财富的人们却找不到适当的投资对象。有限合伙恰恰可以实现资金和人才的有效结合。由于这种社会内在的需求，早在《合伙企业法》修改之前，北京、深圳、杭州等地以地方法规的形式认可了有限合伙制度，并且付诸实践。但这种地方性法规的合法性是存在疑问的。因此，此次修订时明确地以立法的形式认可有限合伙这种企业形式，是顺应时代发展潮流之举。

该法引入了有限责任合伙的形式。有限责任合伙是十多年前在美国得克萨斯首先创造的一种新型的普通合伙形式。目前，大多数人对它还不熟悉。传统的普通合伙的最重要的特征之一是合伙人要对合伙企业的债务承担个人的连带责任。传统合伙这种形式通常被律师、会计师、医师等专业服务机构这类所谓人合组织所采用，因为它需要以自己的个人信用吸引客户。但是随着其服务对象的经济规模的扩大，这些专业服务机构的规模也相应地扩大了。一个大型的律师事务所、会计师事务所的合伙人之间往往相互并不熟悉、互不了解，这样，合伙人所面临的风险就要比传统的合伙中的风险大得多。众所周知，有限责任公司通常就是股东自己经营管理的，与合伙的经营管理方式没有实质上的不同，但他们即使犯了过错而使公司受到损失，他们的责任也仅限于他们在公司中的财产份额，无须担心个人财产被追偿，因为他们享受有限责任的保护。相比之下，合伙中的合伙人即使本身并无过错，却要因其合伙人的身份而承担连带责任，就显得很不公平了。20 世纪 80 年代在美国得克萨斯州出现的追究无辜合伙人连带责任的诉讼中出现的这种极不公平的现象，导致了有限责任合伙这种新型的普通合伙形式的诞生。由于美国出现的情况在其他国家也同样存在，于是有限责任合伙在短短的十几年的时间内，在其他许多国家也得到了迅速的推广与发展。

总的来说，《合伙企业法》的成功修订是多方面共同努力的成果，是一部与时俱进的法律。毫无疑问，它将对我国经济的发展、进一步改革开放、与国际接轨产生积极影响。

五、合伙企业的解散与清算

(一)合伙企业的解散

合伙企业有下列情形之一时，应当解散：

1. 合伙协议约定的经营期限届满，合伙人不愿继续经营；
2. 合伙企业约定的解散事由出现；
3. 全体合伙人决定解散；
4. 合伙人已不具备法定人数满 30 天；
5. 合伙协议约定的合伙目的已经实现或者无法实现；
6. 被依法吊销营业执照、责令关闭或者被撤销；
7. 出现法律、行政法规规定的合伙企业解散的其他原因。

(二)合伙企业的普通清算

合伙企业解散后应当进行清算并通知和公告债权人。

1. 清算人

合伙企业解散，清算人由全体合伙人担任；经全体合伙人过半数同意，可以自合伙企业解散事由出现之日起 15 内指定一个或者数个合伙人，或者委托第三人担任清算人。自合伙企业解散事由出现之日起 15 日内未确定清算人的，合伙人或者其他利害关系人可以申请人民法院指定清算人。

2. 清算人的职责

清算人在清算期间执行下列职责：(1)清理合伙企业财产，分别编制资产负债表和财产清单;(2)处理与清算有关的合伙企业未了结的事务;(3)清缴所欠税款;(4)清理债权、债务;(5)处理合伙企业清偿债务后的剩余财产;(6)代表合伙企业参加诉讼活动或者仲裁活动。

3. 通知、公告债权人

清算人自被确定之日起10日内将合伙企业解散事项通知债权人,并于60日内在报纸上公告。债权人自接到通知之日起30日内,未接到通知的自公告之日起45日内,向清算人申报债权。债权人申报债权,应当提供证明材料,清算人应当予以登记。

4. 清偿顺序

合伙企业财产按下列顺序清偿:(1)清算费用;(2)合伙企业所欠职工的工资和社会保险费用、法定补偿金;(3)合伙企业所欠税款;(4)合伙企业债务。

合伙企业财产按照上述顺序清偿后仍有剩余的,按照合伙协议约定的比例进行分配;合伙协议未约定或者约定不明的,由合伙人协商确定;协商不成的,按照实缴出资比例分配;无法确定出资比例的,由合伙人平均分配。合伙协议不得约定由部分合伙人承担全部亏损。

合伙企业清算时,其全部财产不足清偿其债务的,各合伙人承担无限连带责任。

5. 注销登记

合伙企业清算结束,清算人应当编制清算报告,经全体合伙人签名、盖章后,在15日内向企业登记机关报送清算报告,办理注销登记。合伙企业注销后,原普通合伙人对合伙企业存续期间的债务承担无限连带责任。

(三)合伙企业的破产清算

合伙企业不能清偿到期债务的,债权人可以依法向人民法院提出破产清算申请,也可以要求普通合伙人清偿。合伙企业被依法宣告破产的,普通合伙人对合伙企业债务仍应承担连带责任。

第四节　外商投资企业法

一、外商投资企业法概述

(一)外商投资企业的概念

外商投资企业,是指依照我国法律的规定,在我国境内设立的由外国投资者参与投资的企业。外商投资企业包括中外合资经营企业(以下简称“合营企业”)、中外合作经营企业(以下简称“合作企业”)和外资企业。

(二)外商投资企业法

外商投资企业法,是指调整国家关于协调外商投资企业的经济关系的法律规范的总称。我国调整外商投资企业的法律法规主要包括《中外合资经营企业法》、《中外合作经营企业法》和《外资企业法》以及相应的实施细则。同时,为了适应加入 WTO 后的相关要求,顺利与国际接轨,我国也对这些法律作出了相应的修正调整。

二、外商投资企业的出资

(一)出资方式

外商投资企业可以以现金、实物、场地使用权、工业产权、专有技术和其他财产权利出资。外商投资人以现金出资的,应当是外币。

(二)出资比例

我国外商投资企业法对外商投资企业的出资比例有明确的规定。在中外合营企业中和取得法人资格的中外合作企业中,外商投资人的出资比例都不得少于注册资本的 25%。法律法规规定外商出资比例可以低于 25%的,要按照设立外商投资企业的审批登记程序进行审批和登记。

(三)出资期限

外商投资企业的出资期限应该在合同、章程或者协议中明确规定,投资企业合同约定一次性缴清的,投资各方应该自营业执照签发之日起 6 个月内缴清。投资企业合同约定分期交付出资的,投资各方第一期出资不得低于各自认缴总数的 15%,并且在投资企业营业执照签发之日起 3 个月内缴清,全部缴清的时间根据注册资本数额的不同有所不同,具体按照法律、法规规定的时间,但一般不超过营业执照签发之日起 3 年。外商投资企业投资各方未能在规定的期限内交付出资的,视同外商投资企业自动解散,外商投资企业批准证书自动失效。

三、中外合资经营企业法

(一)合营企业的概念和特征

合营企业,是指中国合营者与外国合营者依照《中外合营企业法》的规定,在中国境内共同投资、共同经营,并按投资比例分享利润、分担风险及亏损的企业。中国合营者包括中国的企业或者其他经济组织,外国合营者包括外国的企业、其他经济组织和个人。

合营企业具有以下法律特征:(1)企业由中外双方或者多方共同出资组成。外方泛指境外的投资者,既包括外国投资者,也适用于我国港澳台地区的投资者、华侨投资者等。(2)中外合营者的地位平等,权利义务一致,以共同经营企业互利为原则。(3)合营企业的组织形式是有限责任公司,具备中国法人资格。

(二)合营企业的设立

1. 设立合营企业的申请和审批

设立合营企业应由中国合营者向有关部门呈报拟与外国合营者设立合营企业的项目建议书和初步可行性研究报告。申请报告获同意后,合营各方可进行谈判、签订合营合同等工作。审批机关为我国对外经济贸易主管部门或者国务院授权的省级人民政府及国务院有关行政机关。

申请审批须报送的正式文件有:(1)设立企业申请书;(2)可行性研究报告;(3)企业协议、合同和章程;(4)企业董事人选名单及董事长、副董事长人选名单;(5)企业主管部门同意成立的批准文件。

上述文件中可行性研究报告是对企业在经济和法律各方面因素的论证和分析。合营企业协议,是指合营各方对设立合营企业的某些要点和原则达成一致意见而订立的文件。合营企业合同,是指合营各方为设立合营企业就相互权利、义务关系达成一致意见而订立的文件。合营企业章程,是按照合营企业合同规定的原则,经合营各方一致同意,规定合营企业的宗旨、组织原则和经营管理方法等事项的文件。合营企业协议与合营企业合同有抵触时,以合营企业合同为准,经合营各方同意,也可以不订立合营企业协议而只订立合营企业合同和合营企业章程。

审批机关自接到上述全部文件之日起应于 3 个月内决定批准或者不批准。审批机关如发现上述文件有不当之处,应要求限期修改,否则不予批准。

2. 设立合营企业的登记

合营企业在收到批准证书后 30 天内向登记主管机关提出申请,工商登记主管机关在受理申请后 30 天内做出核准登记或者不予核准登记的决定。合营企业经登记核准注册,领取《企业法人营业执照》后,企业即告成立。

(三)合营企业的出资、资本及组织形式

1. 合营各方的出资

合营各方可以货币、实物、工业产权、专有技术出资。中国合营者还可以场地使用权作为出资。以实物、场地使用权、工业产权、专有技术作为出资的,须作价折合为货币形式计算出资比例;其作价由合营各方按照公平合理的原则协商确定或聘请合营各方同意的评估机构或者第三人评定。

合营各方应当在合营合同中订明出资期限，并按合同规定的期限缴清各自的出资。合营合同中规定一次缴清出资的，合营各方应从营业执照签发之日起6个月内缴清；合同中规定分期缴付出资的，合营各方第一期出资，不得低于各自认缴出资额的15%，并应在营业执照签发之日起3个月内缴清。

2. 注册资本与投资总额

合营企业的注册资本，是指合营企业在登记管理机构登记时合营各方认缴的出资额的总和。合营企业的投资总额，是指按照合营企业合同、章程规定的生产规模需要投入的基本建设资金和生产流动资金的总和。投资总额一般大于注册资本，包括合营各方的出资额和以企业名义的借款。

合营企业的注册资本应当与投资总额保持适当比例。我国相关法律、法规规定：

(1)合营企业的投资总额在300万美元以下(含300万美元)的，其注册资本至少应占投资总额的7/10。

(2)投资总额在300万～1000万美元(含1000万美元)的，其注册资本至少应占投资总额的1/2；其中投资总额在420万美元以下的，注册资本不得低于210万美元。

(3)投资总额在1000万～3000万美元(含3000万美元)的，其注册资本至少应占投资总额的2/5；其中投资总额在1250万美元以下的，其注册资本不得低于500万美元。

(4)投资总额在3000万美元以上的，其注册资本至少应占投资总额的1/3；其中投资总额在3600万美元以下的，注册资本不得低于1200万美元。

合营企业的注册资本在该企业合营期限内可以增加，也可以减少，但减少后的数额不能低于《公司法》对有限责任公司最低注册资本的限额。

外国合营者的投资比例在注册资本中一般不得低于25%；对外国合营者投资的上限未作规定。

3. 合营企业的组织形式

合营企业的组织形式为有限责任公司。合营各方对合营企业的责任以各自认缴的出资额为限，合营企业以其全部资产对其债务承担责任。

(四)合营企业的组织机构

1. 董事会

合营企业的董事会是合营企业的最高权力机构，有权决定企业的一切重大问题。董事会的人数应在《公司法》规定的3人以上13人以下的范围内，由合营各方协商，在合营企业合同、章程中确定。董事名额由合营各方参照出资比例协商确定。董事任期为4年，经合营者继续委派可以连任。董事长和副董事长由合营各方协商确定或者由董事会选举产生。中外合营各方的一方担任董事长的,由他方担任副董事长。董事长是合营企业的法定代表人。

企业重大事项,如企业章程的修改,企业的终止、解散,企业注册资本的增加、转让,企业与其他经济组织的合并等,须由出席董事会会议的董事一致通过方可做出决议。其他事项可以根据合营企业章程载明的议事规程做出决议。

2. 经理机构

合营企业实行董事会领导下的总经理负责制。总经理执行董事会会议的各项决议,组织领导合营企业的日常管理工作。在董事会授权的范围内,总经理对外代表合营企业,对内任免下属人员,行使董事会授予的其他职权。

(五)合营企业的经营管理

1. 合营企业的计划

合营企业按照合营合同规定的经营范围和生产规模所制定的生产经营计划,由董事会批准执行。企业主管部门和各级计划管理部门不得对企业下达指令性生产经营计划。

2. 合营企业的物资购买

合营企业对所需的机器设备、原材料、燃料、配套件、运输工具和办公用品等,有权自行决定在中国购买或者向国外购买。

3. 合营企业的产品销售

中国政府鼓励合营企业生产的产品向国际市场销售,但也可以在中国国内市场销售。

(六)合营企业利润分配

合营企业缴纳所得税后的利润,首先,应支付各项赔偿金、违约金、滞纳金、罚息、罚款;其次,弥补企业以前年度亏损;再次,提取储备基金、企业发展基金和职工奖励及福利基金;最后,投资各方按出资比例进行分配。

合营企业的储备基金、企业发展基金和职工奖励及福利基金的提取比例由董事会确定。储备基金主要用于弥补企业的亏损;企业发展基金主要用于扩大生产经营,经审批机关批准也可转为投资人增资;职工奖励及福利基金用于职工非经常性奖励、补贴构建和修缮职工住房等集体福利。

实例探讨

合营企业投资人的义务

2002 年 4 月,某机械公司(甲方)与台湾某电子公司(乙方)在上海签订一份合资经营企业合同。合同规定，双方投资组成合资经营企业海港电视公司，合作期限为 20 年，合营企业注册资本为 200 万美元，甲方投资比例为 70%，即 140 万美元，乙方投资比例为 30%，即 60 万美元。甲方的投资方式为土地使用权、货币、设备，乙方的投资方式为货币、专有技术、设备。合同还规定，合营企业由乙方负责引进全套设备。合营企业的收益分配采用产品分成方式，甲方为 71%、乙方为 29%。合同经有关主管部门批准后生效。合同生效后，乙方按要求提供了全套设备，价款为 100 万美元，甲方汇出 70 万美元，乙方由境外名义汇出 30 万美元。在经营期限内，由于乙方所提供的专有技术不能达到合同规定的技术标准，致使彩电质量不佳，产品销路不畅，企业出现亏损。合营双方为此多次发生纠纷。2007 年，乙方未经甲方同意，竟与英国某公司签订一份转让其在海港电视公司权利义务的合同。甲方表示反对，但乙方置之不理。请问：乙方的做法有哪些错误？

(七)合营企业的合营期限、解散与清算

1. 合营企业的合营期限

合营企业的期限按不同行业、不同情况作不同约定。有的行业的合营企业应当约定合营期限；有的行业的合营企业可以约定期限，也可以不约定合营期限。约定合营期限的合营企业，合营各方同意延长合营期限的，应在距合营期满 6 个月前向审批机关提出申请。审批机关应自收到申请之日起 1 个月内决定批准或者不批准。

2. 合营企业的解散

已经开业的合营企业，具有下列情况之一时可解散：(1)合营期限届满；(2)企业发生严重亏损，无力继续经营；(3)合营一方不履行合营企业协议、合同、章程规定的义务，致使企业无法继续经营；(4)因自然灾害、战争等不可抗力遭受严重损失，无法继续经营；(5)合营企业未达到其经营目的，同时又无发展前途；(6)合营企业合同、章程所规定的其他解散原因已经出现。

在发生上述第(2)、(3)、(4)、(5)、(6)种情况时，应由董事会提出解散申请书报审批机关批准。在上述第(3)种情况下，不履行合营企业协议、合同、章程规定的义务一方应对合营企业由此造成的损失承担赔偿责任。

3. 合营企业的清算

合营企业宣告解散时，董事会应提出清算的程序、原则和清算委员会人选，报企业主管部门审核并监督清算。

清算委员会的成员一般应在合营企业的董事中选任。董事不能担任或者不适合担任清算委员会成员时，合营企业可聘请在中国注册的会计师、律师担任。

审批机关认为必要时,可以派人进行监督。

合营企业进行清算时,其资产净额或者剩余财产减除企业未分配利润、各项基金和清算费用后的余额,超过实缴资本的部分为清算所得,应当依照我国《企业所得税法》规定缴纳所得税。缴纳所得税后的剩余财产,按照合营各方的出资比例进行分配,但合营企业协议、合同、章程另有规定的除外。

合营企业的清算工作结束后,由清算委员会提出清算结束报告,提请董事会会议通过后,报告原审批机关,并向原登记主管机关办理注销登记手续,缴销营业执照。

四、中外合作经营企业法

(一)合作企业的概念及特征

合作企业,是指中国合作者与外国合作者依照《中外合作企业法》的规定,在中国境内共同举办,按合作企业合同的约定分配收益或者产品、分担风险和亏损的企业。中国合作者包括中国的企业或者其他经济组织,外国合作者包括外国的企业和其他经济组织或者个人。

合作企业具有以下法律特征:(1)合作企业属于契约式企业。合作企业的重大事宜,包括中外合作者按何种比例进行收益或者产品的分配、风险和亏损的分担等,都是在合作企业合同中约定的。(2)合作企业组织形式灵活。中外合作者可以共同举办具有中国法人资格的合作企业,也可以共同举办不具有中国法人资格的合作企业。(3)合作企业的经营管理机构具有多样性。(4)合作企业按合同约定分配利润和产品,外国合作者可以在合作期间先行回收投资。

(二)合作企业的设立和变更

1. 合作企业的设立

(1)设立合作企业的条件。在中国境内举办合作企业,应当符合国家的发展政策和产业政策,遵守国家关于指导外商投资方向的规定。

《中外合作企业法》第 4 条规定:"国家鼓励举办产品出口的或者技术先进的生产型合作企业。"产品出口企业,是指产品主要用于出口,年度外汇总收入额减除年度生产经营外汇支出额和外国投资者汇出分得利润所需外汇额以后,外汇有结余的生产型企业。先进技术企业,是指外国投资者提供先进技术,从事新产品开发,实现产品升级换代,以增加出口创汇或者替代进口的生产型企业。

(2)设立合作企业的审批。设立合作企业由我国对外经济贸易主管部门或者国务院授权的部门和地方人民政府审查批准。审查批准机关应当自收到规定的全部文件之日起 45 天内决定批准或者不批准。审查批准机关认为报送的文件不全或者有不当之处的，有权要求合作各方在指定期间内补全或者修正。

(3)设立合作企业的登记。设立合作企业的申请经批准后，应当自接到批准证书之日起 30 天内向工商行政管理机关申请登记，领取营业执照。合作企业的营业执照签发日期为该企业的成立日期。合作企业应当自成立之日起 30 天内向税务机关办理税务登记。

2. 合作企业的变更

中外合作者在合作期限内协商同意对合作企业合同作重大变更的，应当报审查批准机关批准；变更内容涉及法定工商登记项目、税务登记项目的，应当向工商行政管理机关、税务机关办理变更登记手续。

合作企业成立后改为委托中外合作者以外的他人经营管理的，经董事会或者联合管理机构一致同意，并报请审批机关批准后，应当向工商行政管理机关办理变更登记手续。

经审批机关批准延长合作企业的合作期限的，合作企业凭批准文件向工商行政管理机关办理变更登记手续。

(三)合作企业的出资与组织机构

1. 合作企业的组织形式

合作企业包括依法取得中国法人资格的合作企业和不具有法人资格的合作企业。

合作企业依法取得中国法人资格的，为有限责任公司。除合作企业合同另有约定外，合作各方以其投资或者提供的合作条件为限对合作企业承担责任，合作企业以其全部资产对债务承担责任。

不具有法人资格的合作企业的合作各方的关系是一种合伙关系，合作各方应当按照合伙的有关法律规定承担责任、分担风险。

不具有法人资格的合作企业应当向工商行政管理机关登记合作各方的投资或者提供的合作条件。合作各方的投资或者提供的合作条件，归合作各方分别所有；经合作各方约定，也可以共有或者部分共有。合作企业经营积累的财产，归合作各方共有。合作各方的投资或者提供的合作条件由合作企业统一管理和使用。未经合作他方同意，任何一方不得擅自处理。

2. 合作企业的注册资本

合作企业的注册资本，是指为设立合作企业，在工商行政管理机关登记的合作各方认缴的出资额之和。

合作企业注册资本在合作期限内不得减少。但是，因投资总额和生产经营规模等变化确需减少的，须经审查批准机关批准。

在依法取得中国法人资格的合作企业中，外国合作者的投资一般不低于合作企业注册资本的25%。

3. 投资者的投资或者提供的合作条件

合作各方应当依照有关法律、行政法规的规定和合作企业合同的约定,向合作企业投资或者提供合作条件。合作各方应当以其自有的财产或者财产权利作为投资或者合作条件,对该投资或者合作条件不得设置抵押权或者其他形式的担保。合作企业的投资或者提供的合作条件可以是货币,也可以是实物或者工业产权、专有技术、土地使用权等财产权利。

中国合作者的投资或者提供的合作条件,属于国有资产的,应当依照有关法律、行政法规的规定进行资产评估。

合作各方应当根据合作企业的生产经营需要,依照有关法律、行政法规的规定,在合作企业合同中约定合作各方向合作企业投资或者提供合作条件的期限。

合作各方没有按照合作企业合同约定缴纳投资或者提供合作条件的,工商行政管理机关应当限期履行;期限届满仍未履行的,审查批准机关应当撤销合作企业的批准证书,工商行政管理机关应当吊销合作企业的营业执照,并予以公告。未按照合作企业合同约定缴纳投资或者提供合作条件的一方,应当向已按照合作企业合同约定缴纳投资或者提供合作条件的他方承担违约责任。

合作各方缴纳投资或者提供合作条件后,应当由中国注册会计师验证并出具验资报告,由合作企业据此发给合作各方出资证明书。

4. 合作企业的组织机构

(1)合作企业的权力机构。合作企业设董事会或者联合管理委员会。董事会或者联合管理委员会是合作企业的权力机构,按照合作企业章程的规定,决定合作企业的重大问题。

董事会或者联合管理委员会成员不得少于3人,其名额的分配由中外合作者参照其投资或者提供的合作条件协商确定。董事会的董事或者联合管理委员会的委员由合作各方自行委派或者撤换。董事会董事长、副董事长或者联合管理委员会主任、副主任的产生办法由合作企业章程规定;中外合作者的一方担任董事长、主任的,副董事长、副主任由他方担任。

董事或者委员的任期由合作企业章程规定;但是,每届任期不得超过3年。董事或者委员任期届满,委派方继续委派的,可以连任。

董事长或者主任是合作企业的法定代表人。董事长或者主任因特殊原因不能履行职务时,应当授权副董事长、副主任或者其他董事、委员对外代表合作企业。

(2)合作企业的经营管理机构。合作企业设总经理1人,负责合作企业的日常经营管理工作,对董事会或者联合管理委员会负责。合作企业的总经理由董事会或者联合管理委员会聘任、解聘。

总经理及其他高级管理人员可以由中国公民担任,也可以由外国公民担任。经董事会或者联合管理委员会聘任,董事或者委员可以兼任合作企业的总经理或者其他高级管理职务。

(3)合作企业的委托管理制。合作企业成立后委托合作各方以外的他人经营管理的,必须经董事会或者联合管理委员会一致同意,并应当与被委托人签订委托经营管理合同。

合作企业应当将董事会或者联合管理委员会的决议、签订的委托经营管理合同,连同被委托人的资信证明等文件,一并报送审查批准机关批准。审查批准机关应当自收到有关文件之日起30天内决定批准或者不批准。

(四)合作企业的盈亏分配

中外合作者依照合作企业合同的约定,分配收益或者产品,承担风险和亏损。利润分成、产品分成的比例,由中外合作者在合作企业合同中约定。中外合作者可以约定在合作企业期满前始终按同一比例进行利润或产品分成,也可以在合作企业期满前的一定时期按某种比例分成,在另外的时期按其他比例分成。

中外合作者在合作企业合同中约定合作期满时合作企业的全部固定资产归中国合作者所有的,可以在合作企业合同中约定外国合作者在合作期限内先行回收投资的办法。外国合作者在合作期限内可以申请按照下列方式先行回收其投资:

(1)在按照投资或者提供合作条件进行分配的基础上,在合作企业合同中约定扩大外国合作者的收益分配比例。

(2)经财政税务机关按照国家有关税收的规定审查批准,外国合作者在合作企业缴纳所得税前回收投资。

(3)经财政税务机关和审查批准机关批准的其他回收投资方式。

合作企业的亏损未弥补前,外国合作者不得先行回收投资。

(五)合作企业的合作期限、解散与清算

1. 合作企业的合作期限

关于合作企业的合作期限,一般来说,生产型的合作企业,特别是产品出口企业和先进技术企业,应当比非生产型的合作企业更长。而同样是生产型合作企业或非生产型合作企业,由于各种行业的情况不同,也不宜规定统一的期限。因此,《中外合作企业法》第25条规定,合作企业的合作期限由中外合作者协商并在合作企业合同中订明。中外合作者同意延长合作期限的,应当在距合作期满180天前向审查批准机关提出申请。审查批准机关应当自接到申请之日起

30天内决定批准或者不批准。

2. 合作企业的解散

合作企业因下列情形之一出现时可解散:(1)合作期限届满;(2)合作企业发生严重亏损,或者因不可抗力遭受严重损失,无力继续经营;(3)中外合作者一方或者多方不履行合作企业合同、章程规定的义务,致使合作企业无法继续经营;(4)合作企业合同、章程中规定的其他解散原因已经出现;(5)合作企业违反法律、行政法规,被依法责令关闭。

上述第(2)项、第(4)项所列情形发生时,应当由合作企业的董事会或者联合管理委员会作出决定,报审查批准机关批准。在上述第(3)项所列情形下,不履行合作企业合同、章程规定的义务的中外合作者一方或者多方,应当对履行合同的他方因此遭受的损失承担赔偿责任;履行合同的一方或者多方有权向审查批准机关提出申请,解散合作企业。

合作企业期满或者提前终止,应当向工商行政管理机关和税务机关办理注销登记手续。

3. 合作企业的清算

《中外合作企业法》第24条规定,合作企业期满或者提前终止时,应当依照法定程序对资产和债权、债务进行清算。中外合作者应当依照合作企业合同的约定确定合作企业财产的归属。

五、外资企业法

(一)外资企业的概念及其特征

外资企业,是指依照《外资企业法》的规定、在中国境内设立的、全部资本由外国投资者投资的企业。外国投资者可以是外国的企业和其他经济组织,也可以是外国的个人。

外资企业具有以下法律特征:(1)外资企业的全部资本是由外国投资者投资。(2)外资企业是外国投资者依中国法律在中国境内设立的中国企业。(3)外资企业是一个经济实体。外资企业独立核算、自主经营、自负盈亏,独立承担责任。因此,外资企业不包括外国的企业和其他经济组织在中国境内的分支机构。

(二)外资企业的设立与变更

1. 外资企业的设立

(1)设立外资企业的条件。我国加入WTO后逐步放宽了对设立外资企业的限制。申请设立外资企业,有下列情况之一的,不予批准:①有损中国主权或者社会公共利益的;②危及中国国家安全的;③违反中国法律、法规的;④不符合中国国民经济发展要求的;⑤可能造成环境污染的。

(2)设立外资企业的申请。外国投资者在提出设立外资企业的申请前,应当就下列事项向拟设立外资企业所在地的县级或者县级以上地方人民政府提交报告。报告内容包括:①设立外资企业的宗旨;②经营范围、规模、生产产品;③使用的技术设备;④产品在中国和外国市场的销售比例;⑤用地面积及要求;⑥需要用水、电、煤、煤气或者其他能源的条件及数量;⑦对公共设施的要求等。县级或者县级以上地方人民政府,应当在收到外国投资者提交的报告之日起30天内,以书面形式答复外国投资者。

外国投资者设立外资企业,应当通过拟设立外资企业所在地的县级或者县级以上人民政府向审批机关提出申请。

(3)设立外资企业的审批。设立外资企业的申请,由国务院对外经济贸易主管部门或者国务院授权的机关审查批准。审查批准机关应当在接到申请之日起90天内决定批准或者不批准。

设立外资企业的申请,由国务院对外经济贸易主管部门审查批准后,发给批准证书。在国家规定限制设立外资企业的行业中设立外资企业,除法律、法规另有规定外,须经国务院对外经济贸易主管部门批准。申请设立的外资企业,其产品涉及出口许可证、出口配额、进口许可证或者属于国家限制进口的,应当依照有关管理权限事先征得国务院对外经济贸易主管部门的同意。

审批机关应当在收到申请设立外资企业的全部文件之日起90天内决定批准或者不批准。审批机关如果发现上述文件不齐备或者有不当之处,可以要求限期补报或者修改。

(4)设立外资企业的登记。设立外资企业的申请经批准后,外国投资者应当在接到批准证书之日起30天内,向工商行政管理局申请开业登记。登记主管机关应当在受理申请后30天内,作出核准登记或者不予核准登记的决定。申请开业登记的外国投资者,经登记主管机关核准登记注册,领取营业执照后企业即告成立。外资企业的营业执照签发日期,为该企业成立日期。

外资企业符合中国法律关于法人条件的规定的,依法取得中国法人资格。

2. 外资企业的变更

外资企业改变名称、住所、经营场所、法定代表人、经济性质、经营范围、经营方式、注册资本、经营期限以及增设或者撤销分支机构,应当报审查批准机关批准。

外资企业申请变更登记,应当在审查批准机关批准后30天内,向登记主管机关申请办理变更登记。

外资企业分立、合并、迁移,应当报审查批准机关批准,并在批准后30天内,向登记主管机关申请办理变更登记、开业登记或注销登记。

（三）外资企业的出资、资本及组织形式

1. 外国投资者的出资

外国投资者可以用可自由兑换的外币出资，也可以用机器设备、工业产权、专有技术等作价出资。经审批机关批准，外国投资者也可以用其在中国境内举办的其他外商投资企业获得的人民币利润出资。

外国投资者以工业产权、专有技术作价出资时，该工业产权、专有技术必须符合下列要求：(1)归外国投资者自己所有；(2)能生产中国急需的新产品或者出口适销产品的。作价出资的工业产权、专有技术实施后，审批机关有权进行检查。

2. 外国投资者的出资期限

外国投资者缴付出资的期限应当在设立外资企业申请书和外资企业章程中载明。外国投资者可以分期缴付出资，但最后一期出资应当在营业执照签发之日起 3 年内缴清。其第一期出资不得少于外国投资者认缴的出资额的 15%，并应当在外资企业营业执照签发之日起 90 天内缴清。

外国投资者未能在外资企业营业执照签发之日起 90 天内缴付第一期出资的，或者无正当理由逾期 30 天不缴付其他各期出资的，外资企业批准证书即自动失效。外资企业应当向工商行政管理机关办理注销登记手续，缴销营业执照；不办理注销登记手续和缴销营业执照的，由工商行政管理机关吊销其营业执照，并予以公告。

外国投资者有正当理由要求延期出资的，应当经审批机关同意，并报工商行政管理机关备案。

外国投资者缴付每期出资后，外资企业应当聘请中国的注册会计师验证，并出具验资报告，报审批机关和工商行政管理机关备案。

3. 外资企业的注册资本

外资企业的注册资本，是指为设立外资企业，在工商行政管理机关登记的资本总额，即外国投资者认缴的全部出资额。外资企业的注册资本应当与其经营规模相适应，注册资本与投资总额的比例应当符合中国的有关规定。

外资企业注册资本的变更、转让，须经审批机关批准，并向工商行政管理机关办理变更登记手续。

外资企业将其财产或者权益对外抵押、转让，须经审批机关批准，并向工商行政管理机关备案。

4. 外资企业的组织形式

外资企业的组织形式为有限责任公司，经批准也可以为其他责任形式。外资企业为有限责任公司的，外国投资者对企业的责任以其认缴的出资额为限，外资企业以其全部资产对其债务承担责任。

外资企业为其他责任形式的，外国投资者对企业的责任适用中国相关法律、法规的规定。

（四）对外资企业权益的保护

1. 外资企业经营权受法律保护

外国投资者在中国境内的投资、获得的利益和其他合法权益受中国法律保护。国家保障外资企业的经营自主权。

外资企业的用地获得保证，办理土地使用手续，领取土地使用证书。另外，在物资购买、产品销售、利润分配、职工雇用等方面享有与合营企业相同的自主权。

2. 对外资企业不实行国有化和征收

国家对外资企业不实行国有化和征收。在特殊情况下，根据社会公共利益的需要，对外资企业可以依照法律程序实行征收，并给予相应的补偿。这里的特殊情况一般是指战争或战争状况等。

3. 禁止向外资企业摊派

任何国家机关、人民团体、部队、企业、事业单位和其他社会组织，不得在法律、法规的规定之外以任何方式要求外资企业向其他企业提供财力、物力和人力。外资企业有权拒绝任何单位的摊派，有权向审计机关或其他有关部门控告、检举、揭发摊派行为。

（五）外资企业的经营期限、终止与清算

1. 外资企业的经营期限

外资企业的经营期限，根据不同行业和企业的具体情况，由外国投资者在设立外资企业的申请书中拟订，经审批机关批准。外资企业的经营期限，从其营业执照签发之日起计算。外资企业经批准延长经营期限的，应当自收到批准延长期限文件之日起30天内，向工商行政管理机关办理变更登记手续。

2. 外资企业的终止

外资企业有下列情形之一的应予终止：(1)经营期限届满；(2)经营不善，严重亏损，外国投资者决定解散；(3)因自然灾害、战争等不可抗力而遭受严重损失，无法继续经营；(4)破产；(5)违反中国法律、法规，危害社会公共利益被依法撤销；(6)外资企业章程规定的其他解散事由已经出现。

外资企业如存在上述第(2)、(3)、(4)项所列情形，应当自行提交终止申请书，报审批机关批准。审批机关做出核准的日期为企业的终止日期。

3. 外资企业的清算

外资企业如果因上述第(1)、(2)、(3)、(6)项所列情形终止的,应当在终止之日起15天内对外公告并通知债权人,并在终止公告发出之日起15天内,提出清算程序、清算原则和清算委员会人选,报审批机关审核后进行清算。

清算委员会应由外资企业的法定代表人、债权人代表以及有关主管机关的代表组成,并聘请中国的注册会计师、律师等参加。

外资企业清算结束之前,外国投资者不得将该企业的资金汇出或者携带出中国境外,不得自行处理企业财产。

清算费用应从外资企业现存财产中优先支付。清算终了,外资企业应就其清算净收益即清算所得,依法缴纳所得税。缴纳所得税后的剩余财产,按照外资企业章程的规定进行分配。外资企业清算处理财产时,在同等条件下,中国的企业或者其他经济组织有优先购买权。

外资企业清算结束,应当向工商行政管理机关办理注销登记手续,缴销营业执照。

开篇引例解析

刘某与关某、张某成立合伙企业是没有问题的,但是不能借用营业执照,也不能使用个体、个人独资企业的营业执照。企业的出资义务是由合伙人个人承担的,这属于个人的责任,不应该由其他合伙人或企业来承担,所以关某的要求是不符合法律规定的。

本章小结

企业是市场经济活动的重要主体,规范企业的设立和经营是市场经济和法治经济的重要内容。本章主要从个人独资企业、合伙企业、外资企业的角度来讨论企业法的结构和具体内容,这是学习企业法必不可少的要素和内容。

复习思考题

一、单项选择题

1. 万某出国留学将自己的独资企业委托陈某管理,并授权陈某在5万元以内的开支和50万元以内的交易可自行决定。假设第三人对此授权不知情,则陈某受托期间实施的下列哪一行为为我国法律所禁止或无效?(　　)

A. 未经万某同意与某公司签订交易额为100万元的合同

B. 未经万某同意将自己的房屋以 1 万元出售给本企业

C. 未经万某同意向某电视台支付广告费 8 万元

D. 未经万某同意聘用其妻为企业销售主管

2. 关于合伙企业积累财产的性质，下列哪一表述是正确的？（　　）

A. 由全体合伙人共同共有　　B. 由全体合伙人按份共有

C. 由全体合伙人连带共有　　D. 由合伙企业所有

3. 合伙人甲在合伙企业中有份额 15 万元，待分配利润 3 万元。现甲无力偿还其对第三人乙的负债 20 万元，乙要求强制执行甲在合伙企业中的财产。对此，下列哪一种说法是正确的？（　　）

A. 乙仅可就该 15 万元份额请求强制执行

B. 乙仅可就该 3 万元待分配利润请求强制执行

C. 乙可以就该 15 万元份额和 3 万元待分配利润请求强制执行

D. 乙可以就该 15 万元份额和 3 万元待分配利润请求强制执行，但必须扣除甲在合伙企业中应当承担的债务份额

4. 在中外合资经营企业中，董事会是按照合营企业的哪一法律文件决定企业一切重大问题的？（　　）

A. 合营企业合同　　B. 合营企业协议

C. 合营企业章程　　D. 主管机关对合营企业的批准证书

二、多项选择题

5. 根据法律规定，下列关于个人独资企业设立条件的判断，哪些是正确的？（　　）

A. 投资人只能是自然人　　B. 投资人需具有完全民事行为能力

C. 须有企业章程　　D. 有符合规定的法定最低注册资本

6. 2004 年 3 月，甲、乙、丙开办一合伙企业。同年 6 月甲与丁结婚。2009 年 8 月，双方协议离婚，约定将合伙企业中甲的财产份额全部转让给丁。下列哪些说法不正确？（　　）

A. 合伙企业中甲的财产份额属于夫妻共同财产

B. 如乙、丙同意，丁依法取得合伙人的地位

C. 如乙、丙不同意丁入伙，必须购买该财产份额

D. 合伙企业应清算，丁分得甲应得的财产份额

7. 中方甲公司与外方乙公司拟在深圳共同设立一中外合作经营企业，某律师受聘为双方起草一份《合作经营合同》。该律师起草的下列哪一合同条款违反了我国法律规定？（　　）

A. 任何一方未经对方同意，都不得转让合作合同的部分或全部权利、义务
B. 合作企业的董事长和副董事长由中方担任，总经理和副总经理由外方担任
C. 合作企业的财务会计账簿只能设在中国境内
D. 合作企业的利润先由外方收回投资本息，在合作期满时企业固定资产归中方所有

三、案例分析题

8. 我国公民李某、王某、张某三人决定设立一个合伙企业，经协商后，三人签订了内容如下的合伙协议：三人都是普通合伙人身份，拟设立的合伙企业的名称是“新浪工贸有限公司”，合伙人按照实际出资数额对合伙企业享有权利和承担义务，合伙企业则以企业自身的财产对外承担有限责任。合伙企业存续期间，合伙人不得以任何理由转让其在合伙企业中的全部或部分财产份额；合伙企业实行董事会领导下的经理负责制，董事会对合伙企业的所有事务全权负责；合伙企业解散后，合伙人应均分合伙企业解散前的企业所有财产。

问：该合伙协议是否合法？为什么？

9. 中国南京玉环集团公司与美国史密斯热水器公司于1995年10月签订了合资合同，决定共同出资成立中美合资南京亚美热水器公司。合同约定投资总额为2980万美元，注册资本为1192万美元，中美双方投资比例为4：6；中方以现有产品和部件存货、设备、现有销售渠道、土地使用权、劳务等出资形式出资，外方以现金、设备、样机、原材料和零部件、专利技术等形式出资。合资合同约定公司存续的时间是60年，公司成立董事会，公司的董事会由5名董事组成，其中中方委派1名，美方委派4名，董事任期为四年并且可以连任。第一任董事长由美方委派，副董事长由中方委派，出席董事会议的法定人数为全体董事的4/5(不一定包括中方的一名董事)，不够4/5时，其通过的决议无效。董事会修改企业章程、决定合资公司与其他经济组织合并、公司解散和清算、注册资本的增加和转让等事项，由董事会以简单多数通过决定。合资企业的合同还规定，合资公司存续期间，美方投资人享有先行收回投资的权利。

问：上述中美合资合同的规定有哪些错误？

第三章　公司法

【学习目标】

1. 了解公司的概念、特征及分类，有限责任公司、股份有限公司的概念及特征，公司财务、会计的相关规定。

2. 理解公司的注册资本与股东的出资，公司的治理结构，公司董事、监事、高级管理人员的任职资格和义务。

3. 掌握《公司法》关于公司总则的具体规定以及有限责任公司、股份有限公司的设立及其组织机构，股份的发行与转让，公司债券的发行与转让。

4. 能识别和解释公司运行实践中出现的违法现象。

5. 初步具备处理公司运行过程中的基本法律问题的能力。

【重点、难点】

1. 有限责任公司、股份有限公司设立的条件和程序。

2. 公司的组织机构。

3. 一人有限责任公司的特殊规定。

4. 股份有限公司股份发行与转让的有关规定。

开篇引例

2009 年 4 月，张某、天才宝贝服装厂和绿伊服装厂准备共同出资成立一家注册资本为 30 万元人民币的有限责任公司，从事服装生产。三家投资方经过协商，公司的名称拟定为山东伊贝服装公司，并共同制定了公司章程。各方具体出资方面：张某出资 8 万元人民币；天才宝贝服装厂以机器设备出资，价值 12 万元人民币；绿伊服装厂以专利技术出资，价值 10 万元人民币。其后，三个股东各指定一名代表向当地的税务机关申请设立登记。

问题：该有限责任公司在设立的过程中是否存在问题？都存在哪些问题？

第一节 公司法概述

一、公司概述

（一）公司的概念和特征

所谓公司，是指根据公司法设立的以营利为目的的企业法人。公司具有以下法律特征：

1. 公司是企业。企业是从事生产、流通、服务等经济活动，以营利为目的，实行自主经营、独立核算，并具备一定法律资格的社会经济组织。公司是企业的一种。

2. 公司是企业法人。法人是具有民事权利能力和民事行为能力、依法独立享有民事权利和承担民事义务的组织。根据法人成立的目的可将法人分为机关法人、企业法人、事业单位法人和社会团体法人。公司是企业法人，有独立的法人财产，享有法人财产权。公司以其全部财产对公司的债务承担责任。

3. 公司是依公司法设立的企业法人。公司法对公司设立的条件和程序等均作出了明确的规定，只有符合公司法规定的设立条件的，才能进行公司登记，依法取得营业执照，获取公司企业法人资格，能够以公司的名义对外从事市场经营行为。

（二）公司的分类

1. 无限公司、有限责任公司、两合公司、股份有限公司与股份两合公司

这是以公司股东的责任范围为标准对公司进行的一种分类，也是最常用、最重要的一种公司分类。

无限公司是指全体股东对公司债务承担无限连带责任的公司。所谓无限连带责任包括两层含义：一是股东对公司债务负无限责任。即全体股东均须以自己的全部资产对公司全部债务负责。二是股东对公司债务负连带责任。即全体股东共同对公司债务负责。在公司清偿不能时，每一股东均负有对公司全部债务予以清偿的责任。

有限责任公司是指依公司法设立的、股东以其认缴的出资额为限对公司承担责任，公司以其全部资产对其债务承担责任的公司。

两合公司是指由一个以上的无限责任股东和一个以上的有限责任股东组成的公司。

股份有限公司是指全部资本划分为等额股份，股东以其所持有的股份对公

司承担责任,公司以其全部资产对公司的债务承担责任的公司。

股份两合公司是指由无限责任股东和有限责任股东共同出资组成,是介于无限责任公司和股份有限公司之间的一种股份有限公司。无限责任股东管理和控制公司的经营活动,对公司债务承担无限连带清偿责任;有限责任股东一般不参与公司的经营管理,对公司债务仅以其出资额为限承担责任。

2. 人合公司、资合公司与人合兼资合公司

这是以公司的信用基础为标准对公司进行的一种分类。

人合公司是指以股东的个人信用为公司信用基础的公司。无限公司是最典型的人合公司。

资合公司是指主要以公司的资本作为公司信用基础的公司。股份有限公司和有限责任公司都属于资合公司,其中股份有限公司最为典型。

人合兼资合公司是指信用基础兼具股东个人信用及公司资本和资产信用的公司,公司既有人合性质又有资合性质。两合的主要原因在于公司由有限责任股东和无限责任股东两种股东组成。两合公司、股份两合公司即为人合兼资合公司。

3. 母公司与子公司

这是根据公司之间是否具有控股或从属关系对公司进行的一种分类。母公司是因出资而实际控制子公司经营活动的公司。母公司对子公司具有控股地位。子公司是相对于母公司而言的,是指其一定比例以上的资本为另一公司的出资,从而其经营活动受该公司所控制的公司。子公司本身具有独立的主体资格,是一个独立的公司。

4. 本公司与分公司

这是根据公司的内部管辖关系对公司所作的一种分类。本公司又称"总公司",是指设立分公司的公司。分公司是指公司在其住所以外设立的从事经营活动的机构。分公司不具有企业法人资格,其民事责任由本公司承担。

5. 本国公司与外国公司

这是按照公司的国籍对公司所作的一种分类。公司的国籍通常以公司的注册登记地为确定依据。具有本国国籍的公司即为本国公司。具有外国国籍的公司即为外国公司。

6. 上市公司与非上市公司

这是根据股份有限公司的股票是否在证券交易所上市交易而对股份有限公司所作的一种分类。上市公司是指其股票在证券交易所上市交易的股份有限公司。非上市公司是指公司股票不在证券交易所上市交易的股份有限公司。

知识拓展

公司法的精髓——有限责任原则和公司法人制度

各国公司法对公司组织形式的规定，往往会因其法律传统以及公司实践的差异而有所不同，但有限责任公司和股份有限公司这两种组织形式，已成为各国最主要的公司组织形式。这两种公司最大的共同点就是：股东都以自己的出资额（或者持有的份额）为限对公司债务承担责任，公司以其全部财产对其债务承担责任。

在商品经济尚不发达的情况下，投资风险和竞争压力较小，所以早期出现的公司，股东承担的责任往往都是无限责任。但是随着社会和商品经济的日益繁荣发展，竞争者逐渐增多，经营风险越来越大。这时，如何规避风险或者有效降低风险，日益成为人们关注的焦点。正是在这样的背景下，股东有限责任原则逐渐被人们所接受。

另外，为了更好地保障股东责任的有限性、降低股东的投资风险，又产生了与之相配套的公司法人制度。根据公司法人制度，公司一旦合法成立即自然具有独立的法律人格，公司的债务须由公司以由股东出资为基础而形成的全部公司财产承担责任。这样，股东就可以隐身于公司背后，而不再与债权人发生直接联系。由此，公司法人制度也就被形象地称为“公司的面纱”。当然，由于公司是多方利益的集合体，如果单纯地只保护股东的权益而不顾债权人等其他主体的利益，最终也必将损害到公司的存在基础和股东的权益。因此，公司法也规定了在特殊情况下（如公司设立中的欺诈情形），为保护债权人利益而允许“揭开公司的面纱”，否定公司的法人资格，使股东直接面对债权人承担责任。

总之，有限责任原则及公司法人制度顺应了社会经济发展的需要，极大地推动了社会经济的发展，从而被一些学者称为“人类法制史上最伟大的创造”，“可以与瓦特发明蒸汽机相媲美”，具有划时代的意义。

二、公司法概述

（一）公司法的概念

公司法是调整公司在设立、经营、变更、终止过程中所发生的社会关系的法律规范的总称。公司法有广义和狭义之分。

狭义的公司法仅指公司法法典，即《中华人民共和国公司法》（以下简称《公司法》）。该法于 1993 年 12 月 29 日由第八届全国人民代表大会常务委员会第五次会议通过，自 1994 年 7 月 1 日起施行；1999 年 12 月 25 日第九届全国人民代表大会常务委员会第十三次会议第一次修订;2004 年 8 月 28 日第十届全国人民代表大会常务委员会第十一次会议第二次修订;2005 年 10 月 27 日第十届全国人民代表大会常务委员会第十一次会议再次修订,并于 2006 年 1 月 1 日起正式实施。

广义的公司法是指与公司有关的法律规范的总称,其内容除公司法法典外,还包括其他与公司相关的法律、行政法规、规章等,如《中外合资经营企业法》、《中外合作经营企业法》、《商业银行法》、《证券法》、《保险法》、《公司登记管理条例》等。

(二)公司的权利能力和行为能力

1. 公司的权利能力

公司的权利能力是指法律赋予公司享有权利、承担义务的资格。公司的权利能力从公司营业执照签发之日起开始,至公司注销登记并公告之日终止。公司的权利能力一般要受公司固有性质和法律规定上的限制。

(1)公司固有性质的限制。公司虽然具有民事主体资格,但毕竟是一个组织,与普通民事主体的自然人有着明显的差异。所以一些专属于自然人的权利并不能为公司所有,例如生命权、健康权、肖像权等。

(2)公司法的限制。一是转投资的限制。公司转投资是指公司通过向其他企业投资而成为其他企业的股东或者出资人的法律行为。《公司法》第 15 条规定:"公司可以向其他企业投资;但是,除法律另有规定外,不得成为对所投资企业的债务承担连带责任的出资人。"二是经营范围的限制。经营范围是指国家允许企业法人生产和经营的商品类别、品种及服务项目,反映企业法人业务活动的内容和生产经营方向,是企业法人业务活动范围的法律界限,体现企业法人民事权利能力和行为能力的核心内容。《公司法》第 12 条规定:"公司的经营范围由公司章程规定,并依法登记。公司可以修改公司章程,改变经营范围,但是应当办理变更登记。"

2. 公司的行为能力

公司的行为能力是指公司通过自己的意思表示取得权利、承担义务的能力。公司不同于自然人,因此,公司的行为能力必须通过其机关的行为来表示,公司机关以公司名义实施的行为即被视为公司本身的行为。

(三)公司章程

公司章程是由发起设立公司的投资者制定的调整公司内部组织关系和外部经营活动的书面文件。公司章程是公司成立和存续的必要前提和条件。我国《公司法》第 11 条规定:"设立公司必须依法制定公司章程。公司章程对公司、股东、董事、监事、高级管理人员具有约束力。”

依据法律对公司章程记载事项有无明确的规定，公司章程的记载事项可以分为必要记载事项和任意记载事项。

（四）公司人格否认制度

公司人格否认指的是当公司股东滥用公司法人独立地位和股东有限责任来逃避债务，严重损害公司债权人利益时，债权人可以直接请求滥用公司人格的股东对公司债务承担连带责任的法律制度。

我国《公司法》第 20 条的规定即体现了这一制度。公司股东应当遵守法律、行政法规和公司章程，依法行使股东权利，不得滥用股东权利损害公司或者其他股东的利益，不得滥用公司法人独立地位和股东有限责任损害公司债权人的利益。公司股东滥用股东权利给公司或者其他股东造成损失的，应当依法承担赔偿责任。公司股东滥用公司法人独立地位和股东有限责任，逃避债务，严重损害公司债权人利益的，应当对公司债务承担连带责任。

需要指出的是，公司人格否认并不是对公司法人资格的彻底否定，而只是在特定的情形下，为了限制股东权利的滥用、允许公司债权人对自己权利的保障请求救济而设立的一项弥补性法律制度。

（五）股东权

股东权是股东基于股东身份而对公司享有的权利。一般来说，股东权的大小与股东持有的出资额或者股份的多少成正比。

我国《公司法》第 4 条对股东权利进行了概括性的规定：“公司股东依法享有资产收益、参与重大决策和选择管理者等权利。”具体的股东权利则体现于《公司法》的其他条文中，例如《公司法》第 34 条规定：股东有权查阅、复制公司章程、股东会会议记录、董事会会议决议、监事会会议决议和财务会计报告。股东可以要求查阅公司会计账簿。股东要求查阅公司会计账簿的，应当向公司提出书面请求，说明目的。公司有合理根据认为股东查阅会计账簿有不正当目的，可能损害公司合法利益的，可以拒绝提供查阅，并应当自股东提出书面请求之日起 15 日内书面答复股东并说明理由。公司拒绝提供查阅的，股东可以请求人民法院要求公司提供查阅。

股东应当遵守法律、行政法规和公司章程，依法行使股东权利，不得滥用股东权利损害公司或者其他股东的利益，否则应当依法承担赔偿责任。

（六）公司股东会或者股东大会、董事会决议瑕疵的救济

对公司股东会或者股东大会、董事会决议瑕疵的救济，是 2005 年 10 月 27 日修订的《公司法》中为了加强公司中小股东权益保护而增加的特别规定。

根据我国《公司法》第 22 条的规定，公司股东会或者股东大会、董事会的决议内容违反法律、行政法规的无效。股东会或者股东大会、董事会的会议召集程序、表决方式违反法律、行政法规或者公司章程，或者决议内容违反公司章程的，股东可以自决议作出之日起 60 日内，请求人民法院撤销。股东依照上述规定提起诉讼的，人民法院可以应公司的请求，要求股东提供相应担保。公司根据股东会或者股东大会、董事会决议已办理变更登记的，人民法院宣告该决议无效或者撤销该决议后，公司应当向公司登记机关申请撤销变更登记。

第二节　有限责任公司

一、有限责任公司的设立

有限责任公司也称有限公司，是指依照《公司法》设立，股东以其认缴的出资额为限对公司承担责任，公司以其全部资产对其债务承担责任的公司。

按照《公司法》的规定，有限公司可分为一般有限公司和特殊有限公司。一般有限公司由 2 人以上 50 人以下的股东共同出资设立，特殊有限公司包括国有独资公司和一人有限责任公司。

（一）设立条件

1. 股东符合法定人数

对于一般有限公司的股东人数，《公司法》只作出了上限规定，即 50 人以下，但我国《公司法》还规定了国有独资公司和一人有限责任公司两种特殊情形。因此，一般有限公司的股东法定人数应为 2 人以上 50 人以下。一人有限责任公司的股东为一个自然人或者法人。国有独资公司的股东为国家（由国务院或者地方人民政府授权本级人民政府国有资产监督管理机构履行出资人职责）。

2. 股东出资达到法定资本最低限额

作为具备独立法人资格的市场主体，有限责任公司必须具备最基本的责任能力。《公司法》对法定资本最低限额的规定，目的即在于此。当然，具体数额的确定往往还要结合我国现阶段的具体国情考虑。

我国《公司法》第 26 条第 2 款规定："有限责任公司注册资本的最低限额为人民币 3 万元。法律、行政法规对有限责任公司注册资本的最低限额有较高规定的，从其规定。"

我国《公司法》第 59 条规定："一人有限责任公司的注册资本最低限额为人民币 10 万元。股东应当一次足额缴纳公司章程规定的出资额。"

3. 股东共同制定公司章程

根据我国《公司法》第 25 条的规定，有限责任公司的章程应当记载下列事项：(1)公司名称和住所；(2)公司经营范围；(3)公司注册资本；(4)股东的姓名或者名称；(5)股东的出资方式、出资额和出资时间；(6)公司的机构及其产生办法、职权、议事规则；(7)公司法定代表人；(8)股东会会议认为需要规定的其他事项。

股东应当在公司章程上签名、盖章。

4. 有公司名称，建立符合有限责任公司要求的组织机构

公司名称是指公司在经营活动中用以表彰自己、区别于其他市场主体的标识。公司只允许使用一个名称。而且，公司名称的命名也必须符合相关法律的规定。1999 年 12 月 8 日国家工商行政管理局令第 93 号公布、2004 年 6 月 14 日国家工商行政管理总局令第 10 号修订的《企业名称登记管理实施办法》第 9 条规定："企业名称应当由行政区划、字号、行业、组织形式依次组成，法律、行政法规和本办法另有规定的除外。"

《公司法》规定的有限责任公司的组织机构包括股东会、董事会和监事会。股东人数较少或者规模较小的有限责任公司，可以不设董事会，而只设 1 名执行董事；也可以不设监事会，设 1 至 2 名监事。

5. 有公司住所

公司的住所是公司主要办事机构所在地，是管理和统辖公司全部经营活动的总机关所在地。经公司登记机关登记的住所只能有一个。

(二)出资义务的履行

有限责任公司的注册资本为在公司登记机关登记的全体股东认缴的出资额。公司全体股东的首次出资额不得低于注册资本的 20%，也不得低于法定的注册资本最低限额，其余部分由股东自公司成立之日起 2 年内缴足；其中，投资公司可以在 5 年内缴足。

股东可以用货币出资，也可以用实物、知识产权、土地使用权等可以用货币估价并可以依法转让的非货币财产作价出资；但是，法律、行政法规规定不得作为出资的财产除外。对作为出资的非货币财产应当评估作价，核实财产，不得高估或者低估作价。法律、行政法规对评估作价有规定的，从其规定。全体股东的货币出资金额不得低于有限责任公司注册资本的 30%。

股东应当按期足额缴纳公司章程中规定的各自所认缴的出资额。股东以货币出资的，应当将货币出资足额存入有限责任公司在银行开设的账户；以非货币财产出资的，应当依法办理其财产权的转移手续。股东不按照上述规定缴纳出资的，除应当向公司足额缴纳外，还应当向已按期足额缴纳出资的股东承担违约责任。股东缴纳出资后，必须经依法设立的验资机构验资并出具证明。

有限责任公司成立后，发现作为设立公司出资的非货币财产的实际价额显著低于公司章程所定价额的，应当由交付该出资的股东补足其差额；公司设立时的其他股东承担连带责任。公司成立后，股东不得抽逃出资。

（三）设立登记

股东的首次出资经依法设立的验资机构验资后，由全体股东指定的代表或者共同委托的代理人向公司登记机关报送公司登记申请书、公司章程、验资证明等文件，申请设立登记。公司经公司登记机关依法登记，领取《企业法人营业执照》，方可取得企业法人资格。

工商行政管理机关是公司登记机关。公司营业执照的签发日期是公司的成立日期。

二、有限责任公司的股东

（一）有限责任公司股东身份的确认

有限责任公司成立后，应当向股东签发由公司盖章的出资证明书。出资证明书应当载明公司名称、公司成立日期、公司注册资本、股东的姓名或者名称、缴纳的出资额和出资日期以及出资证明书的编号和核发日期等。有限责任公司应当置备股东名册，记载于股东名册的股东可以依股东名册主张行使股东权利。公司应当将股东的姓名或者名称及其出资额向公司登记机关登记；登记事项发生变更的，应当办理变更登记。未经登记或者变更登记的，不得对抗第三人。

（二）有限责任公司股东的权利

公司股东依法享有股东权利。根据《公司法》的相关规定，股东的权利主要有：(1)按照出资比例在股东会会议上行使表决权，但是公司章程另有规定的除外。(2)股东有权查阅、复制公司章程、股东会会议记录、董事会会议决议、监事会会议决议和财务会计报告。(3)股东可以要求查阅公司会计账簿。股东要求查阅公司会计账簿的，应当向公司提出书面请求，说明目的。公司拒绝提供查阅的，股东可以请求人民法院要求公司提供查阅。(4)股东按照实缴的出资比例分取红利。公司新增资本时，股东有权优先按照实缴的出资比例认缴出资。但是全体股东约定不按照出资比例分取红利或者不按照出资比例优先认缴出资的除外。(5)股东依法享有的其他权利。

（三）有限责任公司的股权转让

1. 因股东原因引起的股权转让

有限责任公司的股东之间可以相互转让其全部或者部分股权。

股东向股东以外的人转让股权，应当经其他股东过半数同意。股东应就其股权转让事项书面通知其他股东征得同意，其他股东自接到书面通知之日起满30日未答复的，视为同意转让。其他股东半数以上不同意转让的，不同意的股东应当购买该转让的股权；不购买的，视为同意转让。经股东同意转让的股权，在同等条件下，其他股东有优先购买权。两个以上股东主张行使优先购买权的，协商确定各自的购买比例；协商不成的，按照转让时各自的出资比例行使优先购买权。

公司章程对股权转让另有规定的，从其规定。

实例探讨

对该案的评价，哪种说法是错误的

甲、乙、丙均为某有限公司的股东，各占52%、22%和26%的股权。乙欲对外转让其所拥有的股权，丙表示同意，甲表示反对，但又不愿意购买该股权。乙便与丁签订了一份股权转让协议，约定丁一次性将股权转让款支付给乙。此时甲表示愿以同等价格购买，只是要求分期付款。对此各方发生了争议。对本案情况，存在以下四种评价：(1)甲最初表示不愿意购买即应视为同意转让。(2)甲后来表示愿意购买，则乙只能将股权转让给甲，因为甲享有优先购买权。(3)乙与丁之间的股权转让协议有效。(4)如果甲和丙都行使优先购买权，就购买比例而言，如双方协商不成，则双方应0按照2∶1的比例行使优先购买权。

问题：对于上述四种评价，哪种评价是错误的？

简析：上述评价中，第二种说法是错误的。

2. 因强制执行程序引起的股权转让

人民法院依照法律规定的强制执行程序转让股东的股权时，应当通知公司及全体股东，其他股东在同等条件下有优先购买权。其他股东自人民法院通知之日起满20日不行使优先购买权的，视为放弃优先购买权。

3. 因股权回购的转让

我国《公司法》规定的股权回购是指在法律规定的特定情况下允许股东要求公司购回其股权，从而使股东退出公司的制度。

根据我国《公司法》第75条的规定，有下列情形之一的，对股东会该项决议投反对票的股东可以请求公司按照合理的价格收购其股权：(1)公司连续5年不向股东分配利润，而公司该5年连续赢利，并且符合《公司法》规定的分配利润条件的；(2)公司合并、分立、转让主要财产的；(3)公司章程规定的营业期限届满或者章程规定的其他解散事由出现，股东会会议通过决议修改章程使公司存续的。

自股东会会议决议通过之日起60日内，股东与公司不能达成股权收购协议的，股东可以自股东会会议决议通过之日起90日内向人民法院提起诉讼。

4. 因继承的转让

自然人股东死亡后，其合法继承人可以继承股东资格；但是，公司章程另有规定的除外。

三、有限责任公司的组织机构

（一）股东会

有限责任公司股东会由全体股东组成，股东会是公司的权力机构。

1. 股东会的职权

有限责任公司的股东会依法行使下列职权：(1)决定公司的经营方针和投资计划；(2)选举和更换非由职工代表担任的董事、监事，决定有关董事、监事的报酬事项；(3)审议批准董事会的报告；(4)审议批准监事会或者监事的报告；(5)审议批准公司的年度财务预算方案、决算方案；(6)审议批准公司的利润分配方案和弥补亏损方案；(7)对公司增加或者减少注册资本作出决议；(8)对发行公司债券作出决议；(9)对公司合并、分立、变更公司形式、解散和清算等事项作出决议；(10)修改公司章程；(11)公司章程规定的其他职权。

2. 股东会的召集与主持

首次股东会会议由出资最多的股东召集和主持，依法行使职权。

有限责任公司设立董事会的，股东会会议由董事会召集，董事长主持；董事长不能履行职务或者不履行职务的，由副董事长主持；副董事长不能履行职务或者不履行职务的，由半数以上董事共同推举一名董事主持。

有限责任公司不设董事会的，股东会会议由执行董事召集和主持。

董事会或者执行董事不能履行或者不履行召集股东会会议职责的，由监事会或者不设监事会的公司的监事召集和主持；监事会或者监事不召集和主持的，代表1/10以上表决权的股东可以自行召集和主持。

3. 股东会的召开与决议

股东会会议分为定期会议和临时会议。定期会议应当按照公司章程的规定按时召开。代表1/10以上表决权的股东、1/3以上的董事、监事会或者不设监事会的公司的监事提议召开临时会议的，应当召开临时会议。

召开股东会会议，应当于会议召开15日以前通知全体股东，但是公司章程另有规定或者全体股东另有约定的除外。

股东会应当将所议事项的决定作成会议记录，出席会议的股东应当在会议记录上签名。对股东会法定职权所列事项，股东以书面形式一致表示同意的，可以不召开股东会会议，直接作出决定，并由全体股东在决定文件上签名、盖章。

股东会的议事方式和表决程序，除《公司法》有规定的外，由公司章程规定。

股东会会议作出修改公司章程、增加或者减少注册资本的决议，以及公司合并、分立、解散或者变更公司形式的决议，必须经代表 2/3 以上表决权的股东通过。

（二）董事会或执行董事和经理

1. 董事会或执行董事

董事会是股东会的执行机构，对股东会负责，全面负责公司的经营决策和日常经营管理，是公司的经营决策机关和对外代表机关。

有限责任公司设董事会，其成员为 3～13 人。股东人数较少或者规模较小的有限责任公司，可以设一名执行董事，不设立董事会。执行董事可以兼任公司经理。执行董事的职权由公司章程规定。两个以上的国有企业或者其他两个以上的国有投资主体投资设立的有限责任公司，其董事会成员中应当有公司职工代表；其他有限责任公司董事会成员中也可以有公司职工代表。董事会中的职工代表由公司职工通过职工代表大会、职工大会或者其他形式民主选举产生。董事会设董事长一人，可以设副董事长。董事长、副董事长的产生办法由公司章程规定。

董事任期由公司章程规定，但每届任期不得超过 3 年。董事任期届满，连选可以连任。董事任期届满未及时改选，或者董事在任期内辞职导致董事会成员低于法定人数的，在改选出的董事就任前，原董事仍应当依照法律、行政法规和公司章程的规定，履行董事职务。

董事会对股东会负责，行使下列职权：(1)召集股东会会议，并向股东会报告工作；(2)执行股东会的决议；(3)决定公司的经营计划和投资方案；(4)制订公司的年度财务预算方案、决算方案；(5)制订公司的利润分配方案和弥补亏损方案；(6)制订公司增加或者减少注册资本以及发行公司债券的方案；(7)制订公司合并、分立、变更公司形式、解散的方案；(8)决定公司内部管理机构的设置；(9)决定聘任或者解聘公司经理及其报酬事项，并根据经理的提名决定聘任或者解聘公司副经理、财务负责人及其报酬事项；(10)制定公司的基本管理制度；(11)公司章程规定的其他职权。

董事会会议由董事长召集和主持；董事长不能履行职务或者不履行职务的，由副董事长召集和主持；副董事长不能履行职务或者不履行职务的，由半数以上董事共同推举一名董事召集和主持。

董事会的议事方式和表决程序，除《公司法》有规定的外，由公司章程规定。

董事会应当将所议事项的决定作成会议记录，出席会议的董事应当在会议记录上签名。

董事会决议的表决，实行一人一票。

2. 经理

经理是公司负责日常经营管理和行政事务的管理人员，由董事会决定聘任或者解聘。经理对董事会负责，可由董事和自然人股东充任，也可由非股东的职业经理人充任。

有限责任公司可以设经理。经理依法行使下列职权：(1)主持公司的生产经营管理工作，组织实施董事会决议；(2)组织实施公司年度经营计划和投资方案；(3)拟订公司内部管理机构设置方案；(4)拟定公司的基本管理制度；(5)制定公司的具体规章；(6)提请聘任或者解聘公司副经理、财务负责人；(7)决定聘任或者解聘除应由董事会决定聘任或者解聘以外的负责管理人员；(8)董事会授予的其他职权。

公司章程对经理职权另有规定的，从其规定。经理列席董事会会议。

(三)监事会或者监事

监事会是依法产生、对董事和经理的经营管理行为及公司财务等进行监督的公司常设机构。监事会代表全体股东对公司经营管理进行监督，行使监督职能，是公司的专门监督机构。

1. 监事会的组成

有限责任公司设立监事会，其成员不得少于 3 人。股东人数较少或者规模较小的有限责任公司，可以设 1～2 名监事，不设立监事会。监事会应当包括股东代表和适当比例的公司职工代表，其中职工代表的比例不得低于 1/3，具体比例由公司章程规定。监事会中的职工代表由公司职工通过职工代表大会、职工大会或者其他形式民主选举产生。董事、高级管理人员不得兼任监事。

监事会设主席 1 人，由全体监事过半数选举产生。监事会主席召集和主持监事会会议；监事会主席不能履行职务或者不履行职务的，由半数以上监事共同推举 1 名监事召集和主持监事会会议。

2. 监事的任期

监事的任期每届为 3 年。监事任期届满，连选可以连任。

监事任期届满未及时改选，或者监事在任期内辞职导致监事会成员低于法定人数的，在改选出的监事就任前，原监事仍应当依照法律、行政法规和公司章程的规定，履行监事职务。

3. 监事会的职权

监事会、不设监事会的公司的监事依法行使下列职权：(1)检查公司财务；(2)对董事、高级管理人员执行公司职务的行为进行监督，对违反法律、行政法规、公司章程或者股东会决议的董事、高级管理人员提出罢免的建议；(3)当董事、高级管理人员的行为损害公司的利益时,要求董事、高级管理人员予以纠正;(4)提议召开临时股东会会议,在董事会不履行《公司法》规定的召集和主持股东会会议职责时召集和主持股东会会议;(5)向股东会会议提出提案;(6)依照《公司法》第 152 条的规定,对董事、高级管理人员提起诉讼;(7)公司章程规定的其他职权。

监事可以列席董事会会议,并对董事会决议事项提出质询或者建议。监事会、不设监事会的公司的监事发现公司经营情况异常,可以进行调查;必要时,可以聘请会计师事务所等协助其工作,费用由公司承担。

4. 监事会的议事规则

监事会每年度至少召开一次会议,监事可以提议召开临时监事会会议。

监事会的议事方式和表决程序,除《公司法》有规定的外,由公司章程规定。

监事会决议应当经半数以上监事通过。监事会应当将所议事项的决定作成会议记录,出席会议的监事应当在会议记录上签名。

监事会、不设监事会的公司的监事行使职权所必需的费用,由公司承担。

四、一人有限责任公司及国有独资公司的特别规定

(一)一人有限责任公司

一人有限责任公司,是指只有一个自然人股东或者一个法人股东的有限责任公司。一个自然人只能投资设立一个一人有限责任公司。该一人有限责任公司不能投资设立新的一人有限责任公司。

一人有限责任公司的注册资本最低限额为人民币 10 万元。股东应当一次足额缴纳公司章程规定的出资额。

一人有限责任公司应当在公司登记中注明自然人独资或者法人独资,并在公司营业执照中载明。一人有限责任公司章程由股东制定。

一人有限责任公司不设股东会。股东作出《公司法》规定的股东会法定职权所列决定时,应当采用书面形式,并由股东签字后置备于公司。

一人有限责任公司应当在每一会计年度终了时编制财务会计报告,并经会计师事务所审计。

一人有限责任公司的股东不能证明公司财产独立于股东自己财产的,应当对公司债务承担连带责任。

(二)国有独资公司

国有独资公司,是指国家单独出资、由国务院或者地方人民政府委托本级人民政府国有资产监督管理机构履行出资人职责的有限责任公司。

1. 国有独资公司的章程

国有独资公司章程由国有资产监督管理机构制定，或者由董事会制定报国有资产监督管理机构批准。

2. 国有独资公司的组织机构

国有独资公司不设股东会，由国有资产监督管理机构行使股东会职权。国有资产监督管理机构可以授权公司董事会行使股东会的部分职权，决定公司的重大事项，但公司的合并、分立、解散、增减注册资本和发行公司债券等，必须由国有资产监督管理机构决定；其中，重要的国有独资公司合并、分立、解散、申请破产的，应当由国有资产监督管理机构审核后，报本级人民政府批准。

国有独资公司设立董事会，依法行使职权。董事每届任期不得超过 3 年。董事会成员中应当有公司职工代表。董事会成员由国有资产监督管理机构委派；但是，董事会成员中的职工代表由公司职工代表大会选举产生。董事会设董事长一人，可以设副董事长。董事长、副董事长由国有资产监督管理机构从董事会成员中指定。

国有独资公司设经理，由董事会聘任或者解聘。经理依法行使职权。经国有资产监督管理机构同意，董事会成员可以兼任经理。

国有独资公司的董事长、副董事长、董事、高级管理人员，未经国有资产监督管理机构同意，不得在其他有限责任公司、股份有限公司或者其他经济组织兼职。

国有独资公司监事会成员不得少于 5 人，其中职工代表的比例不得低于 1/3，具体比例由公司章程规定。监事会成员由国有资产监督管理机构委派，但是，监事会中的职工代表由公司职工代表大会选举产生。监事会主席由国有资产监督管理机构从监事会成员中指定。

第三节　股份有限公司

一、股份有限公司的设立

股份有限公司是指全部资本划分为等额股份、股东以其所持有的股份对公司承担责任、公司以其全部资产对公司的债务承担责任的公司。

（一）设立条件

1. 发起人符合法定人数。发起人是指倡议设立公司、参与制定公司章程、依法认购股份并承担公司筹备事务的人。设立股份有限公司，应当有 2 人以上 200 人以下为发起人，其中须有半数以上的发起人在中国境内有住所。

2. 发起人认购和募集的股本达到法定资本最低限额。股份有限公司注册资本的最低限额为人民币500万元。法律、行政法规对股份有限公司注册资本的最低限额有较高规定的，从其规定。

3. 股份发行、筹办事项符合法律规定。

4. 发起人制定公司章程，采用募集方式设立的，经创立大会通过。股份有限公司章程应当载明下列事项：公司名称和住所，公司经营范围，公司设立方式，公司股份总数、每股金额和注册资本，发起人的姓名或者名称、认购的股份数、出资方式和出资时间，董事会的组成、职权、任期和议事规则，公司法定代表人，监事会的组成、职权、任期和议事规则，公司利润分配办法，公司的解散事由与清算办法，公司的通知和公告办法，股东大会会议认为需要规定的其他事项。

5. 有公司名称，建立符合股份有限公司要求的组织机构。

6. 有公司住所。

(二)设立程序

股份有限公司的设立方式有发起设立和募集设立两种。两种方式下的公司设立程序存在明显差异。

1. 发起设立的程序

发起设立，是由发起人认购公司应发行的全部股份而设立公司。

(1)发起人订立发起人协议。

(2)发起人制定公司章程。

(3)发起人认足股份并缴纳股款。以发起设立方式设立股份有限公司的，发起人应当书面认足公司章程规定其认购的股份。发起设立股份有限公司，可以一次缴纳全部出资，也可以分期缴纳出资。分期缴纳出资的，公司全体发起人的首次出资额不得低于注册资本的20%，也不得低于法定的注册资本最低限额；其余部分由发起人自公司成立之日起2年内缴足；其中，投资公司可以在5年内缴足。缴足首期出资或者全部股款后，应当由法定的验资机构验资并出具验资报告。

发起人不按照上述规定缴纳出资的，应当按照发起人协议的约定承担违约责任。

(4)发起人选举董事会和监事会。发起人首次缴纳出资后，应当选举董事会和监事会。

(5)董事会申请设立登记。设立股份有限公司的，应当由董事会向公司登记机关报送公司章程、由依法设定的验资机构出具的验资证明以及法律、行政法规规定的其他文件，申请设立登记。

2. 募集设立的程序

募集设立，是由发起人认购公司应发行股份的一部分，其余部分向社会公开募集或者向特定对象募集而设立公司。根据《证券法》的相关规定，向社会公开募集是指向不特定的对象募集或者是向累计超过 200 人以上的特定对象募集。

(1)发起人订立发起人协议。

(2)发起人制定公司章程。

(3)发起人认足股份并缴纳股款。以募集方式设立股份有限公司的，发起人认购的股份不得少于公司股份总数的 35%；法律、行政法规另有规定的，从其规定。

(4)认股人认股并缴纳股款。即由认股人按照所认购股数缴纳股款。发起人向社会公开募集股份的，必须公告招股说明书，并制作认股书。由认股人填写认购股数、金额、住所，并签名、盖章。向社会公开募集股份的，还应当由依法设立的证券公司承销，签订承销协议；并应当同时同银行签订代收股款协议。代收股款的银行应当按照协议代收和保存股款，向缴纳股款的认股人出具收款单据，并负有向有关部门出具收款证明的义务。

发行股份的股款缴足后，必须经依法设立的验资机构验资并出具证明。

(5)发起人主持召开创立大会。验资机构验资并出具证明后，发起人应当在 30 日内主持召开公司创立大会。创立大会由认股人组成。发行的股份超过招股说明书规定的截止期限尚未募足的，或者发行股份的股款缴足后，发起人在 30 日内未召开创立大会的，认股人可以按照所缴股款并加算银行同期存款利息，要求发起人返还。

发起人应当在创立大会召开 15 日前将会议日期通知各认股人或者予以公告。创立大会应有代表股份总数过半数的认股人出席，方可举行。创立大会行使下列职权：审议发起人关于公司筹办情况的报告；通过公司章程；选举董事会成员；选举监事会成员；对公司的设立费用进行审核；对发起人用于抵作股款的财产的作价进行审核；发生不可抗力或者经营条件发生重大变化直接影响公司设立的，可以作出不设立公司的决议。创立大会对上述所列事项作出决议，必须经出席会议的认股人所持表决权过半数通过。

发起人、认股人缴纳股款或者交付抵作股款的出资后，除未按期募足股份、发起人未按期召开创立大会或者创立大会决议不设立公司的情形外，不得抽回其股本。

(6)董事会申请设立登记。董事会应于创立大会结束后 30 日内，向公司登记机关报送公司登记申请书、创立大会的会议记录、公司章程、验资证明、法定代表人、董事、监事的任职文件及其身份证明、发起人的法人资格证明或者自然人身份证明以及公司住所证明等文件，申请设立登记。以募集方式设立股份有限公司公开发行股票的，还应当向公司登记机关报送国务院证券监督管理机构的核准文件。

(三)发起人的法律责任

1. 公司设立过程中的法律责任

在公司设立过程中，由于发起人的过失致使公司利益受到损害的，应当对公司承担赔偿责任。

2. 公司成立后的法律责任

股份有限公司成立后，发起人未按照公司章程的规定缴足出资的，应当补缴；其他发起人承担连带责任。

股份有限公司成立后，发现作为设立公司出资的非货币财产的实际价额显著低于公司章程所定价额的，应当由交付该出资的发起人补足其差额；其他发起人承担连带责任。

3. 公司不能成立时的法律责任

根据《公司法》的相关规定，公司不能成立的情形包括未按期募足股份、未按期召开创立大会和创立大会决议不设立公司。

公司不能成立时，发起人应当对设立行为所产生的债务和费用负连带责任；同时，还应当对认股人已缴纳的股款，负返还股款并加算银行同期存款利息的连带责任。

实例探讨

股份公司设立中的哪些费用应由发起人承担

甲股份有限公司成立后，董事会对公司设立期间发生的各种费用如何承担发生了分歧。下列哪一项费用应当由发起人承担？(1)发起人蒋某因公司设立事务而发生的宴请费用。(2)发起人李某就自己出资部分所产生的验资费用。(3)发起人钟某为论证公司要开发的项目而产生的调研费用。(4)发起人谢某值班时乱扔烟头将公司筹备组租用的房屋烧毁，筹备组为此向房主支付的5万元赔偿金。

简析：上述案例中，第(4)项费用应当由发起人谢某对公司承担赔偿责任。

二、股份有限公司的组织机构

(一)股东大会

股份有限公司股东大会由全体股东组成，股东大会是公司的权力机构，依法行使职权。《公司法》关于有限责任公司股东会职权的规定，适用于股份有限公司股东大会。

股东大会应当每年召开一次年会。有下列情形之一的，应当在两个月内召开临时股东大会：(1)董事人数不足《公司法》规定人数或者公司章程所定人数的2/3时；(2)公司未弥补的亏损达实收股本总额1/3时；(3)单独或者合计持有公司10%以上股份的股东请求时；(4)董事会认为必要时；(5)监事会提议召开时；(6)公司章程规定的其他情形。

1. 股东大会的召集与主持

股东大会会议由董事会召集，董事长主持；董事长不能履行职务或者不履行职务的，由副董事长主持；副董事长不能履行职务或者不履行职务的，由半数以上董事共同推举1名董事主持。

董事会不能履行或者不履行召集股东大会会议职责的，监事会应当及时召集和主持；监事会不召集和主持的，连续90日以上单独或者合计持有公司10%以上股份的股东可以自行召集和主持。

2. 股东大会的召开与决议

召开股东大会会议，应当将会议召开的时间、地点和审议的事项于会议召开20日前通知各股东。临时股东大会应当于会议召开15日前通知各股东。发行无记名股票的，应当于会议召开30日前公告会议召开的时间、地点和审议事项。

单独或者合计持有公司3%以上股份的股东，可以在股东大会召开10日前提出临时提案并书面提交董事会；董事会应当在收到提案后两日内通知其他股东，并将该临时提案提交股东大会审议。临时提案的内容应当属于股东大会职权范围，并有明确议题和具体决议事项。股东大会不得对上述通知中未列明的事项作出决议。无记名股票持有人出席股东大会会议的，应当于会议召开5日前至股东大会闭会时将股票交存于公司。

股东出席股东大会会议，所持每一股份有一表决权。但是，公司持有的本公司股份没有表决权。股东大会作出决议，必须经出席会议的股东所持表决权过半数通过。但是，股东大会作出修改公司章程、增加或者减少注册资本的决议，以及公司合并、分立、解散或者变更公司形式的决议，必须经出席会议的股东所持表决权的2/3以上通过。

《公司法》和公司章程规定公司转让、受让重大资产或者对外提供担保等事项必须经股东大会作出决议的，董事会应当及时召集股东大会会议，由股东大会就上述事项进行表决。

股东大会选举董事、监事，可以根据公司章程的规定或者股东大会的决议，实行累积投票制。所谓累积投票制，是指股东大会选举董事或者监事时，每一股份拥有与应选董事或者监事人数相同的表决权，股东拥有的表决权可以集中使用。

股东可以委托代理人出席股东大会会议，代理人应当向公司提交股东授权委托书，并在授权范围内行使表决权。

股东大会应当将所议事项的决定作成会议记录，主持人、出席会议的董事应当在会议记录上签名。会议记录应当与出席股东的签名册及代理出席的委托书一并保存。

（二）董事会、经理

1. 董事会的组成

股份有限公司设董事会，其成员为5～19人。董事会成员中可以有公司职工代表。董事会中的职工代表由公司职工通过职工代表大会、职工大会或者其他形式民主选举产生。《公司法》关于有限责任公司董事任期和董事会职权的规定，适用于股份有限公司。

董事会设董事长一人，可以设副董事长。董事长和副董事长由董事会以全体董事的过半数选举产生。

2. 董事会的召集、主持、召开

董事长召集和主持董事会会议，检查董事会决议的实施情况。副董事长协助董事长工作，董事长不能履行职务或者不履行职务的，由副董事长履行职务；副董事长不能履行职务或者不履行职务的，由半数以上董事共同推举一名董事履行职务。

董事会每年度至少召开两次会议，每次会议应当于会议召开10日前通知全体董事和监事。代表1/10以上表决权的股东、1/3以上董事或者监事会，可以提议召开董事会临时会议。董事长应当自接到提议后10日内，召集和主持董事会会议。董事会召开临时会议，可以另定召集董事会的通知方式和通知时限。

董事会会议应有过半数的董事出席方可举行。董事会会议，应由董事本人出席；董事因故不能出席，可以书面委托其他董事代为出席，委托书中应载明授权范围。

3. 董事会的决议

董事会决议的表决，实行一人一票。董事会作出决议，必须经全体董事的过半数通过。董事会应当将会议所议事项的决定作成会议记录，出席会议的董事应当在会议记录上签名。董事应当对董事会的决议承担责任。董事会的决议违反法律、行政法规或者公司章程、股东大会决议，致使公司遭受严重损失的，参与决议的董事对公司负赔偿责任。但经证明在表决时曾表明异议并记载于会议记录的，该董事可以免除责任。

4. 经理

股份有限公司设经理，由董事会决定聘任或者解聘。《公司法》关于有限责任公司经理职权的规定，适用于股份有限公司经理。公司董事会可以决定由董事会成员兼任经理。

(三)监事会

1. 监事会的组成

股份有限公司设立监事会，其成员不得少于 3 人。监事会应当包括股东代表和适当比例的公司职工代表，其中职工代表的比例不得低于 1/3，具体比例由公司章程规定。监事会中的职工代表由公司职工通过职工代表大会、职工大会或者其他形式民主选举产生。监事会设主席一人，可以设副主席。监事会主席和副主席由全体监事过半数选举产生。监事会主席召集和主持监事会会议；监事会主席不能履行职务或者不履行职务的，由监事会副主席召集和主持监事会会议；监事会副主席不能履行职务或者不履行职务的，由半数以上监事共同推举一名监事召集和主持监事会会议。

董事、高级管理人员不得兼任监事。

2. 监事的任期

《公司法》关于有限责任公司监事任期的规定，适用于股份有限公司监事。

3. 监事会的职权

《公司法》关于有限责任公司监事会职权的规定，适用于股份有限公司监事会。

4. 监事会的议事规则

监事会每 6 个月至少召开一次会议。监事可以提议召开临时监事会会议。监事会的议事方式和表决程序，除《公司法》有规定的外，由公司章程规定。监事会应当将所议事项的决定作成会议记录，出席会议的监事应当在会议记录上签名。

(四)上市公司组织机构的特别规定

上市公司，是指其股票在证券交易所上市交易的股份有限公司。

上市公司在一年内购买、出售重大资产或者担保金额超过公司资产总额 30％的，应当由股东大会作出决议，并经出席会议的股东所持表决权的 2/3 以上通过。

上市公司设立独立董事，具体办法由国务院规定。上市公司设立董事会秘书，负责公司股东大会和董事会会议的筹备、文件保管以及公司股权管理，办理信息披露事务等事宜。上市公司必须依照法律、行政法规的规定，公开其财务状况、经营情况及重大诉讼，在每会计年度内半年公布一次财务会计报告。

上市公司董事与董事会会议决议事项所涉及的企业有关联关系的，不得对该项决议行使表决权，也不得代理其他董事行使表决权。该董事会会议由过半数的无关联关系董事出席即可举行，董事会会议所作决议须经无关联关系董事过半数通过。出席董事会的无关联关系董事人数不足3人的，应将该事项提交上市公司股东大会审议。

知识拓展

股份有限公司上市的条件

根据我国《证券法》第50条的规定，股份有限公司申请股票上市，应当符合下列条件：(1)股票经国务院证券监督管理机构核准已公开发行。(2)公司股本总额不少于人民币3000万元。(3)公开发行的股份达到公司股份总数的25%以上；公司股本总额超过人民币4亿元的，公开发行股份的比例为10%以上。(4)公司最近3年无重大违法行为，财务会计报告无虚假记载。证券交易所也可以规定高于上述规定的上市条件，并报国务院证券监督管理机构批准。

三、股份有限公司的股份发行与转让

（一）股份发行

股份有限公司的资本划分为股份，每一股的金额相等。公司的股份采取股票的形式。股票是公司签发的证明股东所持股份的凭证。股票采用纸面形式或者国务院证券监督管理机构规定的其他形式。股票应当载明下列主要事项：(1)公司名称；(2)公司成立日期；(3)股票种类、票面金额及代表的股份数；(4)股票的编号。股票由法定代表人签名，公司盖章。发起人的股票应当标明发起人股票字样。股份有限公司成立后，即向股东正式交付股票。公司成立前不得向股东交付股票。

1. 股份发行原则

股份的发行实行公平、公正的原则，同种类的每一股份应当具有同等权利。同次发行的同种类股票，每股的发行条件和价格应当相同；任何单位或者个人所认购的股份，每股应当支付相同价额。

2. 股份发行价格

股票发行价格可以按票面金额，也可以超过票面金额，但不得低于票面金额。

3. 股票的法定分类

公司发行的股票，可以为记名股票，也可以为无记名股票。国务院可以对公司发行《公司法》规定以外的其他种类的股份另行作出规定。

公司向发起人、法人发行的股票，应当为记名股票，并应当记载该发起人、法人的名称或者姓名，不得另立户名或者以代表人姓名记名。公司发行记名股票的，应当置备股东名册，记载下列事项：(1)股东的姓名或者名称及住所；(2)各股东所持股份数；(3)各股东所持股票的编号；(4)各股东取得股份的日期。

发行无记名股票的，公司应当记载其股票数量、编号及发行日期。

4. 新股发行的特殊规定

公司发行新股，依照公司章程的规定由股东大会或者董事会对下列事项作出决议：(1)新股种类及数额；(2)新股发行价格；(3)新股发行的起止日期；(4)向原有股东发行新股的种类及数额。

公司经国务院证券监督管理机构核准公开发行新股时，必须公告新股招股说明书和财务会计报告，并制作认股书。

股份有限公司公开发行新股的，应当由依法设立的证券公司承销，签订承销协议；同时，也应当同银行签订代收股款协议。代收股款的银行应当按照协议代收和保存股款，向缴纳股款的认股人出具收款单据，并负有向有关部门出具收款证明的义务。

公司发行新股，可以根据公司经营情况和财务状况，确定其作价方案。公司发行新股募足股款后，必须向公司登记机关办理变更登记，并公告。

(二)股份转让

1. 股份转让的一般规定

股东持有的股份可以依法转让。股东转让其股份，应当在依法设立的证券交易场所进行或者按照国务院规定的其他方式进行。

记名股票，由股东以背书方式或者法律、行政法规规定的其他方式转让。转让后由公司将受让人的姓名或者名称及住所记载于股东名册。股东大会召开前20日内或者公司决定分配股利的基准日前5日内，不得进行上述规定的股东名册的变更登记。但是，法律对上市公司股东名册变更登记另有规定的，从其规定。无记名股票的转让，由股东将该股票交付给受让人后即发生转让的效力。

2. 股份转让的限制性规定

发起人持有的本公司股份，自公司成立之日起1年内不得转让。公司公开发行股份前已发行的股份，自公司股票在证券交易所上市交易之日起1年内不得转让。

公司董事、监事、高级管理人员应当向公司申报所持有的本公司的股份及其变动情况，在任职期间每年转让的股份不得超过其所持有本公司股份总数的25%；所持本公司股份自公司股票上市交易之日起1年内不得转让。上述人员离职后半年内，不得转让其所持有的本公司股份。公司章程可以对公司董事、监事、高级管理人员转让其所持有的本公司股份作出其他限制性规定。

3. 公司收购本公司股份的例外规定

公司不得收购本公司股份。但是，有下列情形之一的除外：(1)减少公司注册资本；(2)与持有本公司股份的其他公司合并；(3)将股份奖励给本公司职工；(4)股东因对股东大会作出的公司合并、分立决议持异议，要求公司收购其股份的。

公司因上述第(1)项至第(3)项的原因收购本公司股份的，应当经股东大会决议。公司依照上述规定收购本公司股份后，属于第(1)项情形的，应当自收购之日起10日内注销；属于第(2)项、第(4)项情形的，应当在6个月内转让或者注销。公司依照上述第(3)项规定收购本公司股份的，不得超过本公司已发行股份总额的5%；用于收购的资金应当从公司的税后利润中支出；所收购的股份应当在1年内转让给职工。

4. 股票的被盗、遗失或者灭失

记名股票被盗、遗失或者灭失，股东可以依照《中华人民共和国民事诉讼法》规定的公示催告程序，请求人民法院宣告该股票失效。人民法院宣告该股票失效后，股东可以向公司申请补发股票。

第四节　公司董事、监事、高级管理人员的资格、义务和责任

一、公司董事、监事、高级管理人员的资格

高级管理人员，是指公司的经理、副经理、财务负责人，上市公司董事会秘书和公司章程规定的其他人员。

一般来说，公司董事、监事、高级管理人员的任职资格，可以分为积极资格和消极资格。我国《公司法》主要是通过明确规定消极资格的方式对公司董事、监事、高级管理人员的任职资格加以规定的。即有下列情形之一的，不得担任公司的董事、监事、高级管理人员：

1. 无民事行为能力或者限制民事行为能力。

2. 因贪污、贿赂、侵占财产、挪用财产或者破坏社会主义市场经济秩序，被判处刑罚，执行期满未逾5年，或者因犯罪被剥夺政治权利，执行期满未逾5年。

3. 担任破产清算的公司、企业的董事或者厂长、经理，对该公司、企业的破产负有个人责任的，自该公司、企业破产清算完结之日起未逾3年。

4. 担任因违法被吊销营业执照、责令关闭的公司、企业的法定代表人，并负有个人责任的，自该公司、企业被吊销营业执照之日起未逾3年。

5. 个人所负数额较大的债务到期未清偿。

公司违反上述规定选举、委派董事、监事或者聘任高级管理人员的，该选举、委派或者聘任无效。董事、监事、高级管理人员在任职期间出现上述所列情形的，公司应当解除其职务。

二、公司董事、监事、高级管理人员的义务

董事、监事、高级管理人员应当遵守法律、行政法规和公司章程，对公司负有忠实义务和勤勉义务。不得利用职权收受贿赂或者其他非法收入，不得侵占公司的财产。

董事、高级管理人员不得有下列行为：

1. 挪用公司资金；

2. 将公司资金以其个人名义或者以其他个人名义开立账户存储；

3. 违反公司章程的规定，未经股东会、股东大会或者董事会同意，将公司资金借贷给他人或者以公司财产为他人提供担保；

4. 违反公司章程的规定或者未经股东会、股东大会同意，与本公司订立合同或者进行交易；

5. 未经股东会或者股东大会同意，利用职务便利为自己或者他人谋取属于公司的商业机会，自营或者为他人经营与所任职公司同类的业务；

6. 接受他人与公司交易的佣金归为己有；

7. 擅自披露公司秘密；

8. 违反对公司忠实义务的其他行为。

董事、高级管理人员违反上述规定所得的收入应当归公司所有。

三、公司董事、监事、高级管理人员的责任

1. 公司董事、监事、高级管理人员对公司的责任

董事、监事、高级管理人员执行公司职务时违反法律、行政法规或者公司章程的规定，给公司造成损失的，应当承担赔偿责任。

2. 公司董事、高级管理人员对股东的责任

股东会或者股东大会要求董事、监事、高级管理人员列席会议的，董事、监事、高级管理人员应当列席并接受股东的质询。董事、高级管理人员应当如实向

监事会或者不设监事会的有限责任公司的监事提供有关情况和资料，不得妨碍监事会或者监事行使职权。

董事、高级管理人员有上述规定情形的，有限责任公司的股东、股份有限公司连续180日以上单独或者合计持有公司1%以上股份的股东，可以书面请求监事会或者不设监事会的有限责任公司的监事向人民法院提起诉讼；监事有上述规定情形的，前述股东可以书面请求董事会或者不设董事会的有限责任公司的执行董事向人民法院提起诉讼。监事会、不设监事会的有限责任公司的监事，或者董事会、执行董事收到股东书面请求后拒绝提起诉讼，或者自收到请求之日起30日内未提起诉讼，或者情况紧急、不立即提起诉讼将会使公司利益受到难以弥补的损害的，前述股东有权为了公司的利益以自己的名义直接向人民法院提起诉讼。

另外，董事、高级管理人员违反法律、行政法规或者公司章程的规定，损害股东利益的，股东也可以直接向人民法院提起诉讼。

第五节　公司债券与公司财务、会计

一、公司债券

(一)公司债券的概念

公司债券，是指公司依照法定程序发行的、约定在一定期限内还本付息的有价证券。公司以实物券方式发行公司债券的，必须在债券上载明公司名称、债券票面金额、利率、偿还期限等事项，并由法定代表人签名，公司盖章。

知识拓展

公司债券与公司股票的区别与联系

两者都是有价证券，都是公司向社会募集资金的重要方式，但也有明显的区别：(1)所表现的法律关系的性质不同。前者是债权债务法律关系，发行债券是一种债权融资行为，融入资金属于公司的负债，不是资本；后者是资产产权关系，发行股份是股权融资行为，募得资金构成公司资本。(2)投资者享有的权利和承担的风险不同。前者的投资者是公司的债权人，只享有到期还本付息的请求权，而后者的投资者是公司的股东，享有全面的股权，但因股东出资后不得抽回且债券利率通常固定，因此，两者相比较而言，债券投资风险较小。(3)发行主体不尽相同。前者是符合条件的股份有限公司和有限责任公司，后者是股份有限公司。

（二）公司债券的发行

公司发行公司债券应当符合《中华人民共和国证券法》规定的发行条件。发行公司债券一般应经过以下程序：(1)董事会制订发行方案，股东会或者股东大会作出决议；(2)发行公司债券的申请经国务院授权的部门核准；(3)公告公司债券募集办法；(4)募集债款；(5)募集登记。

知识拓展

公司债券发行的条件

《证券法》第16条规定，公开发行公司债券，应当符合下列条件：(1)股份有限公司的净资产不低于人民币3000万元，有限责任公司的净资产不低于人民币6000万元；(2)累计债券余额不超过公司净资产的40％；(3)最近三年平均可分配利润足以支付公司债券一年的利息；(4)筹集的资金投向符合国家产业政策；(5)债券的利率不超过国务院限定的利率水平；(6)国务院规定的其他条件。

公开发行公司债券筹集的资金，必须用于核准的用途，不得用于弥补亏损和非生产性支出。上市公司发行可转换为股票的公司债券，除应当符合上述规定的条件外，还应当符合本法关于公开发行股票的条件，并报国务院证券监督管理机构核准。

另外，《证券法》第18条还规定了再次发行公司债券的附加条件，即有下列情形之一的，不得再次公开发行公司债券：(1)前一次公开发行的公司债券尚未募足；(2)对已公开发行的公司债券或者其他债务有违约或者延迟支付本息的事实，仍处于继续状态；(3)违反本法规定，改变公开发行公司债券所募资金的用途。

公司发行公司债券应当置备公司债券存根簿。发行记名公司债券的，应当在公司债券存根簿上载明债券持有人的姓名或者名称及住所，债券持有人取得债券的日期及债券的编号，债券总额，债券的票面金额、利率、还本付息的期限和方式以及债券的发行日期等事项。发行无记名公司债券的，应当在公司债券存根簿上载明债券总额、利率、偿还期限和方式、发行日期及债券的编号。

（三）公司债券的转让

公司债券可以转让，转让价格由转让人与受让人约定。公司债券在证券交易所上市交易的，按照证券交易所的交易规则转让。

记名公司债券，由债券持有人以背书方式或者法律、行政法规规定的其他方式转让，转让后由公司将受让人的姓名或者名称及住所记载于公司债券存根簿。

无记名公司债券的转让,由债券持有人将该债券交付给受让人后即发生转让的效力。

(四)可转换公司债的具体规定

上市公司经股东大会决议可以发行可转换为股票的公司债券,并在公司债券募集办法中规定具体的转换办法。上市公司发行可转换为股票的公司债券,应当报国务院证券监督管理机构核准。发行可转换为股票的公司债券,应当在债券上标明“可转换公司债券”字样,并在公司债券存根簿上载明可转换公司债券的数额。

发行可转换为股票的公司债券的,公司应当按照其转换办法向债券持有人换发股票,但债券持有人对转换股票或者不转换股票有选择权。

二、公司财务、会计

(一)财务、会计制度

公司应当依照法律、行政法规和国务院财政部门的规定建立本公司的财务、会计制度。公司应当在每一会计年度终了时编制财务会计报告,并依法经会计师事务所审计。财务会计报告应当依照法律、行政法规和国务院财政部门的规定制作。

有限责任公司应当按照公司章程规定的期限将财务会计报告送交各股东。股份有限公司的财务会计报告应当在召开股东大会年会的20日前置备于本公司,供股东查阅;公开发行股票的股份有限公司必须公告其财务会计报告。

公司聘用、解聘承办公司审计业务的会计师事务所,依照公司章程的规定,由股东会、股东大会或者董事会决定。公司股东会、股东大会或者董事会就解聘会计师事务所进行表决时,应当允许会计师事务所陈述意见。公司应当向聘用的会计师事务所提供真实、完整的会计凭证、会计账簿、财务会计报告及其他会计资料,不得拒绝、隐匿、谎报。

公司除法定的会计账簿外,不得另立会计账簿。对公司资产,不得以任何个人名义开立账户存储。

(二)利润分配

1. 利润分配的顺序

(1)缴纳所得税。

(2)法定公积金不足以弥补以前年度公司亏损的,弥补亏损。

(3)依法提取法定公积金。公司分配当年税后利润时,应当提取利润的10%列入公司法定公积金。公司法定公积金累计额为公司注册资本的50%以上的，可以不再提取。公司从税后利润中提取法定公积金后，经股东会或者股东大会决议，还可以从税后利润中提取任意公积金。

(4)向股东分配利润。有限责任公司按照股东实缴的出资比例分配，但是全体股东约定不按照出资比例分配的除外。股份有限公司按照股东持有的股份比例分配，但股份有限公司章程规定不按持股比例分配的除外。股东会、股东大会或者董事会违反规定，在公司弥补亏损和提取法定公积金之前向股东分配利润的，股东必须将违反规定分配的利润退还公司。

2. 公积金的具体规定

按照提取的来源可将公积金分为法定公积金、任意公积金和资本公积金。股份有限公司以超过股票票面金额的发行价格发行股份所得的溢价款以及国务院财政部门规定列入资本公积金的其他收入，应当列为公司资本公积金。

公司的公积金用于弥补公司的亏损、扩大公司生产经营或者转为增加公司资本，但是资本公积金不得用于弥补公司的亏损；法定公积金转为资本时，所留存的该项公积金不得少于转增前公司注册资本的25%。

第六节　公司的变更、解散和清算

一、公司的合并与分立

(一)公司合并

公司合并可以采取吸收合并或者新设合并。一个公司吸收其他公司为吸收合并，被吸收的公司解散。两个以上公司合并设立一个新的公司为新设合并，合并各方解散。

公司合并，应当由合并各方签订合并协议，并编制资产负债表及财产清单。公司应当自作出合并决议之日起10日内通知债权人，并于30日内在报纸上公告。债权人自接到通知书之日起30日内，未接到通知书的自公告之日起45日内，可以要求公司清偿债务或者提供相应的担保。

公司合并时，合并各方的债权、债务应当由合并后存续的公司或者新设的公司承继。

(二)公司分立

公司分立，是指一个公司依法拆分为两个以上的公司。公司分立前的债务由分立后的公司承担连带责任。但是公司在分立前与债权人就债务清偿达成的书面协议另有约定的除外。

公司分立，其财产作相应的分割。公司分立应当编制资产负债表及财产清单。公司应当自作出分立决议之日起 10 日内通知债权人，并于 30 日内在报纸上公告。

公司合并或者分立，登记事项发生变更的，应当依法向公司登记机关办理变更登记；公司解散的，应当依法办理公司注销登记；设立新公司的，应当依法办理公司设立登记。

二、公司注册资本的增加与减少

有限责任公司增加注册资本时，股东认缴新增资本的出资，依照设立有限责任公司缴纳出资的有关规定执行。股份有限公司为增加注册资本发行新股时，股东认购新股，依照设立股份有限公司缴纳股款的有关规定执行。

公司需要减少注册资本时，必须编制资产负债表及财产清单。公司应当自作出减少注册资本决议之日起 10 日内通知债权人，并于 30 日内在报纸上公告。债权人自接到通知书之日起 30 日内，未接到通知书的自公告之日起 45 日内，有权要求公司清偿债务或者提供相应的担保。公司减资后的注册资本不得低于法定的最低限额。

公司增加或者减少注册资本，应当依法向公司登记机关办理变更登记。

三、公司解散和清算

（一）公司的解散

公司可因下列原因解散：(1)公司章程规定的营业期限届满或者公司章程规定的其他解散事由出现；(2)股东会或者股东大会决议解散；(3)因公司合并或者分立需要解散；(4)依法被吊销营业执照、责令关闭或者被撤销；(5)人民法院依股东请求对公司予以解散。《公司法》第 183 条规定：公司经营管理发生严重困难，继续存续会使股东利益受到重大损失，通过其他途径不能解决的，持有公司全部股东表决权 10％以上的股东，可以请求人民法院解散公司。

（二）公司的普通清算

1. 清算组的成立

公司除因合并或者分立需要解散之外，应当在解散事由出现之日起 15 日内成立清算组，开始清算。有限责任公司的清算组由股东组成，股份有限公司的清算组由董事或者股东大会确定的人员组成。逾期不成立清算组进行清算的，债权人可以申请人民法院指定有关人员组成清算组进行清算。人民法院应当受理该申请，并及时组织清算组进行清算。

2. 清算组的职权

清算组在清算期间行使下列职权：(1)清理公司财产，分别编制资产负债表和财产清单；(2)通知、公告债权人；(3)处理与清算有关的公司未了结的业务；(4)清缴所欠税款以及清算过程中产生的税款；(5)清理债权、债务；(6)处理公司清偿债务后的剩余财产；(7)代表公司参与民事诉讼活动。

3. 清算过程中公司债权人的权益保护

清算组应当自成立之日起10日内通知债权人，并于60日内在报纸上公告。债权人应当自接到通知书之日起30日内，未接到通知书的自公告之日起45日内，向清算组申报其债权。

债权人申报债权，应当说明债权的有关事项，并提供证明材料。清算组应当对债权进行登记。在申报债权期间，清算组不得对债权人进行清偿。

4. 清算财产的分配

清算组在清理公司财产、编制资产负债表和财产清单后，应当制订清算方案，并报股东会、股东大会或者人民法院确认。

公司财产在分别支付清算费用、职工的工资、社会保险费用和法定补偿金、缴纳所欠税款、清偿公司债务后的剩余财产，有限责任公司按照股东的出资比例分配，股份有限公司按照股东持有的股份比例分配。清算期间，公司存续，但不得开展与清算无关的经营活动。公司财产在未按上述规定清偿前，不得分配给股东。

5. 清算组的义务

清算组在清理公司财产、编制资产负债表和财产清单后，发现公司财产不足清偿债务的，应当依法向人民法院申请宣告破产。公司经人民法院裁定宣告破产后，清算组应当将清算事务移交给人民法院。

公司清算结束后，清算组应当制作清算报告，报股东会、股东大会或者人民法院确认，并报送公司登记机关，申请注销公司登记，公告公司终止。

清算组成员应当忠于职守，依法履行清算义务。清算组成员不得利用职权收受贿赂或者其他非法收入，不得侵占公司财产。清算组成员因故意或者重大过失给公司或者债权人造成损失的，应当承担赔偿责任。

(三)公司的破产清算

公司被依法宣告破产的，依照有关企业破产的法律实施破产清算。

第七节　外国公司的分支机构

一、外国公司分支机构概述

外国公司是指依照外国法律在中国境外设立的公司。外国公司在中国境内设立分支机构，必须向中国主管机关提出申请，并提交其公司章程、所属国的公司登记证书等有关文件，经批准后，向公司登记机关依法办理登记，领取营业执照。外国公司分支机构的审批办法由国务院另行规定。经批准设立的外国公司分支机构，在中国境内从事业务活动，必须遵守中国的法律，不得损害中国的社会公共利益，其合法权益受中国法律保护。

外国公司在中国境内设立的分支机构不具有中国法人资格。外国公司对其分支机构在中国境内进行经营活动承担民事责任。

二、关于外国公司分支机构的具体规定

外国公司在中国境内设立分支机构，必须在中国境内指定负责该分支机构的代表人或者代理人，并向该分支机构拨付与其所从事的经营活动相适应的资金。对外国公司分支机构的经营资金需要规定最低限额的，由国务院另行规定。

外国公司的分支机构应当在其名称中标明该外国公司的国籍及责任形式。外国公司的分支机构应当在本机构中置备该外国公司章程。

外国公司撤销其在中国境内的分支机构时，必须依法清偿债务，依照《公司法》有关公司清算程序的规定进行清算。未清偿债务之前，不得将其分支机构的财产移至中国境外。

开篇引例解析

该有限责任公司在设立的过程中主要存在以下问题：

(1)公司的命名不符合法律规定。根据我国《公司法》及相关法律法规的规定，公司名称应当由行政区划、字号、行业、组织形式依次组成，法律、行政法规另有规定的除外。同时，《公司法》还规定，依法设立的有限责任公司，必须在公司名称中标明“有限责任公司”或者“有限公司”字样。本案中，该有限责任公司没有在名称中标明“有限责任公司”或者“有限公司”字样，这是不符合法律规定的。

(2)股东的出资不符合法律规定。我国《公司法》规定，股东可以用货币出资，也可以用实物、知识产权、土地使用权等可以用货币估价并可以依法转让的非货币财产作价出资；但是，全体股东的货币出资金额不得低于有限责任公司注册资本的30%。本案中，张某、天才宝贝服装厂和绿伊服装厂分别以货币、机器

设备和专利技术出资，虽均符合《公司法》关于出资方式的规定，但在全体股东的出资中，货币出资只有8万元人民币，不足公司注册资本的30%。

(3)公司的申请设立登记行为不符合法律规定。首先，我国《公司法》规定，股东的首次出资经依法设立的验资机构验资后，由全体股东指定的代表或者共同委托的代理人向公司登记机关报送公司登记申请书、公司章程、验资证明等文件，申请设立登记。本案中三个股东各指定一名代表向有关机关申请设立登记，是不符合法律规定的。其次，我国《公司法》规定，工商行政管理机关是公司登记机关。而本案中，三个股东各自指定的代表是向当地税务机关申请设立登记，这是不符合法律规定的。

本章小结

公司是市场经济活动的重要主体，对于繁荣和发展社会主义市场经济具有重要的意义。本章重点从公司设立的条件和程序、公司的组织机构、股份的发行和转让、公司董事、监事、高级管理人员的资格和义务、公司债券的发行、公司的财务会计制度以及公司的变更、解散和清算等方面，对我国《公司法》规定的有限责任公司和股份有限公司进行了系统的介绍。

复习思考题

一、单项选择题

1. 设立有限责任公司，全体股东的货币出资金额不得低于有限责任公司注册资本的(　　)。

A. 20%　　B. 25%　　C. 30%　　D. 35%

2. 分期出资设立有限责任公司，公司全体股东的首次出资额不得低于注册资本的(　　)，也不得低于法定的注册资本最低限额。

A. 20%　　B. 25%　　C. 30%　　D. 35%

3. 关于股东的表述，下列哪一选项是正确的？(　　)

A. 股东必须具有完全民事行为能力

B. 股东资格可以作为遗产继承

C. 非法人组织不能成为公司的股东

D. 外国自然人不能成为我国公司的股东

4. 一人有限责任公司的注册资本最低限额为人民币(　　)元。

A. 3 万　　B. 10 万　　C. 500 万　　D. 1000 万

5. 以募集方式设立股份有限公司的，发起人认购的股份不得少于公司股份总数的（　　）；但是，法律、行政法规另有规定的，从其规定。

A. 20%　　B. 25%　　C. 30%　　D. 35%

二、多项选择题

6. 股东会会议在对（　　）作出决议时，必须经代表 2/3 以上表决权的股东通过。

A. 修改公司章程

B. 增加或者减少注册资本

C. 向股东以外的人转让出资

D. 公司合并、分立、解散或者变更公司形式

7. 甲公司于 2008 年 7 月依法成立，现有数名推荐的董事人选，依照《公司法》规定，下列哪些人员不能担任公司董事？（　　）

A. 王某，因担任企业负责人犯重大责任事故罪于 2001 年 6 月被判处三年有期徒刑，2004 年刑满释放

B. 张某，与他人共同投资设立一家有限责任公司，持股 70%，该公司长期经营不善，负债累累，于 2006 年被宣告破产

C. 徐某，2003 年向他人借款 100 万元，为期 2 年，但因资金被股市套住至今未清偿

D. 赵某，曾任某音像公司董事长，该公司因未经著作权人许可大量复制音像制品于 2006 年 5 月被工商部门吊销营业执照，赵某负有个人责任

8. 关于有限责任公司和股份有限公司，下列哪些表述是正确的？（　　）

A. 有限责任公司体现更多的人合性，股份有限公司体现更多的资合性

B. 有限责任公司具有更多的强制性规范，股份有限公司通过公司章程享有更多的意思自治

C. 有限责任公司和股份有限公司的注册资本都可以在公司成立后分期缴纳，但发起设立的股份有限公司除外

D. 有限责任公司和股份有限公司的股东在例外情况下都有可能对公司债务承担连带责任

9. 关于股份有限公司的股份转让，下列说法错误的是（　　）。

A. 股东持有的股份可以自由转让

B. 发起人持有的本公司股份，自公司成立之日起一年内不得转让

C. 公司董事、监事、高级管理人员在任职期间不得转让其所持有的本公司股份

D. 公司董事、监事、高级管理人员在离职后均可以转让其所持有的本公司股份

10. 甲为某有限责任公司股东，持有该公司15%的表决权股。甲与公司的另外两个股东长期意见不合，已两年未开成公司股东会，公司经营管理出现困难，甲与其他股东多次协商未果。在此情况下，甲可以采取下列哪些措施解决问题？（　　）

A. 请求法院解散公司

B. 请求公司以合理的价格收购其股权

C. 将股权转让给另外两个股东退出公司

D. 经另外两个股东同意抽回出资以退出公司

三、案例分析题

11. 甲与乙分别出资60万元和240万元共同设立新雨开发有限公司（下称新雨公司），由乙任执行董事并负责公司经营管理，甲任监事。乙同时为其个人投资的东风有限责任公司（下称东风公司）的总经理，该公司欠白云公司货款50万元未还。乙与白云公司达成协议约定：若3个月后仍不能还款，乙将其在新雨公司的股权的20%转让给白云公司，并表示愿就此设质。届期，东风公司未还款，白云公司请求乙履行协议，乙以“此事尚未与股东甲商量”为由搪塞，白云公司遂拟通过诉讼来解决问题。

东风公司需要租用仓库，乙擅自决定将新雨公司的一处房屋以低廉的价格出租给东风公司。

乙的好友丙因向某银行借款需要担保，找到乙。乙以新雨公司的名义向该银行出具了一份保函，允诺若到期丙不能还款则由新雨公司负责清偿，该银行接受了保函且未提出异议。

甲知悉上述情况后，向乙提议召开一次股东会以解决问题，乙以业务太忙为由迟迟未答应开会。

公司成立3年，一次红利也未分过，目前亏损严重。甲向乙提出解散公司，但乙不同意。甲决定转让股权，退出公司，但一时未找到受让人。

问题：

（1）本案中，是否存在违反《公司法》规定的情形？分别都是哪些方面？

（2）针对乙将新雨公司的房屋低价出租给东风公司的行为，甲可以采取什么法律措施？

（3）针对乙不同意解散公司和甲退出公司又找不到受让人的情况，甲可采取什么法律对策？

第四章　破产法

【学习目标】

1. 了解破产的概念和特征。

2. 理解我国现行企业破产法律制度的框架和法律意义、和解程序和破产宣告。

3. 掌握企业破产案件的申请和受理以及债权人会议的法律程序、破产清算。

4. 能认识并分析破产中实际发生的有关法律现象。

【重点、难点】

1. 破产的原因。

2. 破产债权的范围。

3. 破产清算程序。

开篇引例

2009年9月4日，A有限公司被申请破产，B人民法院依法受理了破产申请。其后，该公司以及相关机关和企业发生了下列法律事实：(1)A公司为维持生产经营向C公司支付了10万元货款；(2)D税务机关通知银行直接从A公司账上扣缴了税款5万元；(3)E法院委托拍卖行拍卖了1年前查封的A公司的土地；(4)A公司以自己的债权抵消了所欠F公司的债务8万元。

请问：以上法律事实中是否存在违法的情形？如果有，具体都有哪些？为什么是违法的？

第一节　破产法概述

一、破产及破产立法

(一)破产的概念

破产是指债务人不能清偿到期债务时，在人民法院的主持下对债务人的财产进行清理，公平清偿全体债权人的法律制度。破产，首先是一种特殊的偿债手段；其次是企业终止的原因之一，构成了市场退出机制的核心和关键部分。

知识拓展

破产制度的产生及其意义

破产是经济发展到一定程度必然出现的一种现象。随着市场风险和管理难度的增大，企业因市场变化或经营不善而导致资不抵债已成为常见之事。当债务人不能清偿到期债务时，如果债权人仅为一人，完全可依照诉讼程序解决。但如果同时有多个债权人，债权人为了实现各自债权会争取要求优先清偿，这时，就可能出现迟到的债权人一无所获或者个别债权人与债务人串通从而妨碍对其他债权人清偿的混乱局面。为了防止这种不合理现象的发生，公平保护各个债权人利益，体现债权人债权平等，破产制度应运而生——债务人的财产由人民法院强制管理和变价，使所有债权人都能得到公平清偿，未能清偿的部分也由全体债权人公平地承担损失，从而合理处理债权债务关系，使债务人企业归于消灭，维护优胜劣汰的市场竞争规则。

(二)破产立法

关于破产问题的立法，我国早在 1986 年就通过了《企业破产法(试行)》，但是基于当时社会经济状况的局限，该法仅仅适用于全民所有制企业法人；为了弥补不足，又在 1991 年颁布的《民事诉讼法》中规定了全民所有制以外的企业法人的破产还债程序；同时，最高人民法院也分别在 1991 年和 2002 年相继颁布了《最高人民法院关于贯彻执行〈中华人民共和国企业破产法(试行)〉若干问题的意见》和《最高人民法院关于审理企业破产案件若干问题的规定》两个司法解释。上述两法和两解释对规范破产行为和审理破产案件发挥了重要作用，但是随着市场经济体制的逐步确立和国有企业改革的进一步深化，企业的重组、联合、并购渐多，破产案件也越来越多；企业的破产，特别是一些国有大型企业的破产影响广泛，迫切需要有一部完善的法律予以规范。然而，旧的破产法律规范早已“时过境迁”，这主要表现在：第一，原《企业破产立法》的一些规定(如关于破产原因的规定)不利于对所有破产主体的平等保护，也与我国不断完善的市场经济的要求相违背；第二，原《企业破产立法》对破产程序的规定比较原则，难于操作，并缺少重整等企业挽救程序和切实保护债务人财产、维护职工合法权益、保证程序正常进行的其他相关制度。此外，人民法院在审理破产案件的过程中也积累了许多实践经验，有的也需要上升为法律。在这种背景下，2006 年 8 月 27 日，十届人大常委会第二十三次会议以高票表决通过了《中华人民共和国企业破产法》(以下简称《破产法》)。新《企业破产法》的出台是我国市场经济逐步走向成熟的标志,也是深化企业尤其是国有企业改革以及与发达国家经济接轨的必需。

二、破产人

(一)破产人的概念

破产人,是指受破产宣告、进入破产程序的债务人。债务人要成为破产人,必须具备一定的破产原因并依法进入破产程序。

破产法适用于企业法人。其他企业法人以外的组织的清算属于破产清算的,参照适用该法规定的程序。

(二)破产原因

破产原因,是指适用破产程序所依据的特定法律事实,它是法院进行破产宣告所依据的特定事实状态,也是破产案件受理的实质条件。

我国《破产法》第 2 条第 1 款规定:企业法人不能清偿到期债务,并且资产不足以清偿全部债务或者明显缺乏清偿能力的,依照本法规定清理债务。根据该规定,破产分为两种情形:一是企业法人不能清偿到期债务,并且资产不足以清偿全部债务时的破产。二是企业法人不能清偿到期债务,并且明显缺乏清偿能力时的破产。

另外,《破产法》第 2 条第 2 款还规定,企业法人有第 1 款规定情形,或者有明显丧失清偿能力可能的,可以依照本法规定进行重整。

三、破产债权人

破产债权人,是指对债务人享有合法债权并依照破产程序依法行使请求权的人。在破产案件中往往存在多数债权人,因此,债权人依照破产程序行使权利需要通过债权人会议来实现。

(一)债权人会议的组成与职权

债权人会议是代表全体债权人的共同意志并对破产中的重大问题行使决策权的组织形式。债权人依法申报债权后,成为债权人会议的成员。凡是债权人会议的成员,都享有出席会议的权利。债权人会议成员有以下情形的,不得再出席债权人会议:(1)已经由担保财产优先受偿并获得足额清偿的。(2)已经由债务人的保证人或者其他连带债务人获得足额清偿的。

债权人会议行使下列职权:(1)核查债权;(2)申请人民法院更换管理人,审查管理人的费用和报酬;(3)监督管理人;(4)选任和更换债权人委员会成员;

(5)决定继续或者停止债务人的营业;(6)通过重整计划;(7)通过和解协议;(8)通过债务人财产的管理方案;(9)通过破产财产的变价方案;(10)通过破产财产的分配方案;(11)人民法院认为应当由债权人会议行使的其他职权。

（二）债权人会议成员的表决权

债权人会议成员分为有表决权的债权人和无表决权的债权人两种。

有表决权的债权人,是指有权出席债权人会议和发表意见,并有权对债权人会议决议事项投票表达个人意志的债权人。

无表决权的债权人,是指有权出席债权人会议和发表意见,但无权对债权人会议决议事项投票表达个人意志的债权人。主要包括:(1)债权尚未确定,而人民法院未能为其行使表决权而临时确定债权额的;(2)债权附有停止条件,其条件尚有待成就的,或者债权附有解除条件,其解除条件已成就的;(3)尚未代替债务人清偿债务的保证人或者其他连带债务人。

（三）债权人会议的召开和决议

1. 会议的召集

(1)召集人。第一次债权人会议由人民法院召集。以后的债权人会议由会议主席召集。

(2)召集的时间。第一次债权人会议为法定会议,应当在债权申报期限届满后15日内召开。以后的债权人会议,在人民法院认为必要时召开,或者在管理人、债权人委员会、占债权总额1/4以上的债权人向债权人会议主席提议时召开。

(3)召集通知。召开债权人会议,管理人应当提前15日通知已知的债权人。

2. 会议的决议

(1)决议的方式。《破产法》第64条第1款规定,债权人会议的决议,由出席会议的有表决权的债权人过半数通过,并且其所代表的债权额占无财产担保债权总额的1/2以上。但是,破产法另有规定的除外。这里所说的“另有规定”,是指《破产法》第84条关于通过重整计划的规定和第97条关于通过和解协议草案的规定。

(2)决议的效力。债权人会议的决议,对于全体债权人均有约束力。一旦决议依法定程序获得通过,各债权人不论是否出席了会议,不论是否参加表决,也不论是否投票赞成,都当然地受到决议的约束。

(3)对决议的异议。债权人认为债权人会议的决议违反法律规定,损害其利益的,可以自债权人会议作出决议之日起15日内,请求人民法院裁定撤销该决议,责令债权人会议依法重新作出决议。

对于债权人认为债权人会议决议违法提出的裁定请求，人民法院在审理以后，认为决议确有违法情形，请求有理的，应当裁定撤销该决议。

(4)决议的记录。债权人会议应当将所议事项的决议作成会议记录。

(5)决议未通过的补救。对于债务人财产的管理方案或者破产财产的变价方案，债权人会议表决未通过的，由人民法院裁定。

(四)债权人委员会

1. 债权人委员会的组成

债权人会议可以决定设立债权人委员会。债权人委员会由债权人会议选任的债权人代表和1名债务人的职工代表或者工会代表组成。债权人委员会成员不得超过9人。另外，债权人委员会成员应当经人民法院书面决定认可。

2. 债权人委员会的一般监督权

债权人委员会行使下列职权：(1)监督债务人财产的管理和处分；(2)监督破产财产分配；(3)提议召开债权人会议；(4)债权人会议委托的其他职权。

债权人委员会执行职务时，有权要求管理人、债务人的有关人员对其职权范围内的事务作出说明或者提供有关文件。

管理人、债务人的有关人员违反《破产法》规定拒绝接受监督的，债权人委员会有权就监督事项请求人民法院作出决定。人民法院应当在5日内作出决定。

3. 债权人委员会的特别监督权

管理人实施下列行为，应当及时报告债权人委员会：(1)涉及土地、房屋等不动产权益的转让；(2)探矿权、采矿权、知识产权等财产权的转让；(3)全部库存或者营业的转让；(4)借款；(5)设定财产担保；(6)债权和有价证券的转让；(7)履行债务人和对方当事人均未履行完毕的合同；(8)放弃权利；(9)担保物的取回；(10)对债权人利益有重大影响的其他财产处分行为。

未设立债权人委员会的，管理人实施上述规定的行为应当及时报告人民法院。

四、管理人

(一)管理人的概念

管理人，是指破产宣告后，在法院的指挥和监督之下全面接管破产财产并负责对其进行保管、清理、估价、处理和分配的专门机构。

破产程序开始后，无论是进行重整、清算还是和解，都需要对企业法人进行持续的管理。这其中包括必要的财产清理、营业维持、权利行使和财产处分。由于在破产清算的预期下，债务人及其管理层存在着较高的道德风险，各种当事人之间存在较为尖锐的利益冲突，有必要设立中立的专门机构来执行破产程序管理。

（二）管理人的资格

根据《破产法》第24条以及最高人民法院于2007年4月12日发布的《关于审理企业破产案件指定管理人的规定》，有资格在破产程序中担任管理人的有：

1. 清算组。清算组由人民法院从政府有关部门、编入管理人名册的社会中介机构、金融资产管理公司中指定，人民银行及金融监督管理机构可以按照有关法律和行政法规的规定派人参加清算组。按照现行做法，有关部门包括企业上级主管机关、政府财政部门、工商行政管理部门以及审计、税收、物价、劳动、人事等部门。

2. 依法设立并编入管理人名册的律师事务所、会计师事务所、破产清算事务所等社会中介机构。

3. 上述社会中介机构中从业并具备相关专业知识、取得执业资格并被编入个人管理人名册中的自然人。

另外，《破产法》还规定了破产管理人的消极资格：一是与破产债权人及债务人有利害关系的，不得充当破产管理人。二是与案件有利害关系的，不得担任管理人。该类人员具体又包括以下五种情况：(1)与一方当事人有未了结的债权债务关系。现在是或者案件开始前三年内曾经是债务人、债权人的控股股东或者实际控制人。(2)与一方当事人有亲属关系，包括与债权人或者债务人的控股股东、董事、监事、高级管理人员存在夫妻、直系血亲、三代以内旁系血亲或者近姻亲关系。(3)与一方当事人有雇佣或服务关系，包括案件开始前三年内，曾为债务人提供相对固定的中介服务，现在担任或者案件开始前三年内曾经担任债务人、债权人的财务顾问、法律顾问，担任或者案件开始前三年内曾经担任债务人、债权人的董事、监事、高级管理人员。(4)曾经受破产宣告未复权者不得担任破产管理人。(5)破产管理人在一定时期内没有财产、经济方面的犯罪或其他重大违法行为。

（三）管理人的职责

根据《破产法》第25条的规定，管理人依法履行下列职责：(1)接管债务人的财产、印章和账簿、文书等资料；(2)调查债务人财产状况，制作财产状况报告；(3)决定债务人的内部管理事务；(4)决定债务人的日常开支和其他必要开支；(5)在第一次债权人会议召开之前，决定继续或者停止债务人的营业；(6)管理和处分债务人的财产；(7)代表债务人参加诉讼、仲裁或者其他法律程序；(8)提议召开债权人会议；(9)人民法院认为管理人应当履行的其他职责。《破产法》对管理人的职责另有规定的，适用其规定。

第二节　破产案件的申请与受理

一、破产申请

破产申请是破产申请人请求法院受理破产案件的意思表示。在我国，破产程序的开始不以申请为准而是以受理为准。因此，破产申请不是破产程序开始的标志，而是破产程序开始的条件。

破产申请人是与破产案件有利害关系、依法具有破产申请资格的民事主体。需要说明的是：并非所有与破产案件有利害关系的人都具有破产申请资格。根据我国法律规定，只有债权人和债务人才是合格的破产申请人。人民法院受理破产申请前，申请人可以请求撤回申请。

（一）债权人申请

由于债务人"资产不足以清偿全部债务或者明显缺乏清偿能力"的事实属于债务人企业的内部情况，债权人通常无法确知，因此，对于该项破产原因，不需要债权人提出申请时加以证明，只要债务人不能清偿到期债务这一条件具备时，债权人即可向人民法院提出对债务人进行重整或者破产清算的申请。

债权人申请破产应当向人民法院提交以下文件：(1)债权发生的事实及有关证据；(2)债权性质、数额、有无担保并附证明；(3)债务人不能清偿到期债务的情况及有关证据。

债权人提出申请的，债务人应当自受理裁定送达之日起 15 日内向人民法院提交财产状况说明、债务清册、债权清册、有关财务会计报告、职工安置预案以及职工工资的支付和社会保险费用的缴纳情况。

（二）债务人申请

债务人有破产法规定的破产原因的，可以向人民法院提出重整、和解或者破产清算申请。

债务人申请破产时，应当向人民法院提交破产申请书和有关证据，还应当向人民法院提交财产状况说明、债务清册、债权清册、有关财务会计报告、职工安置预案以及职工工资的支付和社会保险费用的缴纳情况。

二、破产申请的受理

(一)受理的概念

破产申请的受理,是指人民法院在收到破产申请后,认为申请符合法定条件而予以接受,并由此开始破产程序的司法行为。人民法院裁定受理破产申请,是破产程序开始的标志。

(二)受理审查及处理

债权人提出破产申请的,人民法院应当自收到申请之日起5日内通知债务人。债务人对申请有异议的,应当自收到人民法院的通知之日起7日内向人民法院提出。人民法院应当自异议期满之日起10日内裁定是否受理。除上述规定的情形外,人民法院应当自收到破产申请之日起15日内裁定是否受理。

人民法院裁定不受理破产申请的,应当自裁定作出之日起5日内送达申请人并说明理由。申请人对裁定不服的,可以自裁定送达之日起10日内向上一级人民法院提起上诉。

人民法院受理破产申请后至破产宣告前,经审查发现债务人不符合破产法第二条规定的破产原因的,可以裁定驳回申请。申请人对裁定不服的,可以自裁定送达之日起10日内向上一级人民法院提起上诉。

(三)人民法院受理破产申请后的工作

人民法院裁定受理破产申请的,应当同时指定管理人。

人民法院应当自裁定受理破产申请之日起25日内通知已知债权人,并予以公告。通知和公告应当载明下列事项:(1)申请人、被申请人的名称或者姓名;(2)人民法院受理破产申请的时间;(3)申报债权的期限、地点和注意事项;(4)管理人的名称或者姓名及其处理事务的地址;(5)债务人的债务人或者财产持有人应当向管理人清偿债务或者交付财产的要求;(6)第一次债权人会议召开的时间和地点;(7)人民法院认为应当通知和公告的其他事项。

(四)受理的法律后果

破产案件一旦受理,即将产生以下法律后果:

1. 债务人有关人员的义务

“有关人员”是指债务人企业的法定代表人或者人民法院确定的包括财务管理人员、董事、监事、经理、财务总监等人员。破产程序开始后,管理人将接管破产企业,开展包括接管债务人财产、调查债务人财产状况、管理和处分债务人财产等一系列工作。这些工作必须得到债务人有关人员的配合。

自人民法院受理破产申请的裁定送达债务人之日起至破产程序终结之日,

债务人的有关人员承担下列义务:(1)妥善保管其占有和管理的财产、印章和账簿、文书等资料;(2)根据人民法院、管理人的要求进行工作,并如实回答询问;(3)列席债权人会议并如实回答债权人的询问;(4)未经人民法院许可,不得离开住所地;(5)不得新任其他企业的董事、监事、高级管理人员。

2. 个别清偿无效

人民法院受理破产申请后,债务人对个别债权人的债务清偿无效。

3. 管理人接管企业

人民法院受理破产申请后,债务人的债务人或者财产持有人应当向管理人清偿债务或者交付财产。债务人的债务人或者财产持有人故意向债务人清偿债务或者交付财产,使债权人受到损失的,不能免除其清偿债务或者交付财产的义务。

4. 债务人待履行合同的处理

人民法院受理破产申请后,管理人对破产申请受理前成立而债务人和对方当事人均未履行完毕的合同有权决定解除或者继续履行,并通知对方当事人。管理人自破产申请受理之日起两个月内未通知对方当事人,或者自收到对方当事人催告之日起 30 日内未答复的,视为解除合同。

管理人决定继续履行合同的,对方当事人应当履行;但是,对方当事人有权要求管理人提供担保。管理人不提供担保的,视为解除合同。

5. 保全解除和执行中止

人民法院受理破产申请后,有关债务人财产的保全措施应当解除,执行程序应当中止。

6. 民事诉讼或者仲裁的中止

人民法院受理破产申请后,已经开始而尚未终结的有关债务人的民事诉讼或者仲裁应当中止;在管理人接管债务人的财产后,该诉讼或者仲裁继续进行。

7. 破产程序开始后的民事诉讼

人民法院受理破产申请后,有关债务人的民事诉讼只能向受理破产申请的人民法院提起。

第三节　债务人财产与债权申报

一、债务人财产

债务人财产,是指在破产程序中被纳入破产管理的为债务人所拥有的财产。

破产申请受理时属于债务人的全部财产,以及破产申请受理后至破产程序终结前债务人取得的财产，为债务人财产。

二、撤销权和追回权

在债务人无力偿债或者即将陷入无力偿债的情况下，利益相关人对于债务人的财产存在着公平清偿和企业维持的合理预期。由此产生法律对债务人财产加以保全和防止个别人抢先受偿的秩序要求。为此，破产法对于债务人财产的保护，设置了撤销权和追回权等措施。

（一）撤销权

人民法院受理破产申请前一年内，涉及债务人财产的下列行为，管理人有权请求人民法院予以撤销：(1)无偿转让财产的；(2)以明显不合理的价格进行交易的；(3)对没有财产担保的债务提供财产担保的；(4)对未到期的债务提前清偿的；(5)放弃债权的。

人民法院受理破产申请前6个月内，债务人有《破产法》第2条第1款关于破产原因规定的情形，仍对个别债权人进行清偿的，管理人有权请求人民法院予以撤销。但是，个别清偿使债务人财产受益的除外。

（二）无效行为

涉及债务人财产的下列行为无效：(1)为逃避债务而隐匿、转移财产的；(2)虚构债务或者承认不真实的债务的。

（三）追回权

因上述关于撤销权或者无效行为规定的行为而取得的债务人的财产，管理人有权追回。

另外，债务人的董事、监事和高级管理人员利用职权从企业获取的非正常收入和侵占的企业财产，管理人应当追回。

三、取回权和破产抵消权

（一）取回权

取回权是指从管理人接管的财产中取回不属于债务人的财产的请求权。破产宣告后，破产程序终结前，取回权人有权随时向管理人请求取回财产。管理人收到取回权的请求后，经证明属实的，应予以返还。实践中，“不属于债务人的财产”主要包括以下两项：(1)合法占有的他人财产；(2)不法占有的他人的财产。

人民法院受理破产申请后，债务人占有的不属于债务人的财产，该财产的权利人可以通过管理人取回。但是，《破产法》另有规定的除外。

人民法院受理破产申请时，出卖人已将买卖标的物向作为买受人的债务人发运，债务人尚未收到且未付清全部价款的，出卖人可以取回在运途中的标的物。但是，管理人可以支付全部价款，请求出卖人交付标的物。

（二）破产抵消权

破产抵消权，是指破产人在破产宣告前对破产人负有债务的，不论债的种类和到期时间，均可于清算前以破产债权抵消其所负债务的权利。

《破产法》第40条规定，债权人在破产申请受理前对债务人负有债务的，可以向管理人主张抵消。但是，有下列情形之一的，不得抵消：

(1)债务人的债务人在破产申请受理后取得他人对债务人的债权的。

(2)债权人已知债务人有不能清偿到期债务或者破产申请的事实，对债务人负担债务的；但是，债权人因为法律规定或者有破产申请1年前所发生的原因而负担债务的除外。

(3)债务人的债务人已知债务人有不能清偿到期债务或者破产申请的事实，对债务人取得债权的；但是，债务人的债务人因为法律规定或者有破产申请1年前所发生的原因而取得债权的除外。

四、债权申报

（一）债权申报的期限

人民法院受理破产申请时，对债务人享有债权的债权人，均可向管理人申报债权并依照《破产法》规定的程序行使权利。

人民法院受理破产申请后，应当确定债权人申报债权的期限。债权申报期限自人民法院发布受理破产申请公告之日起计算，最短不得少于30日，最长不得超过3个月。

在人民法院确定的债权申报期限内，债权人未申报债权的，可以在破产财产最后分配前补充申报；但是，此前已进行的分配，不再对其补充分配。为审查和确认补充申报债权的费用，由补充申报人承担。

债权人未依照《破产法》规定申报债权的，不得依照《破产法》规定的程序行使权利。

（二）债权申报的范围

1. 一般规定

可申报的债权应满足以下几点要求：

(1)须为以财产给付为内容的请求权。给付标的为劳务或者不作为的请求权不能申报，但是，因其不履行或者不适当履行而产生的赔偿请求权，可以申报。

(2)须为以债务人财产为受偿基础的请求权。至于请求权所指向的财产是债务人的一般财产还是特定财产，不影响申报的资格。因此，有财产担保的债权和无财产担保的债权均在申报之列。

(3)须为人民法院受理破产申请前成立的对债务人享有的债权。至于债权的到期时间，不影响申报资格。未到期的债权，在破产案件受理时视为已到期。

(4)须为平等民事主体之间的请求权。

(5)须为合法有效的债权。

不具备上述条件的债权被申报的，管理人有权提出异议。申报人坚持申报的，管理人可以在债权表中另页记载，并载明所发现的问题，以供债权人会议作出决定。必要时，管理人可以请求人民法院裁定不予确认。

2. 特别情形

(1)职工债权。债务人所欠职工的工资和医疗、伤残补助、抚恤费用，所欠的应当划入职工个人账户的基本养老保险、基本医疗保险费用，以及法律、行政法规规定应当支付给职工的补偿金，为我国破产法上的职工债权。职工债权不必申报，由管理人调查后列出清单并予以公示。职工对清单记载有异议的，可以要求管理人更正；管理人不予更正的，职工可以向人民法院提起诉讼。

(2)利息请求权。附利息的债权自破产申请受理时起停止计息。破产申请受理前的利息，随本金一同申报。

(3)待定债权。又称“或然债权”，是指其效力有待确定的债权，包括附条件、附期限的债权和诉讼、仲裁未决的债权。这些债权可以申报，但必须说明其待定的状况。

(4)连带债权。连带债权人可以由其中一人代表全体连带债权人申报债权，也可以共同申报债权。申报的债权是连带债权的，应当说明。

(5)连带债务人的代位求偿权。债务人的保证人或者其他连带债务人，已经代替债务人清偿债务的，以其对债务人的求偿权申报债权；尚未代替债务人清偿债务的，除债权人已经向管理人申报全部债权外，以其对债务人的将来求偿权申报债权。

(6)连带债务的债权人。在连带债务人之一破产时，其债权人享有在破产程序中申报债权的权利。连带债务人数人被裁定适用破产程序的，其债权人有权就其全部债权分别在各破产案件中申报债权。

(7)待履行合同相对人的赔偿请求权。管理人或者债务人依照《破产法》第18条的规定解除合同的，对方当事人以因合同解除所产生的损害赔偿请求权申报债权。

(8)善意受托人的请求权。债务人是委托合同的委托人，被裁定适用《破产法》规定的程序，受托人不知该事实，继续处理委托事务的，受托人以由此产生的请求权申报债权。

(9)票据付款人的请求权。破产债务人是票据的出票人,该票据的付款人继续付款或者承兑的,付款人以由此产生的请求权申报债权。

(三)申报债权的登记、确认和异议

管理人收到债权申报材料后,应当登记造册,对申报的债权进行审查,并编制债权表。债权表和债权申报材料由管理人保存,供利害关系人查阅。

债务人、债权人对债权表记载的债权无异议的,由人民法院裁定确认。

债务人、债权人对债权表记载的债权有异议的,可以向受理破产申请的人民法院提起诉讼。

第四节 重整与和解

一、重整程序

重整,是指当具有一定规模的企业出现破产原因或者有破产的危险,同时又具有振兴和再生的希望时,为防止企业破产,经企业利害关系人的申请,在人民法院的干预下对该企业实施强制治理以促使其复兴的制度,是旨在挽救作为债务人的企业的一种积极程序。

按照《破产法》第2条第2款的规定,重整程序适用于两种情形:一是债务人具有破产原因,即不能清偿到期债务并且资产不足以清偿全部债务的,或者不能清偿到期债务并且明显缺乏清偿能力的;二是债务人将要出现破产原因,即有明显丧失清偿能力可能的。

(一)重整程序的提起

按照《破产法》第70条、第71条的规定,重整程序的提起可以分为两种情况:一是破产案件受理前,债务人或者债权人可以依法直接向人民法院申请对债务人进行重整;二是债权人申请对债务人进行破产清算的,在人民法院受理破产申请后、宣告债务人破产前,债务人或者出资额占债务人注册资本1/10以上的出资人,可以向人民法院申请重整。

人民法院经审查认为重整申请符合《破产法》规定的,应当裁定债务人重整,并予以公告。

(二)重整的效力

1. 在重整期间,经债务人申请,人民法院批准,债务人可以在管理人的监督下自行管理财产和营业事务。已接管债务人财产和营业事务的管理人应当向债务人移交财产和营业事务，管理人的职权由债务人行使。

2. 管理人负责管理财产和营业事务的，可以聘任债务人的经营管理人员负责营业事务。

3. 在重整期间，对债务人的特定财产享有的担保权暂停行使。但是，担保物有损坏或者价值明显减少的可能，足以危害担保权人权利的，担保权人可以向人民法院请求恢复行使担保权。在重整期间，债务人或者管理人为继续营业而借款的，可以为该借款设定担保。

4. 债务人合法占有的他人财产，该财产的权利人在重整期间要求取回的，应当符合事先约定的条件。

5. 在重整期间，债务人的出资人不得请求投资收益分配。

6. 在重整期间，债务人的董事、监事、高级管理人员不得向第三人转让其持有的债务人的股权。但是，经人民法院同意的除外。

（三）重整程序的终止

在重整期间，有下列情形之一的，经管理人或者利害关系人请求，人民法院应当裁定终止重整程序，并宣告债务人破产：(1)债务人的经营状况和财产状况继续恶化，缺乏挽救的可能性；(2)债务人有欺诈、恶意减少债务人财产或者其他显著不利于债权人的行为；(3)由于债务人的行为致使管理人无法履行职务。

另外，债务人或者管理人应当自人民法院裁定债务人重整之日起 6 个月内，同时向人民法院和债权人会议提交重整计划草案。债务人或者管理人未按期提出重整计划草案的，人民法院应当裁定终止重整程序，并宣告债务人破产。

（四）重整计划的制作

重整计划是重整程序中最重要的法定文件。它是债务人、债权人和其他利害关系人在协商基础上就债务清偿和企业拯救作出的安排，既是当事人彼此让步寻求债务解决的和解协议，也是他们同舟共济争取企业复兴的行动纲领。

债务人自行管理财产和营业事务的，由债务人制订重整计划草案。管理人负责管理财产和营业事务的，由管理人制订重整计划草案。

重整计划草案应当包括下列内容：(1)债务人的经营方案；(2)债权分类；(3)债权调整方案；(4)债权受偿方案；(5)重整计划的执行期限；(6)重整计划执行的监督期限；(7)有利于债务人重整的其他方案。

（五）重整计划的通过和批准

重整计划是对企业财务债务等各方面的重新安排，涉及企业债权人、职工以及出资人等各方的利益，所以重整计划必须经过各方利益相关者的同意才能执行。此外，在众多利益相关者中，各方关注的利益点是不一致的，这就决定了对重整计划的表决不可能通过统一的表决形式进行，而是需要分组进行。

1. 表决程序

人民法院应当自收到重整计划草案之日起30日内召开债权人会议，对重整计划草案进行表决。

下列各类债权的债权人参加讨论重整计划草案的债权人会议，依照下列债权分类，分组对重整计划草案进行表决：(1)对债务人的特定财产享有担保权的债权；(2)债务人所欠职工的工资和医疗、伤残补助、抚恤费用，所欠的应当划入职工个人账户的基本养老保险、基本医疗保险费用，以及法律、行政法规规定应当支付给职工的补偿金；(3)债务人所欠税款；(4)普通债权。人民法院在必要时可以决定在普通债权组中设小额债权组对重整计划草案进行表决。

出席会议的同一表决组的债权人过半数同意重整计划草案，并且其所代表的债权额占该组债权总额的2/3以上的，即为该组通过重整计划草案。各表决组均通过重整计划草案时，重整计划即为通过。

2. 批准程序

自重整计划通过之日起10日内，债务人或者管理人应当向人民法院提出批准重整计划的申请。人民法院经审查认为符合规定的，应当自收到申请之日起30日内裁定批准，终止重整程序，并予以公告。

部分表决组未通过重整计划草案的，债务人或者管理人可以同未通过重整计划草案的表决组协商。该表决组可以在协商后再表决一次。未通过重整计划草案的表决组拒绝再次表决或者再次表决仍未通过重整计划草案，但重整计划草案符合下列条件的，债务人或者管理人可以申请人民法院强制批准重整计划草案：(1)按照重整计划草案，担保债权就担保财产将获得全额清偿，其因延期清偿所受的损失将得到公平补偿，并且其担保权未受到实质性损害，或者该表决组已经通过重整计划草案；(2)按照重整计划草案，职工债权和税收债权将获得全额清偿，或者相应表决组已经通过重整计划草案；(3)按照重整计划草案，普通债权所获得的清偿比例不低于其在重整计划草案被提请批准时依照破产清算程序所能获得的清偿比例，或者该表决组已经通过重整计划草案；(4)重整计划草案对出资人权益的调整公平、公正，或者出资人组已经通过重整计划草案；(5)重整计划草案公平对待同一表决组的成员，并且所规定的债权清偿顺序不违反破产清算程序规定的清偿顺序；(6)债务人的经营方案具有可行性。

人民法院经审查认为重整计划草案符合上述规定的，应当自收到申请之日起30日内裁定批准，终止重整程序，并予以公告；重整计划草案未获得通过且未依上述规定获得批准，或者已通过的重整计划未获得批准的，人民法院应当裁定终止重整程序，并宣告债务人破产。

(六)重整计划的执行

重整计划得到批准后,即进入执行阶段。但进入执行阶段并不意味着企业就最终避免了破产,执行的过程中会有监督,如果债务人不能执行或不执行重整计划,企业仍有可能进入破产程序。

重整计划由债务人负责执行。人民法院裁定批准重整计划后,已接管财产和营业事务的管理人应当向债务人移交财产和营业事务。

自人民法院裁定批准重整计划之日起,在重整计划规定的监督期内,由管理人监督重整计划的执行。在监督期内,债务人应当向管理人报告重整计划执行情况和债务人财务状况。监督期届满时,管理人应当向人民法院提交监督报告。自监督报告提交之日起,管理人的监督职责终止。

(七)重整计划的终止

债务人不能执行或者不执行重整计划的,人民法院经管理人或者利害关系人请求,裁定终止重整计划的执行,并宣告债务人破产。

人民法院裁定终止重整计划执行的,债权人在重整计划中作出的债权调整的承诺失效。债权人因执行重整计划所受的清偿仍然有效,债权未受清偿的部分作为破产债权。并且,对于剩余的债权,债权人只有在其他同顺位债权人与自己所受的清偿达到同一比例时,才能继续接受分配。

二、和解程序

和解是在债务人出现破产原因时,为了避免债务人破产,由债务人与债权人达成和解协议,按照和解协议调整债务人的债务、减轻债务人的负担,以便债务人恢复生机,并使债权人有可能得到比通过破产程序所能得到的更多的清偿的一种法律制度。

(一)和解申请与裁定

债务人可以依法直接向人民法院申请和解,也可以在人民法院受理破产申请后、宣告债务人破产前,向人民法院申请和解。债务人申请和解,应当提出和解协议草案。

人民法院经审查认为和解申请符合《破产法》规定的,应当裁定和解,予以公告,并召集债权人会议讨论和解协议草案。

(二)和解协议的成立和生效

由出席债权人会议的有表决权的债权人的过半数同意,并且其所代表的债权额占无财产担保债权总额的2/3以上时,即达成和解协议。

债务人和债权人达成和解协议,必须经过人民法院的裁定认可方能生效。

人民法院认可和解协议的，应当发布公告，终止破产程序。和解协议自公告之日起具有法律效力。

（三）和解协议的执行

生效的和解协议具有以下法律效果：(1)破产程序终结和债务人恢复财产管理；(2)全体债权人受和解协议的约束。

和解协议执行完毕后，债务人不再承担清偿责任。

另外，《破产法》针对和解失败的不同情形作出以下规定：(1)和解协议不成立、不生效的，人民法院应当裁定终止和解程序，并宣告债务人破产；(2)和解协议无效的，法院应当宣告债务人破产；(3)债务人不能执行或者不执行和解协议的，人民法院经和解债权人请求，应当裁定终止和解协议的执行，并宣告债务人破产。

第五节　破产宣告与破产清算

一、破产宣告

（一）破产宣告的概念和条件

破产宣告，即人民法院对债务人具备破产原因的事实作出有法律效力的认可。破产宣告是一种司法行为，产生一系列法律效果。这一司法行为和它的法律效果构成了破产法上的一个重要事件。这一事件标志着破产案件无可逆转地进入了清算程序。相应地，宣告破产后，债务人称为破产人，债务人财产称为破产财产，人民法院受理破产申请时对债务人享有的债权称为破产债权。

根据《破产法》的规定，债务人有下列情形之一的，人民法院应当以书面形式裁定宣告其破产：(1)不能清偿到期债务，又不具备法律规定的不予宣告破产条件的；(2)人民法院依法裁定终止重整程序的；(3)人民法院依法裁定终止和解协议执行的。

另外，根据《破产法》第108条的规定，破产宣告前，有下列情形之一的，人民法院应当裁定终结破产程序，并予以公告：(1)第三人为债务人提供足额担保或者为债务人清偿全部到期债务的；(2)债务人已清偿全部到期债务的。

人民法院依照《破产法》规定宣告债务人破产的，应当自裁定之日起5日内送达债务人和管理人；债权人或者债务人对破产宣告有异议的，可以在人民法院宣告企业破产之日起10日内，向上一级人民法院申诉，上一级人民法院应当组成合议庭进行审理，并在30日内作出裁定。

(二)破产宣告的效果

破产案件不可避免地进入清算程序。债务人成为破产人,债务人财产成为破产财产,债务人丧失对其财产和事务的管理权。

有财产担保权的债权人,对设置担保的特定财产享有优先受偿权;其行使优先受偿权未能完全受偿的,其未受偿的债权作为普通债权;放弃优先受偿权的,其债权作为普通债权。

无财产担保的债权人,以及有财产担保的债权人其未完全受偿的债权或者放弃优先受偿权的债权,通过法定程序集体确定破产分配方案,由破产财产获得清偿。

二、破产变价

(一)破产变价的概念

破产变价,即破产财产的变价,是指管理人将破产人的非金钱财产,通过合法方式加以出让,使之转化为金钱形态,以便于清算分配的过程。破产清算以金钱分配为原则,实物分配为例外。

(二)破产变价的方法

1. 破产财产估价。破产财产在变价前,有必要进行估价的,应当进行估价。对于不能变卖的实物进行折价分配的,一般也应当进行估价。实物为动产,并有可供参照的市场价格的,为节省时间和费用,也可以采取全体债权人协商定价的办法。协商定价时,除市场价格外,还要适当考虑财产的折旧、用途、市场供求等因素。

2. 破产变价方案。破产宣告后,管理人应当及时拟订破产财产变价方案,提交债权人会议讨论。该方案经债权人会议表决未通过的,由人民法院裁定。管理人应当按照由债权人会议通过的或者在未通过时由人民法院裁定的破产变价方案,适时变价出售破产财产。

3. 公开变卖原则。变卖破产财产,原则上应当公开进行。实践中,变卖破产财产可采用的形式通常有拍卖、招标出售和标价出售等。变价出售破产财产原则上应当通过拍卖进行,但是债权人会议另有决议的除外。另外,按照国家规定不能拍卖或者限制转让的财产,应当按照国家规定的方式处理。

三、破产分配

(一)破产分配的概念

破产分配,又称“破产财产的分配”,是指破产管理人将变价后的破产财产,根据符合法定顺序并经合法程序确定的分配方案，对全体破产债权人进行公平清偿的程序。破产分配标志着破产清算的完成。破产分配结束是破产程序终结的原因。

(二)破产分配顺序

破产财产在优先清偿破产费用和共益债务后，依照下列顺序清偿：

1. 破产人所欠职工的工资和医疗、伤残补助、抚恤费用，所欠的应当划入职工个人账户的基本养老保险、基本医疗保险费用以及法律、行政法规规定应当支付给职工的补偿金。

2. 破产人欠缴的除前项规定以外的社会保险费用和破产人所欠税款。

3. 普通破产债权。

破产财产不足以清偿同一顺序的清偿要求的，按照比例分配。破产企业的董事、监事和高级管理人员的工资按照该企业职工的平均工资计算。

知识拓展

破产费用和共益债务

破产费用和共益债务，是指从破产程序开始后，为破产程序进行以及为全体债权人的共同利益而支付的费用。

破产费用主要包括人民法院受理破产申请后发生的下列费用：(1)破产案件的诉讼费用；(2)管理、变价和分配债务人财产的费用；(3)管理人执行职务的费用、报酬和聘用工作人员的费用。

共益债务主要包括人民法院受理破产申请后发生的下列债务：(1)因管理人或者债务人请求对方当事人履行双方均未履行完毕的合同所产生的债务；(2)债务人财产受无因管理所产生的债务；(3)因债务人不当得利所产生的债务；(4)为债务人继续营业而应支付的劳动报酬和社会保险费用以及由此产生的其他债务；(5)管理人或者相关人员执行职务致人损害所产生的债务；(6)债务人财产致人损害所产生的债务。

破产费用和共益债务的偿付遵循以下原则：(1)破产费用和共益债务由债务人财产随时清偿；(2)债务人财产不足以清偿所有破产费用和共益债务的，先行清偿破产费用；(3)债务人财产不足以清偿所有破产费用或者共益债务的，按照比例清偿；(4)债务人财产不足以清偿破产费用的，管理人应当提请人民法院终结破产程序。人民法院应当自收到请求之日起15日内裁定终结破产程序，并予以公告。

四、破产分配方案及其执行

（一）破产分配方案

破产分配方案是载明破产财产如何用于破产分配和各破产债权人如何获得破产分配的书面文件。

破产财产分配方案应当载明下列事项：(1)参加破产财产分配的债权人名称或者姓名、住所；(2)参加破产财产分配的债权额；(3)可供分配的破产财产数额；(4)破产财产分配的顺序、比例及数额；(5)实施破产财产分配的方法。

破产宣告后，管理人应当及时拟订破产财产分配方案，提交债权人会议讨论。债权人会议通过破产财产分配方案后，由管理人将该方案提请人民法院裁定认可。

（二）破产分配方案的执行

破产财产分配方案经人民法院裁定认可后，由管理人执行。

管理人按照破产财产分配方案实施多次分配的，应当公告本次分配的财产额和债权额。管理人实施最后分配的，应当在公告中指明，并载明对于附条件债权的提存额的分配事项。

（三）破产分配额的提存

1. 附条件债权的提存。对于附生效条件或者解除条件的债权，管理人应当将其分配额提存。管理人因此提存的分配额，在最后分配公告日生效条件未成就或者解除条件成就的，应当分配给其他债权人；在最后分配公告日生效条件成就或者解除条件未成就的，应当交付给债权人。

2. 未受领分配额的提存。债权人未受领的破产财产分配额，管理人应当提存。债权人自最后分配公告之日起满两月仍不领取的，视为放弃受领分配的权利，管理人或者人民法院应当将提存的分配额分配给其他债权人。

3. 诉讼未决债权的提存。破产财产分配时，对于诉讼或者仲裁未决的债权，管理人应当将其分配额提存。自破产程序终结之日起满两年仍不能受领分配的，人民法院应当将提存的分配额分配给其他债权人。

五、破产程序的终结

（一）破产程序终结的事由

根据《破产法》的规定，破产程序因下列事由终结：(1)重整计划执行完毕；(2)人民法院裁定认可和解协议；(3)债务人有不予破产的法定事由；(4)债务人的财产不足以清偿破产费用；(5)破产人无财产可供分配；(6)破产财产分配完毕。

(二)破产程序终结的裁定以及终结后的有关事项

人民法院应当自收到管理人终结破产程序的请求之日起15日内作出是否终结破产程序的裁定。裁定终结的,应当予以公告。

管理人应当自破产程序终结之日起10日内,持人民法院终结破产程序的裁定,向破产人的原登记机关办理注销登记。管理人于办理注销登记完毕的次日终止执行职务。但是,存在诉讼或者仲裁未决情况的除外。

破产人的保证人和其他连带债务人在破产程序终结后,对债权人依照破产清算程序未受清偿的债权,依法继续承担清偿责任。

破产程序终结之日起两年内,新发现破产人有应当供分配的财产的,债权人可以请求人民法院按照破产财产分配方案进行追加分配。但是,如果应追加分配财产的数量不足以支付分配费用的,不再进行追加分配,由人民法院将其上交国库。

开篇引例解析

根据我国《破产法》的相关规定,本案中发生的四项法律事实均存在违法之处:

首先,我国《破产法》第16条规定:“人民法院受理破产申请后,债务人对个别债权人的债务清偿无效。”因此,本案中第(1)项法律事实,A公司向C公司支付10万元货款的行为,属于在破产案件受理后对个别债权人进行的清偿,因此属于违法行为,应当认定为无效。

其次,财产保全是指与当事人争议有关的财产可能被转移、隐匿、毁灭等情形,从而可能造成对利害关系人权益的损害或可能使法院将来的判决难以执行或不能执行时,人民法院根据利害关系人或当事人的申请,或按照审判职权对有关财产采取的保护措施。财产保全的措施主要有查封、扣押、冻结等。我国《破产法》第19条规定:“人民法院受理破产申请后,有关债务人财产的保全措施应当解除,执行程序应当中止。”因此,本案中的第(3)和第(4)项情形均为违法行为。

最后,根据我国《破产法》第40条的规定,债权人在破产申请受理前对债务人负有债务的,可以向管理人主张抵消。但是,有下列情形之一的,不得抵消:(1)债务人的债务人在破产申请受理后取得他人对债务人的债权的。(2)债权人已知债务人有不能清偿到期债务或者破产申请的事实,对债务人负担债务的;但是,债权人因为法律规定或者有破产申请1年前所发生的原因而负担债务的除外。(3)债务人的债务人已知债务人有不能清偿到期债务或者破产申请的事实,对债务人取得债权的;但是,债务人的债务人因为法律规定或者有破产申请1年前所发生的原因而取得债权的除外。本案中，A 公司是在人民法院已经受理之后实施的债务抵消行为，因此第(4)项情形也是违法的。

本章小结

《破产法》涉及市场经济主体退出市场的规则等多个层面的重要法律问题，对于社会主义市场经济的发展和完善具有非常重要而深远的影响。本章较为系统地阐述了企业法人破产中的重整、和解与清算程序，明确了破产的原因、破产的程序、债务人财产和债权申报、破产财产分配等重要问题。

复习思考题

一、单项选择题

1. 根据《破产法》的规定，可以依法向人民法院提出和解申请的是(　　)。

A. 债权人　　B. 债务人　　C. 管理人　　D. 清算组

2. (　　)是破产程序开始的标志。

A. 破产申请人提出破产申请　　B. 人民法院受理破产申请

C. 指定管理人管理破产企业　　D. 召开第一次债权人会议

3. 根据《破产法》的有关规定，债权人会议通过和解协议草案的决议应当由(　　)。

A. 出席会议的有表决权的债权人过半数通过，并且其所担保的债权额占全部债权总额的 2/3 以上

B. 出席会议的有表决权的债权人过半数通过，并且其所担保的债权额占无财产担保债权总额的 2/3 以上

C. 全体有表决权的债权人过半数通过，并且其所担保的债权额占全部债权总额的 2/3 以上

D. 全体有表决权的债权人过半数通过，并且其所担保的债权额占无财产担保债权总额的 2/3 以上

二、多项选择题

4. 企业法人不能清偿到期债务，并且资产不足以清偿全部债务或者明显缺乏清偿能力的，该企业法人可以选择以下哪些程序处理其与债权人之间的债权

债务关系？（　　）

A. 申请破产清算　　B. 直接向法院申请和解

C. 决议解散并进行清算　　D. 直接向法院申请重整

5. 某建筑公司因严重资不抵债向法院申请破产。关于该案破产财产范围和清偿顺序等，下列哪些选项是错误的？（　　）

A. 该公司所欠民工工资应当列入破产费用先行清偿

B. 该公司租用甲公司的一套建筑设备不能列入破产财产

C. 该公司的一批脚手架已抵押给某银行，该批脚手架不能列入破产财产

D. 该公司员工对该公司的投资款只能作为普通债权受偿

三、案例分析题

6. 2008 年 12 月 10 日，某国有企业因长期不能清偿到期债务，向人民法院申请破产。人民法院立案后，在规定的时间内通知债权人，并于 2009 年 1 月 5 日在报上发布公告要求债权人申报债权，规定 2 月 10 日召开第 1 次债权人会议。有些债权人担心自己的债权得不到全额清偿，通过各种途径抢先清偿。例如从仓库提走产品抵债等。

2 月 10 日，人民法院主持召开了第 1 次债权人会议，确认了 24 家债权人，各种债务累计 159.7 万元。银行的部分债务享有抵押权。

2 月 11 日，人民法院裁定破产。3 月 9 日成立破产清算组。清算组提出财产分配方案，债权人会议通过决议：所有财产集体拍卖，全体债权人按比例受偿。清算组委托拍卖公司公开拍卖。最终，包括手续费以 59.7 万元成交。

银行提出异议，不同意含有抵押债权的财产加入整体拍卖，要求优先受偿。人民法院裁定异议不成立，扣除破产费用，按原方案分配后，裁定终止破产程序。

根据《破产法》的有关知识，回答以下问题：

(1)作为债权人某银行分行申请破产应向人民法院提交哪些材料？

(2)作为债务人该企业提出破产申请，应向人民法院提交哪些材料？

(3)债权人会议召开和清算组成立时间有无不妥？

(4)进入破产程序后，个别清偿是否有效？

(5)银行有部分抵押债权，以上处理合法吗？你认为应该如何处理？

第五章　合同法

【学习目标】

1. 了解合同与合同法的概念、特征，合同法的基本原则，合同法的适用范围。

2. 理解合同订立的过程、合同成立与合同生效的关系。

3. 能够判断合同效力瑕疵的情形及其法律后果。

4. 掌握合同履行中的抗辩权与保全制度。

5. 能处理合同违约的法律问题。

【重点、难点】

1. 合同订立的过程。

2. 合同履行中的抗辩权。

3. 合同保全制度。

4. 违约责任的承担方式。

开篇引例

上海某商场新进一种摄像机，价格定为4568元。柜台组长在制作价格标签时，误将4568元写为568元。王某在商场柜台前发现该摄像机物美价廉，于是用信用卡支付方式购买了两台摄像机。一周后，商场在清货盘点时，发现少了8000元，经查是柜台组长标错价格标签所致。由于王某用信用卡结算，所以商场很快找到王某，并提出王某应补交8000元或退回摄像机。王某认为该买卖关系已经成立并交易完毕，因此拒绝了商场的要求。商场只得向人民法院起诉，要求王某返还8000元或退回摄像机。

问题：商场的诉讼请求有法律依据吗？

第一节 合同法概述

一、合同概述

(一)合同的概念和特征

依据我国《合同法》第 2 条的规定,合同是平等主体的自然人、法人、其他组织之间设立、变更、终止民事权利义务关系的协议。《合同法》的合同具有如下特征:

1. 合同是平等主体之间的协议。合同主体地位平等,是指各方主体在订立和履行合同中,都平等地享有民事权利和承担民事义务。依据《合同法》的规定,合同主体包括自然人、法人和其他组织。对于自然人和法人,他们具有民事权利能力,能依法参加民事法律关系,享有民事权利,承担民事义务;但对于不具有民事权利能力的其他民事组织,可以成为合同主体,是因为《合同法》调整的是财产流转关系,在这一关系中,其他组织以其名义享有权利、承担义务,涉及最终的权利义务承受者,则可以由与其相关的自然人或法人承受。

2. 合同的目的在于设立、变更或终止民事权利义务关系。第一,合同当事人签订合同的目的,在于为了特定的经济利益,即在内容上是当事人之间财产性的民事权利义务;第二,合同当事人为了实现特定的经济利益,以合同的方式来设立、变更、终止财产性的民事权利义务关系。

3. 合同是当事人双方或多方意思表示达成一致的一种协议。基于《合同法》规定的合同的特殊性,婚姻、收养、监护等有关身份关系的协议,适用其他法律的规定。

(二)合同的分类

一般来说,合同可以作如下分类:

1. 有名合同与无名合同

根据法律是否明文规定了合同的特定名称,可以将合同分为有名合同与无名合同。有名合同,又称为“典型合同”,是指由法律赋予其特定名称及具体规则的合同。我国《合同法》分则所规定的 15 类合同,都属于有名合同。除《合同法》规定之外,一些单行法律也规定了一些合同关系,如《保险法》中规定的保险合同。无名合同,又称“非典型合同”,是指法律上尚未明确规定特定的名称与具体规则的合同。

区分有名合同与无名合同的意义主要在于两者适用的法律规则不同。对于有名合同，应当直接适用《合同法》有关该合同的具体规定。对于无名合同，除应当适用《合同法》的一般规则外，也可以参照最类似的有名合同的具体规则适用。

2. 单务合同与双务合同

根据合同当事人是否互相享有权利、负有义务，可将合同分为单务合同和双务合同。

双务合同是指当事人互相享有权利、负有义务的合同。单务合同是双方当事人中仅有一方负担义务而另一方只享有权利的合同，如在赠与合同中，赠与人负担交付赠与物的义务，而受赠人只享有接受赠与物的权利，不负担任何义务。在实践中，大多数的合同都是双务合同，单务合同比较少见。

区别两者的主要意义在于：

(1)二者在是否适用履行抗辩权上有区别。双务合同成立后，当事人各方基于合同负担义务，而且一方负担的义务是以他方负担的义务为前提。因此，我国《合同法》规定的同时履行抗辩权、先履行抗辩权和不安抗辩权只适用于双务合同，单务合同不适用履行抗辩权原则。

(2)合同解除或撤销的后果有区别。在双务合同解除后，双方负恢复原状的义务。在单务合同中，只发生单方返还恢复原状的后果。

3. 有偿合同与无偿合同

根据合同当事人之间的权利义务是否存在对价关系，可以将合同分为有偿合同与无偿合同。有偿合同是指当事人一方必须偿付代价才能享有权利的合同。实践中，绝大多数合同都是有偿的，如买卖合同。无偿合同，是指一方不必偿付代价就能享有权利的合同，如赠与合同。

有偿合同和无偿合同的区分主要有以下意义：

(1)合同义务人对义务履行的注意程度不同。在无偿合同中，义务人原则上只承担较低的注意义务，负有如同处理自己事务的注意义务。如无偿保管合同中，保管人因过失造成保管物毁损灭失的，虽不能被免除全部责任，但应酌情减轻责任。而在有偿合同中，当事人所承担的义务要比无偿合同中承担的义务重，要尽到善良管理人的注意义务。例如，有偿保管合同的保管人因其过失造成保管物毁损灭失时，应负全部赔偿责任。

(2)对主体的要求不同。订立有偿合同的当事人原则上应为完全行为能力人，限制行为能力人非经其法定代理人的同意，不能设立较为重大的有偿合同；但对于一些法律上纯获利益的无偿合同，如接受赠与等，限制行为能力人和无行为能力人即使未取得其法定代理人的同意也可以订立。

4. 要式合同与不要式合同

根据合同的成立或生效是否应具备特定的形式，可将合同分为要式合同与不要式合同。要式合同，是指根据法律规定必须采取特定形式的合同。不要式合同，是指当事人订立的合同依法并不需要采取特定的形式，当事人可以采取口头方式，也可以采取书面形式。除法律有特别规定以外，合同均为不要式合同。

要式合同与不要式合同的区别实际上是一个有关合同成立与生效的条件问题。若法律规定某种合同必须经过批准或登记才能生效，则合同未经批准或登记便不生效；若法律规定某种合同必须采用书面形式合同才成立，则当事人未采用书面形式时合同便不成立。

5. 诺成合同与实践合同

根据合同的成立是否需要交付标的物，可将合同分为诺成合同和实践合同。诺成合同又称“不要物合同”，是指当事人双方意思表示一致就可以成立的合同，如买卖合同。大多数的合同都属于诺成合同。实践合同又称“要物合同”，是指除当事人意思表示一致以外，尚须交付标的物才能成立的合同，如借用合同。

区分诺成合同与实践合同的意义在于：两者成立的要件不同，诺成合同只要双方当事人意思表示一致合同即告成立；而实践合同除当事人达成合意外，还必须由当事人交付标的物合同才能成立。

6. 主合同与从合同

根据相互关联的合同之间的主从关系，可以将合同分为主合同与从合同。主合同是指不以其他合同的存在为前提而能够独立存在的合同。从合同是指不能独立存在而以其他合同的存在为前提的合同。

区分主合同和从合同的主要意义在于：主合同和从合同之间存在着特殊的联系，主合同可以独立存在，而从合同具有附属性，不能独立存在，必须以主合同的存在并生效为前提。

二、合同法概述

(一)合同法的概念和调整范围

合同法是调整平等民事主体利用合同进行财产流转或交易而产生的社会关系的法律规范的总和。简而言之，合同法就是调整财产性的合同关系的法律规范。婚姻、收养、监护等有关身份关系的协议，适用其他法律的规定。

我国现行的《合同法》于 1999 年 3 月 15 日由第九届全国人民代表大会第二次会议审议通过，并于 1999 年 10 月 1 日起正式实施。

(二)合同法的基本原则

合同法的基本原则，是指合同立法的指导思想以及调整合同主体间合同关系所必须遵循的基本方针、准则。合同法的基本原则贯穿于合同法律规范始终，也是制定、解释、执行和研究合同法的基本依据和出发点。

1. 平等原则

《合同法》规定，合同当事人的法律地位平等，一方不得将自己的意志强加给另一方。在法律上，合同当事人享有民事权利和承担民事义务的资格是平等的，不论其所有制性质、经济实力等如何不同，其法律地位一律平等。

2. 自愿原则

《合同法》规定，当事人依法享有自愿订立合同的权利，任何单位和个人不得非法干预。合同当事人取得权利承担义务或从事民事活动均应基于其意志的自由。具体表现为：合同当事人依法享有在缔结合同、选择相对人、决定合同内容以及在变更和解除合同、选择合同补救方式等方面的自由。

3. 公平原则

《合同法》规定，当事人应当遵循公平原则确定各方的权利和义务。合同主体也应当本着公正的观念从事活动，正当行使权利和履行义务。应注意：在订立合同时，应当遵循公平原则确定双方的权利和义务，不得滥用权利，不得欺诈；根据公平原则确定风险的合理分配；根据公平原则确定违约责任。

4. 诚实信用原则

《合同法》规定，当事人行使权利、履行义务应当遵循诚实信用原则。诚实信用原则要求当事人在从事民事活动时，应诚实守信，以善意的方式履行其义务，不得滥用权利，不得规避法律或合同规定的义务。具体体现为：合同订立阶段应遵循诚实信用原则；合同订立后至履行前应遵循诚实信用原则；合同的履行应遵循诚实信用原则；合同终止以后应遵循保密和忠实的义务。

知识拓展

私法领域的“帝王条款”

诚实信用原则是合同法中一项极为重要的原则。在大陆法系常被称为“帝王条款”或者“帝王规则”。它是从罗马法沿袭过来的一个既抽象又极富有弹性的原则。由于合同的约定，很难面面俱到，即使有所约定，理解上也可能不一致。因此，为使合同顺利履行，保障公平效果，减少争议，法律强调诚实信用原则并将其作为合同订立和履行的指导原则。合同依诚实信用的原则订立和履行，要求债务人对合同的订立和履行抱有善良的愿望，进行真诚的努力，追求公平的效果。要求当事人在考虑自己的利益的同时，尽量考虑、保护对方的利益。

5. 合法原则

我国《合同法》第 7 条规定：“当事人订立、履行合同，应当遵守法律、行政法规，尊重社会公德，不得扰乱社会经济秩序，损害社会公共利益。”合法原则具体内容包括如下几点：第一，合法原则首先要求当事人在订约和履行中必须遵守法律和行政法规。第二，合法原则还包括当事人必须遵守社会公德，不得违背社会公共利益。

6. 严守合同原则

《合同法》第8条规定：依法成立的合同，对当事人具有法律约束力。当事人应当按照约定履行自己的义务，不得擅自变更或者解除合同。

第二节　合同的订立

一、合同订立的概念、合同的内容和形式

（一）合同订立的概念

合同的订立是指合同当事人为实现各自的目的，就合同的主要条款，通过要约、承诺方式，协商确定其民事权利和民事义务的法律行为。当事人也可以依法委托代理人订立合同。

（二）合同的内容和形式

1. 合同的内容

合同的内容是指合同当事人在合同关系中所享有的权利和承担的义务。这种权利和义务少数是由法律直接规定而产生的，多数则由当事人约定并以合同条款的形式表现出来。

一般情况下合同应包含以下条款：当事人的名称或者姓名；住所；标的；数量；质量；价款或者酬金；履行期限、地点和方式；违约责任；解决争议的方法等。一般合同条款通常可作如下分类：

（1）必要条款和非必要条款。依据合同条款对合同的成立或合同目的的实现是否必要，可将合同条款分为必要条款和非必要条款。必要条款又称“主要条款”，是指所有合同必须具备的条款，如果缺少，合同就不能成立或合同目的就不能实现，如当事人、标的等。非必要条款是指对合同的成立和目的的实现并非必须具备的条款，如解决争议的方法等。

（2）格式条款和非格式条款。依据合同条款的形成方式不同，可将合同条款分为格式条款和非格式条款。格式条款是指合同当事人为了重复使用、在订立合同时未与对方协商而预先拟定的条款。包含有格式条款的合同即为格式合同（又称“标准合同”）。非格式条款是指合同订立过程中，经过当事人协商确定的

条款。为防止格式条款提供者利用自己的经验与优势地位，损害合同对方的利益，法律对格式条款作出了较为严格的规制：

第一，关于格式条款提供者的义务。《合同法》第 39 条第 1 款规定："采用格式条款订立合同的，提供格式条款的一方应当遵循公平原则确定当事人之间的权利和义务，并采取合理的方式提请对方注意免除或者限制其责任的条款，按照对方的要求，对该条款予以说明。"

第二，关于格式条款效力的规定。《合同法》第 40 条规定："格式条款具有本法第 52 条和第 53 条规定情形的，或者提供格式条款一方免除其责任、加重对方责任、排除对方主要权利的，该条款无效。"

第三，关于格式条款的解释规则。《合同法》第 41 条规定："对格式条款的理解发生争议的，应当按照通常理解予以解释。对格式条款有两种以上解释的，应当作出不利于提供格式条款一方的解释。格式条款和非格式条款不一致的，应当采用非格式条款。"

2. 合同的形式

合同的形式，又称"合同的方式"，是当事人合意的表现形式，也是合同内容的外部表现和载体。《合同法》第 10 条规定："当事人订立合同，有书面形式、口头形式和其他形式。"书面形式是指当事人订立合同时以文字形式表达和记载其意思表示内容及其达成的合意。依据《合同法》第 11 条的规定，书面形式包括合同书、信件和数据电文(包括电报、电传、传真、电子数据交换和电子邮件)等可以有形地表现所载内容的形式。口头形式是指当事人采用口头对话的方式进行意思表示订立合同，而不是采用文字等书面形式记载合同内容。其他形式是指合同的口头形式、书面形式以外的形式。例如，我国《合同法》第 36 条规定："法律、行政法规规定或者当事人约定采用书面形式订立合同，当事人未采用书面形式但一方已经履行主要义务，对方接受的，该合同成立。"

二、合同订立的程序

依据我国《合同法》的规定，合同订立的程序分为要约和承诺两个阶段。

(一)要约

1. 要约的含义和构成条件

要约，又称"发盘"、"出盘"、"发价"或"报价"等，是希望和他人订立合同的意思表示。发出要约的人称为要约人，接受要约的人称为受要约人、相对人或者承诺人。构成有效要约的意思表示必须同时符合以下条件：

(1)要约是由具有订约能力的特定的人作出的意思表示。

(2)要约必须具有订立合同的目的。

(3)要约必须由要约人向希望与其缔结合同的受要约人发出。受要约人一般是特定的人,但在特殊情况下,对不特定的人发出的意思表示也可能构成要约。

(4)要约的内容必须具体确定。即要约应包含未来订立合同的主要条款。

2. 要约与要约邀请

要约邀请,又称为“要约引诱”,是希望他人向自己发出要约的意思表示。要约与要约邀请存在以下区别:

(1)要约邀请一般向不特定的多数人发出,而要约一般是向特定的相对人发出。

(2)要约邀请在内容上不要求具体、明确,而要约在内容上要求具体、明确,并包含未来订立合同的主要条款。

(3)要约应当表明经受要约人一旦承诺,要约人即受该意思表示的约束,而要约邀请并不表达这样的意思。

3. 要约的生效

要约的生效是指要约法律效力的发生,是要约对于要约人和受要约人发生的法律拘束力。

我国《合同法》第16条第1款规定:“要约到达受要约人时生效。”所谓到达受要约人,指要约到达受要约人所能够控制的地方或者处于受要约人所能控制的状态。由于要约方式及其送达方式的不同,到达的方式也不同。如,采用数据电文形式订立合同,收件人指定特定系统接收数据电文的,该数据电文进入该特定系统的时间,视为到达时间;未指定特定系统的,该数据电文进入收件人的任何系统的首次时间,视为到达时间。

4. 要约的撤回与撤销

要约的撤回,是指要约人在发出要约以后,要约未到达受要约人之前,使要约不发生法律效力的意思表示。《合同法》第17条明确规定:“要约可以撤回。撤回要约的通知应当在要约到达受要约人之前或者与要约同时到达受要约人。”

要约的撤销,是指要约人在要约到达受要约人并生效以后,将该项要约取消,从而使要约的效力归于消灭。要约的撤销与撤回不同,被撤销的要约是已经生效的要约,既然要约已经生效,要约人就要受其拘束;但是,如果将要约效力绝对化,任何情况下都不允许撤销也是不符合实际的。因此,在符合法律明确规定的情况下,要约也可以撤销,但是,撤销要约的通知应当在受要约人发出承诺通知之前到达受要约人。

此外,《合同法》第19条也明确规定了要约不得撤销的情形:有下列情形之一的,要约不得撤销:(1)要约人确定了承诺期限或者以其他形式明示要约不可撤销;(2)受要约人有理由认为要约是不可撤销的,并已经为履行合同做了准备工作。

5. 要约的失效

要约的失效,就是要约法律效力的消灭。依据《合同法》第 20 条的规定,有下列情形之一的,要约失效:(1)拒绝要约的通知到达要约人;(2)要约人依法撤销要约;(3)承诺期限届满,受要约人未作出承诺;(4)受要约人对要约的内容作出实质性变更。

(二)承诺

1. 承诺的含义和构成条件

承诺,是指受要约人同意要约人的要约,从而与要约人订立合同的意思表示。承诺应具备如下条件:

(1)承诺必须由受要约人向要约人作出。非受要约人向要约人作出的,不构成承诺,但如果符合要约的条件则构成要约;受要约人向非要约人作出的,也不构成承诺。

(2)承诺必须在规定的期限内到达要约人。要约中规定承诺期限的,承诺应当在该期限内到达要约人;要约中未规定承诺期限的,承诺应在合理的期限内到达要约人。

(3)承诺的内容必须与要约的内容一致。如果承诺人作出实质性变更的,则构成一项新的要约;如果承诺人作出非实质性变更的,除要约人及时表示反对或者要约表明承诺不得对要约的内容作出任何变更的以外,该承诺有效,此时,合同的内容即以承诺的内容为准。

(4)承诺的方式必须符合要约的要求。承诺原则上应采取通知方式,但根据交易习惯或者要约表明可以通过行为作出承诺的除外。

实例探讨

合同成立的要件

乙公司向甲公司发出要约,随后又发出一份“要约作废”的函件。甲公司的董事长助理收到该“要约作废”的函件后,忘了交给董事长。第三天甲公司董事长发函给乙公司,提出将交货日期推迟两个星期,其他条件都接受。

请问:甲公司与乙公司之间的合同是否成立?为什么?

2. 迟到的承诺和迟延的承诺的效力

依据《合同法》第 28 条的规定,如果受要约人逾期发出承诺,要约已经失效,就不能产生承诺的效力，对这种迟到的承诺，除要约人及时通知该承诺有效外，只能视为新的要约。

依据《合同法》第 29 条的规定，如果受要约人在承诺期限内发出承诺，按照通常情形能够及时到达要约人，但因其他原因承诺到达要约人时超过承诺期限的，除要约人及时通知受要约人因承诺超过期限不接受该承诺的以外，该承诺有效。

3. 承诺的生效

承诺的生效，是指承诺产生法律上的约束力。承诺生效时合同成立。《合同法》第 25 条规定："承诺通知到达要约人时生效。承诺不需要通知的，根据交易习惯或者要约的要求作出承诺的行为时生效。"

4. 承诺的撤回

承诺的撤回是指受要约人发出承诺后在承诺生效前阻止或者消灭其效力的意思表示。承诺可以撤回，但撤回承诺的通知应当在承诺通知到达要约人之前或者与承诺通知同时到达要约人。

三、合同成立

(一)合同成立的时间

承诺生效时合同成立，这只是合同成立时间的一般规定。特殊情况时适用以下规则：

1. 当事人采用合同书形式订立合同的，自双方当事人签字或盖章时合同成立。

2. 当事人采用信件、数据电文等形式订立合同的，可以在合同成立前要求签订确认书。签订确认书时合同成立。

3. 法律、行政法规规定或者当事人约定采用书面形式订立合同，当事人未采用书面形式，但一方已经履行主要义务，对方接受的，该合同成立。

(二)合同成立的地点

承诺生效的地点即为合同成立的地点，这是合同成立地点的一般规定。特殊情况下，关于合同成立的地点，具体应适用以下规则：

1. 采用合同书形式订立合同的，双方当事人签字或者盖章的地点为合同成立的地点。若双方当事人未在同一地点签字或者盖章，则以最后一方签字或者盖章的地点为合同成立的地点。

2. 采用数据电文形式订立合同的，收件人的主营业地为合同成立的地点；没有主营业地的，其经常居住地为合同成立的地点。当事人另有约定的，按其约定。

第三节　合同的效力

一、合同的效力概述

合同的效力是指法律赋予成立的合同具有约束各方乃至第三人的强制力。合同的效力制度是以合同当事人为基础，反映国家对于已成立合同的态度，涉及国家对于合同的肯定或者否定的评价，产生合同的有效与无效的问题。合同的效力具体表现为：

1. 在当事人之间产生法律效力。一旦合同成立生效后，当事人即依法受合同的约束。

2. 对当事人以外的第三人产生一定的法律效力。即合同成立生效后，任何单位和个人都不得侵犯当事人的合同权利，不得非法阻挠当事人履行义务。

二、合同生效

(一)合同生效的含义

合同生效，是指已经成立的合同在当事人之间产生了一定的法律拘束力，也就是通常所说的法律效力。

(二)合同生效的要件

合同生效要件是判断合同是否具有法律效力的标准。一般合同的生效要件包括：

1. 行为人具有相应的民事行为能力。行为人必须具备正确理解自己行为的性质和后果、独立地表达自己的意思的能力。

2. 意思表示真实。意思表示是行为人将其希望发生、变更和终止民事权利和民事义务的内心意思，以一定方式表示于外部的行为。所谓意思表示真实，是指表意人的表示行为应当真实地反映其内心的效果意思。只有当其表示于外部的意思与其内心效果意思完全一致时，才能产生行为人预期的法律后果。因此，只有意思表示真实时，合同才会有效。这是自愿原则的必然要求。

3. 不违反法律和社会公共利益。合同不违反法律，是指合同不得违反法律的强制性规定。内容合法是合同应受法律保护的基本条件。只有合同内容不违反法律和社会公共利益，法律才会对其作出肯定性的价值判断，才会赋予其应有的法律效力。如果合同违反法律和行政法规，损害国家、集体和社会公共利益，其当然应视为无效合同。

(三)合同生效的时间

关于合同生效的时间,《合同法》规定了四种情况:

1. 依法成立的合同,自成立时生效。

2. 法律、行政法规规定应当办理批准、登记等手续生效的,依照其规定办理批准、登记等手续后生效。

3. 当事人对合同的效力可以约定附条件。附生效条件的合同,自条件成就时生效。当事人不正当地阻止条件成就的,视为条件成就;不正当促成条件成就的,视为条件不成就。

4. 当事人对合同的效力可以约定附期限。该期限可以是一个具体的日期,也可以是一个期间,附生效期限的合同,自期限届满时生效。

知识拓展

合同的批准和登记

1. 法律、行政法规规定合同应当办理批准手续,或者办理批准、登记等手续才生效的,在人民法院审理案件过程中,一审法庭辩论终结前当事人仍未办理批准手续的,或者仍未办理批准、登记等手续的,人民法院应当认定该合同未生效。

2. 法律、行政法规规定合同应当办理登记手续,但未规定登记后生效的,当事人未办理登记手续不影响合同的效力,但合同标的的所有权及其他物权不能转移。如房产买卖未过户的,合同有效,但产权不转移。

3. 当事人以商品房预售合同未按规定办理登记备案手续为由,请求确认合同无效的,不予支持。(按照上述第 2 条的规定,不登记并不影响合同效力。)

4. 当事人约定以办理登记备案手续为商品房预售合同生效条件的,从其约定,但当事人一方已经履行主要义务,对方接受的除外(因已经实际履行,合同即已成立,办不办理登记不影响合同效力)。

三、无效的合同

(一)无效合同的含义

无效合同,是指合同虽然已经成立,但因其在内容和形式上违反了法律、行政法规的强制性规定或社会公共利益,因此应确认为无效的合同。无效合同一般具有以下特征:

1. 无效合同具有违法性。

2. 无效合同具有确定无效性。无效合同为绝对的无效,任何人都不能通过对其施加任何影响而使其成为有效合同。

3. 无效合同具有当然无效性。此类合同无须任何人主张，均当然无效；人民法院和仲裁机构的确认，只是对既定事实的认可。

4. 无效合同具有自始无效性。此类合同从成立的时候起就不具有法律效力，即使合同已经履行，也不能使之成为有效合同。

（二）无效合同的情形

依据《合同法》第52条的规定，有下列情形之一的，该合同无效：

1. 一方以欺诈、胁迫的手段订立合同，损害国家利益

所谓欺诈，是指一方当事人故意告知对方虚假情况或者故意隐瞒真实情况，诱使对方当事人做出错误意思表示的行为。所谓胁迫，是指以人身或财产损害相要挟，迫使对方当事人做出不真实意思表示的行为。二者的共同之处表现为对方当事人不能做出真实的意思表示的行为。

2. 恶意串通、损害国家、集体或者第三人利益

恶意串通是指合同当事人在明知或者应知某种行为将会损害国家、集体或者第三人利益的情况下，仍故意合谋采用弄虚作假手段签订合同。当事人恶意串通订立的合同，违背了宪法、法律关于国家、集体和个人合法权益受法律保护的基本原则，因此应属于无效合同。

3. 以合法形式掩盖非法目的

所谓以合法形式掩盖非法目的的合同，又叫“规避法律的合同”或“脱法合同”，是指当事人通过实施虚假的合法行为掩盖其非法目的而订立的合同。比如，债务人为逃避债务而将自己的财产赠与亲戚的赠与合同。在该合同中，当事人表面上实施的行为并不是其真正要达到的目的，而是希望通过这种行为掩盖和达到其非法目的，其目的的违法性必然导致合同无效。

4. 损害社会公共利益

损害社会公共利益的合同无效，是公序良俗原则的必然要求。从理论上讲，其应当包括损害公序的合同和违背良俗的合同。前者指合同损害了社会公共秩序，后者则是指合同违背了善良风俗。

5. 违反法律、行政法规的强制性规定

合同只有违反了法律或行政法规的强制性规定，才能被认定为无效。人民法院确认合同无效，应当以法律和行政法规为依据，不得以地方性法规、行政规章等为依据。

四、可变更、可撤销的合同

（一）可变更、可撤销合同的含义

可变更、可撤销的合同，是指当事人在订立合同时，因意思表示不真实，法律允许撤销权人通过行使撤销权而使已经生效的合同归于无效。

可撤销的合同与无效合同不同。无效合同因违法而自始没有法律约束力。可撤销合同主要是订立合同时意思表示不真实的合同。这类合同在撤销前是有效的，一旦被撤销，则自始无效。对可撤销的合同是否撤销，或者是采取撤销还是变更的措施，完全由撤销权人决定。撤销权人请求变更的，人民法院或者仲裁机构不得撤销。

（二）可变更、可撤销合同的情形

1. 因重大误解订立的合同

重大误解的合同，是指行为人对行为的重要内容发生重大误解后，违背其真实意思而订立的合同。其构成须具备两个要件：一是须对行为的重要内容发生误解。所谓行为的重要内容，是指对法律行为的主体、客体、内容和性质等发生误解。二是须发生了重大误解。所谓重大误解，是指因误解而导致行为的后果显失公平。

2. 在订立合同时显失公平的

显失公平的合同，是指订立合同时明显违反公平原则的合同。其构成应具备两个要件：一是须合同内容显失公平。即一方获得了不应有的暴利，另一方因此而遭受了重大损失。二是须显失公平的状态在订立合同时业已确定。如为事后发生的商业风险，不应认定为显失公平。

3. 因欺诈、胁迫或者乘人之危而订立的合同

因欺诈、胁迫或者乘人之危而订立的合同，是指一方以欺诈、胁迫的手段或者乘人之危，使对方在违背真实意思的情况下订立的合同（损害国家利益的除外）。具体包括三种情况：一是受欺诈而签订的合同。即一方故意制造假象、掩盖真相，使对方陷入错误认识后违背真实意思而签订的合同。二是受胁迫而签订的合同。即一方对另一方施以暴力强制或者以将来对其施加某种危害相要挟，造成行为人生理强制或者心理恐惧后违背真实意思而签订的合同。三是乘人之危而签订的合同。即一方乘对方有某种急迫需要或者处于危难之际，故意利用对方的危难，迫使其签订的违背真实意思的合同。

（三）撤销权的行使

撤销权通常由因意思表示不真实而受到损害的一方当事人享有。撤销权的

行使，必须通过诉讼或者仲裁程序，请求人民法院或者仲裁机构予以裁决。

撤销权人有权请求撤销或者变更合同。

撤销权人必须在规定的期限内行使撤销权。我国《合同法》规定，具有撤销权的当事人自知道或者应当知道撤销事由之日起1年内没有行使撤销权或者具有撤销权的当事人知道撤销事由后明确表示或者以自己的行为表示放弃撤销权的，则撤销权消灭。

五、效力待定的合同

（一）效力待定合同的含义

效力待定的合同是指合同虽然已经成立，但因其不完全符合有关合同生效要件的规定，因此其效力能否发生尚未确定，一般须经有权人表示承认才能生效的合同。

（二）效力待定合同的情形

1. 无民事行为能力人和限制民事行为能力人依法不能独立订立的合同

无民事行为能力人和限制民事行为能力人订立的合同，经法定代理人追认后有效。但纯粹获利的合同，或者与其年龄、智力、精神健康状况相适应而订立的合同，不必追认即有效。为了避免合同的效力状况长期处于不确定的状态，《合同法》规定相对人可以催告法定代理人在1个月内追认。法定代理人未作表示的，视为拒绝追认。合同被追认前，善意相对人享有撤销的权利。

2. 因无权处分而订立的合同

无处分权人处分他人的财产，经权利人追认或者无处分权人订立合同后取得处分权的，该合同有效。

3. 因无权代理而订立的合同

无权代理、超越代理权或者代理权终止后以被代理人的名义签订的合同，未经被代理人追认，对被代理人不发生效力，由行为人承担责任。相对人可以催告被代理人在1个月内追认。被代理人未作表示的，视为拒绝追认。合同被追认前，善意相对人享有撤销的权利。无权代理、超越代理权或者代理权终止后以被代理人的名义签订合同，相对人有理由相信代理人有代理权的，该代理行为有效。

实例探讨

借款合同的效力

甲的女儿患重病住院，急需用钱又借款无门，乙趁机表示愿意借给甲8000

元,但半年后须加倍偿还,否则以甲的房子代偿,甲只好表示同意。

请问:根据《合同法》规定,甲、乙之间借款合同的效力如何?

六、合同无效的法律后果

1. 返还财产

合同被确认无效后,因该合同取得的财产,应当予以返还。确实不能返还(如提供劳务的合同)或者没有必要返还(如当事人自愿)时,应当折价赔偿或者按实际情况公平处理。

2. 赔偿损失

赔偿损失是一种补救措施。因合同无效而返还财产、恢复原状后,往往还会造成当事人的财产损失。该损失系合同无效所致,理应由有过错的一方承担缔约过失赔偿责任。如合同无效系单方过错所致,应由有过错的一方赔偿对方的损失;如合同无效系双方过错所致,双方应根据过错的大小,各自承担相应的责任。

3. 收缴财产

收缴财产是对违法行为的一种制裁措施。其主要适用于损害国家、集体或第三人利益的合同。对损害国家利益的合同,应将当事人根据合同已经取得和将要取得的财产收缴归入国库;对损害集体利益或第三人利益的合同,则应将收缴的财产返还给集体或第三人。

第四节　合同的履行

一、合同履行概述

(一)合同履行的含义

合同的履行是指合同债务人全面、正确地履行合同所约定或者法律规定的义务,使合同债权人的权利得到完全的实现。

(二)合同履行的原则

合同履行的原则,是当事人在履行合同的过程中所应遵循的基本准则。

1. 诚实信用原则

我国《合同法》规定:“当事人应当遵循诚实信用原则,根据合同的性质、目的和交易习惯履行通知、协助、保密等义务。”

2. 全面履行原则

全面履行原则，又称“正确履行原则”或者“适当履行原则”，是指当事人除按照合同规定的标的，还要按合同规定的数量、质量、履行期限、履行地点、履行方式等全面完成承担的义务。

（三）合同履行的具体规则

1. 合同条款存在缺陷时的履行规则

合同生效后，当事人就质量、价款或者报酬、履行地点等内容没有约定或者约定不明确的，可以协议补充；不能达成补充协议的，按照合同有关条款或者交易习惯确定。经协议补充仍然不能确定时，依照以下规则履行：

(1)质量要求不明确的，按照国家标准、行业标准履行；没有国家标准、行业标准的，按照通常标准或者符合合同目的的特定标准履行。

(2)价款或者报酬不明确的，按照订立合同时履行地点的市场价格履行；但是，依法应当执行政府定价或者政府指导价的，按照有关规定办理。

(3)履行地点不明确的，如果是给付货币的，则在接受货币一方所在地履行；如果是交付不动产的，则在不动产所在地履行；如果是其他标的，则在履行义务一方所在地履行。

(4)履行期限不明确的，债务人可以随时履行，债权人也可以随时要求履行；但是应当给对方必要的准备时间。

(5)履行方式不明确的，应当按照有利于实现合同目的的方式履行。

(6)履行费用的负担不明确的，则由履行义务一方负担。

2. 价格发生变动时的履行规则

执行政府定价或者政府指导价的合同，在合同约定的交付期限内政府价格调整时，按照交付时的价格计价。如果逾期交付标的物的，遇价格上涨时，按照原价格执行；价格下降时，按照新价格执行。逾期提取标的物或者逾期付款的，遇价格上涨时，按照新价格执行；价格下降时，按照原价格执行。

3. 债务人向第三人履行义务或者第三人向债权人履行义务的履行规则

《合同法》规定，当事人可以约定由债务人向第三人履行合同债务，也可以约定由第三人向债权人履行义务。但如果债务人未向第三人履行债务或者履行债务不符合约定的，债务人仍应当向债权人承担违约责任。同样，如果当事人约定由第三人向债权人履行债务，而第三人不履行债务或者履行债务不符合约定的，则债务人仍应当向债权人承担违约责任。

4. 其他履行问题的处理

债权人分立、合并或者变更住所没有通知债务人，致使债务人履行债务发生困难时，债务人可以中止履行或者将标的物提存。

债务人在合同规定的履行期限之前履行合同的，债权人可以拒绝。但如果该项提前履行不损害债权人利益的，则债权人不得拒绝对方的提前履行。另外，如果债务人提前履行债务给债权人增加费用的，该费用应由债务人负担。

债务人部分履行债务的，债权人可以拒绝，但是如果部分履行不损害债权人利益的除外。债务人部分履行给债权人增加的费用应由债务人负担。

依法订立的合同，一经成立即具有法律拘束力，任何一方当事人都不得以姓名、名称的变更或者法定代表人、负责人、承办人的变动为借口而拒不履行合同义务。企业合并或者分立的，由继受者承担责任。

二、双务合同履行中的抗辩权

合同履行的抗辩权，是在符合法定条件时，当事人一方对抗对方当事人的履行请求，暂时拒绝履行其债务的权利。

（一）同时履行抗辩权

同时履行抗辩权，是指双务合同的当事人在无先后履行顺序时，一方在对方未为对待给付以前，可拒绝履行自己的合同义务的权利。当事人行使同时履行抗辩权的，需具备以下要件：第一，由同一双务合同产生互负的债务；第二，双方互负的债务均已届清偿期；第三，对方未履行债务或者未按照约定正确履行债务；第四，对方的对待给付是可能履行的义务。

当符合同时履行抗辩权行使的条件时，当事人可依法行使同时履行抗辩权。该权利应当由当事人自主行使，其行使的方式是将拒绝履行的理由、根据及其意思通知对方当事人。一旦对方当事人开始履行或者恢复正确履行，权利人也应开始履行。

（二）先履行抗辩权

先履行抗辩权，是指在双务合同中的先履行一方未履行之前或者未依约定履行时，后履行一方有权拒绝对方相应的履行请求。当事人行使先履行抗辩权的，需具备以下要件：第一，双方当事人互负债务；第二，双方债务须有先后履行顺序；第三，先履行一方未履行或者其履行不符合约定。

（三）不安抗辩权

在有先后履行顺序的双务合同中，后履行债务一方当事人财产状况恶化，有可能丧失履行债务能力的，先履行债务一方在后履行债务一方未履行或者提供担保前有权拒绝先为履行的权利称为不安抗辩权。

当具备下列条件并有确切证据足以证明时，先履行合同义务一方才能依法行使不安抗辩权：

1. 后履行债务一方当事人的履行能力严重恶化

后履行债务一方当事人的财产状况、履行能力出现严重恶化事实，是不安抗辩权得以行使的核心要件。其财产状况严重恶化的情形通常表现为：(1)经营状况严重恶化；(2)转移财产、抽逃资金，以逃避债务；(3)严重丧失商业信誉；(4)有丧失或可能丧失履行债务能力的其他情形。

2. 该情形可能危及先履行一方的利益

这是行使不安抗辩权的关键要件。并非后履行一方财产状况恶化都会使先履行一方行使不安抗辩权，只有后履行一方财产状况严重恶化的事实确实影响到后履行一方的履行能力，而且其合同履行又不存在担保方式时，先履行一方才能依法行使不安抗辩权。

行使该权利的具体方式是当事人有权暂时中止履行，并将中止履行的理由、根据及恢复履行的条件通知对方。如果对方在合理期限内提供了适当担保或者恢复了履行能力，当事人应立即恢复履行。如果对方在合理期限内未恢复履行能力，也未提供适当担保的，中止履行的一方可以解除合同。如果当事人没有确切证据擅自中止履行的，应当依法承担违约责任。

实例探讨

合同履行中的抗辩权

甲公司与乙公司订立合同，规定甲公司应于某年8月1日交货，乙公司应于8月7日付款。7月底，甲公司发现乙公司财产状况恶化，无支付货款的能力，并有确切的证据，遂提出终止合同，但乙公司未允。基于以上情形，甲公司于8月1日未按约定交货。

问题：依据合同法原理，甲公司的做法是否合理？

三、合同的保全

合同的保全，是指为防止债务人的财产不当减少，以确保无特别担保的一般债权得以清偿而法律允许合同债权人行使某些权利的法律制度。在合同保全制度中，债权人可以行使的权利有代位权和撤销权。

(一)代位权

代位权，是指债务人怠于行使其对第三人(次债务人)享有的到期债权，危及债权人债权实现时，债权人为保障自己的债权，可以自己的名义代位行使债务人对次债务人的债权的权利。

1. 代位权行使的条件

依据《合同法》及最高人民法院《关于适用〈中华人民共和国合同法〉若干问题的解释（一）》（以下简称《合同法解释（一）》）的规定，债权人提起代位权诉讼，应当符合下列条件：

（1）债权人对债务人的债权合法。

（2）债务人怠于行使其到期债权，对债权人造成损害。债务人的懈怠行为必须是债务人不以诉讼方式或者仲裁方式向次债务人主张其享有的具有金钱给付内容的到期债权。

（3）债务人的债权已到期。代位权的行使条件中虽然没有明确债权人的债权是否到期，但是根据《合同法解释（一）》的规定，债权人在主张代位权时，要求债权人的债权已经到期。

（4）债务人的债权不是专属于债务人自身的债权。所谓专属于债务人自身的债权，是指基于扶养、抚养、赡养和继承关系等产生的给付请求权和劳动报酬、退休金、养老金、抚恤金、安置费、人寿保险、人身伤害赔偿请求权等权利。

2. 代位权诉讼中的主体及管辖

根据《合同法解释（一）》的规定，在代位权诉讼中，债权人是原告，次债务人是被告，债务人为第三人。因此在代位权诉讼中，如果是债权人胜诉的，则由次债务人承担诉讼费用，且从实现的债权中优先支付。其他必要费用则由债务人承担。

代位权诉讼由被告住所地人民法院管辖。

3. 代位权行使的法律效果

根据《合同法解释（一）》的规定，债权人向次债务人提起的代位权诉讼经人民法院审理后认定代位权成立的，由次债务人向债权人履行清偿义务，债权人与债务人、债务人与次债务人之间相应的债权债务关系即予消灭。从此规定来看，债权人的债权就代位权行使的结果有优先受偿权利。在代位权诉讼中，次债务人对债务人的抗辩，可以向债权人主张。

（二）撤销权

撤销权，是指债权人对债务人减少财产以致危害债权的行为、请求人民法院予以撤销的权利。

1. 撤销权的成立要件

根据《合同法》的规定，债权人行使撤销权，应当具备以下条件：

（1）债权人须以自己的名义行使撤销权。

（2）债权人对债务人存在有效债权。债权人对债务人的债权可以到期，也可以不到期。

（3）债务人实施了减少财产的处分行为。减少财产的处分行为主要有：放弃到期债权，对债权人造成损害的；无偿转让财产，对债权人造成损害的；以明显不合理的低价转让财产，对债权人造成损害，并且受让人知道该情形的。

(4)债务人的处分行为有害于债权人债权的实现。

当债务人的处分行为符合上述条件时，债权人可以请求人民法院撤销债务人的处分行为。撤销权的行使范围以债权人的债权为限。

2. 撤销权的行使期限

《合同法》对撤销权的行使规定有期限限制。撤销权自债权人知道或者应当知道撤销事由之日起 1 年内行使。自债务人的行为发生之日起 5 年内没有行使撤销权的，该撤销权消灭。上述规定中的“5 年”期间为除斥期间，不适用诉讼时效中止、中断或者延长的规定。

3. 行使撤销权的法律效果

一旦人民法院确认债权人的撤销权成立，债务人的处分行为即归于无效，受益人应当返还从债务人处获得的财产。因此，撤销权行使的目的是恢复债务人的责任财产，债权人就撤销权行使的结果并无优先受偿的权利。

4. 撤销权诉讼中的主体与管辖

撤销权必须通过诉讼程序行使。在诉讼中，债权人为原告，债务人为被告，受益人或者受让人为第三人。撤销权诉讼由被告住所地人民法院管辖。根据《合同法解释(一)》的规定，债权人行使撤销权所支付的律师代理费、差旅费等必要费用，由债务人负担；第三人有过错的，应当适当分担。

第五节　合同的变更、转让和终止

一、合同的变更

(一)合同变更的含义

合同的变更有广义和狭义之分。广义的合同变更，包括合同内容的变更与合同主体的变更。合同内容的变更，是指当事人不变，合同的内容予以改变的现象。合同主体的变更，是指合同关系保持同一性，仅改变债权人或者债务人的现象。由于不论是改变债权人，还是改变债务人，都发生合同权利义务的移转。因此，合同主体的变更实际上是合同权利义务的转让。我国合同法上的合同变更，是指合同内容的变更，即通常所谓的狭义的合同变更。

(二)合同变更的程序和后果

1. 合同变更的程序

由于合同变更应以合同有效为前提，所以只有合同当事人协商一致，才能变更原合同。如果当事人对合同变更的内容约定不明确，应依法推定为未变更。如果法律、行政法规规定变更合同应当办理批准、登记手续的，须依照规定办理批准、登记等法定手续。否则，也不能认定为合同变更。

2. 合同变更的后果

合同变更的实质是以变更后的合同取代原合同。所以合同变更原则上只对将来发生效力，对已按原合同所做的履行无溯及力。已经履行的债务不因合同的变更而失去其法律根据。而且合同变更仅对约定变更的部分发生效力，未变更部分的权利和义务继续有效。

二、合同的转让

合同转让是指在不改变合同内容的前提下，合同当事人一方依法将其合同的权利和义务全部或者部分转让给第三人的法律行为。合同的转让只是合同的主体发生了变更。合同转让可分为债权转让、债务转让和概括转让三种情况。

(一)债权的转让

根据《合同法》第79条的规定，合同权利的转让是指债权人将合同的权利全部或者部分转让给第三人。

并非所有的债权均可转让，以下情形债权不得转让：(1)根据合同的性质不得转让的，主要指基于当事人特定身份而订立的合同，如出版合同、赠与合同、委托合同、雇用合同等；(2)按照当事人的约定不得转让的；(3)依照法律规定不得转让的。

债权转让的程序和后果：

1. 无须债务人同意，但应当通知债务人。未经通知，该转让对债务人不发生效力。

2. 债权人转让权利的通知不得撤销，但经受让人同意的除外。

3. 债权人转让权利的，债务人对让与人的抗辩，可向受让人主张。

4. 债务人对债权人享有的抵消权，不受债权转让的影响。债务人对让与人享有债权，并且其债权先于转让的债权到期或者同时到期的，债务人可向受让人主张抵消。

(二)债务的转让

债务的转让，是指不改变合同的内容，债务人将其合同义务全部或者部分地转移给第三人。债务人将其全部合同义务转让给第三人，由该第三人取代债务人的地位，称为免责的债务承担。债务人将其合同债务部分地转让给第三人，如果该债务人与第三人共同向债权人负责，称为并存的债务承担。

债务转让的程序和后果：

1. 债务人将合同的义务全部或者部分转让给第三人的，应当经债权人同意。

2. 新债务人可以主张原债务人对债权人的抗辩。

3. 新债务人应当承担与主债务有关的从债务，但该债务专属于债务人自身的除外。

(三)债权债务概括转让

债权债务的概括转让，是指合同当事人一方将其合同权利和义务一并移转给第三人，由该第三人概括地继受。《合同法》第 88 条规定："当事人一方经对方同意，可以将自己在合同中的权利和义务一并转让给第三人。"

在概括移让的情形下，债权债务的承受人完全取代原当事人的法律地位，成为合同关系的当事人，因此，依附于原当事人的全部权利义务均移转于承受人，包括在债权转让或者债务转让中，与原债权人或者原债务人的利益不可分割的权利如撤销权、解除权，也一并移转。

与债权转让和债务转让一样，概括转让也可以分为全部的概括转让和部分的概括转让。部分的概括转让，可以因对方当事人的同意而确定原当事人和承受人的份额。如无明确约定，在原当事人和承受人之间发生连带关系。概括移让可基于法律的规定而发生，例如我国法律规定："企业法人分立、合并，它的权利和义务由法人享有和承担。"也可以基于当事人之间的合同行为而发生，如企业兼并。

根据《合同法》第 89 条规定："权利和义务一并转让的，适用本法第 79 条、第 81 条至第 83 条、第 85 条至第 87 条的规定。"因此，债权债务的概括移转适用关于债权转让和债务转让的规定。

合同当事人一方经对方同意将其在合同中的权利义务一并转让给受让人，对方与受让人因履行合同发生纠纷诉至人民法院，对方就合同权利义务提出抗辩的，可以将让与人列为第三人。

三、合同的终止

(一)合同终止的概念和原因

合同终止是指因某种原因而引起合同债权债务不复存在。合同终止的原因主要有：

1. 债务履行

债务履行指合同义务人全部、适当地依约履行合同义务。

2. 免除

免除指债权人自愿免除债务人债务的行为从而使合同权利义务消灭。

3. 混同

混同指合同权利义务同归于一人。

4. 合同解除

合同解除是指合同当事人一方或者双方依照法律的规定或者当事人的约定,依法解除合同效力的制度。合同解除分三种情况:(1)协议解除,即合同当事人经协商一致而终止合同效力。(2)约定解除,即当事人约定的解除合同的条件成就时,由当事人一方通知另一方解除合同的效力。(3)法定解除,即出现了法律规定可以解除合同的情形时,当事人一方依法解除合同效力。依《合同法》第94条的规定,可依法解除合同的情形有五种:第一,因不可抗力致使不能实现合同目的;第二,在履行期间届满之前,当事人一方明确表示或以自己的行为表明将不履行主要义务;第三,当事人一方迟延履行主要义务,经催告后在合理期限内仍未履行;第四,当事人一方迟延履行债务或有其他违约行为致使不能实现合同目的;第五,法律规定的其他情形。

合同解除后,尚未履行的应终止履行;已经履行的应根据履行情况和合同性质决定,当事人可以要求恢复原状或采取其他补救措施。合同终止,不影响当事人要求赔偿损失的权利。合同权利义务终止后,合同中有关结算和清理的条款仍然有效。

5. 抵消

抵消是指当事人互负到期债务时,任何一方均可将自己的债务与对方的债务相抵消,从而使合同效力终止的制度。依照我国《合同法》规定,抵消有两种情况:一是单方通知抵消。其条件是:(1)双方互负到期债务;(2)债务的标的物种类、品质相同;(3)依照法律规定或者合同性质决定该债务可以抵消。其程序是由一方通知另一方。自通知到达对方时起,即产生抵消的效力。但法律规定该抵消不得附任何条件和限制的除外。二是双方协商抵消。在双方互负债务的情况下,无论债务是否均已到期,也不管标的物的种类、品质是否相同,只要双方协商一致,就可以使债务抵消。

6. 提存

提存是指债务人履行其到期债务时,因债权人无正当理由而拒绝受领,或者因债权人下落不明等原因无法向债权人履行债务时,可依法将其履行债务的标的物送交有关部门,以代替履行的制度。根据《合同法》第101条的规定,债务人只有在下列情况下才能以提存代为履行:(1)债权人无正当理由拒绝受领的;

(2)债权人下落不明的;(3)债权人死亡未确定继承人的;(4)债权人丧失民事行为能力未确定监护人的;(5)法律规定的其他情形。

在上述情况下,如标的物不适于提存或者提存费用过高的,债务人可依法拍卖或者变卖标的物,提存所得的价款。

标的物提存后,债务人的债务即行消灭。但是,除债权人下落不明的以外,债务人应当及时通知债权人或者债权人的继承人、监护人等。债权人可以随时领取提存物,但债权人对债务人负有到期债务的,在债权人未履行债务或提供适当担保之前,提存部门根据债务人的要求应当拒绝其领取提存物。债权人领取提存物的权利,自提存之日起 5 年内不行使即消灭,提存物扣除提存费用后归国家所有。标的物提存后,毁损、灭失的风险由债权人承担。提存期间标的物的孳息归债权人所有。提存费用也由债权人负担。

(二)合同终止的法律后果

合同终止的法律后果是使合同关系归于消灭。但是合同终止后,当事人仍应当遵循诚实信用的原则,根据交易习惯履行通知、协助、保密等义务。当事人违反上述义务,应当承担赔偿责任。

第六节　违约责任

一、违约责任的概念和特征

违约责任,即违反合同的民事责任,是指合同当事人因违反合同义务所承担的责任。违约责任的产生是以合同的有效存在为前提的,是违反有效合同所规定的义务的后果。《合同法》第 107 条规定:当事人一方不履行合同义务或者履行合同义务不符合约定的,应当承担继续履行、采取补救措施或者赔偿损失等违约责任。

违约责任具有以下特点:

1. 违约责任的产生是以合同当事人不履行合同义务为条件的。

2. 违约责任具有相对性,它只能在特定的当事人之间即合同关系的当事人之间发生。

3. 违约责任主要具有补偿性,旨在弥补因违约行为造成的损害后果。

4. 违约责任具有约定性,可以由当事人约定。

5. 违约责任是民事责任的一种形式。

二、违约责任的构成要件

违约责任的构成要件，是指违约当事人应具备何种条件才应承担违约责任。它分为一般构成要件和特殊构成要件。违约损害赔偿责任的构成要件（特殊构成要件）包括损害事实、违约行为、违约行为与损害事实之间的因果关系、过错。违约责任的一般构成要件主要包括：

（一）违约行为

违约行为是指合同当事人违反合同义务的行为，即“不履行合同义务或者履行合同义务不符合约定的”行为。违约行为具有以下特点：

1. 违约行为的主体是合同关系中的当事人。
2. 违约行为是以有效合同关系的存在为前提的。
3. 违约行为在性质上都违反了合同义务。
4. 违约行为在后果上都导致对合同债权的侵害。

（二）不存在法定和约定的免责事由

违约行为并不是违约责任的唯一构成要件，在现代合同法中常常采纳过错推定的归责原则。过错推定是指原告在证明被告构成违约以后，如果被告不能证明自己对违约没有过错，则在法律上应推定被告具有过错，并应承担违约责任。我国合同法也采纳了过错推定的归责原则。

上述两个要件是违约责任的一般构成要件。其他如损害事实等不应成为违约责任的一般构成要件。

三、违约行为形态及其责任

（一）预期违约

1. 预期违约的概念和特点

预期违约是指在履行期限到来之前，一方无正当理由而明确表示其在履行期到来后将不履行合同，或者其行为表明其在履行期到来后将不可能履行合同。《合同法》第 108 条规定：“当事人一方明确表示或者以自己的行为表明不履行合同义务的，对方可以在履行期限届满之前要求其承担违约责任。”预期违约具有以下特点：

（1）预期违约是在履行期限到来之前的违约。

（2）预期违约包括两种形态，即明示的预期违约和默示的预期违约。

（3）预期违约在责任后果上与实际的违约责任不同，它一般造成的是信赖利益的损害。

2. 明示预期违约

明示预期违约是指一方当事人明确肯定地向另一方表示其将在履行期到来时不履行合同。明示预期违约的构成需要具备以下要件：

(1)必须是一方明确肯定地向另一方作出毁约的表示。

(2)不履行合同的主要义务。

(3)不履行合同义务无正当理由。

3. 默示预期违约

默示预期违约是指在履行期到来之前，一方以自己的行为表明其将在履行期到来后不履行合同，另一方有足够的证据证明一方将不履行合同，而一方也不愿意提供必要的履行担保。

默示预期违约与明示预期违约的不同在于：默示预期违约一方并没有将到期不履行合同义务的意思明确地表示出来，而是以其行为使另一方预见到其将不履行义务。这种预见毕竟属于主观上的推断，故在默示预期违约制度中，要求该预见必须具有合理性。

(二)实际违约

实际违约是在履行期到来后，当事人不履行或者不完全履行合同义务。

1. 拒绝履行

拒绝履行是在合同履行期到来后，一方当事人无正当理由拒绝履行合同规定的全部义务。在一方拒绝履行的情况下，另一方有权要求其继续履行合同，有权要求其承担违约金和损害赔偿责任。

2. 迟延履行

迟延履行是指合同当事人的履行违反了履行期限的规定。在迟延履行的情况下，非违约方有权要求违约方支付迟延履行的违约金。在违约金不足以弥补损失的情况下，还有权要求赔偿损失。

3. 不适当履行

不适当履行是指当事人交付的标的物不符合合同规定的质量要求，即履行具有瑕疵。《合同法》第 111 条规定："质量不符合约定的，应当按照当事人的约定承担违约责任。对违约责任没有约定或者约定不明确，依照本法第 61 条的规定仍不能确定的，受损害方根据标的的性质以及损失的大小，可以合理选择要求对方承担修理、更换、重作、退货、减少价款或者报酬等违约责任。"

4. 部分履行

部分履行是指合同虽然履行，但履行不符合数量的规定，或者说履行在数量上存在不足。在部分履行的情况下，非违约方有权要求违约方按约定交足数量，也有权要求其支付违约金。在违约金不足以弥补损失的情况下，还有权要求赔偿损失。

四、违约责任的免责事由

免责事由，又称“免责条件”，是指法律规定或者合同中约定的当事人对其不履行或者不适当履行合同义务免于承担违约责任的条件。合同责任的免责事由既包括法定的责任事由，如不可抗力，又包括约定的责任事由，如免责条款。

《合同法》第 117 条规定：不可抗力“是指不能预见、不能避免并不能克服的客观情况”。其特征在于：一方面它具有不能预见性，另一方面它具有不能避免并不能克服性。不可抗力主要包括自然灾害、政府行为和社会异常现象等。

《合同法》第 117 条规定：“因不可抗力不能履行合同的，根据不可抗力的影响，部分或者全部免除责任，但法律另有规定的除外。”“当事人迟延履行后发生不可抗力的，不能免除责任。”因此，不可抗力是否导致当事人被免除责任，应视具体情况而定。同时，当事人一方因不可抗力不能履行合同的，应当及时通知对方，以减轻可能给对方造成的损失，并应当在合理期限内提供证明。

五、违约责任承担方式

（一）实际履行

1. 实际履行的概念和特征

实际履行也称为“强制实际履行”、“依约履行”、“继续履行”，是指在一方违反合同时，另一方有权要求其依据合同的规定继续履行。它是违约后的一种补救方式。实际履行具有以下特点：

（1）实际履行是一种违约后的补救方式。

（2）实际履行的基本内容是要求违约方继续依据合同约定作出履行。

（3）实际履行可以与违约金、损害赔偿和定金责任并用，但不能与解除合同的方式并用。

2. 实际履行的构成要件

（1）必须有违约行为的存在。

（2）必须要由非违约方在合理期限内提出继续履行的请求。

（3）必须依据法律和合同的性质能够履行。

（4）实际履行在事实上是可能的和在经济上是合理的。

（二）补救措施

根据《合同法》第 111 条规定：“质量不符合约定的，应当按照当事人的约定承担违约责任。对违约责任没有约定或者约定不明确，依照本法第 61 条的规定仍不能确定的，受损害方根据标的的性质以及损失的大小，可以合理选择要求对方承担修理、更换、重做、退货、减少价款或者报酬等违约责任。”这是针对不适当履行而采取的修理、更换、重做、退货、减少价款或者报酬的责任方式。

（三）违约金

1. 违约金的概念和特点

违约金是指由当事人通过协商预先确定的、在违约发生后作出的独立于履行行为以外的给付。《合同法》第 114 条规定：“当事人可以约定一方违约时应当根据违约情况向对方支付一定数额的违约金”。

违约金具有以下特点：(1)违约金是由当事人协商约定的；(2)违约金的数额是预先确定的；(3)违约金是一种违约后生效的责任方式。

2. 违约金和其他责任方式

(1)违约金与损害赔偿。违约金责任与损害赔偿责任是可以并存的。违约金数额是预先约定的，而损害赔偿额则是在违约发生后具体计算出来的；违约金的适用不以实际损害为前提，而损害赔偿的适用要以实际损害为前提。

(2)违约金与实际履行。违约金的支付是独立于履行之外的。《合同法》第 114 条规定：“当事人就迟延履行约定违约金的，违约方支付违约金后，还应当履行债务。”因此，违约金的支付与实际履行是可以并存的。

(3)违约金与解除合同。对同一违约行为来说，违约金与解除合同是可以并用的。

3. 对违约金的国家干预

《合同法》第 114 条规定：“约定的违约金低于造成的损失的，当事人可以请求人民法院或者仲裁机构予以增加；约定的违约金过分高于造成的损失的，当事人可以请求人民法院或者仲裁机构予以适当减少。”

（四）损害赔偿

1. 损害赔偿的概念和特征

损害赔偿，又称为“违约的损害赔偿”，是指违约方因不履行或者不完全履行合同义务而给对方造成损失，依法或依约应承担损害赔偿的责任。违约的损害赔偿有如下特点：

(1)损害赔偿是因债务人不履行合同债务所产生的责任。

(2)损害赔偿在原则上只具有补偿性而不具有惩罚性。

(3)损害赔偿具有一定程度的任意性。

(4)损害赔偿以赔偿当事人实际遭受的全部损害为原则。

2. 损害赔偿的限制

《合同法》第113条规定:“当事人一方不履行合同义务或者履行合同义务不符合约定,给对方造成损失的,损失赔偿额应当相当于因违约所造成的损失,包括合同履行后可以获得的利益。”因此,违约方应赔偿受害人的实际损失和可得利益的损失。

(1)损害赔偿的可预见性规则。根据《合同法》第113条的规定,损失赔偿额应当相当于因违约所造成的损失,但不得超过违反合同一方订立合同时预见到或者应当预见到的因违反合同可能造成的损失。这一规则将违约当事人的责任限制在可预见的范围内,有利于促进交易的发展。

(2)损害赔偿的减轻。损害赔偿的减轻是指在一方违约并造成损害后,另一方应及时采取合理的措施以防止损失的扩大,否则,应对扩大部分的损害负责。减轻损失的原则具有以下特点:第一,一方的违约导致了损害的发生;第二,未采取合理措施致使损失扩大;第三,造成了损失的扩大。

《合同法》第119条规定:“当事人一方违约后,对方应当采取适当措施防止损失的扩大;没有采取适当措施致使损失扩大的,不得就扩大的损失要求赔偿。”“当事人因防止损失扩大而支出的合理费用,由违约方承担。”

(五)定金

定金是指合同当事人为了确保合同的履行,依据法律和合同的规定,由一方按合同标的额的一定比例预先给付对方的金钱。《合同法》第114条规定:当事人可以依照《中华人民共和国担保法》(以下简称《担保法》)约定一方向对方给付定金作为债权的担保。债务人履行债务后,定金应当抵作价款或者收回。给付定金的一方不履行约定的债务的,无权要求返还定金;收受定金的一方不履行约定的债务的,应当双倍返还定金。

定金具有如下特点:(1)我国合同法规定的定金在性质上属于违约定金,适用于债务不履行的行为。(2)定金责任是一种独立于其他责任形式的制裁措施。(3)定金具有从合同的性质,它以主合同的存在为必要条件。

按照《担保法》第91条的规定:“定金的数额由当事人约定,但不得超过主合同标的额的百分之二十”,超过部分无效。

《合同法》第116条规定:“当事人既约定违约金,又约定定金的,一方违约时,对方可以选择适用违约金或者定金条款。”因此,两者不能并用。

定金责任是一种独立的责任形式,其适用不以实际发生的损害为前提,定金责任的承担也不能替代损害赔偿,并且定金能够与实际履行并存。

开篇引例解析

《合同法》第54条规定:因重大误解订立的合同,当事人一方有权请求人民法院或者仲裁机构变更或撤销合同。第58条规定:合同被撤销后,因该合同取得的财产，应当予以返还……本案中，当事人因对标的物的价格的认识错误而实施的商品买卖行为。这一错误不是出卖人的故意造成，而是因疏忽标错价签造成，这一误解对出卖人造成较大的经济损失。所以，根据本案的情况，符合重大误解的构成要件，应依法认定为属于重大误解的民事行为。因此，商场的诉讼请求有法律依据。

本章小结

本章为合同法律制度。《合同法》是我国合同法律制度方面的基本法律，对合同的概念、适用范围、合同订立、合同效力、合同履行和保全、违约责任等作出具体明确的规定，是学习的重点。

复习思考题

一、单项选择题

1. 根据合同当事人是否互相享有权利、负有义务，可将合同分为（　　）。

A. 单务合同与双务合同　　B. 有偿合同与无偿合同

C. 要式合同与不要式合同　　D. 主合同与从合同

2. 我国《合同法》规定，具有撤销权的当事人自知道或者应当知道撤销事由之日起（　　）内没有行使撤销权或者具有撤销权的当事人知道撤销事由后明确表示或者以自己的行为表示放弃撤销权的，则撤销权消灭。

A. 一年　　B. 一年半　　C. 两年　　D. 三年

3. 定金的数额由当事人约定，但不得超过主合同标的额的（　　）。

A. 10%　　B. 15%　　C. 20%　　D. 25%

二、多项选择题

4. 行使不安抗辩权，要求后履行债务的一方当事人的履行能力严重恶化，下列属于履行能力严重恶化的情形的是（　　）。

A. 经营状况严重恶化

B. 转移财产、抽逃资金，以逃避债务

C. 严重丧失商业信誉

D. 有丧失或可能丧失履行债务能力的其他情形

5. 实际履行又称“强制履行”，实际履行的构成要件包括（　　）。

A. 必须有违约行为的存在

B. 必须要由非违约方在合理期限内提出继续履行的请求

C. 必须依据法律和合同的性质能够履行

D. 实际履行在事实上是可能的和在经济上是合理的

6. 下列哪些情形一定会导致合同无效?(　　)

A. 一方以欺诈、胁迫的手段订立合同

B. 恶意串通、损害国家、集体或者第三人利益

C. 以合法形式掩盖非法目的

D. 损害社会公共利益

三、案例分析题

7. 被告(某市食品公司)因建造一栋大楼,急需水泥,其基建处遂向本省的青锋水泥厂、新华水泥厂及原告建设水泥厂发出函电,函电中称:"我公司急需标号为150型号的水泥100吨,如贵厂有货,请速来函电,我公司愿派人前往购买。"三家水泥厂在收到函电以后,都先后向被告回复了函电,在函电中告知备有现货,且告知了各自的价格。而原告建设水泥厂在发出函电的同时,并派车给被告送去了50吨水泥。但在该水泥送达被告之前,被告得知新华水泥厂所生产的水泥质量较好,且价格合理,因此向新华水泥厂发去函电,称:"我公司愿购买贵厂100吨150型水泥,盼速送货,运费由我公司负担。"在发出函电后第二天上午,新华水泥厂发函称已准备发货。下午,原告将50吨水泥送到,被告告知原告,他们已决定购买新华水泥厂的水泥。原告认为,被告拒受货物已构成违约,双方因协商不成,原告遂向法院提起诉讼。

请根据上述案情,运用合同法原理和我国《合同法》的规定分析以下问题:

(1)原告和被告之间的合同是否成立,为什么?被告是否需要向原告承担违约责任?

(2)被告和新华水泥厂之间的合同是否成立?为什么?

第六章　担保法

【学习目标】

1. 了解担保以及各种担保形式的概念和特征。
2. 理解各种担保形式的基本原理及其适用范围。
3. 掌握各种担保形式的设定及其实现方式。
4. 能应用担保法的基本理论为债权设定适当的担保形式。
5. 能运用担保法的基本理论解决实际经济生活中的相关法律问题。

【重点、难点】

1. 各种担保形式的基本原理及其适用范围。
2. 各种担保形式的设定及其实现。

开篇引例

张某以自己位于市区的一套房产(价值 110 万元)作抵押,分别从甲银行和乙银行各贷款 50 万元。张某与甲银行于 3 月 1 日签订了抵押合同,3 月 10 日办理了抵押登记;与乙银行于 3 月 6 日签订了抵押合同,同日办理了抵押登记。后因张某无力还款,甲银行、乙银行行使抵押权,对张某的房产依法拍卖,只得价款 80 万元。

请问:甲、乙银行对拍卖款应如何分配?

第一节　担保法概述

一、担保的概念

担保,是指法律规定或者由当事人约定的促使债务人履行其债务,保障债权人的债权得以实现的法律措施。《中华人民共和国担保法》(以下简称《担保法》)第 2 条第 1 款规定:"在借贷、买卖、货物运输、加工承揽等经济活动中,债权人需要以担保方式保障其债权实现的,可以依照本法规定设定担保。"

债务的担保可分为一般担保和特殊担保两种。一般担保是指债务人以其全部财产为其债务作担保。债务人在宣布破产前可以自由处分其财产,如债务人任意处分其财产,债权人的利益将会受到影响。另外,债务人可能同时负担多个债务,在债务人责任财产不足的情况下,债权人的债权就可能无法得到完全清偿。为了保障债权人的利益不因债务人的任意处分财产行为而受损,或者为了保障债权人依法优先于其他债权人的权利,《担保法》也明确规定了以债务人的特定财产或者特定人的一般财产作为债务担保的特殊担保。《担保法》确立了保证、抵押、质押、留置和定金等五种特殊担保形式。

二、担保的性质

(一)从属性

债务的担保从属于主债权债务关系,以主债权债务关系的存在或者将来存在为前提,随主债权债务关系的消灭而消灭,一般也随着主债权债务关系的变更而变更。《担保法》第 5 条第 1 款明确规定:"担保合同是主合同的从合同,主合同无效,担保合同无效。担保合同另有约定的,按照约定。"

(二)补充性

担保的补充性是指在主债权债务关系因适当履行等而正常终止时,担保的义务并不实际履行。债的担保只有在其所担保的债务不履行或者不能履行时,才能依法执行担保财产。

(三)相对独立性

担保相对于主债权债务关系而言具有从属性,但其并非是完全从属,它可以相对独立于所担保的债权而存在。担保的相对独立性主要表现在三个方面:第一,发生或者存在的相对独立性。即担保的成立,须有当事人的合意或者依照法律的规定而发生,与主债权债务关系的发生或者存在属于两个不同的法律关系。第二,效力的相对独立性。《担保法》第 5 条规定:担保合同是主合同的从合同,主合同无效,担保合同无效。担保合同另有约定的,按照约定。担保合同被确认无效后,债务人、担保人、债权人有过错的,应当根据其过错各自承担相应的民事责任。因此,依照法律的规定或者当事人的约定,担保可以不依附于被担保的主债权债务关系而单独发生效力。第三,担保也有其自己的成立、生效要件和消灭原因。

三、担保立法概况

《中华人民共和国担保法》于 1995 年 6 月 30 日由第八届全国人大常委会第十四次会议通过,自 1995 年 10 月 1 日起施行。为了正确适用《担保法》,最高人民法院审判委员会于 2000 年 9 月 29 日通过了《最高人民法院关于适用〈中华人民共和国担保法〉若干问题的解释》，自 2000 年 12 月 13 日起施行。另外，其他的规范性法律文件当中，也有一些关于担保的规范存在，例如 2007 年 3 月 16 日第十届全国人民代表大会第五次会议通过《中华人民共和国物权法》（以下简称《物权法》）。《物权法》在第四编“担保物权”中也对抵押权、质权、留置权这三种担保物权作了规定。根据新法优于旧法的法律适用原则，若《担保法》与《物权法》规定不一致的，应当适用《物权法》的有关规定。

第二节　保　证

一、保证概述

（一）保证的概念

保证是指保证人和债权人约定，当债务人不履行债务时，保证人按照约定履行债务或者承担责任的担保形式。保证属于人的担保，在保证担保中，保证人以其全部财产来承担保证责任。

（二）保证人的资格

具有代为清偿债务能力的法人、其他组织或者公民，可以作保证人。但下列情形例外：一是国家机关不得为保证人，但经国务院批准为使用外国政府或者国际经济组织贷款进行转贷的除外。二是学校、幼儿园、医院等以公益为目的的事业单位、社会团体不得为保证人。三是企业法人的分支机构、职能部门不得为保证人；企业法人的分支机构有法人书面授权的，可以在授权范围内提供保证。

二、保证合同

保证人与债权人应当以书面形式订立保证合同。

根据《担保法》第 15 条的规定，保证合同应当包括以下内容：(1)被保证的主债权的种类、数额；(2)债务人履行债务的期限；(3)保证的方式；(4)保证担保的范围；(5)保证的期间；(6)双方认为需要约定的其他事项。

当事人的约定不完全具备以上内容的，并不影响保证合同的效力，可以补正。

三、保证方式

我国《担保法》规定的保证方式有一般保证和连带责任保证。当事人对保证方式没有约定或者约定不明确的，按照连带责任保证承担保证责任。

（一）一般保证

当事人在保证合同中约定，债务人不能履行债务时，由保证人承担保证责任的，为一般保证。

在一般保证中，保证人享有先诉抗辩权，即一般保证的保证人在主合同纠纷未经审判或者仲裁，并就债务人财产依法强制执行仍不能履行债务前，对债权人可以拒绝承担保证责任。因此，在一般保证中，保证人的保证责任具有补充性特点。

（二）连带责任保证

当事人在保证合同中约定保证人与债务人对债务承担连带责任的，为连带责任保证。

连带责任保证的债务人在主合同规定的债务履行期届满没有履行债务的，债权人可以要求债务人履行债务，也可以要求保证人在其保证范围内承担保证责任。

四、保证期间

保证期间为保证人承担保证责任的期间。保证人和债权人在保证合同中可以约定保证期间，没有约定或者约定不明的，则依法定。

（一）一般保证的保证期间

根据《担保法》第 25 条的规定，一般保证的保证人与债权人未约定保证期间的，保证期间为主债务履行期届满之日起 6 个月。

在合同约定的保证期间和上述规定的保证期间，债权人未对债务人提起诉讼或者申请仲裁的，保证人免除保证责任；债权人已提起诉讼或者申请仲裁的，保证期间适用诉讼时效中断的规定。

（二）连带责任保证的保证期间

根据《担保法》第 26 条的规定，连带责任保证的保证人与债权人未约定保证期间的，债权人有权自主债务履行期届满之日起 6 个月内要求保证人承担保证责任。

在合同约定的保证期间和上述规定的保证期间，债权人未要求保证人承担保证责任的，保证人免除保证责任。

五、保证责任

(一)保证范围

保证范围,是指在保证关系中保证人所承担的保证责任的范围。《担保法》第 21 规定:"保证担保的范围包括主债权及利息、违约金、损害赔偿金和实现债权的费用。保证合同另有约定的,按照约定。当事人对保证担保的范围没有约定或者约定不明确的,保证人应当对全部债务承担责任。"

(二)债权的转让与保证责任

保证期间内债权人依法将主债权转让给第三人的,保证人在原保证担保的范围内继续承担保证责任。保证合同另有约定的,按照约定。

(三)债务的转让与保证责任

保证期间内经债权人许可债务人转让债务的,应当取得保证人书面同意,保证人对未经其同意转让的债务,不再承担保证责任。

(四)主债的变更与保证责任

主债的变更指主债内容的变更,即主债权、主债务的变更。债权人与债务人协议变更主合同的,应当取得保证人书面同意;未经保证人书面同意的,保证人不再承担保证责任。保证合同另有约定的,按照约定。

(五)保证与物的担保并存时的保证责任

同一债权既有保证又有物的担保的,保证人仅对物的担保以外的债权承担保证责任。债权人放弃债务人提供的物的担保的,保证人在债权人放弃权利的范围内免除保证责任。

第三节　抵　押

一、抵押概述

(一)抵押的概念

抵押是指债务人或者第三人不转移对财产的占有,将该财产作为债权的担保,债权人在债务人不履行债务时,有权以该财产折价或者以拍卖、变卖该财产的价款优先受偿。在抵押法律关系中,债权人又称为"抵押权人",债务人或者第三人称为抵押人,提供担保的财产称为抵押物。

抵押权的成立不以对标的物的占有为要件。抵押人不必将抵押物的占有移转给债权人，而由自己继续对抵押物进行使用、收益、处分，充分发挥物的效用。

(二)抵押财产

1. 法律许可抵押的财产

依据《物权法》第180条规定，债务人或者第三人有权处分的下列财产可以抵押：(1)建筑物和其他土地附着物；(2)建设用地使用权；(3)以招标、拍卖、公开协商等方式取得的荒地等土地承包经营权；(4)生产设备、原材料、半成品、产品；(5)正在建造的建筑物、船舶、航空器；(6)交通运输工具；(7)法律、行政法规未禁止抵押的其他财产。

抵押人可以将以上所列财产一并抵押。

2. 法律禁止抵押的财产

根据《担保法》第37条规定，下列财产不得抵押：(1)土地所有权：(2)耕地、宅基地、自留地、自留山等集体所有的土地使用权，但法律规定可以抵押的除外；(3)学校、幼儿园、医院等以公益为目的的事业单位、社会团体的教育设施、医疗卫生设施和其他社会公益设施；(4)所有权、使用权不明或者有争议的财产；(5)依法被查封、扣押、监管的财产；(6)依法不得抵押的其他财产。

(三)抵押规则

1. 超额抵押的禁止

抵押人所担保的债权不得超出其抵押物的价值。财产抵押后，该财产的价值大于所担保债权的余额部分，可以再次抵押，但不得超出其余额部分。

2. 房与地同时抵押

以依法取得的国有土地上的房屋抵押的，该房屋占用范围内的国有土地使用权同时抵押。以出让方式取得的国有土地使用权抵押的，应当将抵押时该国有土地上的房屋同时抵押。

乡(镇)、村企业的土地使用权不得单独抵押。以乡(镇)、村企业的厂房等建筑物抵押的，其占用范围内的土地使用权同时抵押。

二、抵押合同与抵押物登记

(一)抵押合同

1. 抵押合同的形式与内容

抵押人和抵押权人应当以书面形式订立抵押合同。抵押合同应当包括以下内容：(1)被担保的主债权种类、数额；(2)债务人履行债务的期限；(3)抵押物的名称、数量、质量、状况、所在地、所有权权属或者使用权权属；(4)抵押担保的范围；(5)当事人认为需要约定的其他事项。抵押合同不完全具备上述规定内容的，可以补正。

2. 流质契约的禁止

订立抵押合同时，抵押权人和抵押人在合同中不得约定在债务履行期届满抵押权人未受清偿时，抵押物的所有权转移为债权人所有。

(二)抵押物登记及抵押权的生效

1. 登记生效主义

登记生效主义是指抵押权的设定，以登记为发生效力的条件，未经登记，抵押权不能对抗第三人，而且在抵押当事人之间抵押权也不能成立。我国对不动产抵押权和权利抵押权采取登记生效主义。根据《物权法》第 187 条的规定，以下列财产设定抵押，应当办理抵押登记，抵押权自登记时设立：(1)建筑物和其他土地附着物；(2)建设用地使用权；(3)以招标、拍卖、公开协商等方式取得的荒地等土地承包经营权；(4)正在建造的建筑物。

2. 登记对抗主义

登记对抗主义是指抵押权依当事人之间的合意设定，但未经登记，不得对抗善意第三人。我国对动产抵押权采取登记对抗主义。根据《物权法》第 188 条的规定，以下列财产设定抵押的，抵押权自抵押合同生效时设立；未经登记，不得对抗善意第三人：(1)生产设备、原材料、半成品、产品；(2)正在建造的船舶、航空器；(3)交通运输工具。

三、抵押的效力

(一)抵押担保的范围

抵押担保的范围包括主债权及其利息、违约金、损害赔偿金和实现抵押权的费用。当事人另有约定的，按照约定。

(二)抵押人的权利和义务

1. 抵押人的权利

(1)对抵押物的占有权。除法律和合同另有约定以外，抵押人有权继续占有抵押物，并有权收取抵押物的孳息。

(2)对抵押物的处分权。主要表现在三个方面：一是有权在同一抵押物上设定多项抵押。财产抵押后，该财产的价值大于所担保债权的余额部分，可以再次抵押，但不得超过其余额部分。二是有权对抵押物进行出租。订立抵押合同前抵押财产已出租的，原租赁关系不受该抵押权的影响。抵押权设立后抵押财产出租的，该租赁关系不得对抗已登记的抵押权。三是在抵押期间，抵押人经抵押权人同意可以转让抵押财产，但应当将转让所得的价款向抵押权人提前清偿债务或者提存。转让的价款超过债权数额的部分归抵押人所有，不足部分由债务人清偿。

2. 抵押人的义务

抵押人有妥善保管抵押物、防止抵押物毁损、灭失和价值减少的义务。

（三）抵押权人的权利

1. 抵押物的保全权

由于抵押权人并不直接占有抵押物，因此法律赋予抵押权人保全抵押物的权利。抵押人的行为足以使抵押财产价值减少的，抵押权人有权要求抵押人停止其行为。抵押财产价值减少的，抵押权人有权要求恢复抵押财产的价值，或者提供与减少的价值相应的担保。抵押人不恢复抵押财产的价值也不提供担保的，抵押权人有权要求债务人提前清偿债务。

抵押人对抵押物价值的减少无过错的，抵押权人有权在抵押人因损害而得到的赔偿范围内要求提供担保。抵押物价值未减少的部分，仍作为债权的担保。

2. 孳息收取权

债务人不履行到期债务或者发生当事人约定的实现抵押权的情形，致使抵押财产被人民法院依法扣押的，自扣押之日起抵押权人有权收取该抵押财产的天然孳息或者法定孳息，但抵押权人未通知应当清偿法定孳息的义务人的除外。孳息应当先充抵收取孳息的费用。

3. 优先受偿权

在债务人不履行债务时，抵押权人可以与抵押人协议以抵押物折价或者以拍卖、变卖后的价款受偿；协议不成的，抵押权人可以向人民法院提起诉讼。

在抵押物灭失、毁损或者被征用的情况下，抵押权人可以就该抵押物的保险金、赔偿金或者补偿金优先受偿。如果抵押物灭失、毁损或者被征用时，抵押权所担保的债权又未届清偿期的，抵押权人可以请求人民法院对保险金、赔偿金或者补偿金等采取保全措施。

四、抵押权的实现

（一）抵押权实现的方式

债务履行期届满债权人未受清偿的，可以与抵押人协议以抵押物折价或者拍卖、变卖该抵押物所得的价款受偿；协议不成的，抵押权人可以向人民法院提起诉讼。

抵押物折价或者拍卖、变卖后，其价款超过债权数额的部分归抵押人所有，不足部分由债务人清偿。

（二）数个抵押权并存时的债务清偿

同一财产向两个以上债权人抵押的，拍卖、变卖抵押物所得的价款按照以下规定清偿：

1. 抵押合同以登记生效的，按照抵押物登记的先后顺序清偿；顺序相同的，按照债权比例清偿。

2. 抵押合同自签订之日起生效的，数个已经登记的抵押权之间，先登记的优先于后登记的受偿；登记顺序相同的，按照债权比例受偿。数个抵押权均未登记的，按照债权比例受偿。

五、最高额抵押

（一）最高额抵押的概念

最高额抵押是指为担保债务的履行，债务人或者第三人对一定期间内将要连续发生的债权提供担保财产，债务人不履行到期债务或者发生当事人约定的实现抵押权的情形，抵押权人有权在最高额限度内就该担保财产优先受偿。

（二）最高额抵押权的实现

最高额抵押权的设定不以债权已经存在为前提，而是为将来发生的债务作担保。根据《物权法》的规定，抵押权人的债权在下列情况下确定：(1)约定的债权确定期间届满；(2)没有约定债权确定期间或者约定不明确，抵押权人或者抵押人自最高额抵押权设立之日起满两年后请求确定债权；(3)新的债权不可能发生；(4)抵押财产被查封、扣押；(5)债务人、抵押人被宣告破产或者被撤销；(6)法律规定债权确定的其他情形。

抵押权人实现最高额抵押权时，如果实际发生的债权余额高于最高限额的，以最高限额为限，超过部分不具有优先受偿的效力；如果实际发生的债权余额低于最高限额的，以实际发生的债权余额为限对抵押物优先受偿。

知识拓展

浮动抵押

根据《物权法》第181条的规定，浮动抵押是指企业、个体工商户、农业生产经营者以现有及将有的生产设备、原材料、半成品、产品抵押，债务人不履行到期债务或者发生当事人约定的实现抵押权的情形时，债权人有权就实现抵押权时的动产优先受偿。

浮动抵押中，抵押期间抵押人可以在正常经营范围内处分抵押财产，除非在抵押合同中对某些财产或者处分行为作相反的规定。因此,浮动抵押最大的制度价值在于,赋予抵押人对抵押财产的自由处分权,使抵押人既能获得来自于债权人的资金支持,又不影响自己的正常经营活动。

浮动抵押合同应采用书面形式,合同内容一般包括担保债权的种类和数额、债务履行期间、抵押财产的范围、实现抵押权的条件等。对于浮动抵押权的设立,我国采取登记对抗主义。设定浮动抵押权的,应当向抵押人住所地的工商行政管理部门办理登记。抵押权自抵押合同生效时设立;未经登记,不得对抗善意第三人。

第四节 质 押

一、动产质押

(一)动产质押的概念

动产质押是指债务人或者第三人将其动产移交债权人占有,将该动产作为债权的担保,债务人不履行债务时,债权人有权依照法律规定以该动产折价或者以拍卖、变卖该动产的价款优先受偿。其中,债务人或者第三人为出质人,债权人为质权人,移交的动产为质物。

(二)质押合同

设定动产质押,出质人和质权人应当以书面形式订立质押合同。质押合同应当包括以下内容:(1)被担保的主债权种类、数额;(2)债务人履行债务的期限;(3)质物的名称、数量、质量、状况;(4)质押担保的范围;(5)质物移交的时间;(6)当事人认为需要约定的其他事项。

质押合同不完全具备上述内容的,当事人可以事后补正,不能宣告合同无效。质权自出质人交付质押财产时设立。但是,质权人在债务履行期届满前,不得与出质人约定债务人不履行到期债务时质押财产归债权人所有。

(三)动产质押的效力

1. 动产质押效力的范围

(1)动产质押所担保的债权的范围。《担保法》第 67 条规定:"质押担保的范围包括主债权及利息、违约金、损害赔偿金、质物保管费用和实现质权的费用。质押合同另有约定的,按照约定。"

(2)动产质押效力所及于的财产范围。动产质押效力所及于的财产不仅及于质物本身，而且还及于质物所生的孳息。《担保法》第 68 条规定："质权人有权收取质物所生的孳息。质押合同另有约定的，按照约定。前款孳息应当先冲抵收取孳息的费用。"

2. 质权人的权利与义务

(1)质权的保全效力。质权的保全效力是指质权存续期间，当质物有损坏或价值明显减少的可能，足以危害质权人权利的，质权人可以要求出质人提供相应的担保。出质人不提供的，质权人可以拍卖或者变卖质物，并与出质人协议将拍卖或者变卖所得的价款用于提前清偿所担保的债权或者向与出质人约定的第三人提存。

(2)质权的物上代位效力。质权的物上代位效力是指当质物毁损灭失时，质权人可以就出质人获得的损害赔偿金优先受偿。

(3)质权人的义务。质权人负有妥善保管质物的义务。因保管不善致使质物灭失或者毁损的，质权人应当承担民事责任。质权人不能妥善保管质物可能致使其灭失或者毁损的，出质人可以要求质权人将质物提存，或者要求提前清偿债权而返还质物。

债务履行期届满债务人履行债务的，或者出质人提前清偿所担保的债权的，质权人应当返还质物。

3. 质权的实现

债务履行期届满质权人未受清偿的，可以与出质人协议以质物折价，也可以依法拍卖、变卖质物。质物折价或者拍卖、变卖后，其价款超过债权数额的部分归出质人所有，不足部分由债务人清偿。

二、权利质押

(一)权利质押概述

权利质押是指以所有权以外的可让与的财产权作为质权标的的质权。

(二)可以质押的权利

1. 汇票、支票、本票、债券、存款单、仓单、提单

以汇票、支票、本票、债券、存款单、仓单、提单出质的，当事人应当订立书面合同。质权自权利凭证交付质权人时设立；没有权利凭证的，质权自有关部门办理出质登记时设立。

2. 依法可以转让的基金份额、股权

以基金份额、股权出质的，当事人应当订立书面合同。以基金份额、证券登记结算机构登记的股权出质的，质权自证券登记结算机构办理出质登记时设立；

以其他股权出质的，质权自工商行政管理部门办理出质登记时设立。

3. 依法可以转让的商标专用权、专利权、著作权等知识产权中的财产权

以依法可以转让的商标专用权、专利权、著作权中的财产权出质的，出质人与质权人应当订立书面合同，并向其管理部门办理出质登记。质押合同自登记之日起生效。出质后，出质人不得转让或者许可他人使用，但经出质人与质权人协商同意的可以转让或者许可他人使用。出质人所得的转让费、许可费应当向质权人提前清偿所担保的债权或者向与质权人约定的第三人提存。

4. 依法可以质押的其他权利

除上述权利外，当事人也可以对法律规定可以质押的其他权利依法设定质押。

知识拓展

应收账款质押

应收账款在性质上属一般债权，是指权利人因提供一定的货物、服务或者设施而获得的要求义务人付款的权利，不包括因票据或者其他有价证券而产生的付款请求权。《物权法》规定，以应收账款出质的，当事人应当订立书面合同。质权自信贷征信机构办理出质登记时设立。应收账款出质后，不得转让，但经出质人与质权人协商同意的除外。出质人转让应收账款所得的价款，应当向质权人提前清偿债务或者提存。

第五节　留置与定金

一、留置

（一）留置的概念及适用范围

留置是指债权人按照合同约定占有债务人的动产，债务人不按照合同约定的期限履行债务的，债权人有权依照法律规定留置该财产，以留置财产折价或者拍卖、变卖，从所得价款中优先得到清偿。

留置这种担保方式只适用于一方占有对方动产的合同。因保管合同、运输合同、加工承揽合同等发生的债权，债务人不履行债务的，债权人有留置权；法律规定可以留置的其他合同，适用留置的规定；法律规定或者当事人约定不得留置的动产，不得留置。

(二)留置权的成立要件

1. 须债权人占有债务人的动产。留置权的发生和存续以留置权人占有留置财产为条件。留置权成立后,若留置权人丧失对留置财产的持续占有,则留置权归于消灭。

2. 须债权已届清偿期。债权人虽占有债务人的动产,但在债权尚未届清偿期时,因此时尚不发生债务人不履行债务的问题,不发生留置权。只有在债权已届清偿期,债务人仍不履行债务时,债权人才可以留置债务人的动产。

债权人的债权未届清偿期,其交付占有标的物的义务已届清偿期的,不能行使留置权。但是,债权人能够证明债务人无支付能力的除外。

3. 须债权的发生与该动产有牵连关系。所谓"牵连关系",就我国的司法、立法实践看是指债权的发生与留置物占有取得之间的关联,即债权与标的物占有的取得是基于同一合同关系。我国《物权法》同时规定,企业之间留置的财产,可以不与债权属于同一法律关系,承认了商事留置权。

(三)留置权的效力

1. 对留置权人的效力

(1)留置权人有权留置标的物。在债务人不履行债务时,债权人可以留置标的物,拒绝债务人交付标的物的请求。留置物为不可分物的,留置权人可以就留置物的全部行使留置权;但留置物为可分物的,留置财产的价值应当相当于债务的金额。

(2)留置权人有权收取留置物的孳息。收取的孳息,应先冲抵收取孳息的费用。

(3)留置权人有权请求偿还保管费用。债权人因保管留置物所支出的必要费用,有权向债务人请求返还。

(4)留置权人有权就留置物优先受偿。留置权所担保的范围包括主债权和利息、违约金、损害赔偿金、留置物保管费用和实现留置权的费用。

(5)留置权人对留置物的保管义务。留置权人负有妥善保管留置财产的义务;因保管不善致使留置财产毁损、灭失的,应当承担赔偿责任。在留置权存续期间,债权人未经债务人同意,擅自使用、出租、处分留置物,因此给债务人造成损失的,债权人应当承担赔偿责任。

(6)留置权人返还留置物的义务。在留置权所担保的债权消灭,或者债权虽未消灭,但债务人另行提供担保时,债权人应当返还留置物给债务人。

2. 对债务人的效力

(1)债务人保有留置物的所有权。债务人并不因留置权的成立而丧失留置物的所有权,但所有权的行使受到一定限制。一般而言,债务人不能对留置财产占有、使用和收益,不能将留置物用于设定质权和出租。

(2)债务人负有偿付必要费用的义务。留置权人保管、维护留置财产的一切必要费用,应由债务人承担。

(四)留置权的实现

与抵押权、质权不同,留置权人不能在债务人到期不履行债务时即实现留置权,而是要经过一定的宽限期,债务人在宽限期内仍未履行债务的,才可以实现留置权。

留置权人与债务人应当约定留置财产后的债务履行期间;没有约定或者约定不明确的,留置权人应当给债务人两个月以上履行债务的期间,但鲜活易腐等不易保管的动产除外。债务人逾期未履行的,留置权人可以与债务人协议以留置财产折价,也可以就拍卖、变卖留置财产所得的价款优先受偿。留置财产折价或者变卖的,应当参照市场价格。

债务人可以请求留置权人在债务履行期届满后行使留置权;留置权人不行使的,债务人可以请求人民法院拍卖、变卖留置财产。留置物折价或拍卖、变卖后,其价款超过债权数额的部分归债务人所有,不足部分由债务人清偿。

(五)留置权的消灭

留置权因下列原因消灭:(1)主债权消灭;(2)留置权实现;(3)留置物灭失;(4)债务人另行提供担保并被债权人接受;(5)留置权人对留置财产丧失占有。

二、定金

(一)定金的概念

定金是合同当事人一方为了证明合同的成立和担保合同的履行而预付给对方的一定数额的货币。

(二)定金合同

定金合同应当以书面形式签订。定金合同是一种实践合同,从实际交付定金之日起生效。

(三)定金的数额

定金的数额由当事人约定,但不得超过主合同标的额的20%。

(四)定金的效力

债务人履行债务后,定金应当抵作价款或者收回。给付定金的一方不履行约定的债务的，无权要求返还定金；收受定金的一方不履行约定的债务的，应当双倍返还定金。

开篇引例解析

根据《物权法》的规定，以建筑物抵押的，应当办理抵押登记，抵押权自登记时设立。因此，甲银行的抵押权自3月10日设立，乙银行的抵押权自3月6日设立，根据物权的优先性原则，成立在先的抵押权优于成立在后的抵押权，故对拍卖张某房产所得的80万元，乙银行分得50万元，甲银行只得30万元。

本章小结

担保，是法律规定或者当事人约定的促使债务人履行其债务、保障债权人的债权得以实现的法律措施，涉及债权人、债务人和担保人等之间的利益平衡关系。本章共分担保法概述、保证、抵押、质押、留置与定金五节，以《担保法》为基础，并结合了《物权法》的最新规定，较全面地介绍了《担保法》的基本理论和各种担保形式的具体规定。

复习思考题

一、单项选择题

1. 经债权人同意而将主债务转移给第三人承担的，保证人的保证责任(　　)。

A. 不变　　B. 一律消灭

C. 归于消灭，除非保证人同意债务转移　　D. 继续存在

2. 下列财产中，不能用于设定质权的是(　　)。

A. 土地使用权　　B. 电视机

C. 古字画　　D. 书籍

3. 下列合同中，不能产生留置权的是(　　)。

A. 保管合同　　B. 运输合同

C. 承揽合同　　D. 买卖合同

二、多项选择题

4. 下列财产中，可以用于抵押的财产包括(　　)。

A. 抵押人所有的房屋　　　　B. 抵押人所有的汽车

C. 土地所有权　　　　D. 宅基地使用权

5. 除抵押合同另有约定外，抵押担保的范围包括(　　)。

A. 主债权及利息　　　　B. 违约金和损害赔偿金

C. 实现抵押权的费用　　　　D. 抵押物的保管费用

6. 转移占有的担保物权包括(　　)。

A. 动产质权　　　　B. 动产抵押权

C. 不动产抵押权　　　　D. 留置权

三、案例分析题

7. 2008 年 5 月，张某携带一台电视机到某家电修理部修理。修理部留下电视机，告知张某 10 日后来取。10 天后，张某来修理部取电视机，工作人员告诉张某，电视机修理费共 400 元。张某认为修理费过高，拒绝付款。于是，修理部扣留了电视机，并告诉张某尽快付清修理费，否则将变卖电视机来抵偿。张某在其后的 5 个月中，既没有向修理部索要电视机，也没有偿付修理费。11 月的一天，张某又携带一台录像机来修理部修理，双方约定一个月交费取录像机。张某如期来取录像机时，修理部工作人员称录像机修理费为 250 元，加上前次电视机的修理费共 650 元，要张某一次付清。张某付清了录像机的修理费，并称 400 元的电视机修理费可以用电视机抵偿，但修理部却要扣留录像机。于是，修理部退还了张某的电视机，扣留了录像机，并告知张某在一个月内必须付清 400 元的电视机修理费，否则将变卖录像机来抵偿。张某不同意，双方为此发生争议，张某诉至人民法院，要求修理部返还录像机。

请问：修理部扣留电视机和录像机的行为是否合法？此案应如何处理？

第七章　工业产权法

【学习目标】

1. 了解工业产权的概念和工业产权法律制度、商标与注册商标的概念、商标的基本规定、专利权的法律保护。

2. 理解商标注册的基本程序、专利的含义、专利权取得的基本程序、专利实施的强制许可。

3. 掌握工业产权的特征、商标权的内容、授予专利权的条件。

4. 能解释现实生活中广泛存在的商标抢注现象。

5. 能处理工业产权争议案件中存在的法律问题。

【重点、难点】

1. 工业产权的特征和商标权的内容。

2. 商标注册和专利权取得的程序。

3. 商标侵权行为和专利侵权行为的主要表现。

4. 专利实施的强制许可。

开篇引例

河南省洛阳市某纺织厂设计了一款款式新颖的短衫，在牡丹节期间投放市场，销路很好，后来许多厂家相继仿制，对该纺织厂的产品销路影响很大。为了维护企业的利益和把握市场前景，该厂于 2004 年 6 月 10 日向国家商标局提出“洛阳”牌商标的注册申请。在其申请注册期间，某服装厂仍继续生产与纺织厂样式完全相同的短衫，并使用了“洛阳”商标（仅文字相同，图案、字形均不相同）。纺织厂即向工商行政管理部门提出保护其商标专用权的申请。2009 年 7 月 1 日，商标局驳回纺织厂的商标注册申请。纺织厂收到驳回通知后，表示不服，欲申请复议。同时，服装厂看到纺织厂没有取得注册商标，更无顾忌，继续进行生产。

问题：

1. 商标局驳回纺织厂的商标注册申请是否正确，理由是什么？

2. 服装厂在纺织厂的商标注册申请被驳回后是否可以继续生产带有该种

商标的产品？为什么？

第一节　工业产权法概述

一、知识产权与工业产权

(一)知识产权和工业产权的概念

知识产权，也称“智力成果权”，是指人们对其在科学技术、文学艺术以及生产等领域从事智力活动所创造的成果依法享有的专有权利。

知识产权的本质是一种知识财产权，是基于智力的创造性活动所产生的专有权或者独占权，其核心是通过法律赋予和保护人们对其创造性的智力成果享有的权利。知识产权主要包括商标权、专利权和著作权（也称“版权”）。

工业产权，是人们依照法律对应用于商品生产和流通中的创造发明和显著标记等智力成果，在一定期限和地域内享有的专有权。根据《保护工业产权巴黎公约》的规定，工业产权包括发明、实用新型、外观设计、商标、服务标记、厂商名称、货源标记、原产地名称以及制止不正当竞争的权利。另外，在相关的国际公约、协定中也对工业产权作出了相应的规定，例如作为世界贸易组织（WTO）《与贸易有关的知识产权协定》（TRIPS）。在中国，工业产权主要是指商标权和专利权。

(二)工业产权的特征

1. 客体的无形性

智力活动本身不具有形态，不占据空间，工业产权是把特定的智力成果和识别性标记作为保护对象，赋予创造者和其他合法所有人以专有权利。

2. 专有性

工业产权是国家赋予专利权人和商标专用权人在有效期限内，对发明创造和注册商标享有独占、使用、收益和处分的权利。他人未经专利权人、商标专用权人的许可，不得使用；否则，即构成侵权，要依法承担法律责任。

3. 独占性和排他性

工业产权因行政授权而取得，当不同的主体就相同客体分别申请时，只能授予其中一个专有权，而其他申请人则不得继续使用（法律另有规定的除外）。

4. 时间性

对工业产权的法律保护都有一定的时间限制，有效期届满，除依法续展外，工业产权的财产权利即自行终止，成为全社会的共有财富，任何人都可以无偿地、自由地使用这一智力成果。

5. 地域性

一个国家的工业产权，除按有关保护工业产权的国际公约或双边条约而使其他国家承认有效以外，只在该国范围内有效，对其他国家不发生法律效力。如欲在他国得到法律保护，则需依他国法律规定履行必要的程序，依法取得他国的工业产权。

二、工业产权法律制度

工业产权法是调整国家确认、保护工业产权以及在工业产权的使用过程中发生的各种社会关系的法律规范的总称。

（一）我国保护工业产权的法律制度

迄今为止，我国已相继颁布和实施了《中华人民共和国商标法》（以下简称《商标法》）、《中华人民共和国商标法实施条例》（以下简称《商标法实施条例》）、《中华人民共和国专利法》（以下简称《专利法》）、《中华人民共和国专利法实施细则》（以下简称《专利法实施细则》）等法律、法规。

《商标法》于1982年8月23日第五届全国人民代表大会常务委员会第二十四次会议通过，1993年2月22日根据第七届全国人民代表大会常务委员会第三十次会议《关于修改〈中华人民共和国商标法〉的决定》第一次修正；2001年10月27日根据第九届全国人民代表大会常务委员会第二十四次会议《关于修改〈中华人民共和国商标法〉的决定》第二次修正，2002年9月15日起施行。

《商标法实施条例》自2002年9月15日起施行。1983年3月10日国务院发布、1988年1月3日国务院批准第一次修订、1993年7月15日国务院批准第二次修订的《中华人民共和国商标法实施细则》和1995年4月23日《国务院关于办理商标注册附送证件问题的批复》同时废止。

《专利法》于1984年3月12日第六届全国人民代表大会常务委员会第四次会议通过；1992年9月4日根据第七届全国人民代表大会常务委员会第二十七次会议《关于修改〈中华人民共和国专利法〉的决定》第一次修正；2000年8月25日根据第九届全国人民代表大会常务委员会第十七次会议《关于修改〈中华人民共和国专利法〉的决定》第二次修正；2008年12月27日根据第十一届全国人民代表大会常务委员会第六次会议《关于修改〈中华人民共和国专利法〉的决定》第三次修正。

《专利法实施细则》于1992年12月12日由国务院批准修订、1992年12月21日中国专利局发布；2001年6月15日中华人民共和国国务院令第306号公布，根据2002年12月28日《国务院关于修改〈中华人民共和国专利法实施细则〉的决定》修订，根据2010年1月9日《国务院关于修改〈中华人民共和国专利法实施细则〉的决定》再次修订。

(二)工业产权的国际保护

各国政府经过谈判，在工业产权的不同领域订立了一系列的国际条约，以此促进各国科学技术的日益进步和工业生产的迅速发展，扩大各国之间的技术交流、技术合作和技术贸易。有关工业产权国际保护的世界性或地区性的国际条约很多，最主要的有《保护工业产权巴黎公约》、《专利合作条约》、《商标国际注册马德里协定》和《商标注册条约》。

《保护工业产权巴黎公约》简称《巴黎公约》，于1883年3月20日在巴黎签订，已经过多次修改。该公约现有100多个成员国，是保护工业产权方面影响最大的国际公约。我国于1984年11月14日决定加入《巴黎公约》，自1985年3月19日起该公约对中国生效。

《商标国际注册马德里协定》简称《马德里协定》，于1891年4月14日在马德里签订，1892年7月生效。《马德里协定》自生效以来修改过多次，和1989年签署的《商标国际注册马德里协定有关议定书》(简称《马德里议定书》)被称为"商标国际注册马德里体系"。《马德里协定》是对《巴黎公约》关于商标注册部分的一个补充，根据协定规定，须先参加《巴黎公约》，才能参加《马德里协定》。1989年10月4日中国成为该协定成员国。

《专利合作条约》由英国、美国、法国、日本、德国等25个国家于1970年在华盛顿签订，1978年1月24日起正式生效。《专利合作条约》是继《巴黎公约》之后的又一个重要的与专利有关的国际性条约。该条约是非开放性的，只有《巴黎公约》的成员国才能加入。中国于1993年9月13日正式向世界知识产权组织递交参加《专利合作条约》的加入书，1994年1月1日正式成为该条约的成员国。

第二节 商标法

一、商标概述

(一)商标与注册商标

商标是商品和商业服务的标记，它是商品的生产者或者经营者用以标明自己所生产或者销售的商品和商业服务者提供的服务，与他人生产或者销售的同类商品和提供的同类服务相区别的标记。

经商标局核准注册的商标为注册商标，商标注册人享有商标专用权，受法律保护。

知识拓展

商标的种类

商标可根据不同标准进行多种分类：(1)根据商标的表现形式不同，可把商标分为文字商标、图形商标、立体商标和组合商标。文字商标是以文字组成的商标，可以使用汉字、汉语拼音，也可以使用外国文字、外文字母，还可以使用阿拉伯数字。图形商标是指以任何可视的平面图形构成的商标。立体商标是以三维标志构成的可视商标。组合商标是以文字、图形和三维标志等构成的商标，其特点是图文并茂，便于识别，视觉效果突出、立体感强，是商标中较为多用的种类。(2)根据商标的用途和商标权人的不同，可把商标分为商品商标、服务商标、集体商标和证明商标。商品商标是指用于生产、制造、加工、拣选或者经销的商品上的商标。服务商标则用于标明所提供的服务项目。集体商标，是指以团体、协会或者其他组织名义注册，供该组织成员在商务活动中使用，以表明使用者在该组织中的成员资格的标志。证明商标，是指由对某种商品或者服务具有监督能力的组织所控制，而由该组织以外的单位或者个人使用于其商品或者服务，用以证明该商品或者服务的原产地、原料、制造方法、质量或者其他特定品质的标志。(3)根据商标注册要求的不同，可把商标分为自愿注册商标和强制注册商标。在我国，人用药品、烟草制品和国家规定必须使用注册商标的其他商品应强制使用注册商标。

(二)商标的基本规定

1. 不得作为商标使用的标志

任何能够将自然人、法人或者其他组织的商品与他人的商品区别开的可视性标志，包括文字、图形、字母、数字、三维标志和颜色组合以及上述要素的组合，均可以作为商标申请注册。但下列标志不得作为商标使用：(1)同中华人民共和国的国家名称、国旗、国徽、军旗、勋章相同或者近似的，以及同中央国家机关所在地特定地点的名称或者标志性建筑物的名称、图形相同的；(2)同外国的国家名称、国旗、国徽、军旗相同或者近似的，但该国政府同意的除外；(3)同政府间国际组织的名称、旗帜、徽记相同或者近似的，但经该组织同意或者不易误导公众的除外；(4)与表明实施控制、予以保证的官方标志、检验印记相同或者近似的，但经授权的除外；(5)同“红十字”、“红新月”的名称、标志相同或者近似的；(6)带有民族歧视性的;(7)夸大宣传并带有欺骗性的;(8)有害于社会主义道德风尚或者有其他不良影响的。

县级以上行政区划的地名或者公众知晓的外国地名,不得作为商标。但是,地名具有其他含义或者作为集体商标、证明商标组成部分的除外。已经注册的使用地名的商标继续有效。

此外,下列标志也不得作为商标注册:(1)仅有本商品的通用名称、图形、型号的;(2)仅仅直接表示商品的质量、主要原料、功能、用途、重量、数量及其他特点的;(3)缺乏显著特征的。但上述所列标志经过使用取得显著特征,并便于识别的,可以作为商标注册。

以三维标志申请注册商标的,仅由商品自身的性质产生的形状、为获得技术效果而需有的商品形状或者使商品具有实质性价值的形状,不得注册。

2. 不得注册并禁止使用的情形

(1)驰名商标的保护。驰名商标,是中国国家工商行政管理局商标局根据企业的申请而认定的一种商标类型,在中国国内为公众广为知晓并享有较高声誉。驰名商标被赋予了比较广泛的排他性权利:就相同或者类似商品申请注册的商标是复制、模仿或者翻译他人未在中国注册的驰名商标,容易导致混淆的,不予注册并禁止使用;就不相同或者不相类似商品申请注册的商标是复制、模仿或者翻译他人已经在中国注册的驰名商标,误导公众,致使该驰名商标注册人的利益可能受到损害的,不予注册并禁止使用。

(2)被代理人或者被代表人的保护。未经授权,代理人或者代表人以自己的名义将被代理人或者被代表人的商标进行注册,被代理人或者被代表人提出异议的,不予注册并禁止使用。

(3)地理标志的使用。商标中有商品的地理标志,而该商品并非来源于该标志所标示的地区,误导公众的,不予注册并禁止使用;但是,已经善意取得注册的继续有效。这里所称地理标志,是指标示某商品来源于某地区,该商品的特定质量、信誉或者其他特征主要由该地区的自然因素或者人文因素所决定的标志。

知识拓展

如何认定驰名商标?

根据我国《商标法》第 14 条的规定,认定驰名商标应当考虑下列因素:(1)相关公众对该商标的知晓程度;(2)该商标使用的持续时间;(3)该商标的任何宣传工作的持续时间、程度和地理范围;(4)该商标作为驰名商标受保护的记录;(5)该商标驰名的其他因素。商标局、商标评审委员会在认定驰名商标时,应当综合考虑以上各项因素，但不以该商标必须满足上述全部因素为前提。

二、商标注册

（一）商标注册的概念

商标注册是指商标的使用人为了取得商标专用权，将其使用或者准备使用的商标，依照法律规定的条件和程序，向商标主管机关提出注册申请，经商标主管机关审核，予以注册的制度。商标注册是确定商标专用权的法律依据，只有经国家商标局核准注册的商标，才受法律保护，该商标所有人才享有商标专用权。

（二）商标注册的申请

商标注册的申请，是指申请人依照《商标法》规定的条件，向商标局请求确认商标专用权的行为。商标注册的申请，是取得商标专用权的必经法律程序。

1. 商标注册申请人

个人或者组织对其生产、制造、加工、拣选、经销的商品或者提供的服务项目，需要取得商标专用权的，应当向商标局申请商品商标注册或者服务商标注册。

两个以上的自然人、法人或者其他组织可以共同向商标局申请注册同一商标，共同享有和行使该商标专用权。

其所属国与我国订有协议或者共同参加了国际条约或者按对等原则对待的外国个人或企业，委托我国认可的具有商标代理资格的组织代理，也可以在中国申请商标注册并依法取得商标专用权。

2. 商标注册的原则

（1）自愿注册与强制注册相结合原则。《商标法》第 6 条规定："国家规定必须使用注册商标的商品，必须申请商标注册，未经核准注册的，不得在市场销售。"因此，我国对大部分商品或者服务项目使用的商标，采取的是自愿注册原则，而对法律、行政法规明确规定的部分商品则采取商标强制注册原则。例如，《烟草专卖法》第 20 条规定："卷烟、雪茄烟和有包装的烟丝必须申请商标注册，未经核准注册的，不得生产、销售。"

（2）特定化申请原则。该项原则主要体现在两个方面：一是使用商标的商品特定。申请商标注册的，应当按规定的商品分类表填报使用商标的商品类别和商品名称。商标注册申请人在不同类别的商品上申请注册同一商标的，应当按商品分类表提出注册申请。注册商标需要在同一类别的其他商品上使用的，应当另行提出注册申请。二是商标特定。注册商标需要改变其标志的，应当重新提出注册申请。

(3)申请在先原则。《商标法实施条例》第 19 条规定:两个或者两个以上的申请人,在同一种商品或者类似商品上,分别以相同或者近似的商标在同一天申请注册的,各申请人应当自收到商标局通知之日起 30 日内提交其申请注册前在先使用该商标的证据。同日使用或者均未使用的,各申请人可以自收到商标局通知之日起 30 日内自行协商,并将书面协议报送商标局;不愿协商或者协商不成的,商标局通知各申请人以抽签的方式确定一个申请人,驳回其他人的注册申请。商标局已经通知但申请人未参加抽签的,视为放弃申请,商标局应当书面通知未参加抽签的申请人。

(4)优先权原则。优先权原则是对申请在先原则的补充,目的主要在于防止不正当的抢注行为等损害在先权利人的利益。我国《商标法》第 31 条规定:申请商标注册不得损害他人现有的在先权利,也不得以不正当手段抢先注册他人已经使用并有一定影响的商标。同时,《商标法》也明确规定了可以依法享有优先权的两种情形:一是国外申请注册条件下的优先权。即商标注册申请人自其商标在外国第一次提出商标注册申请之日起 6 个月内,又在中国就相同商品以同一商标提出商标注册申请的,依照该外国同中国签订的协议或者共同参加的国际条约,或者按照相互承认优先权的原则,可以享有优先权。这种情况下要求优先权的,应当在提出商标注册申请的时候提出书面声明,并且在 3 个月内提交第一次提出的商标注册申请文件的副本;未提出书面声明或者逾期未提交商标注册申请文件副本的,视为未要求优先权。二是因国内外展出而享有的优先权。即商标在中国政府主办的或者承认的国际展览会展出的商品上首次使用的,自该商品展出之日起 6 个月内,该商标的注册申请人可以享有优先权。这种情况下要求优先权的,应当在提出商标注册申请的时候提出书面声明,并且在 3 个月内提交展出其商品的展览会名称、在展出商品上使用该商标的证据、展出日期等证明文件;未提出书面声明或者逾期未提交证明文件的,视为未要求优先权。

(三)商标注册的审查和核准

1. 初审与公告

申请注册的商标,凡符合《商标法》有关规定的,由商标局初步审定,予以公告;凡不符合《商标法》有关规定或者同他人在同一种商品或者类似商品上已经注册的或者初步审定的商标相同或者近似的,由商标局驳回申请,不予公告。

对驳回申请、不予公告的商标,商标局应当书面通知商标注册申请人。商标注册申请人不服的,可以自收到通知之日起 15 日内向商标评审委员会申请复审,由商标评审委员会作出决定,并书面通知申请人。当事人对商标评审委员会的决定不服的,可以自收到通知之日起 30 日内向人民法院起诉。

2. 核准与公告

对初步审定的商标，自公告之日起3个月内，任何人均可以提出异议。公告期满无异议的，予以核准注册，发给商标注册证，并予公告。

对初步审定、予以公告的商标提出异议的，商标局应当听取异议人和被异议人陈述事实和理由，经调查核实后，作出裁定。当事人不服的，可以自收到通知之日起15日内向商标评审委员会申请复审，由商标评审委员会作出裁定，并书面通知异议人和被异议人。当事人对商标评审委员会的裁定不服的，可以自收到通知之日起30日内向人民法院起诉。人民法院应当通知商标复审程序的对方当事人作为第三人参加诉讼。

三、商标权

商标权是商标专用权的简称，是指商标主管机关依法授予商标所有人享有的对其注册商标受国家法律保护的专有权。

(一)商标权的取得

商标权取得的方式，依其来源的不同可分为原始取得和继受取得。原始取得又称“直接取得”，即以法律规定为依据，具备了法定条件并经商标主管机关核准而直接取得商标权。继受取得，是以原商标所有人的商标权及其意志为依据，通过一定的法律事实实现商标权的转移从而取得商标权。继受取得主要有合同转让和继承两种方式。

(二)商标权的内容

商标权是商标法保护的核心，其主要内容表现为以下几个方面：

1. 专用权

专用权是指商标权人对其注册商标依法享有的自己在指定商品或者服务项目上独占使用的权利。注册商标权人有权禁止他人未经许可在同一种商品或者类似商品上使用与其注册商标相同或者近似的商标。

2. 许可使用权

许可使用权是指商标权人可以通过签订商标使用许可合同许可他人使用其注册商标的权利。商标使用许可的类型主要有独占使用许可、排他使用许可和普通使用许可等。许可他人使用注册商标的，许可人应当监督被许可人使用其注册商标的商品质量。被许可人应当保证使用该注册商标的商品质量。经许可使用他人注册商标的，必须在使用该注册商标的商品上标明被许可人的名称和商品产地。商标使用许可合同应当报商标局备案。

3. 转让权

转让权是指商标权人依法享有的将其注册商标依法定程序和条件转让给他

人的权利。转让注册商标的,转让人和受让人应当签订转让协议,并共同向商标局提出申请。受让人应当保证使用该注册商标的商品质量。转让注册商标经核准后,予以公告。受让人自公告之日起享有商标专用权。

4. 续展权

续展权续展权是指商标权人在其注册商标有效期届满时,依法享有申请续展注册,从而延长其注册商标保护期的权利。注册商标的有效期为 10 年,自核准注册之日起计算。注册商标有效期满,需要继续使用的,应当在期满前 6 个月内申请续展注册;在此期间未能提出申请的,可以给予 6 个月的宽展期。每次续展注册的有效期为 10 年,自该商标上一届有效期满次日起计算。宽展期满仍未提出申请的,注销其注册商标。

5. 标示权

标示权商标注册人使用注册商标,有权在使用的商品上标明"注册商标"字样或者注册标记。在商品上不便标明的,可以在商品包装或者说明书以及其他附着物上标明。

(三)商标权的范围

商标权人行使权利的范围以核准注册的商标和核定使用的商品为限。擅自更改注册商标、扩大注册商标的使用范围的,不受法律保护。

(四)商标权的保护

1. 商标权争议及裁定

违反法定条件,或者以欺骗和其他不正当手段取得注册的商标,任何单位或个人都可以请求撤销。对注册商标有争议的,自该商标注册之日起 5 年内,商标所有人或者利害关系人可以申请裁定。对恶意注册的,驰名商标所有人不受 5 年的时间限制。商标评审委员会对于撤销注册商标的申请进行审查,作出撤销或者维持的裁定。当事人对裁定不服的,可以自收到通知之日起 30 日内向人民法院起诉。

2. 商标侵权行为的处理

有下列行为之一的,均属侵犯注册商标专用权:(1)未经商标注册人的许可,在同一种商品或者类似商品上使用与其注册商标相同或者近似的商标的;(2)销售侵犯注册商标专用权的商品的;(3)伪造、擅自制造他人注册商标标识或者销售伪造、擅自制造的注册商标标识的;(4)未经商标注册人同意,更换其注册商标并将该更换商标的商品又投入市场的;(5)给他人的注册商标专用权造成其他损害的。

因上述侵犯注册商标专用权行为引起纠纷的,由当事人协商解决;不愿协商或者协商不成的，商标注册人或者利害关系人可以向人民法院起诉，也可以请求工商行政管理部门处理。工商行政管理部门处理时，认定侵权行为成立的，责令立即停止侵权行为，没收、销毁侵权商品和专门用于制造侵权商品、伪造注册商标标识的工具，并可处以罚款。当事人对处理决定不服的，可以自收到处理通知之日起15日内依据《中华人民共和国行政诉讼法》向人民法院起诉；侵权人期满不起诉又不履行的，工商行政管理部门可以申请人民法院强制执行。进行处理的工商行政管理部门根据当事人的请求，可以就侵犯商标专用权的赔偿数额进行调解；调解不成的，当事人可以依据《中华人民共和国民事诉讼法》向人民法院起诉。

对侵犯注册商标专用权的行为，工商行政管理部门有权依法查处；涉嫌犯罪的，应当及时移送司法机关依法处理。

（五）商标权的终止

商标权的终止，是指由于法定事由的发生，商标权人丧失其商标专用权、法律不再对该注册商标给予保护的情形。根据我国《商标法》及《商标法实施条例》的规定，注册商标因注销和撤销而导致商标专用权终止。

1. 注销

注销是指商标局对注册商标所有人自愿放弃或者因故不能使用注册商标的事实的确认行为。注销注册商标须由商标局备案，并予以公告。凡有下列情形之一的，商标主管机关可将其注册商标注销：

(1)申请注销。即商标权人自愿申请放弃其商标权，并向商标局办理注销手续的情形。

(2)过期注销。即注册商标的有效期届满，并且在规定的宽展期内商标注册人仍未申请续展注册或者是虽然提出续展注册申请但未获批准，因此由商标局注销其注册商标的情形。

(3)无人继承注销。即注册商标有效期内，因注册商标所有人被撤销、解散、破产及其他原因而关闭，或者因注册商标所有人死亡而在法定期限内无人继承的，由商标局注销其注册商标。

2. 撤销

撤销是指商标主管部门对违反《商标法》有关规定的行为予以处罚，使原注册商标专用权归于消灭的行为。依照我国《商标法》的规定，撤销的事由主要有以下三种：

(1)违法撤销。即商标注册人违反《商标法》的规定，因而被商标局撤销其注册商标的情形。根据我国《商标法》第44条、第45条的规定，违法撤销的事由有：自行改变注册商标的；自行改变注册商标的注册人名义、地址或者其他注册事项的;自行转让注册商标的;连续3年停止使用的;使用注册商标,其商品粗制滥造、以次充好、欺骗消费者的。

(2)不当注册撤销。即商标注册不当,因而被商标局撤销注册商标,或者经商标评审委员会裁定撤销商标的情形。

(3)争议撤销。即在先注册的商标对已经注册但核准不满5年的商标有争议的,申请商标评审委员会裁定撤销注册商标的情形。

注册商标被撤销的或者期满不再续展的,自撤销或者注销之日起1年内,商标局对与该商标相同或者近似的商标注册申请,不予核准。

撤销注册商标,该商标权即归于消灭。凡对商标局撤销决定不服的,当事人可向商标评审委员会申请复审。当事人对商标评审委员会作出的裁定不服的,可以自收到通知之日起30日内依据《中华人民共和国行政诉讼法》向人民法院起诉。

第三节 专利法

一、专利法概述

(一)专利和专利法的概念

专利(patent)一词来源于拉丁语 Litteraepatentes,意为公开的信件或者公共文献,是中世纪的君主用来颁布某种特权的证明,后来指英国国王亲自签署的独占权利证书。作为知识产权的专利,一般有三种含义:

1. 专利即专利权的简称。指专利权人对发明创造享有的专有权,即国家依法在一定时期内授予发明创造者或者其权利继受者独自使用其发明创造的权利。专利权是一种专有权,这种权利具有独占的排他性。非专利权人要想使用他人的专利技术,必须依法征得专利权人的授权或者许可。

2. 专利是指受到专利法保护的发明创造,即专利技术,是受国家认可并在公开的基础上进行法律保护的专有技术。

3. 专利是指专利局颁发的确认申请人对其发明创造享有的专利权的专利证书或者指记载发明创造内容的专利文献,指的是具体的物质文件。

因此,要正确地理解"专利"这一概念,必须结合所处语境,联系上下文来理解。

专利法是指调整人们在创造发明成果和利用专利发明的过程中所产生的各种社会关系的法律规范和法律制度。《专利法》和《专利法实施细则》是我国最重要的专利法律规范。

(二)专利权的主体

1. 发明人或者设计人

发明人或者设计人,是指对发明创造的实质性特点作出创造性贡献的人。在完成发明创造过程中,只负责组织工作的人、为物质技术条件的利用提供方便的人或者从事其他辅助工作的人,不是发明人或者设计人。

2. 发明人或者设计人所在单位

发明人或者设计人执行本单位的任务或者主要是利用本单位的物质技术条件所完成的发明创造为职务发明创造。利用本单位的物质技术条件所完成的发明创造,单位与发明人或者设计人订有合同,对申请专利的权利和专利权的归属作出约定的,从其约定。

职务发明创造申请专利的权利属于该单位;申请被批准后,该单位为专利权人。非职务发明创造,申请专利的权利属于发明人或者设计人;申请被批准后,该发明人或者设计人为专利权人。

知识拓展

如何认定职务发明创造?

《专利法》第6条所称执行本单位的任务所完成的职务发明创造,是指:(1)在本职工作中作出的发明创造;(2)履行本单位交付的本职工作之外的任务所作出的发明创造;(3)退休、调离原单位后或者劳动、人事关系终止后1年内作出的,与其在原单位承担的本职工作或者原单位分配的任务有关的发明创造;(4)主要利用本单位的物质技术条件所完成的发明创造。本单位的物质技术条件,是指本单位的资金、设备、零部件、原材料或者不对外公开的技术资料等。

3. 合同约定的单位或者个人

两个以上单位或者个人合作完成的发明创造、一个单位或者个人接受其他单位或者个人委托所完成的发明创造,除另有协议的以外,申请专利的权利属于完成或者共同完成的单位或者个人;申请被批准后,申请的单位或者个人为专利权人。

4. 外国人、外国企业或者外国其他组织

在中国有经常居所或者营业所的外国人、外国企业或者外国其他组织在中国申请专利的,享有与我国国民同等的待遇;如果符合专利权授予的条件,可以依法成为专利权的主体。

在中国没有经常居所或者营业所的外国人、外国企业或者外国其他组织在中国申请专利的，依照其所属国同中国签订的协议或者共同参加的国际条约，或者依照互惠原则，根据《专利法》办理。

5. 合法受让人

专利申请权和专利权可以转让。依法转让申请权和专利权的，受让人可以成为专利申请人和专利权人。

（三）专利权的内容

根据《专利法》的规定，专利权的内容主要包括：

1. 独占实施权

专利权人对其专利享有独占权，任何人未经专利权人许可都不得实施其专利，即不得以生产经营为目的制造、使用或者销售其专利产品或者使用其专利方法。

2. 许可实施权

专利权人有许可任何人实施其专利的权利，这种许可必须通过订立许可合同并向专利权人支付使用费的方式来取得许可实施权；但是，被许可方无权允许合同规定以外的任何人实施该专利。

3. 转让权

专利权人有转让其专利权的权利；转让专利权必须订立书面合同，并经专利局登记和公告后生效。

4. 专利标记权

专利权人有权在其专利产品或者该产品的包装、说明书中标明专利标记和专利号。另外，发明人或者设计人还有权在专利文件中写明自己是发明人或者设计人。

5. 保护请求权

专利权人有权就侵犯其专利权的行为请求专利管理机关进行处理或者直接向人民法院起诉，以便获得法律保护；专利权人有权要求侵权人停止侵权行为并赔偿经济损失。

6. 放弃专利权

专利权人可以在专利保护期限届满前的任何时候，以书面形式声明或者以不缴纳年费的方式放弃其专利权。专利权被放弃之后，其专利技术即成为全社会的共同的财富，任何人均可无偿使用。

（四）专利权的客体

专利权的客体，亦称“专利法律关系的客体”，是指专利权主体的权利和义务共同指向的对象，也即专利法所保护的对象。专利权的客体包括发明、实用新型和外观设计三种。发明，是指对产品、方法或者其改进所提出的新的技术方案。实用新型，是指对产品的形状、构造或者两者结合所提出的适于实用的新的技术方案。外观设计，是指对产品的形状、图案或者两者结合以及色彩与形状、图案的结合所作出的富有美感并适于工业应用的新设计。

二、授予专利权的条件

发明创造能否被授予专利权，取决于其是否满足《专利法》的有关规定。根据我国《专利法》的有关规定，授予专利权的条件可以分为积极条件和消极条件。

(一)积极条件

授予专利权的发明和实用新型，应当具备新颖性、创造性和实用性。

1. 新颖性

新颖性，是指该发明或者实用新型不属于申请日以前在国内外为公众所知的现有技术，也没有任何单位或者个人就同样的发明或者实用新型在申请日以前向国务院专利行政部门提出过申请，并记载在申请日以后公布的专利申请文件或者公告的专利文件中。

但是，申请专利的发明创造在申请日以前6个月内有下列情形之一的，不丧失其新颖性：(1)在中国政府主办或者认可的国际展览会上首次展出的；(2)在规定的学术会议或者技术会议上首次发表的；(3)他人未经申请人同意而泄露其内容的。

2. 创造性

创造性，是指与现有技术相比，该发明具有突出的实质性特点和显著的进步，该实用新型具有实质性特点和进步。

3. 实用性

实用性，是指该发明或者实用新型能够制造或者使用，并且能够产生积极效果。

特别需要注意的是，授予专利权的外观设计一般在新颖性方面有刚性要求，而在创造性和实用性方面一般没有过分“苛刻”的要求：授予专利权的外观设计，应当不属于申请日以前在国内外为公众所知的现有设计；也没有任何单位或者个人就同样的外观设计在申请日以前向国务院专利行政部门提出过申请，并记载在申请日以后公告的专利文件中；授予专利权的外观设计与现有设计或者现有设计特征的组合相比，应当具有明显区别；授予专利权的外观设计不得与他人在申请日以前已经取得的合法权利相冲突。

(二)消极条件

对违反法律、社会公德或者妨害公共利益的发明创造，不授予专利权。

对违反法律、行政法规的规定获取或者利用遗传资源并依赖该遗传资源完成的发明创造,不授予专利权。

另外,对下列各项也不授予专利权:(1)科学发现;(2)智力活动的规则和方法;(3)疾病的诊断和治疗方法;(4)动物和植物品种;(5)用原子核变换方法获得的物质;(6)对平面印刷品的图案、色彩或者二者的结合作出的主要起标识作用的设计。但是,对于上述第(4)项所列产品的生产方法,可以依照《专利法》规定授予专利权。

三、专利权的取得

(一)专利的申请

1. 专利申请的原则

(1)书面申请原则。即专利申请人及其代理人在办理专利法及其实施细则规定的各种手续时,都应当采用书面形式。

(2)先申请原则。即两个或两个以上的人分别就同样的发明创造申请专利的,专利权授予最先申请的人。

(3)特定化申请原则,又称"一申请一发明"原则。一件发明或者实用新型专利申请应当限于一项发明或者实用新型。属于一个总的发明构思的两项以上的发明或者实用新型,可以作为一件申请提出。一件外观设计专利申请应当限于一项外观设计。同一产品两项以上的相似外观设计,或者用于同一类别并且成套出售或者使用的产品的两项以上外观设计,可以作为一件申请提出。

(4)优先权原则。专利申请人就其发明创造自第一次提出专利申请后,在法定期限内,又就相同主题的发明创造提出专利申请的,以其第一次申请的日期为其申请日,这种权利称为"优先权"。优先权可分为外国优先权和本国优先权。申请人自发明或实用新型在外国第一次提出专利申请之日起12个月内,或者自外观设计第一次提出专利申请之日起6个月内,又在中国就相同主题提出专利申请的,依照该国同中国签订的协议或者共同参加的国际条约,或者依照相互承认优先权的原则,可以享有优先权。申请人自发明或实用新型在中国第一次提出专利申请之日起12个月内,又就相同主题提出专利申请的,可以享有优先权,这种在国内的申请优先权即本国优先权。

2. 申请专利应提交的文件

申请发明或者实用新型专利的,应当提交下列文件:(1)请求书。请求书应当写明发明或者实用新型的名称、发明人的姓名、申请人姓名(或者名称)和地址以及其他事项。(2)说明书。说明书应当对发明或者实用新型作出清楚、完整的说明,以所属技术领域的技术人员能够实现为准;必要的时候,应当有附图。

(3)摘要。摘要应当简要说明发明或者实用新型的技术要点。(4)权利要求书。权利要求书应当以说明书为依据,清楚、简要地限定要求专利保护的范围。

依赖遗传资源完成的发明创造,申请人应当在专利申请文件中说明该遗传资源的直接来源和原始来源;申请人无法说明原始来源的,应当陈述理由。

申请外观设计专利的,应当提交请求书、该外观设计的图片或者照片以及对该外观设计的简要说明等文件。申请人提交的有关图片或者照片应当清楚地显示要求专利保护的产品的外观设计。

(二)专利申请的审查和批准

1. 发明专利申请的审查和批准

(1)初步审查。初步审查也称“形式审查”,是指国务院专利行政部门收到发明专利申请后,对申请文件是否齐备、书写是否规范等形式条件以及是否属于授予专利权的范围和实质性条件是否存在明显缺陷进行的审查。

(2)对外公布。经初步审查,国务院专利行政部门认为符合《专利法》要求的,自申请日起满 18 个月即行公布。国务院专利行政部门也可以根据申请人的请求早日公布其申请。

(3)实质审查。这是国务院专利行政部门对发明创造是否具备新颖性、创造性和实用性等实质性条件所进行的审查。发明专利申请自申请日起 3 年内,国务院专利行政部门可以根据申请人随时提出的请求,对其申请进行实质审查;申请人无正当理由逾期不请求实质审查的,该申请即被视为撤回。国务院专利行政部门认为必要的时候,可以自行对发明专利申请进行实质审查。

(4)登记授权和公告。发明专利申请经实质审查没有发现驳回理由的,或者经过申请人补正后符合要求的,由国务院专利行政部门作出授予发明专利权的决定,发给发明专利证书,同时予以登记和公告。发明专利权自公告之日起生效。

2. 实用新型和外观设计专利申请的审查和批准

实用新型和外观设计专利申请经初步审查没有发现驳回理由的,由国务院专利行政部门作出授予实用新型专利权或者外观设计专利权的决定,发给相应的专利证书,同时予以登记和公告。实用新型专利权和外观设计专利权自公告之日起生效。

3. 复审请求

国务院专利行政部门设立专利复审委员会。专利申请人对国务院专利行政部门驳回申请的决定不服的,可以自收到通知之日起 3 个月内,向专利复审委员会请求复审。专利复审委员会复审后,作出决定,并通知专利申请人。

专利申请人对专利复审委员会的复审决定不服的,可以自收到通知之日起

3个月内依据《中华人民共和国行政诉讼法》向人民法院起诉。

四、专利权的期限、终止和无效

(一)专利权的期限

发明专利权的期限为20年,实用新型专利权和外观设计专利权的期限为10年,均自申请日起计算。

(二)专利权的终止

专利权的终止,是指专利权人丧失对专利的独占权,而该专利即成为社会的共同财富而不为特定人所专有的情形。专利权可因为下列原因而终止:(1)因期限届满而终止;(2)因没有按照规定缴纳年费而终止;(3)因专利权人书面声明放弃其专利权而终止。

(三)专利权的无效

自国务院专利行政部门公告授予专利权之日起,任何单位或者个人认为该专利权的授予不符合《专利法》有关规定的,可以请求专利复审委员会宣告该专利权无效。

对专利复审委员会宣告专利权无效或者维持专利权的决定不服的,可以自收到通知之日起3个月内向人民法院起诉。人民法院应当通知无效宣告请求程序的对方当事人作为第三人参加诉讼。

宣告无效的专利权视为自始即不存在。宣告专利权无效的决定,对在宣告专利权无效前人民法院作出并已执行的专利侵权的判决、调解书,已经履行或者强制执行的专利侵权纠纷处理决定,以及已经履行的专利实施许可合同和专利权转让合同,不具有追溯力。但是因专利权人的恶意给他人造成的损失,应当给予赔偿。依照上述规定不返还专利侵权赔偿金、专利使用费、专利权转让费,明显违反公平原则的,应当全部或者部分返还。

五、专利实施的强制许可

(一)专利实施强制许可的概念

专利实施的强制许可,是指国务院专利行政部门依据法律规定的情形,不经专利权人同意而允许他人实施其发明专利或者实用新型专利的行政强制措施。强制许可的对象仅限于发明和实用新型。强制许可的目的主要是为了防止专利权的滥用,从而维护国家利益和社会公共利益、促进科学技术的发展进步。

取得实施强制许可的单位或者个人不享有独占的实施权,并且无权允许他人实施。取得实施强制许可的单位或者个人应当付给专利权人合理的使用费,或者依照我国参加的有关国际条约的规定处理使用费问题。付给使用费的,其数额由双方协商;双方不能达成协议的,由国务院专利行政部门裁决。

(二)专利实施强制许可的情形

根据我国《专利法》的相关规定,专利实施的强制许可主要有以下三类:

1. 合理条件的强制许可

有下列情形之一的,国务院专利行政部门根据具备实施条件的单位或者个人的申请,可以给予实施发明专利或者实用新型专利的强制许可:(1)专利权人自专利权被授予之日起满3年,且自提出专利申请之日起满4年,无正当理由未实施或者未充分实施其专利的;(2)专利权人行使专利权的行为被依法认定为垄断行为,为消除或者减少该行为对竞争产生的不利影响的。

申请人向国务院专利行政部门提出实施发明或者实用新型专利的强制许可时,应当提出未能以合理条件与专利权人签订实施许可合同的证明。

2. 国家强制许可

在国家出现紧急状态或者非常情况时,或者为了公共利益的目的,国务院专利行政部门可以给予实施发明专利或者实用新型专利的强制许可。

为了公共健康目的,对取得专利权的药品国务院专利行政部门可以给予制造并将其出口到符合我国参加的有关国际条约规定的国家或者地区的强制许可。

3. 依存专利强制许可

一项取得专利权的发明或者实用新型比之前已经取得专利权的发明或者实用新型具有显著经济意义的重大技术进步,其实施又有赖于前一发明或者实用新型的实施的,国务院专利行政部门根据后一专利权人的申请,可以给予实施前一发明或者实用新型的强制许可。

在依照上述规定给予实施强制许可的情形下,国务院专利行政部门根据前一专利权人的申请,也可以给予实施后一发明或者实用新型的强制许可。

(三)强制许可的程序

除国家强制许可外,一般情况下均必须根据当事人的申请,国务院专利行政部门方可作出强制许可的决定。国务院专利行政部门作出的给予实施强制许可的决定,应当及时通知专利权人,并予以登记和公告。给予实施强制许可的决定,应当根据强制许可的理由规定实施的范围和时间。强制许可的理由消除并不再发生时,国务院专利行政部门应当根据专利权人的请求,经审查后作出终止实施强制许可的决定。

(四)强制许可的救济

专利权人对国务院专利行政部门关于实施强制许可的决定不服的,专利权人和取得实施强制许可的单位或者个人对国务院专利行政部门关于实施强制许可的使用费的裁决不服的,可以自收到通知之日起 3 个月内向人民法院起诉。

六、专利权的法律保护

发明或者实用新型专利权的保护范围以其权利要求的内容为准,说明书及附图可以用于解释权利要求的内容。外观设计专利权的保护范围以表示在图片或者照片中的该产品的外观设计为准,简要说明可以用于解释图片或者照片所表示的该产品的外观设计。

(一)专利侵权行为的认定

专利侵权行为,是指在专利有效期内,行为人未经专利权人许可而擅自实施其专利的行为。但是,下列情形不视为侵犯专利权:

1. 专利产品或者依照专利法直接获得的产品,由专利权人或者经其许可的单位、个人售出后,使用、许诺销售、销售、进口该产品的。

2. 在专利申请日前已经制造相同产品、使用相同方法或者已经做好制造、使用的必要准备,并且仅在原有范围内继续制造、使用的。

3. 临时通过中国领陆、领水、领空的外国运输工具,依照其所属国同中国签订的协议或者共同参加的国际条约,或者依照互惠原则,为运输工具自身需要而在其装置和设备中使用有关专利的。

4. 专为科学研究和实验而使用有关专利的。

5. 为提供行政审批所需要的信息,制造、使用、进口专利药品或者专利医疗器械的,以及专门为其制造、进口专利药品或者专利医疗器械的。

为生产经营目的使用、许诺销售或者销售不知道是未经专利权人许可而制造并售出的专利侵权产品,能证明该产品合法来源的,不承担赔偿责任。

另外,在专利侵权纠纷中,被控侵权人有证据证明其实施的技术或者设计属于现有技术或者现有设计的,也不构成侵犯专利权。

(二)专利侵权行为的处理

未经专利权人许可,实施其专利,即侵犯其专利权而引起纠纷的,由当事人协商解决;不愿协商或者协商不成的,专利权人或者利害关系人可以向人民法院起诉,也可以请求管理专利工作的部门处理。管理专利工作的部门处理时,认定侵权行为成立的,可以责令侵权人立即停止侵权行为。当事人不服的,可以自收到处理通知之日起 15 日内依据《中华人民共和国行政诉讼法》向人民法院起诉;

侵权人期满不起诉又不停止侵权行为的，管理专利工作的部门可以申请人民法院强制执行。进行处理的管理专利工作的部门应当事人的请求，可以就侵犯专利权的赔偿数额进行调解；调解不成的，当事人可以依据《中华人民共和国民事诉讼法》向人民法院起诉。

假冒专利的，除依法承担民事责任外，由管理专利工作的部门责令改正并予公告，没收违法所得，可以并处违法所得4倍以下的罚款；没有违法所得的，可以处20万元以下的罚款；构成犯罪的，依法追究刑事责任。

管理专利工作的部门根据已经取得的证据，对涉嫌假冒专利行为进行查处时，可以询问有关当事人，调查与涉嫌违法行为有关的情况；对当事人涉嫌违法行为的场所实施现场检查；查阅、复制与涉嫌违法行为有关的合同、发票、账簿以及其他有关资料；检查与涉嫌违法行为有关的产品，对有证据证明是假冒专利的产品，可以查封或者扣押。

侵犯专利权的赔偿数额按照权利人因被侵权所受到的实际损失确定；实际损失难以确定的，可以按照侵权人因侵权所获得的利益确定。权利人的损失或者侵权人获得的利益难以确定的，参照该专利许可使用费的倍数合理确定。赔偿数额还应当包括权利人为制止侵权行为所支付的合理开支。权利人的损失、侵权人获得的利益和专利许可使用费均难以确定的，人民法院可以根据专利权的类型、侵权行为的性质和情节等因素，确定给予1万元以上100万元以下的赔偿。

侵犯专利权的诉讼时效为两年，自专利权人或者利害关系人得知或者应当得知侵权行为之日起计算。发明专利申请公布后至专利权授予前使用该发明未支付适当使用费的，专利权人要求支付使用费的诉讼时效为两年，自专利权人得知或者应当得知他人使用其发明之日起计算；但是，专利权人于专利权授予之日前即已得知或者应当得知的，自专利权授予之日起计算。

开篇引例解析

1. 商标局驳回纺织厂的商标注册申请是完全正确的。因为我国《商标法》第10条第2款明确规定："县级以上行政区划的地名或者公众知晓的外国地名，不得作为商标。但是，地名具有其他含义或者作为集体商标、证明商标组成部分的除外；已经注册的使用地名的商标继续有效。"本案中，纺织厂以"洛阳"这一县级以上行政区划的地名作为商标申请注册，违反了我国《商标法》的规定，因此，商标局驳回其商标注册申请的做法是完全合法的。

2. 服装厂在纺织厂的商标注册申请被驳回后是可以继续生产带有该种商标的产品，但不能得到国家法律的保护。因为我国《商标法》第3条第1款明确规定："经商标局核准注册的商标为注册商标，包括商品商标、服务商标和集体商标、证明商标；商标注册人享有商标专用权，受法律保护。"根据该条规定可知，只有经过商标局核准注册的商标(即注册商标)，商标注册人才能享有独占性的商标专用权，受国家法律保护。本案中，纺织厂的商标注册申请被依法驳回，并没有取得商标专用权，因此在这种情形下，包括服装厂在内的任何个人和组织均可使用"洛阳"这一商标。但是根据《商标法》第 3 条的规定，其商标使用行为是不能受到国家相关法律保护的。

本章小结

工业产权法是知识经济时代最重要的法律制度之一。本章共分三节，系统地阐述了工业产权的概念、特征及工业产权立法，商标权与专利权取得的条件、程序、权利的具体内容，对商标和专利的管理，对相关权利的保护以及对有关纠纷的处理等内容。

复习思考题

一、单项选择题

1. 下列不受专利法保护的对象是(　　)。

A. 某甲发明的一种速算器

B. 某乙发明的一种高血压病的治疗方法

C. 某丙发明的一种新型水稻杂交栽培方法

D. 某丁发明的一种可视电话

2. 我国专利法规定，实用新型和外观设计专利权的保护期限为(　　)。

A. 5 年　　B. 8 年　　C. 10 年　　D. 15 年

3. 在我国，不能作为商标使用的要素是(　　)。

A. 字母　　B. 颜色组合　　C. 三维标志　　D. 气味

4. 取得专利实施强制许可的单位和个人(　　)。

A. 享有独占的实施权，并有权许可他人实施

B. 享有独占的实施权，但无权许可他人实施

C. 不享有独占的实施权，但有权许可他人实施

D. 不享有独占的实施权，并且无权许可他人实施

二、多项选择题

5. 根据《专利法》的规定，获得专利权的专利权人依法享有(　　)等权利。

A. 独占实施权　B. 出口权　C. 放弃权　D. 标记权　E. 转让权

6. 申请专利的发明创造在申请日以前6个月内，有以下(　　)情形之一的，不丧失新颖性。

A. 中国政府主办的国际展览会上首次展出的

B. 在中国政府承认的国际展览会上首次展出的

C. 在规定的学术会议上首次发表的

D. 在规定的技术会议上首次发表的

E. 他人未经申请人同意而泄漏其内容的

7. 不授予专利的项目有(　　)。

A. 科学发现　B. 动物新品种

C. 用化学方法获得的物质　D. 疾病诊断方法

E. 用原子核变换方法获得的物质

三、案例分析题

8. 甲厂研制一种N23型高压开关，于2007年8月向专利局提出专利申请，2008年5月专利局授予实用新型专利。乙厂于1998年5月下达N23型高压开关试制任务书，但该任务书未涉及具体技术方案。2007年12月乙厂所在县工业局向乙厂下达通知，决定将N23型高压开关列入2007年新产品开发计划。2008年6月乙厂试产，产品的主要特征之一与甲厂专利产品相同。2009年4月乙厂完成产品定型图纸，至同年底共销售20台。甲厂发现乙厂销售行为后，经交涉无效向法院起诉，请求依法保护其专利权。乙厂以其在甲厂申请专利前已做好生产该产品必要准备为由，请求法院确认其行为合法并驳回甲厂诉讼请求。

请回答：

(1)依据专利法的规定，乙厂请求法院确认的是一种什么行为或者权利？

(2)依据专利法的规定，乙厂请求法院确认的行为的法定依据和条件是什么？

第八章　市场规范法

【学习目标】

1. 了解我国市场规范法的立法概况、不正当竞争行为的概念及特点、违反《反垄断法》和《反不正当竞争法》的法律责任等。

2. 理解《反垄断法》和《反不正当竞争法》的现实意义。

3. 掌握垄断行为和不正当竞争行为的各种表现及其特点。

4. 能够运用所学知识识别和分辨经济实践中的垄断行为和不正当竞争行为。

5. 具备初步运用市场规范法的相关知识解决实际问题的能力。

【重点、难点】

1. 经济性垄断和行政性垄断的表现。

3. 不正当竞争行为的具体表现及其特征。

开篇引例

兴旺啤酒厂向甲县工商行政管理局上交了一份关于禁止外地啤酒在本地销售的报告，甲县工商行政管理局对兴旺啤酒厂的报告作了充分的分析，得出的结论是外地的啤酒在本地销售一年可使本县资金外流 200 万元，随即甲县工商行政管理局下发文件要求全县各啤酒经营店只准销售本地啤酒，并由甲县工商局稽查大队上路阻止外地啤酒进入甲县。发财啤酒厂为某省名优啤酒厂，该公司车队在运啤酒到甲县城区时，被稽查大队扣押。根据上述情况发财啤酒厂向该省的反垄断执法机构举报甲县违反《反垄断法》相关规定，要求省反垄断执法机构作出裁决。

问题：甲县工商行政管理局的行为是否违反了《反垄断法》，省反垄断机构对这种行为应作如何处理？

第一节　市场规范法概述

一、市场规范法的概念和特征

市场经济，本质上是一种自由竞争的经济，创建和维护公平有序的竞争环境，是市场经济条件下的必然要求。因此，市场规范法自然成为经济法的重要组成部分。

(一)市场规范法的概念

目前，关于市场规范法的概念，我国经济法学界尚存在很大的争议，不同的经济法教材中存在“市场运行法”、“市场竞争法”、“市场调控法”、“市场管理法”、“市场监管法”等各种观点。

1. 市场运行法的含义过于宽泛，内容上不仅包含市场规范法的内容，而且还包含调整平等主体之间经济关系的内容，如合同法、担保法等。而合同法等在体系上属于民法的范畴，因此，从学科体系而言将这些内容归入经济法，本身就不太科学。当然，如果考虑到经济管理类教材涵盖内容的完整性等因素，则另当别论。

2. 市场竞争法的含义又较为狭窄，市场竞争法包括反垄断法和反不正当竞争法，这固然是市场规范法的核心，然而市场规范法除此之外，还应当包括产品质量法、价格法、计量法以及标准化法等内容。

3. 市场调控法的概念，易导致和国家宏观调控法的内容混同，不利于市场规范法的学习和研究。

4. 市场管理法或市场监管法的概念，行政强制色彩过于浓烈，强调的是国家管理职能，依赖的是政府权力与行政手段。但市场规范法在本质上并非首要强调政府运用行政权力对市场的干预、强化政府对市场经济的管理，而是要充分尊重市场规律、创造公平的竞争环境、加强市场主体的行为自律等。

基于上述情况，我们认为还是暂采用“市场规范法”(或者“市场规制法”)这一比较中性的概念描述为妥。因此，我们认为：市场规范法是指国家和政府为了创建和维护市场自由及公平秩序，对市场经营秩序和市场竞争秩序等进行规范的法律规范的总称。

(二)市场规范法的特征

市场规范法与宏观调控法相比，一般具有以下特征：

1. 主要对部分微观行为进行调整。与宏观调控法相比，市场规范法的基本对象不是国民经济总量的平衡，而是市场主体的具体经济行为。通过对市场竞争实行强制干预和管制，对微观主体参与市场竞争所实施的影响市场秩序、偏离市场经济要求的具体经济行为进行规范，以排除市场障碍，确保市场机制功能的发挥，从而实现维护和促进社会经济结构和运行的协调、稳定和发展。

2. 调整手段的多样性。市场规制法主要采取国家强制干预的方式来约束和规范市场主体的行为，以排除市场障碍，维护公平、自由的竞争秩序。但是在调整具体经济行为时，也可以采用引导和鼓励的方法，由市场主体自觉地调整自己的经济行为，维护市场竞争秩序。

3. 调整方式具有直接性特点。市场规范法主要是依靠政府对市场主体的具体经济行为进行直接管理来发挥调节功能。通过对市场主体行为的直接规范，对偏离市场轨道的经济行为的纠正和惩治，对市场机制内在固有的缺陷的矫正和克服，来维护市场秩序，保证市场机制功能的正常发挥，从而实现调控经济运行的目标。这与宏观调控法主要是通过引导和鼓励等手段间接调控经济的方式是明显不相同的。

二、我国市场规范立法概况

我国关于规范市场行为和维护市场秩序的法律法规的制定，随着改革开放的进行而逐步完善。改革开放三十多年来，我国已陆续制定了《反不正当竞争法》、《价格法》、《拍卖法》、《招标投标法》、《计量法》、《标准化法》以及《反垄断法》等大量的法律法规。可以说，我国的市场规范立法已经初步形成了完备的体系。

第二节　反垄断法

一、反垄断法概述

（一）垄断与反垄断法

垄断，原指站在市集的高地上操纵贸易，后来泛指把持和独占。

市场经济体制是由健康统一的市场、自由的企业、公平的竞争和适当的国家干预组成，其最大的优点就是市场本身具有通过价格信号实现稀缺资源优化配置的机能。因此，垄断行为是与市场经济的要求格格不入的，它会通过地区封锁和部门垄断将全国统一的大市场划分成彼此封闭的网状格局，阻碍了社会主义统一市场的形成；它会通过限制市场准入、强制限制竞争、强制买卖等手段限制了市场主体自由平等竞争的权利，打乱了公平竞争的市场秩序等等，是我国建立和健全社会主义市场经济体制的大敌。

为了预防和制止垄断行为，保护市场公平竞争，提高经济运行效率，维护消费者利益和社会公共利益，促进社会主义市场经济健康发展，我国第十届全国人民代表大会常务委员会第二十九次会议于 2007 年 8 月 30 日通过了《中华人民共和国反垄断法》(以下简称《反垄断法》)。《反垄断法》于 2008 年 8 月 1 日起正式施行。凡在我国境内经济活动中的垄断行为以及国外的垄断行为中，只要对我国境内的市场竞争产生排除、限制影响的，均受我国《反垄断法》的调整。

知识拓展

世界主要国家反垄断立法概况

19 世纪末 20 世纪初，自由竞争给资本主义创造了巨大经济财富的同时也导致了生产和财富的进一步集中，西方主要资本主义国家先后进入垄断资本主义阶段。各种大的垄断组织相继出现，利益驱使他们凭借着自己雄厚的经济实力垄断市场、操纵价格，严重损害了自由、公平的竞争体制和市场秩序，垄断所导致的市场权力的膨胀与滥用，也侵害了社会各阶层的利益，特别是中小企业和消费者的利益，甚至构成对民主、公平等社会理念的直接威胁和破坏，并进而危及整个社会体制。于是，社会各阶层力量联合起来同垄断财阀斗争，并且对他们进行法律规制的呼声日益高涨。

1883 年，美国亚拉巴马州通过了第一部反托拉斯法，随后，美国有 18 个州各自制定了自己的反托拉斯法。1890 年，美国国会两院通过了《保护贸易与商业不受非法限制与垄断危害法》，即《谢尔曼法》，这是世界上第一部现代意义上的反垄断法。进入 20 世纪后，美国又在 1914 年先后制定了《克莱顿法》、《联邦贸易委员会法》等一系列反垄断法律，作为对《谢尔曼法》的补充。

其他主要国家的反垄断立法，主要是在第二次世界大战以后才开始发展起来的，如日本在 1947 年颁布了《禁止私人垄断和确保公正交易法》，德国于 1957 年颁布了《反对限制竞争法》。意大利在 1990 年颁布了反垄断法，它是发达市场经济国家中颁布反垄断法最晚的国家。截至目前，包括中国在内的经济合作与发展组织(OECD)的所有成员国均已建立本国的反垄断法。

(二)反垄断机构

1. 反垄断机构的体系

根据我国《反垄断法》的相关规定，我国的反垄断机构包括国务院反垄断委员会、国务院反垄断执法机构和省、自治区、直辖市人民政府相应机构。

国务院设立反垄断委员会，负责组织、协调、指导全国的反垄断工作，依法履行下列职责:(1)研究拟定有关竞争政策;(2)组织调查、评估市场总体竞争状况,发布评估报告;(3)制定、发布反垄断指南;(4)协调反垄断行政执法工作;(5)国务院规定的其他职责。

国务院规定的承担反垄断执法职责的机构(以下统称国务院反垄断执法机构)依照《反垄断法》的规定,负责全国的反垄断执法工作。

国务院反垄断执法机构根据工作需要,可以授权省、自治区、直辖市人民政府的相应机构,依照《反垄断法》的规定,具体负责相关辖区内的反垄断执法工作。

2. 反垄断执法机构的职责

(1)依法对涉嫌垄断行为进行调查。对涉嫌垄断行为,任何单位和个人有权向反垄断执法机构举报。举报采用书面形式并提供相关事实和证据的,反垄断执法机构应当进行必要的调查。

(2)调查涉嫌垄断行为,可以采取下列措施:①进入被调查的经营者的营业场所或者其他有关场所进行检查;②询问被调查的经营者、利害关系人或者其他有关单位或者个人,要求其说明有关情况;③查阅、复制被调查的经营者、利害关系人或者其他有关单位或者个人的有关单证、协议、会计账簿、业务函电、电子数据等文件、资料;④查封、扣押相关证据;⑤查询经营者的银行账户。

(3)对涉嫌垄断行为调查核实后,认为构成垄断行为的,应当依法作出处理决定,并可向社会公布。

二、经济性垄断

经济性垄断是经营者利用自己的经济优势或者通过联合其他组织或合谋等方式,限制、排斥或者阻碍市场竞争的行为。我国《反垄断法》规定的经济性垄断包括:(1)经营者达成垄断协议;(2)经营者滥用市场支配地位;(3)具有或者可能具有排除、限制竞争效果的经营者集中。

(一)垄断协议

垄断协议是指两个或两个以上经营者达成的排除、限制竞争的协议、决定或者其他协同行为。《反垄断法》在其第二章中明确规定了禁止的垄断协议和不予禁止的协议。

1. 具有竞争关系的经营者达成的有关垄断协议

根据《反垄断法》第13条规定,禁止具有竞争关系的经营者达成下列垄断协议:(1)固定或者变更商品价格;(2)限制商品的生产数量或者销售数量;(3)分割销售市场或者原材料采购市场;(4)限制购买新技术、新设备或者限制开发新技术、新产品;(5)联合抵制交易;(6)国务院反垄断执法机构认定的其他垄断协议。

2. 经营者与交易相对人达成的相关垄断协议

根据《反垄断法》第 14 条规定，禁止经营者与交易相对人达成下列垄断协议：(1)固定向第三人转售商品的价格；(2)限定向第三人转售商品的最低价格；(3)国务院反垄断执法机构认定的其他垄断协议。

3. 不予禁止的协议

经营者能够证明所达成的协议属于下列情形之一的，不适用《反垄断法》第 13 条、第 14 条的规定：(1)为改进技术，研究开发新产品的；(2)为提高产品质量、降低成本、增进效率，统一产品规格、标准或者实行专业化分工的；(3)为提高中小经营者经营效率，增强中小经营者竞争力的；(4)为实现节约能源、保护环境、救灾救助等社会公共利益的；(5)因经济不景气，为缓解销售量严重下降或者生产明显过剩的；(6)为保障对外贸易和对外经济合作中的正当利益的；(7)法律和国务院规定的其他情形。

需要注意的是，属于上述第(1)项至第(5)项情形，不适用《反垄断法》第 13 条、第 14 条规定的，经营者还应当证明所达成的协议不会严重限制相关市场的竞争，并且能够使消费者分享由此产生的利益。

(二)滥用市场支配地位

所谓市场支配地位是指经营者在相关市场内具有能够控制商品价格、数量或者其他交易条件，或者能够阻碍、影响其他经营者进入相关市场的能力的市场地位。

1. 滥用市场支配地位的行为表现

根据《反垄断法》规定，禁止具有市场支配地位的经营者从事的滥用市场支配地位的行为主要有：(1)以不公平的高价销售商品或者以不公平的低价购买商品；(2)没有正当理由，以低于成本的价格销售商品；(3)没有正当理由，拒绝与交易相对人进行交易；(4)没有正当理由，限定交易相对人只能与其进行交易或者只能与其指定的经营者进行交易；(5)没有正当理由搭售商品，或者在交易时附加其他不合理的交易条件；(7)没有正当理由，对条件相同的交易相对人在交易价格等交易条件上实行差别待遇；(8)国务院反垄断执法机构认定的其他滥用市场支配地位的行为。

2. 认定具有支配市场地位的依据

认定经营者具有市场支配地位，应当依据下列因素：(1)该经营者在相关市场上的市场份额，以及相关市场的竞争状况；(2)该经营者控制销售市场或者原材料采购市场的能力；(3)该经营者的财力和技术条件；(4)其他经营者对该经营者在交易上的依赖程度；(5)其他经营者进入相关市场的难易程度；(6)与认定该经营者市场支配地位有关的其他因素。

另外，有下列情形之一的，除非经营者有证据证明不具有市场支配地位的，可以推定经营者具有市场支配地位：(1)一个经营者在相关市场的市场份额达到1/2的；(2)两个经营者在相关市场的市场份额合计达到2/3的；(3)三个经营者在相关市场的市场份额合计达到3/4的。其中，具有上述第(2)和第(3)项情形，有的经营者市场份额不足1/10的，不应推定该经营者具有市场支配地位。

(三)经营者集中

1. 经营者集中的行为表现

经营者集中是指下列情形：(1)经营者合并；(2)经营者通过取得股权或者资产的方式取得对其他经营者的控制权；(3)经营者通过合同等方式取得对其他经营者的控制权或者能够对其他经营者施加决定性影响。

经营者集中的后果是双重的：一方面，有利于发挥规模经济的作用，从而提高经营者的竞争能力；另一方面，过度的集中又会产生或加强经营者的市场支配地位，从而限制竞争、损害公平。因此，非常有必要对经营者集中建立申报、审查制度，以预防危害性垄断行为的发生。

2. 经营者集中的申报

我国《反垄断法》规定，经营者集中达到国务院规定的申报标准的，经营者应当事先向国务院反垄断执法机构申报，未申报的不得实施集中。但经营者集中有下列情形之一的，可以不向国务院反垄断执法机构申报：(1)参与集中的一个经营者拥有其他每个经营者50%以上有表决权的股份或者资产的；(2)参与集中的每个经营者50%以上有表决权的股份或者资产被同一个未参与集中的经营者拥有的。

经营者向国务院反垄断执法机构申报集中，应当提交下列文件、资料：(1)申报书；(2)集中对相关市场竞争状况影响的说明；(3)集中协议；(4)参与集中的经营者经会计师事务所审计的上一会计年度财务会计报告；(5)国务院反垄断执法机构规定的其他文件、资料；(6)申报书应当载明参与集中的经营者的名称、住所、经营范围、预定实施集中的日期和国务院反垄断执法机构规定的其他事项。

经营者提交的文件、资料不完备的，应当在国务院反垄断执法机构规定的期限内补交文件、资料。经营者逾期未补交文件、资料的，视为未申报。

3. 经营者集中的审查

国务院反垄断执法机构应当自收到经营者提交的符合规定的文件、资料之日起30日内，对申报的经营者集中进行初步审查，作出是否实施进一步审查的决定，并书面通知经营者。国务院反垄断执法机构作出决定前，经营者不得实施集中。

国务院反垄断执法机构作出不实施进一步审查的决定或者逾期未作出决定

的，经营者可以实施集中。国务院反垄断执法机构决定实施进一步审查的，应当自决定之日起 90 日内审查完毕，作出是否禁止经营者集中的决定，并书面通知经营者。审查期间，经营者不得实施集中。

有下列情形之一的，国务院反垄断执法机构经书面通知经营者，可以延长审查期限，但最长不得超过 60 日：(1)经营者同意延长审查期限的；(2)经营者提交的文件、资料不准确，需进一步核实的；(3)经营者申报后有关情况发生重大变化的；(4)国务院反垄断执法机构逾期未作出决定，经营者可以实施集中。

审查经营者集中，应当考虑下列因素：(1)参与集中的经营者在相关市场的市场份额及其对市场的控制力；(2)相关市场的市场集中度；(3)经营者集中对市场进入、技术进步的影响；(4)经营者集中对消费者和其他有关经营者的影响；(5)经营者集中对国民经济发展的影响；(6)国务院反垄断执法机构认为应当考虑的影响市场竞争的其他因素。

三、行政性垄断

(一)行政性垄断的概念和特征

行政性垄断是指行政机关和法律、法规授权的具有管理公共事务职能的组织，滥用行政权力，排斥、限制或者阻碍市场竞争的行为。行政性垄断由于有公权力的介入，因此一般具有比经济性垄断更为严重的危害。

行政性垄断具有以下基本特征：(1)行政性垄断是一种超出经济性垄断的行为；(2)行政性垄断的主体为行政机关和法律、法规授权的具有管理公共事务职能的组织；(3)行政性垄断是危害市场经济的行为，是典型的强制行为，具有强制性。

(二)行政性垄断的表现形式

根据我国《反垄断法》的规定，行政性垄断主要表现为地区垄断、行业垄断和行政性强制行为三种。

1. 地区垄断

地区垄断是指行政机关和法律、法规授权的具有管理公共事务职能的组织滥用行政权力，建立区域市场壁垒的行为。主要表现为：(1)对外地商品设定歧视性收费项目，实行歧视性收费标准，或者规定歧视性价格；(2)对外地商品规定与本地同类商品不同的技术要求、检验标准，或者对外地商品采取重复检验、重复认证等歧视性技术措施，限制外地商品进入本地市场；(3)采取专门针对外地商品的行政许可，限制外地商品进入本地市场；(4)设置关卡或者采取其他手段，阻碍外地商品进入或者本地商品运出；(5)妨碍商品在地区之间自由流通的其他行为。

另外,下列两种情形,也应当认定为地区垄断:(1)行政机关和法律、法规授权的具有管理公共事务职能的组织滥用行政权力,以设定歧视性资质要求、评审标准或者不依法发布信息等方式,排斥或者限制外地经营者参加本地的招标投标活动。(2)行政机关和法律、法规授权的具有管理公共事务职能的组织滥用行政权力,采取与本地经营者不平等待遇等方式,排斥或限制外地经营者在本地投资或者设立分支机构。

2. 行业垄断

行业垄断是指行政机关和法律、法规授权的具有管理公共事务职能的组织滥用行政权力,限制经营者的市场准入,排斥、限制或者妨碍市场竞争的行为。具体表现方式有:(1)行政管理机关变相开办经济实体,利用手中权力参与同行业的不公平竞争;(2)为保护本部门、本行业企业的经济利益,封锁市场,限制行业、部门外其他经营者的正常经营活动;(3)限定客户和消费者只能购买本部门、本行业关系户的商品;(4)限定客户和消费者接受指定单位的有偿服务。

3. 行政性强制行为

行政性强制行为是指行政机关和法律、法规授权的具有管理公共事务职能的组织滥用行政权力,不适当干预企业的经营自主权,强制企业购买、出售某种产品或与其他企业合并等违反市场竞争原则的行为。具体表现方式有:(1)以拒绝给予行政许可等方式强制他人购买其指定的商品;(2)强制本地区、本部门的企业组建企业集团;(3)强制本地区、本部门的企业联合;(4)强制本地区经营同类商品的经营者联合定价,以排斥外地的经营者;(5)强制本地区的经营者联合拒销、拒购某类商品,使这类商品在本地区难以经营;(6)强制经营者停止竞争,以协议方式决定生产、销售数量或范围;(7)为引进外资设置各种壁垒,阻止本地资本进入。

四、违反《反垄断法》的法律责任

(一)经营者的法律责任

1. 经营者实施垄断行为,给他人造成损失的,依法承担民事责任。

2. 经营者违反《反垄断法》规定,达成并实施垄断协议的,由反垄断执法机构责令停止违法行为,没收违法所得,并处上一年度销售额1%以上、10%以下的罚款;尚未实施所达成的垄断协议的,可处以50万元以下的罚款。经营者主动向反垄断执法机构报告达成垄断协议的有关情况并提供重要证据的,反垄断执法机构可以酌情减轻或者免除对该经营者的处罚。

3. 经营者违反《反垄断法》规定,滥用市场支配地位的,由反垄断执法机构责令停止违法行为，没收违法所得，并处上一年度销售额1%以上、10%以下的罚款。

4. 经营者违反《反垄断法》规定实施集中的，由国务院反垄断执法机构责令停止实施集中、限期处分股份或者资产、限期转让营业以及采取其他必要措施恢复到集中前的状态，可处以50万元以下的罚款。

5. 对反垄断执法机构依法实施的审查和调查，拒绝提供有关材料、信息，或者提供虚假材料、信息，或者隐匿、销毁、转移证据，或者有其他拒绝、阻碍调查行为的，由反垄断执法机构责令改正，对个人可以处2万元以下的罚款，对单位可以处20万元以下的罚款；情节严重的，对个人处2万元以上、10万元以下的罚款，对单位处20万元以上、100万元以下的罚款；构成犯罪的，依法追究刑事责任。

（二）行政机关和法律、法规授权的具有管理公共事务职能的组织的法律责任

行政机关和法律、法规授权的具有管理公共事务职能的组织滥用行政权力，实施排除、限制竞争行为的，由上级机关责令改正；对直接负责的主管人员和其他直接责任人员依法给予处分。反垄断执法机构可以向有关上级机关提出依法处理的建议。法律、行政法规对行政机关和法律、法规授权的具有管理公共事务职能的组织滥用行政权力实施排除、限制竞争行为的处理另有规定的，依照其规定。

（三）反垄断执法机构工作人员的法律责任

反垄断执法机构工作人员滥用职权、玩忽职守、徇私舞弊或者泄露执法过程中知悉的商业秘密，构成犯罪的，依法追究刑事责任；尚不构成犯罪的，依法给予处分。

第三节　反不正当竞争法

一、反不正当竞争法的概述

（一）反不正当竞争法的概念

反不正当竞争法是指调整在鼓励和保护公平竞争，制止不正当竞争行为，保护经营者和消费者的合法权益过程中发生的社会关系的法律规范的总称，反不正当竞争法有广义和狭义之分。广义的反不正当竞争法是指制止、禁止不正当竞争的法律、法规、规章等一系列与不正当竞争有关的法律规范的总称，包括《商标法》、《广告法》、《产品质量法》、《消费者权益保护法》等等。狭义的反不正当竞

争法是指1993年9月2日颁布、1993年12月1日开始施行的《中华人民共和国反不正当竞争法》(以下简称《反不正当竞争法》)。这里采用的是狭义的概念。

(二)不正当竞争行为的概念和特征

不正当竞争行为，是指经营者违反了《反不正当竞争法》的相关规定，损害其他商品经营者的合法权益，扰乱社会经济秩序的行为。不正当竞争行为具有以下特征：

1. 不正当竞争行为的主体是经营者。所谓经营者，是指从事商品经营或者营利性服务(以下所称商品包括服务)的法人、其他经济组织和个人。但《反不正当竞争法》中也规定了两种特殊的情形：(1)政府及其所属部门滥用行政权力，限定他人购买其指定的经营者的商品，限制其他经营者正当的经营活动；(2)政府及其所属部门滥用行政权力，限制外地商品进入本地市场，或者本地商品流向外地市场。将这两种情况纳入《反不正当竞争法》的调控范围，主要是因为当时我国还没有制定《反垄断法》，因此，《反垄断法》出台后，自然应当依据《反垄断法》依法处理。

2. 不正当竞争行为侵害的客体是其他经营者的合法权益和社会经济秩序。在大多数不正当竞争行为中，一般都在损害着其他诚实守信的经营者的合法权益，同时也在损害着广大消费者的合法权益。

3. 不正当竞争行为是违法行为、违反商业道德行为。即经营者在市场交易中，没有遵循自愿、平等、公平、诚实信用的原则，违反了反不正当竞争法的规定，违反了公认的商业道德，损害了其他经营者的合法权益。

4. 不正当竞争行为是扰乱社会经济秩序的行为。

二、不正当竞争行为的种类及表现

我国《反不正当竞争法》所涉及的不正当竞争行为实际上采用的是广义的含义，即包括限制竞争行为和(狭义的)不正当竞争行为。

(一)限制竞争行为

限制竞争行为是指妨碍甚至完全阻止、排除市场主体进行竞争的协议和行为。在我国，限制竞争行为的实施者通常为两类主体：一是公用企业或其他依法具有独占地位的经营者，二是政府及其所属部门。我国《反不正当竞争法》中列举出四种情形作为不正当竞争行为加以禁止：

1. 公用企业或其他依法具有独占地位的经营者的限制竞争行为

《反不正当竞争法》第6条规定：公用企业或者其他依法具有独占地位的经营者，不得限定他人购买其指定的经营者的商品，以排挤其他经营者的公平竞争。

所谓公用企业，是指涉及公用事业的经营者，包括供水、供电、供热、供气、邮政、电信、交通运输等行业的经营者。由于公用企业的独占性经营优势，决定了如何防止其滥用这种优势地位妨碍公平竞争及侵害消费者的合法权益就成为《反不正当竞争法》的一项任务。

2. 政府及其所属部门的限制竞争行为

《反不正当竞争法》第 7 条规定：政府及其所属部门不得滥用行政权力，限定他人购买其指定的经营者的商品，限制其他经营者正当的经营活动。政府及其所属部门不得滥用行政权力，限制外地商品进入本地市场，或者本地商品流向外地市场。

该条是对政府及其所属部门不得滥用行政权力实施行政性强制经营行为和地区封锁行为的禁止性规定。这两种行为中，前者违反了依法行政的原则，损害了法律保护的市场竞争秩序，同时又由于是政府及其所属部门所为，易滋生官商勾结、权钱交易等腐败因素，危害性极大。后者人为地分割市场，影响全国市场的统一和完善，也必须予以禁止。

3. 搭售或附加其他不合理的条件的行为

《反不正当竞争法》第 12 条规定：经营者销售商品，不得违背购买者的意愿搭售商品或者附加其他不合理的条件。

此种行为通常是指经营者利用其经济上的优势，违背消费者的意愿，在其购买商品时或提供服务时，要求购买者另行购买另一种商品或接受另一种服务等向购买者附加不合理的要求。

4. 招标投标中的串通行为

《反不正当竞争法》第 15 条规定：投标者不得串通投标，抬高标价或者压低标价。投标者和招标者不得相互勾结，以排挤竞争对手的公平竞争。

招标投标是一种竞争性缔约方式。在招标投标过程中，如果招标人与投标人或投标人之间相互串通，使招标投标的竞争性降低或丧失，就完全失去了招标投标制度的意义和作用。因此，《反不正当竞争法》将其作为限制竞争行为予以禁止。

(二)不正当竞争行为

1. 混淆行为

混淆行为是指经营者在市场经营活动中，以种种不实手法对自己的商品或服务作虚假表示、说明或承诺，或不当利用他人的智力劳动成果推销自己的商品或服务，使用户或者消费者产生误解，扰乱市场秩序，损害同业竞争者的利益或者消费者利益的行为。

根据《反不正当竞争法》第 5 条的规定，下列行为均属混淆行为：(1)假冒他人的注册商标；(2)擅自使用知名商品特有的名称、包装、装潢，或者使用与知名商品近似的名称、包装、装潢，造成和他人的知名商品相混淆，使购买者误认为是该知名商品；(3)擅自使用他人的企业名称或者姓名，引人误认为是他人的商品；(4)在商品上伪造或者冒用认证标志、名优标志等质量标志，伪造产地，对商品质量作引人误解的虚假表示。

2. 商业贿赂行为

商业贿赂是指在市场交易过程中，经营者为了争取交易机会，使用财物或者其他手段贿赂交易对方有关人员的行为。商业贿赂行为是典型的不正当竞争行为，同时也是在社会上存在时间最长的不正当竞争行为。

实践中，商业贿赂行为通常是以回扣、折扣、佣金、咨询费、介绍费等名义进行，但需注意的是，以这些方式给予对方财物的，也并非都以商业贿赂行为论处：

经营者不得采用财物或者其他手段进行贿赂以销售或者购买商品。在账外暗中给予对方单位或者个人回扣的，以行贿论处；对方单位或者个人在账外暗中收受回扣的，以受贿论处。

经营者销售或者购买商品，可以以明示方式给对方折扣，可以给中间人佣金。经营者给对方折扣、给中间人佣金的，必须如实入账。接受折扣、佣金的经营者必须如实入账。

3. 虚假宣传行为

虚假宣传行为是指经营者在媒体、报纸、网络等载体上利用广告或其他宣传方式，对商品的质量、性能、价格、使用方法、制作成分、用途、生产者、有效期限、产地等作引人误解的虚假表示，诱导消费者购买商品的行为。

虚假宣传是指宣传的内容与商品的真实情况不相符，或者是经营者夸大宣传商品的实际用途，误导消费者对某一商品的判断力，从而使消费者购买其商品。在虚假宣传的过程中，广告的经营者起到了至关重要的作用。因此，《反不正当竞争法》也对此作出了明确的规定："广告的经营者不得在明知或者应知的情况下，代理、设计、制作、发布虚假广告。"

4. 侵犯商业秘密行为

商业秘密是指不为公众所知悉、能为权利人带来经济利益、具有实用性并经权利人采取保密措施的技术信息和经营信息。侵犯商业秘密行为通常有以下几种表现形式：(1)以盗窃、利诱、胁迫或者其他不正当手段获取权利人的商业秘密；(2)披露、使用或者允许他人使用以前项手段获取的权利人的商业秘密；(3)违反约定或者违反权利人有关保守商业秘密的要求，披露、使用或者允许他人使用其所掌握的商业秘密；(4)第三人明知或者应知上述所列违法行为，获取、使用或者披露他人的商业秘密，视为侵犯商业秘密。

5. 低价倾销行为

价格竞争是经营者之间在市场竞争中使用的最为常见的竞争手段和方法之一，因此，经营者以较低的价格进行商业促销并非都构成低价倾销行为，不应当完全以不正当竞争行为论处。

低价倾销行为是指经营者以排挤竞争对手为目的，以低于成本的价格销售商品。如果因特殊原因而低于成本价格销售商品，也不构成低价倾销行为。对此，《反不正当竞争法》第 11 条列举了四种情形：(1)销售鲜活商品；(2)处理有效期限即将到期的商品或者其他积压的商品；(3)季节性降价；(4)因清偿债务、转产、歇业降价销售商品。

6. 不正当的有奖销售行为

有奖销售行为是指经营者在销售商品或提供某种服务时，通过使用促销的手段，吸引顾客购买商品或接受某种服务的行为。有奖销售是一种有效的促销手段，其方式大致可分为两种：一种是奖励给所有购买者的附赠式有奖销售，另一种是奖励给部分购买者的抽奖式有奖销售。法律并不禁止所有的有奖销售行为，而仅仅对可能造成不良后果、破坏竞争规则的有奖销售加以禁止。下列有奖销售行为均为法律所禁止：(1)谎称有奖销售或者对所设奖的种类、中奖概率、最高奖金额、总金额、奖品种类、数量、质量、提供方法等作虚假不实的表示；(2)采取不正当手段故意让内定人员中奖；(3)故意将设有中奖标志的商品、奖券不投放市场或不与商品、奖券同时投放，或者故意将带有不同奖金金额或奖品标志的商品、奖券按不同时间投放市场；(4)抽奖式的有奖销售，最高奖的金额超过 5000 元(以非现金的物品或者其他经济利益作为奖励的，按照同期市场同类商品或者服务的正常价格折算其金额)；(5)利用有奖销售的手段推销质次价高的商品；(6)其他欺骗性有奖销售行为。

7. 诋毁商誉行为

诋毁商誉行为是指经营者为了使自己在同类产品或其他产品销量中获得更大的利润，通过捏造、散布虚假事实，损害竞争对手的商业信誉、商品声誉，从而削弱其竞争力的行为。

该行为的实施主体为经营者，具体包括在市场交易中从事商品经营、销售或以营利为目的的服务行业中的经济组织、法人、个体工商户等。此行为为主观故意行为，即明知其行为会给其他经营者带来损失而为之。行为侵犯的客体为同行业竞争对手的商誉。此行为为经营者通过捏造、散布虚假的事实，用以诋毁竞争对手的商誉，从而给竞争对手造成一定的经济损失和声誉损害；如果发布的消息是真实的，则不构成诋毁行为。通常使用的手段有广告、新闻发布会等。

三、对不正当竞争行为的监督检查

(一)监督检查部门

县级以上人民政府工商行政管理部门是不正当竞争行为的监督检查部门。法律、行政法规规定由其他部门监督检查的,依照其规定。所谓其他部门,主要指与市场管理有关的其他行政职能部门,如质量技术监督部门、物价部门、食品卫生行政管理部门等。

(二)监督检查部门的职权

监督检查部门在监督检查不正当竞争行为时,有权行使下列职权:

1. 按照规定程序询问被检查的经营者、利害关系人、证明人,并要求提供证明材料或者与不正当竞争行为有关的其他资料。

2. 查询、复制与不正当竞争行为有关的协议、账册、单据、文件、记录、业务函电和其他资料。

3. 检查与《反不正当竞争法》第5条规定的不正当竞争行为有关的财物,必要时可以责令被检查的经营者说明该商品的来源和数量,暂停销售,听候检查,不得转移、隐匿、销毁该财物。

监督检查部门在行使上述职权时,被检查的经营者、利害关系人和证明人应当如实提供有关资料或者情况,这是《反不正当竞争法》规定的经营者必须履行的义务。同时,监督检查部门的工作人员在行使职权时,应出示检查证件,否则当事人可拒绝接受检查。

四、不正当竞争行为的法律责任

1. 民事责任

在经营者违反《反不正当竞争法》规定时,通过其不正当的竞争行为给其他被侵害的经营者造成损害的,应当承担相应的民事损害赔偿责任。经营者的不正当竞争行为给被侵害的经营者造成的损失难以计算时,赔偿额为侵权人在侵权期间因侵权所获得的利润,并应当承担被侵害的经营者因调查该经营者侵害其合法权益的不正当竞争行为所支付的合理费用。

2. 行政责任

各级工商行政管理部门是《反不正当竞争法》规定的监督检查部门,具有行政执法职能。《反不正当竞争法》几乎对每一种不正当竞争行为都规定了制裁措施。这些行政制裁措施归纳起来有:(1)责令停止违法行为,消除影响;(2)没收违法所得;(3)罚款;(4)吊销营业执照;(5)责令改正;(6)给予行政处分。

3. 刑事责任

对情节严重的不正当竞争行为给予刑事处罚，是各国竞争法的通行做法。我国《反不正当竞争法》对下列三种行为，即商标侵权行为、销售伪劣商品的行为以及商业贿赂行为，可以追究刑事责任。此外，《广告法》、《价格法》、《招标投标法》中也有刑事责任的规定。《刑法》也将侵犯商业秘密犯罪作为罪行之一予以制裁。

开篇引例解析

我国《反垄断法》第 33 条规定，行政机关和法律、法规授权的具有管理公共事务职能的组织不得滥用行政权力，实施下列行为，妨碍商品在地区之间的自由流通：(1)对外地商品设定歧视性收费项目，实行歧视性收费标准，或者规定歧视性价格；(2)对外地商品规定与本地同类商品不同的技术要求、检验标准，或者对外地商品采取重复检验、重复认证等歧视性技术措施，限制外地商品进入本地市场；(3)采取专门针对外地商品的行政许可，限制外地商品进入本地市场；(4)设置关卡或者采取其他手段，阻碍外地商品进入或者本地商品运出；(5)妨碍商品在地区之间自由流通的其他行为。

本案中，甲县工商行政管理局上路阻止外地啤酒进入本县，对发财啤酒厂的啤酒进行扣押的行为，显然已违反上述规定，该省反垄断执法机构可以根据我国《反垄断法》第 51 条的规定："行政机关和法律、法规授权的具有管理公共事务职能的组织滥用行政权力，实施排除、限制竞争行为的，由上级机关责令改正；对直接负责的主管人员和其他直接责任人员依法给予处分。反垄断执法机构可以向有关上级机关提出依法处理的建议。"作出以下处理：(1)责令甲县工商行政管理局停止违法行为；(2)责令甲县工商行政管理局限期撤销之前下发的关于禁止外地啤酒在本地销售的通知；(3)要求甲市工商行政管理局对甲县工商局的相关领导依法作出处理，并报省反垄断执法机构备案；(4)要求甲县工商行政管理局归还发财啤酒厂被扣押的啤酒，并且根据实际情况赔偿发财啤酒厂的相应损失。

本章小结

《反垄断法》和《反不正当竞争法》是我国市场规范法的核心内容，对于创建和维护我国公平有序的社会主义市场竞争环境具有非常重要的意义。本章分别对这两部分内容进行了较为系统的阐述，重点介绍了法律所禁止的垄断行为和不正当竞争行为的表现形式等内容。

复习思考题

一、单项选择题

1. 下列属于反垄断机构的是(　　)。

A. 国家工商总局　　　　　　　　B. 国务院反垄断委员会

C. 上海市质量技术监督局　　　　D. 山东省人民政府

2. 下列情形中属于不正当竞争行为的是(　　)。

A. 销售鲜活商品

B. 处理有效期限即将到期的商品或者其他积压的商品

C. 季节性降价

D. 假冒他人的注册商标

二、多项选择题

3. 下列哪些行为不适用《反垄断法》?(　　)

A. 农民甲在小王村开办了唯一的豆腐加工厂,一天,甲将生产出的豆腐低于市场价卖给了乙

B. 小李向国家专利局申请专利的行为

C. 农民甲在张庄镇开办了一家农用物品商店,后来农民乙也在张庄镇开办了另一家农用品商店。甲为了在张庄镇达到垄断的地位,与乙签订协议,在销售时一起抬高商品的价格

D. 李县要求啤酒经营者们不准购买和销售张县啤酒

4. 以下行为,哪些构成不正当竞争行为?(　　)

A. 甲厂产品发生质量事故,舆论误指为乙厂产品,乙厂公开说明事实真相

B. 甲汽车厂不满乙钢铁厂起诉其拖欠货款,散布乙厂产品质量低劣的虚假信息

C. 甲冰箱厂散布乙冰箱厂售后服务差的虚假信息,虽未指名,但一般人可以推知

D. 甲灯具厂捏造乙灯具厂偷工减料的事实,但只告诉了乙厂的几家客户

三、案例分析题

5. 甲旅行社在开展国际旅游业务方面具有一定实力,与另一家旅行社乙形成竞争。近年来,甲旅行社国际部大力挖潜,摸索出了一套开展国际旅游的经

验，业务蒸蒸日上；而乙旅行社则由于缺乏人才，业务每况愈下。乙旅行社为获取甲旅行社的国际旅游经验，便用高薪将甲旅行社的所有雇员全部挖到本旅行社任职。甲旅行社的雇员“跳槽”后，用甲旅行社的国际旅游经验开展工作，业务很快赶上并超过甲旅行社；而甲旅行社则每况愈下，业务量急剧下降，国际旅游业务更是一时陷入瘫痪。为此，甲旅行社同乙旅行社打起了官司，状告乙旅行社采用了不正当竞争行为，同时也状告甲旅行社国际部的“跳槽”雇员侵犯了自己的商业秘密。

问：

(1)甲旅行社的“跳槽”雇员是否侵犯了甲旅行社的商业秘密？为什么？

(2)乙旅行社的行为是否属于不正当竞争行为？为什么？

第九章　产品质量法

【学习目标】

1. 了解产品质量法的概念及立法概况、产品质量监督制度。
2. 理解产品的含义和产品质量法的立法宗旨与基本原则。
3. 掌握生产者、销售者的产品质量义务和产品质量责任。
4. 能应用产品质量法的基本理论，明确如何对产品质量实施监督。
5. 能在实践中运用产品质量法的相关知识，分析、解决产品质量纠纷。

【重点、难点】

1. 产品的含义。
2. 生产者与销售者的产品质量义务和产品质量责任。

开篇引例

王某从商场购买了一个浙江某厂家生产的电磁炉。买回家后，王某的妻子即严格按照产品使用说明上的操作说明进行操作。不久，随着一声惨叫，王某的妻子重重地倒在了厨房的地板上，头部摔成重伤，共花去医药费等 8000 余元。事后查明，是由于电磁炉存在质量问题，发生了漏电现象。于是，王某找到商场要求赔偿。商场称电磁炉是由于质量存在问题，与商场没有关系，要求王某直接找生产厂家解决。

问题：本案中，商场的说法正确吗？

第一节　产品质量法概述

一、产品质量法的概念

(一)产品

人们在经济生活中所称的产品，一般是指由生产者生产、制造，并经流通环节进入消费环节的劳动生产物。但在具体法律的规定中，可能会出于一定的立法目的而有所限定。我国《产品质量法》第 2 条第 2 款规定："本法所指产品是指通过加工、制作、用于销售的产品。”这里所指的产品必须符合两个基本条件：其一，必须经过加工、制作。因此，天然形成的物品、初级农产品等不属于《产品质量法》所说的产品。其二，必须是用于销售，即投入流通的产品。

除了上述两个基本条件外，我国《产品质量法》所调整的产品也不包括不动产。我国《产品质量法》第2条3款规定：“建设工程不适用本法的规定；但是，建设工程使用的建筑材料、建筑构配件设备，属于前款规定范围的，适用本法规定。”另外，军工产品也不适用《产品质量法》的规定。

知识拓展

产品质量

产品质量是指产品能够满足主体需要的各种属性的总和。国际化标准组织公布的ISO8402《质量术语》中，将质量界定为：“产品和服务规定的或者潜在需要的特征和特性的总和。”产品能满足主体需要的属性主要包括功能性、安全性、可靠性、可维修性、经济性和环保性等。

（二）产品质量法

产品质量法，是指调整产品在生产与销售，以及对产品质量进行监督管理过程中所形成的社会关系的法律规范的总称。产品质量法所调整的对象主要包括两类：一类是在国家对产品质量进行监督管理过程中产生的产品质量管理关系；另一类是产品的生产者、销售者与消费者之间产生的产品质量责任关系。

产品质量法有广义和狭义之分。广义的产品质量法是指一切调整产品质量关系的法律规范，具体包括《产品质量法》、《标准化法》、《计量法》、《进出口商品检验法》、《食品安全法》等单行法律法规。狭义的产品质量法仅指1993年2月22日第七届全国人民代表大会常务委员会第三十次会议通过、2000年7月8日第九届全国人民代表大会常务委员会第十六次会议修订的《中华人民共和国产品质量法》（以下简称《产品质量法》）。

二、产品质量法的立法宗旨和基本原则

（一）产品质量法的立法宗旨

根据我国《产品质量法》第1条的规定，《产品质量法》的立法宗旨包括：

1. 加强国家对产品质量的监督管理，提高产品质量水平。
2. 明确产品质量责任。
3. 保护消费者的合法权益。

4. 维护社会经济秩序。

(二)产品质量法的基本原则

1. 保护消费者合法权益的原则

保护消费者的合法权益是产品质量法的立法宗旨之一,也是产品质量法的一项基本原则。产品质量法明确了生产者、销售者的产品质量责任,建立了一套完整的产品质量监督机制,明确了消费者的基本权益,目的就是为了有效地保护消费者的合法权益,维护社会生活和生产秩序。

2. 有利于生产的原则

生产者与消费者之间的关系是辩证统一的,产品质量法在保护消费者合法权益的同时,并不忽视生产者的利益。而且,对生产者的利益进行保护,调动其生产积极性,对其进行监督、引导与保护相结合,从而促使其生产出更高质量的产品,则更有利于保护消费者的合法权益、稳定正常的社会经济秩序。

3. 贯彻质量第一的战略方针的原则

不断提高产品质量,才能切实有效地保护消费者的合法权益。对企业而言,产品质量就是生命,企业综合实力的较量,归根结底取决于产品的质量。

第二节　产品质量的监督

一、产品质量监督管理体制

产品质量监督管理是指各级国家质量监督部门依据法定权限,对产品质量进行监督管理的活动。

我国《产品质量法》第 8 条规定:国务院产品质量监督部门主管全国产品质量监督工作。国务院有关部门在各自的职责范围内负责产品质量监督工作。县级以上地方产品质量监督部门主管本行政区域内的产品质量监督工作。县级以上地方人民政府有关部门在各自的职责范围内负责产品质量监督工作。法律对产品质量的监督部门另有规定的,依照有关法律的规定执行。由此可见,我国确立了统一管理、分工负责的产品质量管理体制。

二、产品质量监督管理制度

(一)产品质量标准制度

《产品质量法》第 13 条规定:可能危及人体健康和人身、财产安全的工业产品,必须符合保障人体健康和人身、财产安全的国家标准、行业标准;未制定国家标准、行业标准的，必须符合保障人体健康和人身、财产安全的要求。禁止生产、销售不符合保障人体健康和人身、财产安全的标准和要求的工业产品。具体管理办法由国务院规定。

国家标准、行业标准分为强制性标准和推荐性标准。保障人体健康，人身、财产安全的标准和法律、行政法规规定强制执行的标准是强制性标准，其他标准是推荐性标准。强制性标准，必须执行。不符合强制性标准的产品，禁止生产、销售和进口。推荐性标准，国家鼓励企业自愿采用。

知识拓展

《标准化法》关于产品质量标准的相关规定

按照我国《标准化法》的规定，凡工业产品的品种、规格、质量、等级或者安全、卫生要求，工业产品的设计、生产、检验、包装、储存、运输、使用方法或者生产、储存、运输中的安全、卫生要求，有关工业生产等的技术术语、符号、代号和制图方法等，需要统一的技术要求，应当制定标准。产品质量标准按其制定的部门或者单位以及适用范围的不同，分为国家标准、行业标准、地方标准和企业标准。

对需要在全国范围内统一的技术要求，应当制定国家标准。国家标准由国务院标准化行政主管部门制定。

对没有国家标准而又需要在全国某个行业范围内统一的技术要求，可以制定行业标准。行业标准由国务院有关行政主管部门制定，并报国务院标准化行政主管部门备案，在公布国家标准之后，该项行业标准即行废止。

对没有国家标准和行业标准而又需要在省、自治区、直辖市范围内统一的工业产品的安全、卫生要求，可以制定地方标准。地方标准由省、自治区、直辖市标准化行政主管部门制定，并报国务院标准化行政主管部门和国务院有关行政主管部门备案，在公布国家标准或者行业标准之后，该项地方标准即行废止。

(二)企业质量体系认证制度

企业质量体系认证，是指国务院产品质量监督管理部门或者由它授权的部门认可的认证机构，依据国际通用的“质量管理和质量保证”系列标准，对企业的质量体系和质量保证能力进行审核，对达标的企业颁发质量体系认证证书，证明企业的质量体系和质量保证能力符合相应要求的制度。

《产品质量法》第14条第1款规定：“国家根据国际通用的质量管理标准，推行企业质量体系认证制度。企业根据自愿原则可以向国务院产品质量监督部门认可的或者国务院产品质量监督部门授权的部门认可的认证机构申请企业质量体系认证。经认证合格的，由认证机构颁发企业质量体系认证证书。”

（三）产品质量认证制度

产品质量认证是依据有关产品标准和相应技术要求，经认证机构确认并通过颁发证书和认证标志，证明产品符合相应标准和技术要求的活动。产品质量认证分为安全认证和合格认证。实行安全认证的，主要是涉及人身、财产安全的产品。实行合格认证的，主要是对产品是否合格或达到某一水平进行的认证。产品质量认证制度的目的在于增强产品的竞争能力，提高产品信誉，便于消费者识别，同时也有利于提高企业在国际市场的竞争力。

《产品质量法》第 14 条第 2 款规定：“国家参照国际先进的产品标准和技术要求，推行产品质量认证制度。企业根据自愿原则可以向国务院产品质量监督部门认可的或者国务院产品质量监督部门授权的部门认可的认证机构申请产品质量认证。经认证合格的，由认证机构颁发产品质量认证证书，准许企业在产品或者其包装上使用产品质量认证标志。”

知识拓展

产品质量认证与企业质量体系认证的区别

产品质量认证的对象是某种特定的产品。企业质量体系认证的对象是企业保证产品质量的综合能力。产品质量认证的依据一般是国家标准或行业标准，而企业质量体系认证的依据是国际通用的质量管理标准。

三、产品质量监督的方式

（一）国家监督

根据《产品质量法》第 8 条的规定：“国务院产品质量监督部门主管全国产品质量监督工作。国务院有关部门在各自的职责范围内负责产品质量监督工作。县级以上地方产品质量监督部门主管本行政区域内的产品质量监督工作。县级以上地方人民政府有关部门在各自的职责范围内负责产品质量监督工作。法律对产品质量的监督部门另有规定的，依照有关法律的规定执行。”

国家对产品质量进行监督的主要方式是抽查。国家监督抽查的产品，地方不得另行重复抽查；上级监督抽查的产品，下级不得另行重复抽查。

知识拓展

以抽查为主要方式的产品质量监督检查制度

我国《产品质量法》第15条确立了以抽查为主要方式的产品质量监督检查制度：

国家对产品质量实行以抽查为主要方式的监督检查制度，对可能危及人体健康和人身、财产安全的产品，影响国计民生的重要工业产品以及消费者、有关组织反映有质量问题的产品进行抽查。抽查的样品应当在市场上或者企业成品仓库内的待销产品中随机抽取。监督抽查工作由国务院产品质量监督部门规划和组织。县级以上地方产品质量监督部门在本行政区域内也可以组织监督抽查。法律对产品质量的监督检查另有规定的，依照有关法律的规定执行。

国家监督抽查的产品，地方不得另行重复抽查；上级监督抽查的产品，下级不得另行重复抽查。

根据监督抽查的需要，可以对产品进行检验。检验抽取样品的数量不得超过检验的合理需要，并不得向被检查人收取检验费用。监督抽查所需检验费用按照国务院规定列支。

生产者、销售者对抽查检验的结果有异议的，可以自收到检验结果之日起15日内向实施监督抽查的产品质量监督部门或者其上级产品质量监督部门申请复检，由受理复检的产品质量监督部门作出复检结论。

（二）舆论监督和社会团体监督

舆论监督主要是通过广播、报刊、电视、网络等舆论单位，按照国家的有关规定，运用新闻媒介，对产品质量进行监督。社会团体监督主要是指消费者组织的监督，如消费者协会对产品质量进行监督。《产品质量法》第23条规定：保护消费者权益的社会组织可以就消费者反映的产品质量问题建议有关部门负责处理，支持消费者对因产品质量造成的损害向人民法院起诉。

（三）消费者的监督

根据《产品质量法》和《消费者权益保护法》的规定，消费者有权对产品质量进行监督，相关部门也应保障消费者监督权的实现。《产品质量法》第22条规定：消费者有权就产品质量问题，向产品的生产者、销售者查询；向产品质量监督部门、工商行政管理部门及有关部门申诉，接受申诉的部门应当负责处理。

第三节 生产者、销售者的产品质量义务

产品质量义务是产品的生产者、销售者依照《产品质量法》以及其他相关法律法规的要求，所应当承担的保证产品质量的法定责任。生产者、销售者的产品质量义务包括作为义务和不作为义务两个方面。

一、生产者的产品质量义务

(一)保证产品质量符合法定要求的义务

根据《产品质量法》第26条的规定，生产者的产品质量应符合以下要求：

1. 不存在危及人身、财产安全的不合理的危险，有保障人体健康和人身、财产安全的国家标准、行业标准的，应当符合该标准。

2. 具备产品应当具备的使用性能，但是，对产品存在使用性能的瑕疵作出说明的除外。

3. 符合在产品或者其包装上注明采用的产品标准，符合以产品说明、实物样品等方式表明的质量状况。

(二)保证产品包装标识符合法定要求的义务

产品标识是用于识别产品或其特征、特性所作的各种表示的统称。产品标识可以用文字、符号、标志、数字、图案等表示。产品标识可以标注在产品上，也可以标注在产品包装上。

根据《产品质量法》第27条的规定，产品或者其包装上的标识必须真实，并符合下列要求：

1. 有产品质量检验合格证明。

2. 有中文标明的产品名称、生产厂厂名和厂址。

3. 根据产品的特点和使用要求，需要标明产品规格、等级、所含主要成分的名称和含量的，用中文相应予以标明；需要事先让消费者知晓的，应当在外包装上标明，或者预先向消费者提供有关资料。

4. 限期使用的产品，应当在显著位置清晰地标明生产日期和安全使用期或者失效日期。

5. 使用不当，容易造成产品本身损坏或者可能危及人身、财产安全的产品，应当有警示标志或者中文警示说明。

裸装的食品和其他根据产品的特点难以附加标识的裸装产品，可以不附加产品标识。

(三)特殊产品包装符合要求的义务

特殊产品指易碎、易燃、易爆、有毒、有腐蚀性、有放射性等危险物品以及储运中不能倒置和其他有特殊要求的产品。对于这些产品,《产品质量法》要求其包装质量必须符合相应要求,依照国家有关规定作出警示标志或者中文警示说明,标明储运注意事项。

(四)生产者的不作为义务

生产者的不作为义务主要表现为:

1. 生产者不得生产国家明令淘汰的产品。

2. 生产者不得伪造产地,不得伪造或冒用他人的厂名、厂址。

3. 生产者不得伪造或者冒用认证标志等质量标志。

4. 生产者生产产品,不得掺杂、掺假,不得以假充真、以次充好,不得以不合格产品冒充合格产品。

二、销售者的产品质量义务

(一)进货验收的义务

《产品质量法》第 33 条规定:销售者应当建立并执行进货检查验收制度,验明产品合格证明和其他标识。

(二)保证产品质量的义务

《产品质量法》第 34 条规定:销售者应当采取措施,保持销售产品的质量。这项义务主要是督促销售者采取必要措施,如防雨、防晒、防腐烂等,以保持产品的质量。如果产品的质量在进货时符合质量要求,销售时发生质量问题的,销售者应当承担相应的责任。

(三)执行产品标识的义务

销售者所售产品的标识应当符合法律的规定。销售者应保证产品标识的真实、合法,不得更改、涂改。

(四)销售者的不作为义务

销售者的不作为义务主要表现为:

1. 销售者不得销售国家明令淘汰并停止销售的产品和失效、变质的产品。

2. 销售者不得伪造产地,不得伪造或者冒用他人的厂名、厂址。

3. 销售者不得伪造或者冒用认证标志等质量标志。

4. 销售者销售产品,不得掺杂、掺假,不得以假充真、以次充好,不得以不合格产品冒充合格产品。

第四节 生产者、销售者的产品质量责任

产品质量责任，是指产品的生产者、销售者以及其他对产品质量负有责任的人违反产品质量义务所应当承担的法律责任。产品质量责任包括民事责任、行政责任、刑事责任三种。

一、产品质量民事责任

产品质量民事责任是指违反产品质量义务所应承担的民事法律后果。具体可分为合同责任和产品责任两种。

(一)合同责任

产品质量的合同责任，也称“瑕疵责任”，是指产品不具备应有的使用性能，不符合明示采用的质量标准，或者不符合以产品说明、实物样品等方式表明的质量状况而产生的法律责任。

根据《产品质量法》的规定，当产生产品质量的合同责任时，销售者应当负责修理、更换、退货；给购买产品的消费者造成损失的，销售者应当赔偿损失。

如果销售者承担了产品质量的合同责任，但该责任属于生产者的责任或者属于向销售者提供产品的供货者的责任的，销售者有权向生产者、供货者追偿。

(二)产品责任

产品责任又称“产品侵权责任”、“产品缺陷责任”，是指产品的生产者、销售者因其生产、销售的产品存在缺陷造成他人人身、缺陷产品以外的其他财产损害而依法承担的赔偿责任。

1. 产品责任的构成要件

(1)产品存在缺陷。缺陷是指产品存在危及人身、他人财产安全的不合理的危险，或不符合保障人体健康，人身、财产安全的国家标准、行业标准。

(2)产品缺陷造成了损害。

(3)产品缺陷和损害事实之间存在必然的因果关系。

知识拓展

产品缺陷的主要类型

产品缺陷一般可以分为四种类型：一是设计上的缺陷，即产品在本身结构、功能的设计上存在不安全或者不合理的因素；二是制造上的缺陷，即产品在加

工、制作、装配等过程中，出现了不安全的因素；三是指示上的缺陷，即产品在说明、指示等信息传递上存在不安全因素；四是发展上的缺陷，通常是指产品的制造虽然符合当时的技术标准，但由于受当时技术水平的限制仍不可避免存在的缺陷。

实例探讨

产品责任

一日，李女士在家中做饭时高压锅突然爆炸，李女士被炸飞的锅盖击中头部，经抢救无效死亡。后据质量检测专家鉴定，高压锅发生爆炸的直接原因是设计不尽合理，使用时造成排气孔堵塞而发生爆炸，本案中，可以何种依据判定生产者承担责任？

简析：该案中，高压锅的生产者应承担产品责任，依据是产品存在缺陷。《产品质量法》第 29 条第 1 款规定：因产品存在缺陷造成人身、缺陷产品以外的其他财产损害的，生产者应当承担赔偿责任。

2. 产品责任主体

(1)生产者。根据《产品质量法》的规定，因产品存在缺陷，造成人身损害以及缺陷产品以外的其他财产损害的，生产者应当承担赔偿责任。但是，生产者在下列情况下可以免除产品责任：一是未将产品投入流通的；二是产品投入流通时，引起损害的缺陷尚不存在的；三是将产品投人流通时的科学、技术水平尚不能发现缺陷存在的。

(2)销售者。以下两种情形，由销售者承担赔偿责任：一是由于销售者的过错使产品存在缺陷，造成人身、他人财产损害的；二是由于销售者不能指明缺陷产品的生产者、供货者的。

3. 产品责任的追究与赔偿

《产品质量法》第 43 条规定，因产品存在缺陷造成他人人身、财产损害的，受害人可以向产品的生产者要求赔偿，也可以向产品的销售者要求赔偿。属于产品的生产者的责任，产品的销售者赔偿的，产品的销售者有权向产品的生产者追偿。属于产品的销售者的责任，产品的生产者赔偿的，产品的生产者有权向产品的销售者追偿。

《产品质量法》第 44 条规定，因产品存在缺陷造成受害人人身伤害的，侵害人应当赔偿医疗费、治疗期间的护理费、因误工减少的收入等费用；造成残疾的，还应当支付残疾者生活自助具费、生活补助费、残疾赔偿金以及由其扶养的人所必需的生活费等费用；造成受害人死亡的，并应当支付丧葬费、死亡赔偿金以及由死者生前扶养的人所必需的生活费等费用。

因产品存在缺陷造成受害人财产损失的，侵害人应当恢复原状或者折价赔偿。受害人因此遭受其他重大损失的，侵害人应当赔偿损失。

4. 产品责任的诉讼时效

《产品质量法》第 45 条规定，因产品存在缺陷造成损害要求赔偿的诉讼时效期间为 2 年，自当事人知道或者应当知道其权益受到损害时起计算。因产品存在缺陷造成损害要求赔偿的请求权，在造成损害的缺陷产品交付最初消费者满 10 年丧失；但是，尚未超过明示的安全使用期的除外。

二、产品质量行政责任

产品质量行政责任是指因违反有关产品质量的法律、法规所应承担的行政法律后果。产品质量行政责任由质量监督部门、工商行政管理部门等追究和制裁。

产品质量的行政责任既涉及生产者、销售者的行政责任，也涉及产品质量监督管理机关的行政责任。

《产品质量法》规定，生产者、销售者承担行政责任的主要形式有：责令停止生产销售，没收违法生产销售的产品和违法所得，罚款，责令停业整顿，吊销营业执照等。

从事产品质量监督管理的工作人员滥用职权、玩忽职守、徇私舞弊，尚未构成犯罪的，给予行政处分。

三、产品质量刑事责任

产品质量刑事责任，是指从事了违反有关产品质量的法律、法规的犯罪行为所必须承担的刑事法律后果。

生产者、销售者生产伪劣产品、国家明令淘汰产品等构成犯罪的，依法追究刑事责任。

产品质量监督部门或者工商行政管理部门的工作人员滥用职权、玩忽职守、徇私舞弊等，构成犯罪的，依法追究刑事责任。

开篇引例解析

本案中，商场的说法是错误的。根据《产品质量法》第 43 条规定，因产品存在缺陷造成人身、他人财产损害的，受害人可以向产品的生产者要求赔偿，也可以向产品的销售者要求赔偿。因此，本案中的王某有权要求商场赔偿自己的损失。商场赔偿后，如果属于生产者的责任的，商场有权向生产厂家追偿。

本章小结

产品质量关系市场经济秩序的健康发展,同时又涉及广大消费者的"微观"权益;而事实上,消费者的权益维护则是产品质量法的基本价值追求。本章对产品质量的概念、产品质量的监督以及生产者、销售者的产品质量义务和产品质量责任等问题进行了较为全面的阐述。

复习思考题

一、单项选择题

1. 因产品存在缺陷造成损害要求赔偿的诉讼时效期限为(　　)。

A. 1 年　　B. 3 年　　C. 4 年　　D. 10 年

2.《产品质量法》所指的商品的范围包括(　　)。

A. 动产　　B. 建筑工程　　C. 初级农产品　　D. 天然产品

3. 某厂开发一种新型节能炉具,先后制造出 10 件样品,后样品中有 6 件丢失。1996 年某户居民的燃气罐发生爆炸,经查明,其原因是使用了某厂丢失的 6 件样品炉具中的一件,而该炉具存在重大缺陷。该户居民要求某厂赔偿损失,某厂不同意赔偿,下列理由中最能支持某厂立场的是(　　)。

A. 该炉具尚未投入流通

B. 该户居民如何得到炉具的事实不清

C. 该户居民偷盗样品,由此造成的损失应由其自负

D. 该户居民应向提供给其炉具的人索赔

二、多项选择题

4. 产品责任的构成要件是(　　)。

A. 产品有缺陷　　B. 经营者主观有过错

C. 有损害事实　　D. 产品缺陷与损害事实有因果关系

5. 销售者提供的商品或服务造成消费者或其他受害人死亡的,应支付(　　)。

A. 丧葬费　　B. 死亡赔偿金

C. 死者生前被扶养人所必需的生活费　　D. 医疗费

6. 我国《产品质量法》所确立的产品质量监督管理制度有(　　)。

A. 企业质量体系认证制度　　B. 产品质量认证制度

C. 产品质量监督抽查制度　　D. 产品质量检验制度

三、案例分析题

7. 1998 年 3 月 7 日，原告甲在乙公司购买了一台丙公司生产的电热水淋浴器。1998 年 3 月 10 日，甲又购买了一台丁公司生产的多功能漏电保护器。该月中旬，甲在家中安装了以上两件电器。4 月 4 日晚，甲在使用淋浴器时，突然被按键漏电击中，整个右手烧伤，送医院抢救，被截除小拇指。为此，甲先与乙公司交涉，要求赔偿。乙公司称：责任应由生产者承担，自己无过错，拒绝赔偿。甲遂向法院起诉，状告乙、丙和丁三公司，要求三方负连带责任，赔偿损失。

乙公司辩称，该电淋浴器只属本公司销售，赔偿责任应由生产者承担，与销售无关。

丙公司辩称，本公司生产的产品符合国家标准，以往从未发生过产品责任事故，无证据证明生产者有过错而可以认定生产者应承担责任。丁公司的漏电保护器失灵可能是事故的主要原因。

丁公司辩称，甲违反有关说明书的警示说明，违反安装说明，擅自安装超大功率电器，致使漏电保护器失效酿成事故，但漏电保护器失灵亦不至于造成电器伤人，是丙公司的产品存在质量问题。

法院在调查中，经技术监督局对淋浴器、漏电保护器进行质量检验。鉴定结论认定：(1)淋浴器的制造工艺存在缺陷，特定情况下淋浴器开关按键可能漏电；(2)漏电保护器已被烧毁无法鉴定，但对同样商品检测未发现质量问题；(3)甲安装淋浴器与漏电保护器连接时未按丁公司的说明书正确安装，以致使用时漏电保护器不能正常工作。

根据以上案情回答下列问题：

(1)乙公司作为销售者是否应承担责任，为什么？

(2)丙公司作为生产者应承担什么责任，为什么？

(3)丁公司是否要承担责任，为什么？

(4)甲有无过错，对本案处理有何影响？

第十章　消费者权益保护法

【学习目标】

1. 了解我国消费者权益保护的基本原则和立法概况。
2. 掌握消费者的权利、经营者的义务及侵犯消费者权益的法律责任。
3. 熟悉消费争议解决的途径。

【重点、难点】

1. 消费者的权利。
2. 经营者的义务。
3. 侵犯消费者权益的法律责任。

开篇引例

张某请朋友去饭店吃饭，向服务员要了五瓶啤酒，其中一个啤酒瓶突然爆炸，张某及其朋友都被啤酒瓶碎片击中面部而受伤，住院治疗一个月。

问题：本案中，张某及其朋友应该如何维护自己的合法权益？

第一节　消费者权益保护法概述

一、消费者权益保护法的产生与发展

消费是社会再生产的一个基本环节，它包括生产资料的消费和生活资料的消费两个方面。消费者权益保护法仅调整生活资料的消费活动，即人们以满足物质和文化生活需要为目的而使用生活资料的活动。

消费者是与经营者相对应的市场经济活动的基本主体，消费决定生产，在消费者与经营者的关系中，消费者处于主导地位。消费者权益，是指消费者为生活消费而购买、使用商品或接受服务时享有的权利和利益。消费者权益得不到保障，必将抑制消费，从而影响经营者的利益，最终必将影响经济的发展。

消费者权益保护法，是调整在保护消费者权益过程中发生的经济关系的法律规范的总称。它是经济法的重要部门法，属于市场规制法的一部分。通过立

法对消费者权益进行保护是平衡消费者与经营者的地位，对消费者这一弱势群体给予特殊保护的需要。

消费者作为分散的个人，在与实力雄厚的经营者形成的消费关系中处于弱势。随着生产力的提高和市场经济的发展，消费者与经营者之间出现明显的“信息不对称”的问题，有关商品或服务的质量、价格等消费信息，消费者无法与经营者进行充分协商，从而给消费带来辨认、选择、使用商品或接受服务方面的困难。经营者以追求利润最大化为目标，为了赢利，可能会利用自己的优势地位制定不合理的交易条件，强迫消费者接受。同时，市场竞争中形成的垄断、不正当竞争等问题，会导致“市场失灵”。随着消费者问题越发突出，一些国家的消费者开始成立组织发起“消费者运动”。1898 年，世界上第一个全国性消费组织——“全国消费者同盟”在美国成立。1960 年，国际消费者组织联盟(IOCU)在海牙成立。1983 年，国际消费者组织联盟确定每年的 3 月 15 日为“国际消费者权益日”。在消费者保护运动的推动下，各国纷纷开始通过立法给予消费者以特殊保护，如美国的《消费品安全法》、英国的《消费者利益保护法》和日本的《保护消费者基本法》等。消费者保护不局限于各国国内立法，而是向国际化趋势发展。1985 年 4 月 9 日，联合国大会通过《保护消费者准则》，这是影响最大的一个消费者保护的综合性国际公约。

在我国，1984 年 12 月 26 日，中国消费者协会成立。1993 年 10 月 31 日，第八届全国人民代表大会第四次会议通过了《中华人民共和国消费者权益保护法》(以下简称《消费者权益保护法》)，这是规范消费者权利保护的基本立法。这些立法已经突破了传统的私法体系，因为强调意思自治的民商法不能对处于弱势地位的消费者给予倾斜性保护，以平衡消费者和经营者的地位，使双方实现实质上的平等。因此只能由国家出面，制定专门的消费者权益保护法对这一弱势群体给予特殊的保护。它与传统的民商法不同，其规定的权利义务具有不对等性，只规定消费者的权利而没有规定义务，只规定经营者的义务而没有规定权利，是具有强烈国家干预色彩的经济法。

二、消费者权益保护法的原则

我国《消费者权益保护法》规定了下列四项原则：

(一)经营者与消费者进行交易，应当遵循自愿、平等、公平、诚实信用的原则

从法律地位上看，消费者和经营者都属于平等的民事活动主体。双方应平等协商，按照自己的真实意愿达成交易，经营者不得利用自己的市场优势对消费者进行欺诈、强迫消费者接受不公平的交易条件。只有经营者严格遵守这些市场交易的基本原则，才能尽量避免和减少对消费者合法权益的损害。

（二）国家对消费者权益特别保护原则

在交易关系中，消费者处于相对弱势的地位，需要法律给予特殊保护。《消费者权益保护法》强调保护消费者的权利，同时又站在消费者权益的立场上，对经营者设定了明确的义务。该法特别设立了“国家对消费者合法权益的保护”一章，规定了国家机关在保护消费者权益方面的职责。在消费争议的解决、消费者权益受到损害的救济问题上，规定了一系列有利于消费者的程序和措施。

（三）国家保护与社会监督相结合的原则

《消费者权益保护法》第6条规定：“保护消费者的合法权益是全社会共同的责任。国家鼓励、支持一切组织和个人对损害消费者合法权益的行为进行社会监督。大众传播媒介应当做好维护消费者合法权益的宣传，对损害消费者合法权益的行为进行舆论监督。”

三、消费者权益保护法的适用范围

《消费者权益保护法》第2条规定：“消费者为生活消费需要购买、使用商品或者接受服务，其权益受本法保护；本法未作规定的，受其他有关法律、法规保护。”因此，我国立法仅以为生活消费而购买、使用商品或者接受服务的生活性消费行为为调整对象，不包括生产过程中原材料、燃料等的生产性消费行为。此外，这里的“消费者”是否包括单位，还存有争议。一般认为，我国立法中的“消费者”是指个人。

《消费者权益保护法》适用于生活消费的消费者，但也有一个例外。《消费者权益保护法》第54条规定：“农民购买、使用直接用于农业生产的生产资料，参照本法执行。”显然，农民购买、使用农业生产资料不是为了生活消费，但农民与消费者一样都处于弱势群体的地位，却没有专门的法律保护农民的利益。把农民购买生产资料的生产性消费行为纳入《消费者权益保护法》的调整范围，填补了这一空白，有效地维护了农民的合法权益。

第二节　消费者的权利与经营者的义务

一、消费者的权利

消费者权利是消费者权益保护的核心内容，我国《消费者权益保护法》专章规定了消费者的权利。

1. 安全保障权。消费者在购买、使用商品和接受服务时享有人身、财产安全不受损害的权利。消费者有权要求经营者提供的商品和服务,符合保障人身、财产安全的要求。安全保障权是消费者最起码的和首要的权利,包括人身安全权和财产安全权两个方面。

2. 知情权。消费者享有知悉其购买、使用的商品或者接受的服务的真实情况的权利。消费者有权根据商品或者服务的不同情况,要求经营者提供商品的价格、产地、生产者、用途、性能、规格、等级、主要成分、生产日期、有效期限、检验合格证明、使用方法说明书、售后服务,或者服务的内容、规格、费用等有关情况。

3. 自主选择权。消费者有权自主选择提供商品或者服务的经营者,自主选择商品品种或者服务方式,自主决定购买或者不购买任何一种商品、接受或者不接受任何一项服务。消费者在自主选择商品或者服务时,有权进行比较、鉴别和挑选。

4. 公平交易权。消费者在购买商品或者接受服务时,有权获得质量保障、价格合理、计量正确等公平交易条件,有权拒绝经营者的强制交易行为。

5. 依法求偿权。消费者因购买、使用商品或者接受服务受到人身、财产损害的,享有依法获得赔偿的权利,包括人身损害求偿权和财产损害求偿权。

6. 结社权。消费者享有依法成立维护自身合法权益的社会团体的权利。

7. 获取消费知识权。又称"接受消费教育权",是指消费者享有获得有关消费和消费者权益保护方面的知识的权利。一般认为,获取消费知识权是从知情权引申出来的一项权利,但二者存在差别。首先,知情权所指的信息仅限于商品、服务及与交易有关的知识,而获取知识权所指的信息还包括消费者权益保护方面的知识。其次,接受消费教育既是消费者的权利,也是消费者的义务,即消费者应主动地通过各种途径和手段了解、学习有关商品、服务以及权益保护方面的知识,而知情权则侧重于经营者的义务。

8. 获得尊重权。消费者在购买、使用商品和接受服务时,享有其人格尊严、民族风俗习惯得到尊重的权利。

9. 监督权。消费者享有对商品和服务以及保护消费者权益工作进行监督的权利。消费者有权检举、控告侵害消费者权益的行为和国家机关及其工作人员在保护消费者权益工作中的违法失职行为,有权对保护消费者权益工作提出批评、建议。

知识拓展

消费者组织

消费者协会和其他消费者组织是依法成立的对商品和服务进行社会监督的

保护消费者合法权益的社会团体。

消费者协会履行下列职能：(1)向消费者提供消费信息和咨询服务；(2)参与有关行政部门对商品和服务的监督、检查；(3)就有关消费者合法权益的问题，向有关行政部门反映、查询，提出建议；(4)受理消费者的投诉，并对投诉事项进行调查、调解；(5)投诉事项涉及商品和服务质量问题的，可以提请鉴定部门鉴定，鉴定部门应当告知鉴定结论；(6)就损害消费者合法权益的行为，支持受损害的消费者提起诉讼；(7)对损害消费者合法权益的行为，通过大众传播媒介予以揭露、批评。各级人民政府对消费者协会履行职能应当予以支持。

消费者组织不得从事商品经营和营利性服务，不得以牟利为目的向社会推荐商品和服务。

二、经营者的义务

消费者权利的实现有赖于经营者诚实履行相应义务，因此我国《消费者权益保护法》在规定消费者权利的同时，也专章明确规定了经营者向消费者提供商品或服务时应当履行的十项义务：

1. 依法定或者约定履行义务。经营者向消费者提供商品或者服务，应当依照《中华人民共和国产品质量法》和其他有关法律、法规的规定履行义务。此外，经营者和消费者有约定的，应当按照约定履行义务，但双方的约定不得违背法律、法规的规定。

2. 接受消费者监督的义务。经营者应当听取消费者对其提供的商品或者服务的意见，接受消费者的监督。该义务是与消费者的监督权相对应的经营者的义务。

3. 保障消费者人身、财产安全的义务。经营者应当保证其提供的商品或者服务符合保障人身、财产安全的要求。对可能危及人身、财产安全的商品和服务，应当向消费者作出真实的说明和明确的警示，并说明和标明正确使用商品或者接受服务的方法以及防止危害发生的方法。经营者发现其提供的商品或者服务存在严重缺陷，即使正确使用商品或者接受服务仍然可能对人身、财产安全造成危害的，应当立即向有关行政部门报告和告知消费者，并采取防止危害发生的措施，如我国目前对汽车行业和食品行业采取的“产品召回”制度。

4. 提供商品和服务的真实信息的义务。经营者应当向消费者提供有关商品或者服务的真实信息，不得作引人误解的虚假宣传。经营者提供商品应当明码标价，对消费者就其提供的商品或者服务的质量和使用方法等问题提出的询问，应当作出真实、明确的答复。

5. 标明真实名称和标记的义务。经营者应当标明其真实名称和标记。租赁他人柜台或者场地的经营者,应当标明其真实名称和标记。

6. 出具购货凭证或者服务单据的义务。经营者提供商品或者服务,应当按照国家有关规定或者商业惯例向消费者出具购货凭证或者服务单据。消费者索要购货凭证或者服务单据的,经营者必须出具。

7. 保证商品或服务质量的义务。经营者应当保证在正常使用商品或者接受服务的情况下其提供的商品或者服务应当具有的质量、性能、用途和有效期限;消费者在购买该商品或者接受该服务前已经知道其存在瑕疵的,经营者不再承担质量担保义务。但如果商品或服务违反国家产品质量管理规定,如经营者销售伪劣品致消费者权益受损的,即使消费者事先知道商品是伪劣品,经营者也要承担产品质量责任。经营者以广告、产品说明、实物样品或者其他方式表明商品或者服务的质量状况的,应当保证其提供的商品或者服务的实际质量与表明的质量状况相符。

8.“三包”义务。经营者提供商品或者服务,按照国家规定或者与消费者的约定,承担包修、包换、包退或者其他责任的,应当按照国家规定或者约定履行,不得故意拖延或者无理拒绝。

9. 公平交易义务。经营者不得以格式合同、通知、声明、店堂告示等方式作出对消费者不公平、不合理的规定,或者减轻、免除其损害消费者合法权益应当承担的民事责任。格式合同、通知、声明、店堂告示等含有上述内容的,其内容无效。

10. 尊重消费者人格的义务。经营者不得对消费者进行侮辱、诽谤,不得搜查消费者的身体及其携带的物品,不得侵犯消费者的人身自由。

第三节　消费争议的解决以及侵犯消费者权益的法律责任

一、消费争议的解决途径

消费争议是指消费者与经营者在消费关系中发生的权利、义务纠纷。当消费者与经营者发生消费纠纷后,可以通过以下途径解决:

1. 与经营者协商和解。和解是消费者和经营者在平等、自愿的基础上进行协商,互谅互让、和平解决纠纷的方式。

2. 请求消费者协会调解。消费者协会是依法成立的对商品和服务进行社会监督的保护消费者合法权益的社会团体。消费者协会具有受理消费者的投诉,并对投诉事项进行调查、调解的职能。消费者协会对消费争议的调解以自愿为基础,不具有强制性。消费者对调解结果不满意的,可以再向有关行政机关申诉,也可以直接向人民法院提起诉讼。

3. 向有关行政部门申诉。政府有关行政部门依法具有规范经营者的经营行为及维护消费者合法权益的职责。当消费者权益受到侵害时,可以向工商行政管理部门或有关行政部门提出申诉,要求有关部门对经营者的违法行为作出处理决定,并可以请求对损害赔偿问题进行调解。

4. 提请仲裁机构仲裁。消费者与经营者可以在达成书面仲裁协议的前提下,把他们的消费争议提请仲裁机构裁决。

5. 向人民法院起诉。诉讼是解决争议的最后手段,也是最强有力的手段。消费者与经营者发生消费争议后,可以通过以上途径解决,也可以不经上述程序直接向人民法院起诉。

二、消费者权益争议的责任主体

1. 生产者、销售者、服务者。消费者在购买、使用商品时,其合法权益受到损害的,可以向销售者要求赔偿。销售者赔偿后,属于生产者的责任或者属于向销售者提供商品的其他销售者的责任的,销售者有权向生产者或者其他销售者追偿。消费者或者其他受害人因商品缺陷造成人身、财产损害的,可以向销售者要求赔偿,也可以向生产者要求赔偿。属于生产者责任的,销售者赔偿后,有权向生产者追偿。属于销售者责任的,生产者赔偿后,有权向销售者追偿。消费者在接受服务时,其合法权益受到损害的,可以向服务者要求赔偿。

2. 变更后的企业。消费者在购买、使用商品或者接受服务时,其合法权益受到损害,因原企业分立、合并的,可以向变更后承受其权利义务的企业要求赔偿。

3. 营业执照的使用人或者持有人。使用他人营业执照的违法经营者提供商品或者服务,损害消费者合法权益的,消费者可以向其要求赔偿,也可以向营业执照的持有人要求赔偿。

4. 经营者或者展销会举办者、柜台的出租者。消费者在展销会、租赁柜台购买商品或者接受服务,其合法权益受到损害的,可以向销售者或者服务者要求赔偿。展销会结束或者柜台租赁期满后,也可以向展销会的举办者、柜台的出租者要求赔偿。展销会的举办者、柜台的出租者赔偿后,有权向销售者或者服务者追偿。

5. 经营者、广告经营者、广告发布者、社会团体或者其他组织。消费者因经营者利用虚假广告提供商品或者服务,其合法权益受到损害的,可以向经营者要求赔偿。根据《广告法》的规定，广告经营者、广告发布者明知或者应知广告虚假仍设计、制作、发布的，应当依法承担连带责任。广告的经营者、发布者不能提供广告主的真实名称、地址的，应当承担全部赔偿责任。社会团体或者其他组织，在虚假广告中向消费者推荐商品或者服务，使消费者的合法权益受到损害的，应当依法承担连带责任。

三、侵犯消费者权益的法律责任

经营者违反《消费者权益保护法》及其他法律、法规规定的义务，侵害消费者权利的，依法应承担民事责任、行政责任和刑事责任。

（一）民事责任

1. 经营者承担民事责任的一般情形

《消费者权益保护法》规定，经营者提供商品或者服务有下列情形之一的，除本法另有规定外，应当依照《中华人民共和国产品质量法》和其他有关法律、法规的规定，承担民事责任：(1)商品存在缺陷的；(2)不具备商品应当具备的使用性能而出售时未作说明的；(3)不符合在商品或者其包装上注明采用的商品标准的；(4)不符合商品说明、实物样品等方式表明的质量状况的；(5)生产国家明令淘汰的商品或者销售失效、变质的商品的；(6)销售的商品数量不足的；(7)服务的内容和费用违反约定的；(8)对消费者提出的修理、重作、更换、退货、补足商品数量、退还货款和服务费用或者赔偿损失的要求，故意拖延或者无理拒绝的；(9)法律、法规规定的其他损害消费者权益的情形。

2. 侵犯消费者权益的具体民事责任

(1)经营者提供的商品或者服务侵犯消费者人身权的民事责任。

经营者提供商品或者服务，造成消费者或者其他受害人人身伤害的，应当支付医疗费、治疗期间的护理费、因误工减少的收入等费用，造成残疾的，还应当支付残疾者生活自助具费、生活补助费、残疾赔偿金以及由其扶养的人所必需的生活费等费用。

经营者提供商品或者服务，造成消费者或者其他受害人死亡的，应当支付丧葬费、死亡赔偿金以及由死者生前扶养的人所必需的生活费等费用。

经营者侵害消费者的人格尊严或者人身自由的，应当停止侵害、恢复名誉、消除影响、赔礼道歉，并赔偿损失。

(2)经营者提供的商品或者服务侵犯消费者财产权的民事责任。

经营者提供商品或者服务，造成消费者财产损害的，应当按照消费者的要求，以修理、重作、更换、退货、补足商品数量、退还货款和服务费用或者赔偿损失等方式承担民事责任。消费者与经营者另有约定的，按照约定履行。

对国家规定或者经营者与消费者约定包修、包换、包退的商品，经营者应当负责修理、更换或者退货。在保修期内两次修理仍不能正常使用的，经营者应当负责更换或者退货。对包修、包换、包退的大件商品，消费者要求经营者修理、更换、退货的，经营者应当承担运输等合理费用。

经营者以邮购方式提供商品的，应当按照约定提供。未按照约定提供的，应当按照消费者的要求履行约定或者退回货款，并应当承担消费者必须支付的合理费用。

经营者以预收款方式提供商品或者服务的，应当按照约定提供。未按照约定提供的，应当按照消费者的要求履行约定或者退回预付款，并应当承担预付款的利息、消费者必须支付的合理费用。

经营者提供商品或者服务有欺诈行为的，应当按照消费者的要求增加赔偿其受到的损失，增加赔偿的金额为消费者购买商品的价款或者接受服务的费用的一倍。

（二）行政责任

《消费者权益保护法》规定，经营者有下列情形之一，《中华人民共和国产品质量法》和其他有关法律、法规对处罚机关和处罚方式有规定的，依照法律、法规的规定执行；法律、法规未作规定的，由工商行政管理部门责令改正，可以根据情节单处或者并处警告、没收违法所得、处以违法所得 1 倍以上、5 倍以下的罚款，没有违法所得的处以 1 万元以下的罚款；情节严重的，责令停业整顿、吊销营业执照：(1)生产、销售的商品不符合保障人身、财产安全要求的；(2)在商品中掺杂、掺假，以假充真，以次充好，或者以不合格商品冒充合格商品的；(3)生产国家明令淘汰的商品或者销售失效、变质商品的；(4)伪造商品的产地，伪造或者冒用他人的厂名、厂址，伪造或者冒用认证标志、名优标志等质量标志的；(5)销售的商品应当检验、检疫而未检验、检疫或者伪造检验、检疫结果的；(6)对商品或者服务作引人误解的虚假宣传的；(7)对消费者提出的修理、重做、更换、退货、补足商品数量、退还货款和服务费用或者赔偿损失的要求，故意拖延或者无理拒绝的；(8)侵害消费者人格尊严或者侵犯消费者人身自由的；(9)法律、法规规定的对损害消费者权益应当予以处罚的其他情形。

经营者对行政处罚决定不服的，可以自收到处罚决定书之日起 15 日内向上一级机关申请复议。对复议决定不服的，可以自收到复议决定书之日起 15 日内向人民法院提起诉讼，也可以直接向人民法院提起诉讼。

（三）刑事责任

经营者侵犯消费者权益，构成犯罪的，依法追究刑事责任。

开篇引例解析

根据《消费者权益保护法》的规定，消费者或者其他受害人因商品缺陷造成人身、财产损害的，可以向销售者要求赔偿，也可以向生产者要求赔偿。属于生产者责任的，销售者赔偿后，有权向生产者追偿。属于销售者责任的，生产者赔偿后，有权向销售者追偿。故张某及其朋友既可以向啤酒的销售者要求赔偿，也可以向啤酒的生产者要求赔偿；请求赔偿的范围包括医疗费、治疗期间的护理费、因误工减少的收入等费用。

本章小结

在市场经济条件下，顾客就是上帝。因此，《消费者权益保护法》不论对于保护消费者的合法权益，还是维护社会经济秩序、促进社会主义市场经济健康发展，都具有非常重要的意义。本章共分消费者权益保护法概述、消费者的权利与经营者的义务、消费争议的解决以及侵犯消费者权益的法律责任三节，较全面地介绍了消费者权益保护法的主要内容。

复习思考题

一、单项选择题

1. 根据我国《消费者权益保护法》的规定，消费者是指（　　）。

A. 生产资料的消费者　　B. 生活资料的消费者

C. 消费品的消费者　　D. 一切商品的消费者

2. 消费者在展销会上购买或接受服务，其合法权益受到损害的，如果展销会已结束，承担赔偿责任的主体可以是（　　）。

A. 柜台的出租者　　B. 批准举办展销会的机构

C. 展销会的举办者　　D. 广告的经营者

3. 农民购买、使用直接用于农业生产的生产资料，其合法权益受到侵害的，可参照执行（　　）。

A.《产品质量法》　　B.《农业法》

C.《标准化法》　　D.《消费者权益保护法》

二、多项选择题

4. 依照我国《消费者权益保护法》的规定，以下不属于经营者义务的有(　　)。

A. 提供样品的义务　　B. 出具凭证的义务

C. 帮助挑选商品的义务　　D. 标明名称、标志的义务

E. 提供信息的义务

5. 根据我国《消费者权益保护法》的规定，经营者对存在缺陷或瑕疵的已售商品或者服务承担的“三包”义务包括(　　)。

A. 包修　　B. 包赔　　C. 包质　　D. 包换　　E. 包退

6. 消费者行使求偿权时，其索赔的方式一般包括(　　)。

A. 支付违约金　　B. 退货　　C. 赔礼道歉　　D. 换货

三、案例分析题

7. 李某在某商场以 168 元价格买了一件短裙，标签上标注是真丝面料，不缩水，不变形。李某洗过一水后，裙子缩水变形了，并且发硬，后经技术监督局鉴定，此面料不是真丝的。李某找到商场，要求退货并赔偿损失，商场答应退货，但不予赔偿。

问题：

(1)商场的做法对吗？为什么？

(2)商场的具体赔偿数额是多少？

第十一章　城市房地产法

【学习目标】

1. 了解房地产的概念及特点。
2. 理解房地产开发、房屋租赁、房地产权属登记的基本制度。
3. 掌握房地产开发用地、房地产交易的基本法律规则。
4. 能应用城市房地产管理法的基本理论,进行实际的房屋出租与交易。
5. 能处理商品房预售中的基本法律问题。

【重点、难点】

1. 房产和地产的关系。
2. 房地产开发用地的取得。
3. 房地产交易的基本法律规则。

开篇引例

某航运公司在2007年经县人民政府批准,以划拨方式取得一宗国有土地的使用权,批准用途为建设职工宿舍。2008年11月,航运公司在该宗土地上兴建住宅楼。工程竣工后,航运公司公开向社会出售楼房,将该幢楼房卖给了某副食品公司。当地土地管理部门查实情况后认为,航运公司公开出售自建住宅楼,属于非法转让划拨土地使用权的行为,依法对航运公司进行了处罚;同时,通知购房人补办土地使用权出让手续,缴纳土地使用权出让金。购房人认为,缴纳土地出让金是航运公司的事,所以拒绝缴纳土地使用权出让金。

请回答下列问题:

(1)土地管理部门对航运公司行为的认定是否正确?

(2)购房人拒缴土地使用权出让金的理由能否成立?为什么?

第一节　城市房地产法概述

一、城市房地产的概念和特点

所谓房地产，是房产和地产的统称。房产是指土地上的房屋等建筑物和构筑物。地产是指供人们开发、使用和经营的土地。当然，和房产联系起来所言的地产，往往指的是房屋等建筑物和构筑物所占用的土地。

房地产是一个统一体，密不可分。一方面，地产是房产的依托和基础，房产是地产的目标和用途。在房地产开发上，房屋的建筑依赖于土地的开发，土地的开发意义之一就是形成房地产。在房地产买卖、转让以及抵押上，房屋的所有权与该房屋占用范围内的土地使用权同时转移、抵押。另一方面，房地产作为一个统一体，其中地产处于核心的、基础的地位。地产可以独立存在，但房产是不可能单独存在的，地上建筑物从属于土地。

城镇土地有偿转让的仅仅是土地的使用权，而非所有权；从权属的角度看，地产仅指土地使用权。

二、城市房地产法的颁布与实施

城市房地产法是调整房地产开发、经营和管理过程中发生的经济关系的法律规范的总称。

1994 年 7 月 5 日第八届全国人民代表大会常务委员会第八次会议通过、2007 年 8 月 30 日第十届全国人民代表大会常务委员会第二十九次会议修订通过的《中华人民共和国城市房地产管理法》（以下简称《城市房地产法》），标志着我国的房地产管理全面步入法治轨道。同时，除了《城市房地产法》外，国务院及其相关部门还制定颁布了一系列房地产方面的行政法规和规章，初步形成了我国较为完备的房地产法律体系。

《城市房地产法》调整的对象是城市规划区国有土地范围内的房地产，具体涉及房地产开发用地、房地产开发、房地产交易及房地产管理等方面。

第二节　房地产开发用地

一、房地产开发用地概述

房地产开发用地仅限于城市规划区范围内的国有土地。围绕房地产开发用地主要涉及两个方面的基本问题：一是用于房地产开发的土地的范围，二是房地产开发用地的用途。用于房地产开发的土地仅限于城市规划区范围内的国有土地。城市规划区范围内的集体土地，只有依法征用转化为国有土地后才可以用于房地产开发。房地产开发用地的用途包括基础设施建设和房屋建设两个方面。基础设施建设一般是指给排水、城市污水处理、供用电、道路、桥涵、绿化、消防等设施的建设。房屋建设一般是指民用住宅建设，工业、交通、仓储用房建设，商业服务用房建设，文化、体育、娱乐用房建设，教育、医疗、科研用房以及办公用房等各类房屋建设。

二、房地产开发用地的取得

房地产开发用地仅限于城市规划区范围内的国有土地。因此，要进行房地产开发和房地产交易必须依法取得国有土地的使用权。根据《城市房地产法》的规定，国有土地使用权的取得，主要有出让和划拨两种方式。

(一)土地使用权出让

1. 土地使用权出让的概念

土地使用权出让是指国家将国有土地使用权在一定年限内出让给土地使用者，由土地使用者向国家支付土地使用权出让金的行为。

可以出让的方式取得使用权的土地一般仅限于城市规划区范围内的国有土地。城市规划区内的集体所有的土地，经依法征用转为国有土地后，该幅国有土地的使用权方可有偿出让。

2. 土地使用权出让的原则

(1)计划用地原则。我国地少人多，土地资源供求矛盾突出。为合理、有效地开发和利用土地，土地使用权出让必须符合土地利用总体规划、城市规划和年度建设用地计划。县级以上地方人民政府出让土地使用权用于房地产开发的，须根据省级以上人民政府下达的控制指标拟订年度出让土地使用权总面积方案，按照国务院规定，报国务院或者省级人民政府批准。

(2)用地审批原则。土地使用权出让，由市、县人民政府有计划、有步骤地进行。出让的每幅地块、用途、年限和其他条件，由市、县人民政府土地管理部门会同城市规划、建设、房产管理部门共同拟订方案，按照国务院规定，报经有批准权的人民政府批准后，由市、县人民政府土地管理部门实施。直辖市的县人民政府及其有关部门行使上述规定的权限，由直辖市人民政府规定。

3. 土地使用权出让的方式

土地使用权出让，可以采取拍卖、招标或者双方协议的方式。商业、旅游、娱乐和豪华住宅用地，有条件的，必须采取拍卖、招标方式；没有条件，不能采取拍卖、招标方式的，可以采取双方协议的方式。采取双方协议方式出让土地使用权的出让金不得低于按国家规定所确定的最低价。

(1)拍卖。拍卖又称“竞投”、“竞买”，是指以公开竞价的形式，将特定物品或者财产权利转让给最高应价者的买卖方式。以拍卖方式出让国有土地使用权，注重的是出让土地使用权的经济效益，而对竞买者的开发能力、资质信誉等方面的审查控制较为薄弱，因此，拍卖方式一般适用于中小型房地产开发项目。

(2)招标。招标是指招标人发出招标公告或招标通知，说明采购的商品或需要的服务的名称、规格、数量及其他要求和条件，邀请投标人在规定的时间和地点等按照一定的程序进行投标的行为。与采用拍卖方式出让土地使用权相比，招标方式最大的特点在于比较看重投标人的实际开发能力、企业的资质信誉等方面的综合条件，有利于土地使用权出让合同的履行以及国有土地的合理开发、利用，但其经济效益可能要逊于拍卖方式。

(3)协议。在没有条件，不能采取拍卖、招标方式出让土地使用权的，也可以由出让人与受让人通过直接协商、谈判的方式，就有关土地使用权出让事宜达成一致。以这种方式出让土地使用权，与拍卖和招标方式相比，协议方式竞争性较差，经济效益不高，而且协议过程中的主观性也较大。因此，协议方式主要适用于有特定要求、专业性强的项目，以及没有条件采取拍卖和招标方式的项目。采取双方协议方式出让土地使用权的出让金不得低于按国家规定所确定的最低价。

4. 土地使用权出让合同

土地使用权出让，应当签订书面出让合同。土地使用权出让合同由市、县人民政府土地管理部门与土地使用者签订。

一般来说，土地使用权出让合同应包括以下主要条款：(1)当事人。(2)标的。(3)价款。土地使用权出让金应当全部上缴财政，列入预算，用于城市基础设施建设和土地开发。土地使用权出让金上缴和使用的具体办法由国务院规定。(4)使用期限。土地使用权出让合同约定的使用年限届满，土地使用者需要继续使用土地的，应当至迟于届满前1年申请续期，除根据社会公共利益需要收回该幅土地的，应当予以批准。经批准准予续期的，应当重新签订土地使用权出让合同，依照规定支付土地使用权出让金。土地使用权出让合同约定的使用年限届满，土地使用者未申请续期或者虽申请续期但依照上述规定未获批准的，土地使用权由国家无偿收回。(5)土地使用用途。需要改变用途的，必须取得出让方和城市规划部门的同意，签订土地使用权出让合同变更协议或者重新签订合同，相应调整出让金。(6)违约责任。

土地使用者必须按照出让合同约定，支付土地使用权出让金；未按照出让合同约定支付土地使用权出让金的，土地管理部门有权解除合同，并可以请求违约赔偿。土地使用者按照出让合同约定支付土地使用权出让金的，市、县人民政府土地管理部门必须按照出让合同约定，提供出让的土地；未按照出让合同约定提供出让土地的，土地使用者有权解除合同，由土地管理部门返还土地使用权出让金，土地使用者可以请求违约赔偿。

国家对土地使用者依法取得的土地使用权，在出让合同约定的使用年限届满前不得收回；在特殊情况下，根据社会公共利益的需要，可以依照法律程序提前收回，并根据土地使用者使用土地的实际年限和开发土地的实际情况给予相应的补偿。

知识拓展

土地使用权出让的期限

根据《中华人民共和国城镇国有土地使用权出让和转让暂行条例》第 12 条的规定，土地使用权出让最高年限按下列用途确定：(一)居住用地 70 年；(二)工业用地 50 年；(三)教育、科技、文化、卫生、体育用地 50 年；(四)商业、旅游、娱乐用地 40 年；(五)综合或者其他用地 50 年。

(二)土地使用权划拨

土地使用权划拨，是指县级以上人民政府依法批准，在土地使用者缴纳补偿、安置等费用后将该幅土地交付其使用，或者将土地使用权无偿交付给土地使用者使用的行为。

依照《城市房地产法》规定，以划拨方式取得土地使用权的，除法律、行政法规另有规定外，没有使用期限的限制。

下列建设用地的土地使用权，确属必需的，可以由县级以上人民政府依法批准划拨：

1. 国家机关用地和军事用地；
2. 城市基础设施用地和公益事业用地；
3. 国家重点扶持的能源、交通、水利等项目用地；
4. 法律、行政法规规定的其他用地。

第三节　房地产开发

一、房地产开发概述

（一）房地产开发的概念

房地产开发，是指在依据《城市房地产法》取得国有土地使用权的土地上进行基础设施、房屋建设的行为。

房地产开发的内容包括基础设施建设和房屋建设。基础设施建设一般是指给排水、城市污水处理、供用电、道路、桥涵、绿化、消防等设施的建设。房屋建设一般是指民用住宅建设，工业、交通、仓储用房建设，商业服务用房建设，文化、体育、娱乐用房建设，教育、医疗、科研用房以及办公用房等各类房屋建设。

（二）房地产开发的原则

《城市房地产法》第25条规定：房地产开发必须严格执行城市规划，按照经济效益、社会效益、环境效益相统一的原则，实行全面规划、合理布局、综合开发、配套建设。因此，我国房地产开发的原则主要有以下三项：一是符合城市规划的原则。二是坚持经济、社会和环境效益相统一的原则。三是有效开发的原则。

以出让方式取得土地使用权进行房地产开发的，必须按照土地使用权出让合同约定的土地用途、动工开发期限开发土地。超过出让合同约定的动工开发日期满1年未动工开发的，可以征收相当于土地使用权出让金20%以下的土地闲置费；满两年未动工开发的，可以无偿收回土地使用权；但是，因不可抗力或者政府、政府有关部门的行为或者动工开发必需的前期工作造成动工开发迟延的除外。

依法取得的土地使用权，可以依照《城市房地产法》和有关法律、行政法规的规定，作价入股，合资、合作开发经营房地产。

二、房地产开发企业

房地产开发企业是以营利为目的，从事房地产开发和经营的企业。设立房地产开发企业，应当具备下列条件：(1)有自己的名称和组织机构；(2)有固定的经营场所；(3)有符合国务院规定的注册资本；(4)有足够的专业技术人员；(5)法律、行政法规规定的其他条件。

设立房地产开发企业，应当向工商行政管理部门申请设立登记。工商行政管理部门对符合《城市房地产法》规定条件的，应当予以登记，发给营业执照；对不符合《城市房地产法》规定条件的，不予登记。

房地产开发企业在领取营业执照后的一个月内，应当到登记机关所在地的县级以上地方人民政府规定的部门备案。

房地产开发企业的注册资本与投资总额的比例应当符合国家有关规定。房地产开发企业分期开发房地产的，分期投资额应当与项目规模相适应，并按照土地使用权出让合同的约定，按期投入资金，用于项目建设。

第四节　房地产交易

一、房地产交易概述

（一）房地产交易的概念

房地产交易包括房地产转让、房地产抵押和房屋租赁。

房地产转让、抵押时，房屋的所有权和该房屋占用范围内的土地使用权同时转让、抵押。

（二）房地产交易基本制度

1. 房地产价格定期确定和公布制度

基准地价、标定地价和各类房屋的重置价格应当定期确定并公布。具体办法由国务院规定。

2. 房地产价格评估制度

国家实行房地产价格评估制度。房地产价格评估应当遵循公正、公平、公开的原则，按照国家规定的技术标准和评估程序，以基准地价、标定地价和各类房屋的重置价格为基础，参照当地的市场价格进行评估。

3. 房地产成交价格申报制度

国家实行房地产成交价格申报制度。房地产权利人转让房地产，应当向县级以上地方人民政府规定的部门如实申报成交价，不得瞒报或者作不实的申报。

4. 房地产交易权属登记制度

房地产转让、抵押，当事人应当依照《城市房地产法》的相关规定办理权属登记。

二、房地产转让

（一）房地产转让的概念和条件

房地产转让是指房地产权利人通过买卖、赠与或者其他合法方式将其房地产转移给他人的行为。

房地产转让的条件因土地使用权取得的方式不同，其转让的条件及要求存在差别。

1. 以出让方式取得土地使用权的房地产转让

以出让方式取得土地使用权的，转让房地产时，应当符合下列条件：(1)按照出让合同约定已经支付全部土地使用权出让金，并取得土地使用权证书。(2)按照出让合同约定进行投资开发，属于房屋建设工程的，完成开发投资总额的25%以上；属于成片开发土地的，形成工业用地或者其他建设用地条件。转让房地产时房屋已经建成的，还应当持有房屋所有权证书。

2. 以划拨方式取得土地使用权的房地产转让

以划拨方式取得土地使用权的，转让房地产时，应当按照国务院规定，报有批准权的人民政府审批。有批准权的人民政府准予转让的，应当由受让方办理土地使用权出让手续，并依照国家有关规定缴纳土地使用权出让金。

以划拨方式取得土地使用权的，转让房地产报批时，有批准权的人民政府按照国务院规定决定可以不办理土地使用权出让手续的，转让方应当按照国务院规定将转让房地产所获收益中的土地收益上缴国家或者作其他处理。

3. 房地产转让的禁止性规定

下列房地产，不得转让：(1)以出让方式取得土地使用权的，不符合法定转让条件的；(2)司法机关和行政机关依法裁定、决定查封或者以其他形式限制房地产权利的；(3)依法收回土地使用权的；(4)共有房地产，未经其他共有人书面同意的；(5)权属有争议的；(6)未依法登记领取权属证书的；(7)法律、行政法规规定禁止转让的其他情形。

（二）房地产转让合同

房地产转让，应当签订书面转让合同，合同中应当载明土地使用权取得的方式。房地产转让时，土地使用权出让合同载明的权利、义务随之转移。

以出让方式取得土地使用权的，转让房地产后，其土地使用权的使用年限为原土地使用权出让合同约定的使用年限减去原土地使用者已经使用年限后的剩余年限。

以出让方式取得土地使用权的，转让房地产后，受让人改变原土地使用权出让合同约定的土地用途的，必须取得原出让方和市、县人民政府城市规划行政主管部门的同意，签订土地使用权出让合同变更协议或者重新签订土地使用权出让合同，相应调整土地使用权出让金。

（三）商品房预售

商品房预售是指房地产开发企业在商品房尚未竣工前，将正在施工的商品房预先出售给购买者的行为。

商品房预售,应当符合下列条件:(1)已交付全部土地使用权出让金,取得土地使用权证书;(2)持有建设工程规划许可证;(3)按提供预售的商品房计算,投入开发建设的资金达到工程建设总投资的25%以上,并已经确定施工进度和竣工交付日期;(4)向县级以上人民政府房产管理部门办理预售登记,取得商品房预售许可证明。

商品房预售人应当按照国家有关规定将预售合同报县级以上人民政府房产管理部门和土地管理部门登记备案。商品房预售所得款项,必须用于有关的工程建设。

知识拓展

购置商品房必看的"五证"

这里所讲的"五证",是指有关政府部门颁发给房地产开发商的相关资质证书,"五证"齐全的商品房才是国家允许上市交易的。"五证"具体指的是:国有土地使用证、建设用地规划许可证、建设工程规划许可证、建设工程施工许可证和商品房销售许可证(或者商品房预售许可证)。

三、房地产抵押

(一)房地产抵押的概念

房地产抵押是指抵押人以其合法的房地产以不转移占有的方式向抵押权人提供债务履行担保的行为。债务人不履行债务时,抵押权人有权依法以抵押的房地产拍卖所得的价款优先受偿。

(二)房地产抵押权的设定

1. 设定抵押权的范围

依法取得的房屋所有权连同该房屋占用范围内的土地使用权,可以设定抵押权。以出让方式取得的土地使用权,可以设定抵押权。

设定房地产抵押权的土地使用权是以划拨方式取得的,依法拍卖该房地产后,应当从拍卖所得的价款中缴纳相当于应缴纳的土地使用权出让金的款额后,抵押权人方可优先受偿。

2. 房地产抵押合同

房地产抵押时,抵押人和抵押权人应当签订书面抵押合同。房地产抵押合同签订后,土地上新增的房屋不属于抵押财产。需要拍卖该抵押的房地产时,可以依法将土地上新增的房屋与抵押财产一同拍卖，但对拍卖新增房屋所得，抵押权人无权优先受偿。

四、房屋租赁

（一）房屋租赁的概念

房屋租赁是指房屋所有权人作为出租人将其房屋出租给承租人使用，由承租人向出租人支付租金的行为。

公民、法人或者其他组织对享有所有权的房屋和国家授权管理和经营的房屋可以依法出租。有下列情形之一的房屋不得出租：(1)未依法取得房屋所有权证的；(2)司法机关和行政机关依法裁定、决定查封或者以其他形式限制房地产权利的；(3)共有房屋未取得共有人同意的；(4)权属有争议的；(5)属于违法建筑的；(6)不符合安全标准的；(7)已抵押，未经抵押权人同意的；(8)不符合公安、环保、卫生等主管部门有关规定的；(9)有关法律、法规规定禁止出租的其他情形。

（二）房屋租赁合同

房屋租赁，出租人和承租人应当签订书面租赁合同，约定租赁期限、租赁用途、租赁价格、修缮责任等条款，以及双方的其他权利和义务，并向房产管理部门登记备案。

住宅用房的租赁，应当执行国家和房屋所在城市人民政府规定的租赁政策。租用房屋从事生产、经营活动的，由租赁双方协商议定租金和其他租赁条款。

以赢利为目的，房屋所有权人将以划拨方式取得使用权的国有土地上建成的房屋出租的，应当将租金中所含土地收益上缴国家。具体办法由国务院规定。

（三）房屋租赁合同的变更或者解除

有下列情形之一的，房屋租赁当事人可以变更或者解除租赁合同：(1)符合法律规定或者合同约定可以变更或者解除合同条款的；(2)因不可抗力致使合同不能继续履行的；(3)当事人协商一致的。

因变更或者解除租赁合同使一方当事人遭受损失的，除依法可以免除责任的以外，应当由责任方负责赔偿。

五、房地产中介服务机构

房地产中介服务机构包括房地产咨询机构、房地产价格评估机构、房地产经纪机构等。

房地产中介服务机构应当具备以下条件：(1)有自己的名称和组织机构；(2)有固定的服务场所；(3)有必要的财产和经费；(4)有足够数量的专业人员；

(5)法律、行政法规规定的其他条件。

设立房地产中介服务机构,应当向工商行政管理部门申请设立登记,领取营业执照后,方可开业。

国家实行房地产价格评估人员资格认证制度。

知识拓展

房地产价格评估人员

房地产价格评估人员分为房地产估价师和房地产估价员。房地产估价师必须是经国家统一考试、执业资格认证,取得《房地产估价师执业资格证书》,并经注册登记取得《房地产估价师注册证》的人员。未取得《房地产估价师注册证》的人员,不得以房地产估价师的名义从事房地产估价业务。房地产估价员必须是经过考试并取得《房地产估价员岗位合格证》的人员。未取得《房地产估价员岗位合格证》的人员,不得从事房地产估价业务。

第五节　房地产权属登记

一、房地产权属登记概述

(一)房地产权属登记的概念

房地产权属登记,是指由法律规定的管理机关对房地产的权属状况进行确认,并发给土地使用权证书或房屋所有权证书的法律行为。房地产权属登记具有权利确认、权利公示和便于管理三项功能。

(二)房地产权属登记的方式

关于房地产权属的登记,我国目前的实践中较多仍然是实行房产和地产分别登记的制度,但统一登记制度将是未来房地产体制改革的方向。

国家实行土地使用权和房屋所有权登记发证制度。经省、自治区、直辖市人民政府确定,县级以上地方人民政府由一个部门统一负责房产管理和土地管理工作的,可以制作、颁发统一的房地产权证书,依照《城市房地产法》的规定,将房屋的所有权和该房屋占用范围内的土地使用权的确认和变更,分别载入房地产权证书。

(三)房地产权属登记的效力

凡是属于法律明确规定必须登记的,以是否登记作为生效要件;法律没有强制要求登记的，采自愿原则，但经过登记的，往往在效力上具有优先性。

二、房地产权属登记的种类

1. 国有土地使用权登记

以出让或者划拨方式取得国有土地使用权，应当向县级以上地方人民政府土地管理部门申请登记，经县级以上地方人民政府土地管理部门核实，由同级人民政府颁发土地使用权证书。

2. 房屋所有权登记

在依法取得的房地产开发用地上建成房屋的，应当凭土地使用权证书向县级以上地方人民政府房产管理部门申请登记，由县级以上地方人民政府房产管理部门核实并颁发房屋所有权证书。

3. 房地产变更登记

房地产转让或者变更时，应当向县级以上地方人民政府房产管理部门申请房产变更登记，并凭变更后的房屋所有权证书向同级人民政府土地管理部门申请土地使用权变更登记，经同级人民政府土地管理部门核实，由同级人民政府更换或者更改土地使用权证书。

4. 房地产抵押登记

房地产抵押时，应当向县级以上地方人民政府规定的部门办理抵押登记。

因处分抵押房地产而取得土地使用权和房屋所有权的，应当依照规定办理过户登记。

开篇引例解析

(1)正确。根据《城市房地产法》第39条规定的规定，以出让方式取得土地使用权的，转让房地产时，应当符合下列条件：①按照出让合同约定已经支付全部土地使用权出让金，并取得土地使用权证书；②按照出让合同约定进行投资开发，属于房屋建设工程的，完成开发投资总额的25%以上，属于成片开发土地的，形成工业用地或者其他建设用地条件。

转让房地产时房屋已经建成的，还应当持有房屋所有权证书。

因此，土地管理部门的认定并无不当。

(2)不成立。根据我国《城市房地产法》第40条的规定，以划拨方式取得土地使用权的房地产转让，应当按照国务院规定，报有批准权的人民政府审批。准予转让的，一种情况是应由受让方补办土地使用权出让手续，并依照国家有关规定缴纳土地使用权出让金；另一种情况是可以不办理土地使用权出让手续，但转让方应按照国务院规定将转让房地产所获收益中的土地收益上缴国家或者作其他处理。对于后者缴纳土地收益金的规定一般适用于私有住宅转让后仍用于居住的以及按照国务院住房制度改革的有关规定出售公有住宅等情况。

本章小结

房地产业是我国国民经济发展的支柱性产业之一，不仅关涉城市人民的居住问题，而且还涉及很多国家宏观性经济问题。《城市房地产法》是我国一部非常重要的宏观经济调控法。本章阐述的主要内容包括城市房地产开发用地、房地产开发、房地产交易、权属登记等，涉及房地产开发商、建设商、业主等诸多主体之间的权利和义务关系。

复习思考题

一、单项选择题

1. 下列选项中，属于房地产开发的是（　　）。

A. 乡镇企业进行企业建设

B. 村委会实施村民住宅统一改建

C. 城市市政设施建设

D. 农民承包集体所有的荒地实施开发

2. 土地使用权出让合同应由（　　）与土地使用者签订。

A. 省级政府　　B. 省级政府土地管理部门

C. 市、县政府　　D. 市、县政府土地管理部门

3. 商品房预售合同无效的，预售商品房的转让合同一般应认定（　　）。

A. 部分有效

B. 依据转让人是否有过错判定转让合同是否有效

C. 无效

D. 有效

二、多项选择题

4.《城市房地产法》调整的对象包括（　　）。

A. 房地产开发用地　　B. 房地产开发

C. 房地产交易　　D. 房地产管理

5. 房地产开发用地的取得方式包括（　　）。

A. 拍卖　　B. 招标　　C. 协议　　D. 划拨

6. 房地产交易包括(　　)。

A. 房地产抵押　　B. 附着物买卖

C. 附着物出租　　D. 房地产转让

三、案例分析题

7. 李某(女)、张某为夫妇,二人曾于2000年10月以10万元的价格购置本市一座二层楼房,后因嫌该房离其工作单位较远,决定将其卖掉,但一直未找到合适的买主。2001年2月初,张某赴外地出差,本市的陈某经人介绍,找到李某愿以10万元价格买下,李某不同意;后双方经协商签订合同,李某以11万元价格将该房出售。次日,陈某将5万元送来。李某遂将钥匙交给陈某,但因产权证被张某存放在单位,李某提出待丈夫出差回来,即办理产权过户登记。办完手续后陈某再付另外6万元。同年7月初,张某从外地返回后得知该房价格已经上涨,遂找到陈某,要求再增加1万元价款才能去办理过户登记手续,陈某不同意。张某便在同年8月10日以12万元的价款,将该房卖给了王某,并于8月15日,与王某办理了登记过户手续。王某找到陈某要求其搬走,陈某遂到人民法院提起诉讼,告张某、王某侵害其所有权,并要求法院解除张某与王某之间的房屋买卖合同。而张某提出,其妻李某将该房卖给陈某时,他并不知道,也未得到其同意,因此该买卖行为是无效的。

问题:

(1) 你认为谁应当是本案纠纷所涉房屋的所有人?为什么?

(2) 你认为本案房屋买卖的效力如何?为什么?

第十二章 税 法

【学习目标】

1. 了解税收的概念和特征。
2. 理解税法的调整对象、税收法律关系。
3. 掌握税法的构成要素,有关流转税、所得税、财产税的法律规定。
4. 理解我国的税收征收管理制度及违反税法的法律责任。

【重点、难点】

1. 税收的特征。
2. 税法的构成要素。
3. 流转税、所得税的基本法律规定。

开篇引例

某公司开业并办理了税务登记,两个月后的一天,税务机关发来一份税务处理通知书,称该公司未按照规定期限办理纳税申报(每月1～10日为申报期限),并处罚款。公司经理对此很不理解,到税务机关辩称:公司虽已开业两个月,但尚未做成一笔生意,没有收入如何办理纳税申报呢?

问题:请依照《税收征管法》的规定,分析并回答该公司的做法有无错误。

第一节 税法概述

一、税收的概念和特征

税收是国家为了实现其职能,依照税法规定,凭借政治权力,依法强制、无偿地征收一定货币或实物,参与国民收入分配,取得财政收入的活动。税收是实现国家政治、经济、文化等职能的物质基础,是国家财政收入的主要来源。税收作为财政收入的主要形式,同国家取得财政收入的其他形式相比较,具有以下基本特征:

（一）强制性

税收是国家依法征收的，有法律强制力的保证。纳税人不依法纳税，要受到法律制裁。税收的强制性是国家无偿取得财政收入的可靠保证。

（二）无偿性

税收是国家将征收的税款归国家所有，不需要向纳税人付出任何代价或支付任何报酬。纳税人依法纳税后，财产所有权发生了转移，税款就成为国家的财政收入归国家所有，而不再直接返还给纳税人。

（三）固定性

税收由国家按法律规定征收，政府在征税之前，以法律形式规定了课税对象的范围、征收数额、征收比例和征收期限等内容，具有法律上的相对稳定性。

二、税法的概念

税法是调整在税收活动中发生的社会关系，即税收关系的法律规范的总称。税法调整的税收关系主要包括下列内容：一是税收体制关系，即国家权力机关及其授权的行政机关之间、中央和地方之间因税收方面的管理权限划分而发生的社会关系，如税收立法权、税种开征的决定权、税率调整的决定权等，这实质上是一种权力的分配关系。二是税收的征纳关系，这是指税收征收管理机关与纳税人之间因为征税、纳税而发生的权利义务关系。这种税收征纳关系可分为税收征纳实体关系和税收征纳程序关系。

税收关系决定了税法在内容构成上，可包括税收体制方面的法律规范即税收体制法以及调整税收征纳关系的法律规范即税收征纳法。其中税收征纳方面的法律又可分为税收征纳实体法的规定和税收征纳程序法的规定。

税收和税法关系密切，税收离不开税法。一个国家的税收制度总是通过税收立法加以明确规定的，税法是税收的法律表现形式。税收通常需要凭借税法的强制力保证实现。

三、税法的构成要素

税法的构成要素，是指构成税法的必要因素，它主要包括下列不可缺少的内容：

（一）税法的主体

这是在税收法律关系中享有权利和承担义务的当事人，包括征税主体和纳税主体。

从理论上说，征税权是国家主权的一部分，征税主体应是国家。在具体的征税活动中，国家授权有关的政府机关来具体行使征税权。在我国，代表国家行使征税权，从而成为具体的、形式上的征税主体的有各级财政机关、税务机关和海关。其中，税务机关是最重要的、专门的税收征管机关，它负责最大量的、最广泛的工商税收的征管；海关负责征收关税、船舶吨税，代征进口环节的增值税、消费税；财政机关主要负责农业税收的征管，其具体负责的税种和征管范围正在逐渐缩小。

纳税主体，又称“纳税人”或“纳税义务人”，是指按照税法规定直接负有纳税义务的单位和个人。我国税法中还规定了扣缴义务人，包括代扣代缴义务人和代收代缴义务人。代扣代缴义务人是指有义务从持有的纳税人收入中扣除纳税人的应纳税款并代为缴纳的单位和个人。代收代缴义务人是指有义务借助经济往来关系向纳税人收取应纳税款并代为缴纳的单位和个人。现行税制中只有消费税中的委托加工业务存在代收代缴义务人。

(二)征税客体

征税客体又称“征税对象”，是税法规定的征税标的，主要解决对什么征税的问题。它是各种税种间相互区别的最主要标志，也是确定征税范围、进行税收和税法分类的重要依据。

(三)税目和计税依据

税目是在征税对象总范围内规定的具体征税的类别或项目，是征税对象的具体化。它是征税对象在质的方面的具体化，反映了征税的广度。计税依据，也称“计税标准”、“计税基数”或“税基”，是指税法规定的据以计算应纳税款的依据或标准，是计算应纳税款的基数。这是对征税对象在量的方面的具体化。在税法实践中，应税收入额、应税所得额、计税收入额、计税所得额等提法就是指各种税的计税依据。

(四)税率

税率是纳税额占征税对象数额的比例。税率是税收制度的核心，其高低直接关系到国家财政收入的多少和纳税人负担水平的轻重，反映征税的深度，体现国家的税收政策。我国现行税法采用三种税率：(1)比例税率。是指对同一征税对象，不分数额大小，均按同一比例计算应纳税额的税率。(2)累进税率。是指对同一征税对象，随着数量的增加，征收比例也随之升高的税率。即按征收对象数额的大小划分若干等级，每级由低到高规定相应的税率，应税数量或金额越大，适用的税率越高。累进税率又分为全额累进税率和超额累进税率。全额累进税率是对征税对象的全部数额都按照与之相适应的等级税率征税；超额累进税率是对征税对象按数额大小划分为若干等级，对每个等级分别规定相应的税率，纳税人全部征税对象分别按照不同级次的税率计算税款，然后将各级税款加总，计算全部应纳税款。(3)定额税率。是指按单位征税对象直接规定固定的征税税额，不采用百分比形式，通常是根据征税对象的面积、重量、体积或容积等计量单位(如米、吨、辆等)加以确定，适用于从量计征的税种。

(五)税收特别措施

这是国家为贯彻经济政策、发挥税收调节功能而在一定时期依法采取的措施，包括税收优惠和税收重课措施。前者的主要内容是减轻纳税人的税负，如税收减免、税收抵免、亏损结转、出口退税等；而后者的主要内容是加重税负，如税收附加和加成征收等。

(六)纳税环节

这是指征税对象从生产到消费的流转过程中应当缴纳税款的环节。纳税环节主要是对商品课税的税种所作的规定。商品从生产到消费，中间经过多个环节，税法根据税种性质，规定其中某一个或若干个环节为纳税环节。

(七)纳税期限和纳税地点

纳税期限是指纳税人缴纳税款的法定期限。纳税期限分为按期纳税和按次纳税两种。纳税地点是指纳税人依法申报缴纳税款的具体地点，它说明纳税人应向哪里的税务机关申报纳税以及哪里的税务机关有权管辖的问题。税法上规定的纳税地点主要有机构所在地、经济活动发生地、财产所在地以及报关地等。

(八)违法处理

违法处理是税法对纳税人违反税法的行为规定的惩罚措施。它是税法得以贯彻落实的保障措施，也是税收法律制度强制性的体现。违法处理的措施包括补缴税款、加收滞纳金、罚款、移交司法机关处理等。

四、税收法律关系

税收法律关系是税法调整国家与纳税义务人之间在税收活动中所发生的以征纳关系为内容的权利和义务关系。它是国家参与国民收入分配和再分配的经济关系在法律上的表现。

(一)税收法律关系的要素

税收法律关系的要素与其他法律关系要素一样，由主体、内容(即权利和义务)和客体构成。

1. 税收法律关系的主体。税收法律关系的主体是指税收法律关系的参加者，即在税收法律关系中权利的享有者和义务的承担者，即征税主体和纳税主体。

2. 税收法律关系的内容。税收法律关系的内容是指税收征收与缴纳双方所享有的权利和应承担的义务。征税主体和纳税主体的权利和义务主要包括以下内容:(1)征税主体的权利是依法进行征税,办理税务登记,进行税务检查和对违法者进行处罚等;其义务是将税款及时无误地解缴国库,及时把税收争议案件提交上级机关处理等。(2)纳税主体的权利是按税法规定享有减税、免税和申请退税的权利,对税务机关作出不合理决定,有权申请上级税务机关复议,如对复议仍持异议,可诉诸法律等;其义务是必须按时办理纳税登记,接受监督检查,提供真实的会计报表及纳税资料,依法缴纳税款,不拖欠,不偷漏税,不抗税等。

3. 税收法律关系的客体,是指税收法律关系主体之间的权利和义务共同指向的对象和实现的目标。包括货币、实物和行为三个方面。它与征税客体不同,征税客体是专指征税对象,即对什么东西征税。税收法律关系的客体中的行为,主要是指在税法制定和执行过程中,发生于国家权力机关与行政机关之间、行政机关与税务机关之间拟订税收指标的行为和金库对税款核实、报解等行为。

(二)税收法律关系的特点

1. 由于税收是以国家为主体的一种特定的分配,因此税收法律关系中一方主体必须是国家,另一方是社会组织或个人。

2. 在征税纳税过程中产生的税收法律关系,征税主体享有单方面征收权利,纳税主体负有单方面的缴纳义务,征税主体在征税后不负担相应的货币(或实物)义务。但是在特殊的条件下,出现了税法规定的新的法律事实,比如不可抗力带来的灾害影响纳税主体履行纳税义务,这时征纳双方的权利义务不再是单性的,一方享有减免税申请权,另一方有依法给予减免税的义务。

3. 税收法律关系具有财产所有权转移的特点,当纳税义务人在履行了缴纳税金义务之后,纳税义务人原拥有货币资金(或实物)的所有权已让渡给了国家,税金不再归还纳税人。这是单向的转移,是无偿的。

4. 纳税主体一旦发生税法规定的行为和事件,就产生了税收法律关系,是不以征纳双方当事人的意思表示为转移的。因此,纳税人应当依法履行义务,征收主体也要依法行使征税的职责。

五、现行税种

我国现行税法体系中的税收种类包括:

(一)流转税

流转税的特点是:征税对象是流转额,既包括商品销售收入额,也包括各种劳务、服务的业务收入额,征税伴随商品交换和非商品服务进行,计税依据是商品的价格和服务收费。具体包括增值税、土地增值税、消费税、营业税和关税。

(二)所得税

所得税的特点是:征税对象是所得额或收益额,税额的多少取决于纳税人的收益额。征税一般以全年所得额或收益额征收,采取分季(月)预交,年中结清,多退少补。具体包括企业所得税和个人所得税。

(三)财产税

财产税的特点是:征税对象是房屋等财产的价值额或租价额,税额只同财产的数量或价值相联系;可以就财产的占有征税,也可以就财产的转移征税,因而对限制财产占有、奖励居民自建房屋和保护房主合法权益方面有特殊作用,它属于地方税,是市政建设的一项资金来源。具体包括房产税和契税。

(四)特定行为税

特定行为税的特点是:具有鲜明的政策性和因时制宜的灵活性,特别是在抑制各类消费行为方面起着特殊作用。具体包括固定资产投资方向调节税(从2000年起暂停征收)、车船使用税、车辆购置税、城镇土地使用税、耕地占用税、船舶吨税、印花税、城市维护建设税和烟叶税。

(五)资源税

资源税的特点是:它是对从事开发矿产资源、盐和开发及使用土地的单位和个人征收的一种税,解决的是由于矿产、盐和土地的资源结构、开采条件和地理位置不同产生级差收入,造成利润水平相差悬殊的问题;能够起到合理利用国家资源、加强经济核算、正确处理国家与开发企业之间的分配关系的作用。

第二节 流转税法

一、增值税

增值税是以应税货物和应税劳务新增加的价值(增值额)为征税对象的一种税。

为了适应专业化协作社会大生产的需要,平衡企业间的税收负担,国务院曾于1984年9月18日发布《中华人民共和国增值税条例(草案)》;随着我国税收体制的不断改革和完善,为进一步贯彻简化税制的原则,1993年12月13日,国务院发布了《中华人民共和国增值税暂行条例》(以下简称《增值税暂行条例》),在全国范围内推行以增值税为主体的流转税制度;2008年11月5日国务院第三十四次常务会议修订通过了《增值税暂行条例》并重新发布，于 2009 年 1 月 1 日开始施行。

(一)纳税主体

凡是在我国境内从事销售货物或者提供加工、修理修配劳务以及进口货物的单位和个人，为增值税的纳税人。

(二)税率

按照《增值税暂行条例》的规定，增值税采用三种不同的比例税率：纳税人销售或者进口货物以及提供加工、修理修配劳务的，税率为 17%。纳税人销售或者进口粮食、食用植物油，自来水、暖气、冷气、热水、煤气、石油液化气、天然气、沼气、居民用煤炭制品，图书、报纸、杂志，饲料、化肥、农药、农机、农膜，以及国务院规定的其他货物的，税率为 13%。纳税人出口货物除国务院另有规定的外，税率为零。

(三)应纳税额的计算

1. 纳税人销售货物或者提供应税劳务，应纳税额为当期销项税额抵扣当期进项税额的余额，其计算公式为：

应纳增值税额＝当期销项税额－当期进项税额

因当期销项税额小于当期进项税额不足抵扣时，其不足部分可以结转下期继续抵扣。

销项税额是指纳税人销售货物或者提供应税劳务，按照销售额依率计算并向购买方收取的增值税额(其计算公式为：销项税额＝销售额×税率)，其中销售额为纳税人销售货物或者提供应税劳务向购买方收取的全部价款和价外费用，但不包括收取的销项税额。如果纳税人销售货物或者提供应税劳务的价格明显偏低而又无正当理由的，其销售额由主管税务机关核定。纳税人销售货物或者提供应税劳务，应当向购买方开具增值税专用发票，并在增值税专用发票上分别注明销售额和销项税额。

进项税额是指纳税人购进货物或者接受应税劳务所支付或者所负担的增值税额。其中，准予从销项税额中抵扣的进项税额，限于下列增值税扣税凭证上注明的增值税额：(1)从销售方取得的增值税专用发票上注明的增值税额；(2)从海关取得的完税凭证上注明的增值税额。但购进免税农业产品准予抵扣的进项税额，按照买价的 10%的扣除率计算，即：进项税额＝买价×10%。

2. 小规模纳税人销售货物或者提供应税货物实行简易办法计算应纳税额。即按照销售额和规定的征收率来计算应纳税额，而不抵扣任何进项税额。其计算公式为：

$$应纳税额=销售额\times征收率(3\%)$$

3. 纳税人进口货物，按组成计税价格依率直接计算应纳税额，不抵扣任何税额。组成计税价格和应纳税额计算公式分别为：

$$组成计税价格=关税免税价格+关税+消费税$$

$$应纳税额=组成计税价格\times税率$$

进口货物的增值税，由海关代征。

（四）减税、免税

下列项目免征增值税：

1. 农业生产者销售的自产农业产品；

2. 避孕药品和用具；

3. 古旧图书；

4. 直接用于科学研究、科学实验和教学的进口仪器、设备；

5. 外国政府、国际组织无偿援助的进口物资和设备；

6. 由残疾人组织直接进口供残疾人专用的物品；

7. 销售的自己使用过的物品。

此外，纳税人销售额未达到财政部规定的增值税起征点的，也免征增值税。

（五）纳税地点和纳税期限

1. 纳税地点

(1)固定业户应当向其机构所在地的主管税务机关申报纳税。总机构和分支机构不在同一县(市)的，应当分别向各自所在地的主管税务机关申报纳税；经国务院财政、税务主管部门或者其授权的财政、税务机关批准，可以由总机构汇总向总机构所在地的主管税务机关申报纳税。

(2)固定业户到外县(市)销售货物或者应税劳务，应当向其机构所在地的主管税务机关申请开具外出经营活动税收管理证明，并向其机构所在地的主管税务机关申报纳税。未开具证明的，应当向销售地或者劳务发生地的主管税务机关申报纳税；未向销售地或者劳务发生地的主管税务机关申报纳税的，由其机构所在地的主管税务机关补征税款。

(3)非固定业户销售货物或者应税劳务，应当向销售地或者劳务发生地的主管税务机关申报纳税；未向销售地或者劳务发生地的主管税务机关申报纳税的，由其机构所在地或者居住地的主管税务机关补征税款。

(4)进口货物，应当向报关地海关申报纳税。

扣缴义务人应当向其机构所在地或者居住地的主管税务机关申报缴纳其扣缴的税款。

2. 纳税期限

增值税的纳税期限分别为1日、3日、5日、10日、15日、1个月或者1个季度。纳税人的具体纳税期限,由主管税务机关根据纳税人应纳税额的大小分别核定;不能按照固定期限纳税的,可以按次纳税。

纳税人以1个月或者1个季度为1个纳税期的,自期满之日起15日内申报纳税;以1日、3日、5日、10日或者15日为1个纳税期的,自期满之日起5日内预缴税款,于次月1日起15日内申报纳税并结清上月应纳税款。

纳税人进口货物,应当自海关填发海关进口增值税专用缴款书之日起15日内缴纳税款。

纳税人出口适用税率为零的货物,向海关办理出口手续后,凭出口报关单等有关凭证,可以按月向税务机关申报办理该项出口货物的退税。出口货物办理退税后发生退货或者退关的,纳税人应当依法补缴已退的税款。

二、土地增值税

土地增值税是对转让房地产所取得的增值额所征收的一种税。

为了规范土地、房地产市场交易秩序,合理调节土地增值收益,维护国家权益,1993年11月26日国务院第十二次常务会议通过并发布了《中华人民共和国土地增值税暂行条例》(以下简称《土地增值税暂行条例》),并于1994年1月1日起开始施行。

(一)纳税主体

土地增值税的纳税主体是转让国有土地使用权、地上的建筑物及其附着物(即转让房地产)并取得收入的单位和个人。

(二)税率

土地增值税实行四级超额累进税率,即:

1. 增值额未超过扣除项目金额50%的部分,税率为30%。

2. 增值额超过扣除项目金额50%、未超过扣除项目金额100%的部分,税率为40%。

3. 增值额超过扣除项目金额100%、未超过扣除项目金额200%的部分,税率为50%。

4. 增值额超过扣除项目金额200%的部分,税率为60%。

(三)计税方法

土地增值税按照纳税人转让房地产所取得的增值额依率计算征收。所谓增值额是指纳税人转让房地产所取得的收入减除应扣除项目金额后的余额。纳税人转让房地产所取得的收入，包括货币收入、实物收入和其他收入。

计算增值额的扣除项目有：(1)取得土地使用权所支付的金额；(2)开发土地的成本、费用；(3)新建房及配套设施的成本、费用，或者旧房及建筑物的评估价格；(4)与转让房地产有关的税金；(5)财政部规定的其他扣除项目。

纳税人有下列情形之一的，按照房地产评估价格计算征收：(1)隐瞒、虚报房地产成交价格的；(2)提供扣除项目金额不实的；(3)转让房地产的成交价格低于房地产评估价格而又无正当理由的。

纳税人应当自转让房地产合同签订之日起7日内向房地产所在地主管税务机关办理纳税申报，并在税务机关核定的期限内缴纳土地增值税。

(四)免税

纳税人有下列情形之一的，免征土地增值税：(1)纳税人建造普通标准住宅出售，增值额未超过扣除项目金额20%的；(2)因国家建设需要依法征用、收回的房地产。

三、消费税

消费税是对应税消费品征收的一种税。1993年12月13日国务院发布了《中华人民共和国消费税暂行条例》(以下简称《消费税暂行条例》)，对消费税的征收作了明确规定；2008年11月5日国务院第三十四次常务会议修订通过了《消费税暂行条例》并重新发布，于2009年1月1日开始施行。

(一)纳税主体

在我国境内生产、委托加工和进口《消费税暂行条例》规定的应税消费品的单位和个人，都是消费税的纳税义务人。

(二)税目和税率

消费税的税目目前有14个，即：烟、酒及酒精、化妆品、贵重首饰及珠宝玉石、鞭炮及烟火、成品油、汽车轮胎、摩托车、小汽车、高尔夫球及球具、高档手表、游艇、木制一次性筷子、实木地板。消费税税率实行比例税率和定额税率，其中比例税率分为13个高低不同的档次，最高的为45%，最低的为1%。

纳税人兼营不同税率的应当缴纳消费税的消费品(以下简称应税消费品)，应当分别核算不同税率应税消费品的销售额、销售数量；未分别核算销售额、销售数量，或者将不同税率的应税消费品组成成套消费品销售的，从高适用税率。

知识拓展

消费税税目税率表

税　　目	税　　率
一、烟	45%加0.003元/支
1. 卷烟	30%加0.003元/支
(1)甲类卷烟	25%
(2)乙类卷烟	30%
2. 雪茄烟	
3. 烟丝	
二、酒及酒精	20%加0.5元/500克(或者500毫升)
1. 白酒	240元/吨
2. 黄酒	
3. 啤酒	250元/吨
(1)甲类啤酒	220元/吨
(2)乙类啤酒	10%
4. 其他酒	5%
5. 酒精	
三、化妆品	30%
四、贵重首饰及珠宝玉石	
1. 金银首饰、铂金首饰和钻石及钻石饰品	5%
2. 其他贵重首饰和珠宝玉石	10%
五、鞭炮、焰火	15%
六、成品油	
1. 汽油	
(1)含铅汽油	0.28元/升
(2)无铅汽油	0.20元/升
2. 柴油	0.10元/升
3. 航空煤油	0.10元/升
4. 石脑油	0.20元/升
5. 溶剂油	0.20元/升
6. 润滑油	0.20元/升
7. 燃料油	0.10元/升
七、汽车轮胎	3%

续表

税目	税率
八、摩托车	
1. 气缸容量(排气量,下同)在250毫升(含250毫升)以下的	3%
2. 气缸容量在250毫升以上的	10%
九、小汽车	
1. 乘用车	
(1)气缸容量(排气量,下同)在1.0升(含1.0升)以下的	1%
(2)气缸容量在1.0升以上至1.5升(含1.5升)的	3%
(3)气缸容量在1.5升以上至2.0升(含2.0升)的	5%
(4)气缸容量在2.0升以上至2.5升(含2.5升)的	9%
(5)气缸容量在2.5升以上至3.0升(含3.0升)的	12%
(6)气缸容量在3.0升以上至4.0升(含4.0升)的	25%
(7)气缸容量在4.0升以上的	40%
2. 中轻型商用客车	5%
十、高尔夫球及球具	10%
十一、高档手表	20%
十二、游艇	10%
十三、木制一次性筷子	5%
十四、实木地板	5%

(三)纳税环节

纳税人生产的应税消费品,于销售时纳税。纳税人自产自用的应税消费品,用于连续生产应税消费品的,不纳税;用于其他方面的,于移送使用时纳税。

委托加工的应税消费品,除受托方为个人外,由受托方在向委托方交货时代收代缴税款。委托加工的应税消费品,委托方用于连续生产应税消费品的,所纳税款准予按规定抵扣。

进口的应税消费品,于报关进口时纳税。

（四）应纳税额的计算

消费税实行从价定率、从量定额，或者从价定率和从量定额复合计税（以下简称复合计税）的办法计算应纳税额。应纳税额计算公式：

实行从价定率办法计算的应纳税额＝销售额×比例税率

实行从量定额办法计算的应纳税额＝销售数量×定额税率

实行复合计税办法计算的应纳税额＝销售额×比例税率＋销售数量×定额税率

纳税人销售的应税消费品，以人民币计算销售额。纳税人以人民币以外的货币结算销售额的，应当折合成人民币计算。

其中，销售额是指纳税人销售应税消费品向购买方收取的全部价款和价外费用。

纳税人应税消费品的计算价格明显偏低而又无正当理由的，由主管税务机关核定其计税价格。消费税由税务机关征收，进口的应税消费品的消费税由海关代征。对纳税人出口应税消费品，除国务院另有规定的外，免征消费税。

四、营业税

营业税是以纳税人从事经营活动的营业额（销售额）为征税对象的一种税。为了规范营业税的征管，1993 年 12 月 13 日国务院发布了《中华人民共和国营业税暂行条例》（以下简称《营业税暂行条例》）；2008 年 11 月 5 日国务院第 34 次常务会议修订通过了《营业税暂行条例》并重新发布，于 2009 年 1 月 1 日开始施行。

（一）纳税主体

营业税的纳税主体是指在中国境内提供应税劳务、转让无形资产或销售不动产的单位和个人。

（二）税目和税率

营业税税目有 9 个，税率为比例税率，具体是：交通运输业、建筑业、邮电通信业、文化体育业的税率为 3％；金融保险业、服务业、转让无形资产、销售不动产的税率为 5％；娱乐业的税率为 5％～20％，具体税率由省、自治区、直辖市人民政府制定。

（三）计税依据

营业税的计税依据为纳税人的营业额，包括纳税人提供劳务、转让无形资产或销售不动产向对方收取的全部价款和价外费用，税法有特别规定者除外。价外费用是指向对方收取的手续费、基金、集资费、代收款、代垫款项及其他价外收费。

纳税人提供应税劳务、转让无形资产或者销售不动产，按照营业额和规定的税率计算应纳税额。应纳税额计算公式：

应纳税额＝营业额×税率

（四）免税项目

下列项目免征营业税：

1. 托儿所、幼儿园、养老院、残疾人福利机构提供的育养服务、婚姻介绍、殡葬服务。

2. 残疾人员个人提供的劳务。

3. 医院、诊所和其他医疗机构提供的医疗服务。

4. 学校和其他教育机构提供的教育劳务，学生勤工俭学提供的劳务。

5. 农业机耕、排灌、病虫害防治、植物保护、农牧保险以及相关技术培训业务，家禽、牲畜、水生动物的配种和疾病防治。

6. 纪念馆、博物馆、文化馆、文物保护单位管理机构、美术馆、展览馆、书画院、图书馆举办文化活动的门票收入，宗教场所举办文化、宗教活动的门票收入。

7. 境内保险机构为出口货物提供的保险产品。

除上述规定外，营业税的免税、减税项目由国务院规定。任何地区、部门均不得规定免税、减税项目。

五、关税

关税是指设在边境、沿海口岸或国家制定的其他水、陆、空国际交往通道的海关，按照国家的规定，对进出国境的货物和物品所征收的一种税。关税分为进口税和出口税。关税是一种特殊的税种，是国家主权完整的重要表现。它是维护国家主权和经营利益，执行国家对外经济政策的重要手段。它通过对出口货物大部分免税、小部分征税来鼓励出口，增强产品的国际竞争力，保护国内的某些资源。它利用高低不同的税率以及关税的减免，鼓励国内必需品进口，限制非必需品的进口，有利于引进技术和先进设备。它还能促使企业加强经济核算，增加国家财政收入。

我国关于关税方面的法律主要是全国人大常委会于1987年1月通过、2000年7月8日第九届全国人民代表大会常务委员会第十六次会议修正的《海关法》和国务院发布的《进出口关税条例》及《海关进出口税则》。《进出口关税条例》由国务院于1985年3月发布、1987年9月第一次修订、1992年3月第二次修订、2003年11月23日第三次修订发布，自2004年1月1日起施行。

关税的纳税主体是进口货物的收货人、出口货物的发货人，进出境物品的所有人(持有人)和进口邮件的收件人。

关税的征税对象是海关依照《进出口关税条例》审定的完税价格。

关税的税率为比例税率。进出口货物的税率分为进口税率和出口税率。进口税率又分为普通税率和优惠税率。优惠税率适用于与我国签订关税互惠协议的国家或者地区的进口货物,普通税率适用于未签订关税互惠协议的国家或者地区的进口货物。为鼓励出口,只对部分商品征收出口税。

第三节　所得税法

所得税制首创于英国。所得税即收益税,是以纳税人的所得额为征税对象的税。

我国目前采取的是以流转税和所得税并重的复税制模式。所得税的特点主要有:首先,征税对象是纳税人的全年所得额或收益额,只是不同税种间各项所得额包含的范围有所不同。其次,它以纳税人的实际负担能力为征税原则,所得多的多征,所得少的少征,无所得的不征,不像流转税不问有无利润和负担能力都要征税。再次,它是国家对纳税人的收入直接进行调节的手段。

一、企业所得税

1993 年年底,国家对企业所得税制度进行了重大的改革,1993 年 12 月 13 日颁布、1994 年 1 月 1 日起施行的《企业所得税暂行条例》,统一了内资企业所得税,结束了长期以来对不同所有制企业规定不同所得税的局面,使我国税制向着市场经济的要求迈进了一大步。但是,对于外商投资企业和外国企业在中国境内开展经营活动的所得税征收,仍然单独适用 1991 年 4 月 9 日第七届全国人民代表大会第四次会议通过的《外商投资企业和外国企业所得税法》。这种“内外有别”的局面最终于 2008 年终结——《中华人民共和国企业所得税法》(以下简称《企业所得税法》)已由中华人民共和国第十届全国人民代表大会第五次会议于 2007 年 3 月 16 日通过,自 2008 年 1 月 1 日起施行;1991 年 4 月 9 日第七届全国人民代表大会第四次会议通过的《中华人民共和国外商投资企业和外国企业所得税法》和 1993 年 12 月 13 日国务院发布的《中华人民共和国企业所得税暂行条例》同时废止。

(一)纳税主体

凡在中国领域内开展经营活动、实行独立经济核算的企业和其他取得收入的组织,均为企业所得税的纳税人,具体可以分为居民企业和非居民企业。对个人独资企业和合伙企业,投资者的生产经营所得,比照个体工商户的生产、经营所得征收个人所得税，不适用《企业所得税法》。

居民企业，是指依法在中国境内成立，或者依照外国(地区)法律成立但实际管理机构在中国境内的企业。实际管理机构，是指对企业的生产经营、人员、账务、财产等实施实质性全面管理和控制的机构。

非居民企业，是指依照外国(地区)法律成立且实际管理机构不在中国境内，但在中国境内设立机构、场所的，或者在中国境内未设立机构、场所，但有来源于中国境内所得的企业。

(二)征税对象

纳税人每一纳税年度的收入总额减去准予扣除与纳税人取得收入有关的成本、费用和损失后的余额为应纳税的所得额。纳税人的收入总额包括：(1)销售货物收入；(2)提供劳务收入；(3)转让财产收入；(4)股息、红利等权益性投资收益；(5)利息收入；(6)租金收入；(7)特许权使用费收入；(8)接受捐赠收入；(9)其他收入。

按照规定，应当扣除的项目包括：(1)纳税人在生产、经营期间，向金融机构借款的利息支出，按照实际发生数扣除；向非金融机构借款的利息支出，不高于按照金融机构同类、同期贷款利率计算的数额以内的部分，准予扣除。(2)纳税人支付给职工的工资，按照计税工资扣除。(3)纳税人的职工工会经费、职工福利费、职工教育经费，分别按照计税公司总额的2%、14%、1.5%计算扣除。(4)纳税人用于公益、救济性的捐赠，在年度应纳税所得额3%以内的部分，准予扣除。

在计算应纳税所得额时，下列支出不得扣除：(1)向投资者支付的股息、红利等权益性投资收益款项；(2)企业所得税税款；(3)税收滞纳金；(4)罚金、罚款和被没收财物的损失；(5)《企业所得税法》第9条规定以外的捐赠支出(第9条规定：企业发生的公益性捐赠支出，在年度利润总额12%以内的部分，准予在计算应纳税所得额时扣除)；(6)赞助支出；(7)未经核定的准备金支出；(8)与取得收入无关的其他支出。

(三)税率

企业所得税采用比例税率，具体税率是：

1. 居民企业来源于境内和境外的所得，适用25%的税率。

2. 非居民企业在中国境内设立机构、场所的，其所设机构、场所取得的来源于中国境内的所得，以及发生在中国境外但与其所设机构、场所有实际联系的所得，适用25%的税率。

3. 非居民企业在中国境内未设立机构、场所的，或者虽设立机构、场所但取得的所得与其所设机构、场所没有实际联系的，其来源于中国境内的所得，适用20％的税率。

二、个人所得税

个人所得税是对个人的工资、薪金所得和其他所得所征收的一种税。

《中华人民共和国个人所得税法》(以下简称《个人所得税法》)于1980年9月10日第五届全国人民代表大会第三次会议通过至今，已进行过5次修订，第5次是在2007年12月29日第十届全国人民代表大会常务委员会第31次会议修订通过。修订后的《个人所得税法》自2008年3月1日起施行。

(一)纳税主体

凡在中国境内有住所，或者无住所而在境内居住满1年的个人即为居民纳税人，应就其从中国境内和境外的所得，依法缴纳个人所得税；凡在中国境内无住所、又不居住或者无住所而在境内居住不满1年的个人，是非居民纳税人，仅就其来源于中国境内的所得，缴纳个人所得税。

(二)征税对象

个人所得税的征税对象是纳税人的个人各项应纳税所得，共11项，包括：(1)工资、薪金所得；(2)个体工商户的生产、经营所得；(3)对企事业单位的承包经营、承租经营所得；(4)劳务报酬所得；(5)稿酬所得；(6)特许权使用费所得；(7)利息、股息、红利所得；(8)财产租赁所得；(9)财产转让所得；(10)偶然所得；(11)经国务院财政部门确定征税的其他所得。

(三)税率

个人所得税实行超额累进税率与比例税率相结合的税率：

1. 工资、薪金所得，适用九级超额累进税率，税率为5％～45％。

2. 个体工商户的生产、经营所得和对企事业单位的承包经营、承租经营所得，适用五级超额累进税率，税率为5％～35％。

3. 稿酬所得，适用比例税率，税率为20％，并按应纳税额减征30％。

4. 劳务报酬所得，适用比例税率，税率为20％。对劳务报酬所得一次收入畸高的，可以实行加成征收，具体办法由国务院规定。

5. 特许权使用费所得，利息、股息、红利所得，财产租赁所得，财产转让所得，偶然所得和其他所得，适用比例税率，税率为20％。

知识拓展

个人所得税税率表(工资、薪金所得适用)

级数	月应纳税所得额	税率(%)
1	不超过500元的	5
2	超过500元至2000元的部分	10
3	超过2000元至5000元的部分	15
4	超过5000元至20000元的部分	20
5	超过20000元至40000元的部分	25
6	超过40000元至60000元的部分	30
7	超过60000元至80000元的部分	35
8	超过80000元至100000元的部分	40
9	超过100000元的部分	45

注:本表所称"月应纳税所得额"是指以每月收入额减除费用2000元后的余额或者减除附加减除费用后的余额。

(四)应纳税所得额的计算

1. 工资、薪金所得,以每月收入额减除费用2000元后的余额,为应纳税所得额。

2. 个体工商户的生产经营所得,以每一纳税年度的收入总额,减除成本、费用后的余额,为应纳税所得额。

3. 对企业单位的承包经营、承租经营所得,以每一纳税年度的收入总额,减除必要费用后的余额,为应纳税所得额。

4. 劳务报酬所得、稿酬所得、特许权使用费所得、财产租赁所得,每次收入不超过4000元的,减除费用800元;4000元以上的,减除20%的费用,其余额为应纳税所得额。

5. 财产转让所得,以转让财产的收入额减除财产原值和合理费用后的余额,为应纳税所得额。

6. 利息、股息、红利所得,偶然所得和其他所得,以每次收入额为应纳税所得额。

个人将其所得对教育事业和其他公益事业捐赠的部分,按照国务院有关规定从应纳税所得额中扣除。

对在中国境内无住所而在中国境外取得工资、薪金所得的纳税义务人，可以根据其平均收入水平、生活水平以及汇率变化情况确定附加减除费用。纳税义务人从中国境外取得的所得，准予其在应纳税额中扣除已在境外缴纳的个人所得税额。但扣除额不得超过该纳税义务人境外所得依照个人所得税法计算的应纳税额。

（五）减税、免税

下列各项个人所得经批准可以免征个人所得税：(1)省级人民政府、国务院部委和中国人民解放军军以上单位，以及外国组织、国际组织颁发的科学、教育、技术、文化、卫生、体育、环境保护等方面的奖金；(2)国债和国家发行的金融债券利息；(3)按照国家统一规定发给的补贴；津贴；(4)福利费、抚恤金、救济金；(5)保险赔款；(6)军人的转业费、复员费；(7)按照国家统一规定发给干部、职工的安家费、退职费、退休工资、离休工资、离休生活补助费；(8)依照我国有关法律规定应予免税的各国驻华使馆、领事馆的外交代表、领事官员和其他人员的所得；(9)中国政府参加的国际公约、签订的协议中规定免税的所得；(10)经国务院财政部门批准免税的所得。

有下列情形之一的，经批准可以减征个人所得税：(1)残疾、孤老人员和烈属的所得；(2)因严重自然灾害造成重大损失的；(3)其他经国务院财政部门批准减税的。

第四节　财产税法、特定行为税法和资源税法

一、财产税法

财产税是以法人和自然人拥有和归其支配的特定财产为对象所征收的一类税收，我国主要包括房产税和契税，分别根据国务院 1986 年 9 月发布的《房产税暂行条例》和 1997 年 7 月 7 日国务院发布的《契税暂行条例》征收。财产税的征收对贯彻国家经济政策、保护社会主义公有制和公民的合法权益、增加财政收入有积极意义。

（一）房产税

房产税是以城市、县城、建制镇和工矿区的房屋为征税客体，按照房屋的价值或房屋租金向产权所有人征收的一种税。

房产税由产权所有人缴纳。产权属于全民所有的，由经营管理的单位缴纳。产权出典的，由承典人缴纳。产权所有人、承典人不在房产所在地的，或者产权

未确定及租典纠纷未解决的，由房产代管人或者使用人缴纳。

房产税依照房产原值一次减除10%～30%后的余值计算缴纳。具体减除幅度，由省、自治区、直辖市人民政府规定。没有房产原值作为依据的，由房产所在地税务机关参考同类房产核定。房产出租的，以房产租金收入为房产税的计税依据。

房产税的税率，依照房产余值计算缴纳的，税率为1.2%；依照房产租金收入计算缴纳的，税率为12%。

下列房产免纳房产税：(1)国家机关、人民团体、军队自用的房产；(2)由国家财政部门拨付事业经费的单位自用的房产；(3)宗教寺庙、公园、名胜古迹自用的房产；(4)个人所有非营业用的房产；(5)经财政部批准免税的其他房产。

房产税按年征收、分期缴纳。纳税期限由省、自治区、直辖市人民政府规定。

房产税由房产所在地的税务机关征收。

(二)契税

契税是对在我国境内转移土地、房屋权属，由承受的单位和个人缴纳的一种税。

转移土地、房屋权属是指下列行为：(1)国有土地使用权出让；(2)土地使用权转让，包括出售、赠与和交换，但是不包括农村集体土地承包经营权的转移；(3)房屋买卖；(4)房屋赠与；(5)房屋交换。

契税税率为3%～5%。具体由省、自治区、直辖市人民政府在规定的幅度内按照本地区的实际情况确定，并报财政部和国家税务总局备案。

契税的计税依据：(1)国有土地使用权出让、土地使用权出售、房屋买卖，为成交价格；(2)土地使用权赠与、房屋赠与，由征收机关参照土地使用权出售、房屋买卖的市场价格核定；(3)土地使用权交换、房屋交换，为所交的土地使用权、房屋的价格的差额。上述各项成交价格明显低于市场价格并且无正当理由的，或者所交换土地使用权、房屋的价格的差额明显不合理并且无正当理由的，由征收机关参照市场价格核定。

纳税人应当持契税完税凭证和其他规定的文件材料，依法向土地管理部门、房产管理部门办理有关土地、房屋的权属变更登记手续。纳税人未出具契税完税凭证的，土地管理部门、房产管理部门不予办理有关土地、房屋的权属变更登记手续。

二、特定行为税法

特定行为税，又称“特定目的税”，是指对某些法定行为的实施征收的一种税，包括固定资产投资方向调节税、车船使用税、车辆购置税、城镇土地使用税、耕地占用税、船舶吨税、印花税、城市维护建设税和烟叶税。税率分别为比例税率或定额税率。征收特定行为税旨在贯彻某一时期的政策目的,为改革开放服务。例如,为更好地带动投资需求,促进经济较快增长,从 2000 年开始暂停征收固定资产投资方向调节税。

三、资源税法

从广义上讲,资源税是指对资源级差收入征税,即对开发、使用我国资源的单位和个人,就各地的资源结构和开发、销售条件差别所形成的级差收入征收的一种税。开征资源税的目的是调节开发、利用资源的级差收入,促进企业加强经济核算,促进国有经济的有效管理和利用,并增加财政收入。现行税率为地区(气田、油田)差别定额税率,从量核定,就地(场、田)征收,税不重征。

从狭义上讲,资源税是指对我国境内开采原油、天然气、煤炭、其他非金属矿原矿、黑色金属矿原矿、盐的单位和个人取得的收入征收的一种税。

第五节　税收征收管理法

一、税收征收管理法概述

税收征收管理法是调整在我国税收的征收与缴纳过程中形成的税收关系的法律规范。这里的税收关系是指税务管理、税款征收、税务检查、法律责任等关系。征收管理是指税务机关(各级税务局、税务分局和税务所)依据税法指导纳税人正确履行纳税义务,并对征纳税过程进行组织、管理、监督、检查等一系列工作的总称。

为了加强税收征收管理,保障国家税收收入,保护纳税人的合法权益,全国人民代表大会常务委员会于 1992 年 9 月 4 日公布了《中华人民共和国税收征收管理法》(以下简称《税收征管法》),自 1993 年 1 月 1 日起施行。《税收征管法》根据 1995 年 2 月 28 日第八届全国人民代表大会常务委员会第十二次会议《关于修改〈中华人民共和国税收征收管理法〉的决定》修订,2001 年 4 月 28 日第九届全国人民代表大会常务委员会第二十一次会议再次修订。

二、税收征收管理制度

(一)税务管理

企业、企业在外地设立的分支机构和从事生产、经营的场所,个体工商户和从事生产、经营的事业单位自领取营业执照之日起 30 日内,持有关证件,向税务机关申报办理税务登记。从事生产、经营的纳税人，税务登记内容发生变化的，自工商行政管理机关办理变更登记之日起 30 日内或者在向工商行政管理机关申请办理注销登记之前，持有关证件向税务机关申报办理变更或者注销税务登记。

从事生产、经营的纳税人、扣缴义务人应按照国务院财政、税务主管部门的规定设置账簿，根据合法、有效凭证记账，进行核算。

发票必须由省、自治区、直辖市人民政府税务主管部门指定的企业印制。

纳税人必须在法律、行政法规规定或者税务机关依照法律、行政法规确定的申报期限内办理纳税申报，报送纳税申报表、财务会计报表以及税务机关根据实际需要要求纳税人报送的其他纳税数据。

(二)税款征收

税务机关依照法律、行政法规的规定征收税款，不得违反法律、行政法规的规定开征、停征、多征或者少征税款。

纳税人未按规定期限缴纳税款的，扣缴义务人未按规定期限解缴税款的，税务机关除责令限期缴纳外，从滞纳税款之日起，按日加收滞纳税款万分之五的滞纳金。

纳税人可以依照法律、行政法规的规定向税务机关书面申请减税、免税。减税、免税的申请须经法律、行政法规规定的减税、免税审查批准机关审批；地方各级人民政府及其主管部门、单位和个人违反法律、行政法规规定，擅自作出的减税、免税决定无效。

税务机关在征收税款过程中，可以采取税收保全措施。税务机关实施税收保全措施必须符合以下条件：(1)在限期内实施；(2)纳税人有明显的转移、隐匿其应纳税的商品、货物以及其他财产或者应纳税的收入的迹象，且经税务机关责成提供纳税担保后不能提供纳税担保；(3)经县以上税务局(分局)局长、直属海关关长或者其授权的隶属海关关长批准。税收保全措施的形式有：书面通知纳税人开户银行或者其他金融机构暂停支付纳税人的金额相当于纳税款的存款；扣押、查封纳税人的价值相当于应纳税款的商品、货物或者其他财产。

税务机关在征收税款过程中，必要时还可以采取强制执行措施。《税收征管法》规定，从事生产、经营的纳税人、扣缴义务人未按照规定的期限缴纳或者解缴税款，纳税担保人未按规定的期限缴纳所担保的税款，由税务机关责令限期缴纳；逾期仍未缴纳的，经县级以上税务局(分局)局长、直属海关关长或者其授权的隶属海关关长批准，税务机关可以采取下列强制执行措施：(1)书面通知其开户银行或者其他金融机构从其存款中扣缴税款；(2)扣押、查封、拍卖价值相当于应纳税款的商品、货物或者其他财产，以拍卖所得抵缴税款。

三、违反税法的法律责任

违反税法的法律责任，是指违反税法的行为所应承担的经济责任、行政责任和刑事责任。违反税法的行为，是指纳税主体或征税机关以及直接责任人员故意或过失地侵害了税收征收管理制度的行为。它包括下列两方面的行为：

(一)违反税收征收管理程序的行为

违反税收征收管理程序的行为有以下几种情况：一是未按照规定的期限申报办理税务登记、变更或者注销登记的；二是未按照规定设置、保管账簿或者保管记账凭证和有关资料的；三是未按照规定将财务、会计制度或者财务、会计处理办法报送税务机关备查的；四是扣缴义务人未按照规定设置、保管代扣代缴、代收代缴税款账簿或者保管代扣代缴、代收代缴税款记账凭证及有关资料的；五是纳税人未按照规定的期限办理纳税申报的，或者扣缴义务人未按照规定的期限向税务机关报送代扣代缴、代收代缴税款报告表的。对于上述几种行为，税务机关可以责令限期改正，并可处以2000元以下的罚款。

(二)逃税抗税行为

1. 逃税。纳税人采取伪造、变造、隐匿、擅自销毁账簿、记账凭证，在账簿上多列支出或者不列、少列收入，或者进行虚假的纳税申报的手段，不缴或少缴应纳税款的，是逃税。

依照《税收征管法》的规定，下列行为也属于逃税行为：扣缴义务人采取上述逃税手段，不缴或者少缴已扣、已收税款；纳税人欠缴应纳税款，采取转移或者隐匿财产手段，致使税务机关无法追缴欠缴的税款；企业事业单位犯有逃税行为的；纳税人向税务人员行贿，不缴或者少缴应纳税款的；企业事业单位采取对所生产或者经营的商品假报出口等欺骗手段，骗取国家出口退税款等。

纳税人逃税数额占应缴税额10%以上并且数额在1万元以上或用向税务人员行贿方法逃税的，依照有关法律规定按逃税罪处罚；逃税未构成犯罪的，由税务机关追缴其不缴或者少缴的税款，处以不缴或者少缴的税款5倍以下的罚款。

2. 抗税。以暴力、威胁方法拒不缴纳税款的，是抗税。抗税行为情节严重构成犯罪的，依照有关法律规定按抗税罪处罚；情节轻微、未构成犯罪的，由税务机关追缴其拒缴的税款，处以拒缴税款5倍以下的罚款。

税务机关及其工作人员利用职权营私舞弊，违反税法规定任意减税、免税，串通进行逃税活动等，都是违反税法的行为，应承担行政、经济直至刑事责任。

(三)税务争议的解决程序

纳税人、扣缴义务人、纳税担保人同税务机关在纳税上发生争议时,必须先依照法律、行政法规的规定缴纳或者补缴税款及滞纳金,然后可以在收到税务机关填发的缴款凭证之日起 60 日内提出行政复议申请。复议机关应当自收到复议申请之日起 60 日内作出复议决定,情况复杂,不能在规定期限内作出行政复议决定的,经复议机关负责人批准,可以适当延长,但是延长期限最多不超过 30 日。对复议机关决定不予受理或者受理后超过复议期限不作答复,或者对复议决定不服的,可以自接到不予受理决定书或者行政复议期满之日起,或者自收到复议决定书之日起 15 日内依据《中华人民共和国行政诉讼法》向人民法院起诉。这种先行缴款入库的规定是保证国家税收的必要措施。

当事人对税务机关的处罚决定、强制执行措施或者税收保全措施等其他税务具体行政行为不服的,可以在得知税务机关作出具体行政行为之日起 60 日内提出行政复议申请,也可以直接向人民法院提起行政诉讼。申请人向复议机关申请行政复议,复议机关已经受理的,在法定行政复议期限内申请人不得再向人民法院起诉;申请人向人民法院提起行政诉讼,人民法院已经依法受理的,不得申请行政复议。复议和诉讼期间,税务具体行政行为不停止执行,但是有下列情形之一的,可以停止执行:(1)被申请人认为需要停止执行的;(2)复议机关认为需要停止执行的;(3)申请人申请停止执行,复议机关认为其要求合理,决定停止执行的;(4)法律规定停止执行的。

当事人对税务机关的处罚决定逾期不申请复议也不向人民法院起诉,又不履行的,作出处罚决定的税务机关可以申请人民法院强制执行。

开篇引例解析

该公司的做法是错误的,纳税人应该在申报期限内进行纳税申报,而不以其做成生意为要件。

本章小结

税收是国家为了实现其职能,依照税法规定,凭借政治权力,依法强制、无偿地征收一定货币或实物,参与国民收入分配,取得财政收入的活动。税收以征税对象的不同,分为流转税、所得税、财产税、特定行为税和资源税。

税法是调整税收法律关系的法律规范,是由国家最高权力机关或其授权的行政机关制定的有关国家在筹集财政资金过程中形成的税收关系的法律规范的总称。税法的构成要素包括纳税主体、征收对象、税目、税率、纳税环节、纳税期限、减税免税、法律责任等。

复习思考题

一、单项选择题

1. 在税法构成要素中,直接关系国家财政收入多少和纳税人负担轻重的要素是(　　)。

A. 征税客体　　B. 税率

C. 纳税期限　　D. 纳税环节

2. 属于我国目前应征收消费税的商品是(　　)。

A. 高档手表

B. 高档数码相机

C. 等离子电视机

D. 价值 1.5 万元以上的笔记本计算机

3. 属于增值税征收的事项是(　　)。

A. 某公司出售办公大楼　　B. 某电力公司销售电力

C. 某公司转让土地使用权　　D. 某农民销售自产农产品

二、多项选择题

4. 纳税主体包括(　　)。

A. 纳税人　　B. 负税人

C. 扣缴义务人　　D. 纳税担保人

E. 纳税代理人

5. 我国税收强制执行措施的实施对象是(　　)。

A. 纳税人　　B. 负税人

C. 纳税代理人　　D. 扣缴义务人

E. 纳税担保人

三、案例分析题

6. 作家吴某,自由职业者,同时自己开了一家书店,取得个体工商户营业执照。吴某 2009 年收入如下:

(1)被某电视台"五一"文艺晚会组聘为顾问,取得顾问费 4000 元;

(2)在某高校中文系兼课,每月两次,每次课酬 400 元;

(3)出版个人作品集,取得收入 20000 元;

(4)书店全年销售额 90000 元，扣除进货成本、税金、费用后，纯收入 30000 元。

附表：　　　个人所得税税率表(个体工商户生产、经营所得适用)

级数	全年应纳税所得额	税率(%)	速算扣除数
1	不超过 5000 元的部分	5	0
2	5000～10000 元	10	250
3	10000～30000 元	20	1250
4	30000～50000 元	30	4250
5	超过 50000 元的部分	35	6750

问题：吴某的上述收入，依据我国现行税法规定，应如何纳税？请说明理由，并列出计算式。

第十三章　金融法

【学习目标】

1. 了解我国的金融立法体系、中国人民银行和商业银行组织机构和职责、商业银行的接管和终止、保险组织、票据的种类和权利、证券和证券法的基本概念等。

2. 理解中国人民银行的业务，金融监管，商业银行的经营规则，保险当事人的权利和义务，有关汇票、本票、支票的具体规定，禁止的证券交易行为等。

3. 掌握金融法的概念、中国人民银行的法律地位、商业银行法的适用范围和商业银行的设立条件、保险法的特征和基本原则、保险合同、票据的概念和特征、汇票、本票、支票、票据行为、证券的发行和上市等。

【重点、难点】

1. 中国人民银行的职责。

2. 保险合同、保险人及被保险人的义务。

3. 票据权利和票据行为，票据的伪造、变造和更改，票据的抗辩。

4. 证券上市的条件、程序、暂停和终止，证券交易的要求。

开篇引例

陈某于2009年1月从湖南老家到深圳从事货柜车驾驶工作。在6月份返乡时，在某保险代理人劝说下投保意外险，保额50万元，交保费千余元，投保时在投保书上填的职业分类是农民，保险公司正常承保。2009年8月陈某在深圳驾驶货柜车时，发生交通事故，陈某当场死亡。由于陈某生前投了意外险，陈某妻子作为其法定受益人，所以陈某妻子持陈某保险合同与申请理赔单证回故乡找保险公司索赔，但保险公司却拒绝对陈某的意外身故赔偿。

问题：保险公司的做法是否合法？

第一节　金融法概述

一、金融和金融法的概念

(一)金融的概念及其内容

金融是指货币流通、信用活动以及与之相联系的经济活动的总称。金融有广义和狭义之分。广义的金融泛指一切与信用货币的发行、保管、兑换、结算，融通有关的经济活动，甚至包括金银的买卖。狭义的金融专指信用货币的融通。

金融是市场经济重要的组成部分。金融市场的健康发展，对于国家的宏观经济运行、企业的投资融资和个人理财等方面都具有极为重要的意义。

金融的内容可概括为货币的发行与回笼，存款的吸收与付出，贷款的发放与回收，金银、外汇的买卖，有价证券的发行与转让，保险、信托、国内、国际的货币结算等。从事金融活动的机构主要有银行、信托投资公司、保险公司、证券公司、投资基金公司，还有信用合作社、财务公司、金融资产管理公司、邮政储蓄机构、金融租赁公司以及证券、金银、外汇交易所等。

(二)金融法的概念及其调整对象

金融法是调整金融关系的法律规范的总称。所谓金融关系，是指金融领域内有关主体之间发生的社会关系。金融关系大致可分为以下三类：

1. 金融交易关系

即社会经济成分之间因存款、贷款、同业拆借、票据贴现、银行结算、证券买卖、金融信托、金融租赁、外汇买卖、保险等而发生的关系。在市场金融体制下，此类关系具有平等、自愿、等价有偿的基本性质。

2. 金融监管关系

即有关的国家机关对金融市场、金融市场主体以及金融市场主体之间的交易活动实施监管而产生的关系。这种金融关系，监管主体与被监管主体之间的地位是不平等的，前者对后者实行强制，后者对前者必须服从。在任何金融体制下，有效的金融监管都是绝对必要的。

3. 金融调控关系

即有关的国家机关以稳定金融市场、引导资金流向、控制信用规模为目的，对有关的金融变量实行调节和控制而产生的关系。金融调控有直接控制与间接调控之分。直接控制表现为调控主体下达指令，如信贷计划等，硬性要求有关方面严格遵守，因此而产生的金融关系在性质上与金融监管关系一致。间接调控则表现为调控主体以调控金融为目的,参与金融交易活动,对有关的金融变量施加影响,因此而产生的金融关系具有与前述金融交易关系同一的性质。

二、我国金融立法概况

目前,我国最基本的金融立法主要由下列法律组成:

1.《中华人民共和国中国人民银行法》

1995年3月18日第八届全国人民代表大会第三次会议通过、2003年12月27日第十届全国人民代表大会常务委员会第六次会议修正。

2.《中华人民共和国商业银行法》

1995年5月10日第八届全国人民代表大会常务委员会第十三次会议通过、2003年12月27日第十届全国人民代表大会常务委员会第六次会议修正。

3.《中华人民共和国保险法》

1995年6月30日第八届全国人民代表大会常务委员会第十四次会议通过、2002年10月28日第九届全国人民代表大会常务委员会第三十次会议第一次修正、2009年2月28日第十一届全国人民代表大会常务委员会第七次会议再次修正。

4.《中华人民共和国票据法》

1995年5月10日第八届全国人民代表大会常务委员会第十三次会议通过、2004年8月28日第十届全国人民代表大会常务委员会第十一次会议修正。

5.《中华人民共和国证券法》

1998年12月29日第九届全国人民代表大会常务委员会第六次会议通过、2004年8月28日第十届全国人民代表大会常务委员会第十一次会议第一次修正、2005年10月27日第十届全国人民代表大会常务委员会第十八次会议再次修正。

第二节　银行法

银行法是指调整银行的组织和活动的法律规范的总称。由于银行的性质、地位和业务范围不同,银行和银行法的种类也不同。按业务范围和法律地位划分,一般可将银行法分为中央银行(或者国家银行)法和商业银行法。

一、中央银行法

(一)中央银行法概述

中央银行,是指代表国家制定和实施货币政策,对金融企业实施监督管理并从事有关金融业务活动的特殊金融机构。在我国,中央银行即指中国人民银行。

中央银行法,是指调整中央银行因制定和实施货币政策、行使对金融企业的监督管理职能而产生的银行管理关系的法律规范的总称。

(二)中国人民银行的地位和职责

根据《中国人民银行法》第2条的规定,中国人民银行是国务院领导下的、主管金融事业的行政机关,是国家货币政策的制定者和执行者,同时也是金融市场的监管者。这一规定确立了中国人民银行的中央银行地位,明确了中国人民银行的两大职能,即制定和实施货币政策、对全国金融业进行监督管理。中国人民银行具体履行下列职责:

1. 起草有关法律和行政法规,完善有关金融机构运行规则,发布与履行职责有关的命令和规章。

2. 依法制定和执行货币政策。

3. 监督管理银行间同业拆借市场和银行间债券市场、外汇市场、黄金市场。

4. 防范和化解系统性金融风险,维护国家金融稳定。

5. 确定人民币汇率政策,维护合理的人民币汇率水平,实施外汇管理,持有、管理和经营国家外汇储备和黄金储备。

6. 发行人民币,管理人民币流通。

7. 经理国库。

8. 会同有关部门制定支付结算规则,维护支付、清算系统的正常运行。

9. 制定和组织实施金融业综合统计制度,负责数据汇总和宏观经济分析与预测。

10. 组织协调国家反洗钱工作,指导、部署金融业反洗钱工作,承担反洗钱的资金监测职责。

11. 管理信贷征信业,推动建立社会信用体系。

12. 作为国家的中央银行,从事有关的国际金融活动。

13. 按照有关规定从事金融业务活动。

14. 承办国务院交办的其他事项。

(三)中国人民银行的业务及其限制

1. 中国人民银行的主要业务

中国人民银行作为国家管理金融业的特殊金融机构,其业务相比于商业银行及其他金融机构,具有两个明显特征:一是不以赢利为目的,二是不经营一般银行业务。其主要业务内容包括:

(1)中国人民银行的货币政策工具。中国人民银行的货币政策是通过货币政策工具来实行的,并以此来实现对货币流通与信用活动的调节。货币政策工具是指中央银行为调控货币政策中介目标而采取的政策。中国人民银行可以采用的货币政策工具主要包括:存款准备金率、中央银行基准利率、再贴现、向商业银行提供贷款以及通过公开市场业务买卖国债及外汇等。

(2)中国人民银行贷款。中国人民银行对商业银行贷款也是调节市场货币流通量的一种手段。中国人民银行可以决定对商业银行贷款的数额、期限、利率和方式,贷款可分为20天、3个月、6个月、1年等不同种类。同时,对商业银行的贷款也有一定的条件限制。中国人民银行贷款的主要用途是解决商业银行临时性资金不足。中国人民银行禁止商业银行用这种贷款发放商业贷款,特别禁止用这种贷款投资于证券市场和房地产市场。

(3)经理国库。我国的财政部的预算资金通过委托的方式,由中国人民银行来管理,财务部不再单独设立国库。从国库设置体系来看,目前还是实行中央国库与地方国库两套体制。在中央国库的体系中,中央国库的总库设在中国人民银行总行,在省分行设立分库,地(市)设立中心支库,县支行设立支库。在地方国库的体系中,各级人民银行分支机构再设立地方库。我国国库的存款货币以人民币计算。

(4)清算业务。我国目前采用的结算工具主要有:汇票、支票、银行本票、信用卡、汇兑以及委托收款等。中国人民银行负责维持结算中心的运行与结算纪律。根据《中国人民银行法》第27条的规定,中国人民银行应当组织或者协助组织银行业金融机构相互之间的清算系统,协调银行业金融机构相互之间的清算事项,提供清算服务。中国人民银行负责维持结算体系,有利于金融市场的公平竞争,有利于中央银行清晰地掌握全社会的金融状况和资金运动趋势,便于中央银行正确制定和执行金融政策,进行宏观金融监督和管理。

2. 中国人民银行的业务限制

中国人民银行地位上的特殊性决定了对其业务活动要有一定的限制。《中国人民银行法》对中国人民银行业务活动明确规定了以下限制:(1)中国人民银行不得对政府财政透支,不得直接认购、包销国债和其他政府债券;(2)中国人民银行不得向地方政府、各级政府部门提供贷款,不得向非银行金融机构以及其他单位和个人提供贷款,但国务院决定中国人民银行可以向特定的非银行金融机构提供贷款的除外;(3)中国人民银行不得对银行业金融机构的账户透支;(4)中国人民银行不得向任何单位和个人提供担保。

(四)中国人民银行的金融监督管理

金融市场是市场经济条件下市场体系的重要组成部分,是融通资金、进行金融工具交易的场所。对金融市场进行监测和宏观调控有利于保持货币信贷的合理增长和币值的稳定，从而促进经济持续、快速、健康发展。

根据《中国人民银行法》第31条的规定，中国人民银行依法监测金融市场的运行情况，对金融市场实施宏观调控，促进其协调发展，有权对金融机构以及其他单位和个人的下列行为进行检查监督：(1)执行有关存款准备金管理规定的行为；(2)与中国人民银行特种贷款有关的行为；(3)执行有关人民币管理规定的行为；(4)执行有关银行间同业拆借市场、银行间债券市场管理规定的行为；(5)执行有关外汇管理规定的行为；(6)执行有关黄金管理规定的行为；(7)代理中国人民银行经理国库的行为；(8)执行有关清算管理规定的行为；(9)执行有关反洗钱规定的行为。

中国人民银行根据执行货币政策和维护金融稳定的需要，可以建议国务院银行业监督管理机构对银行业金融机构进行检查监督。中国人民银行根据履行职责的需要，有权要求银行业金融机构报送必要的资产负债表、利润表以及其他财务会计、统计报表和资料。中国人民银行应当和国务院银行业监督管理机构、国务院其他金融监督管理机构建立监督管理信息共享机制。中国人民银行应当建立、健全本系统的稽核、检查制度，加强内部的监督管理。

（五）人民币制度

1. 人民币发行规则。中华人民共和国的法定货币是人民币。人民币由中国人民银行统一印制、发行。中国人民银行设立人民币发行库，在其分支机构设立分支库。分支库调拨人民币发行基金，应当按照上级库的调拨命令办理。任何单位和个人不得违反规定，动用发行基金。中国人民银行发行新版人民币，应当将发行时间、面额、图案、式样、规格予以公告。以人民币支付中华人民共和国境内的一切公共的和私人的债务，任何单位和个人不得拒收。

2. 人民币禁止性规则。禁止伪造、变造人民币。禁止出售、购买伪造、变造的人民币。禁止运输、持有、使用伪造、变造的人民币。禁止故意毁损人民币。禁止在宣传品、出版物或者其他商品上非法使用人民币图样。任何单位和个人不得印制、发售代币票券，以代替人民币在市场上流通。

3. 人民币毁损规则。残缺、污损的人民币，按照中国人民银行的规定兑换，并由中国人民银行负责收回、销毁。

二、商业银行法

（一）商业银行法概述

商业银行是指依照《商业银行法》和《公司法》设立的从事吸收公众存款、发放贷款、办理结算等业务的企业法人。商业银行以安全性、流动性、效益性为经营原则，实行自主经营、自担风险、自负盈亏、自我约束，并以其全部法人财产独立承担民事责任。

商业银行法是指调整商业银行内外部关系的法律规范的总称。

（二）商业银行的设立、变更和组织机构

1. 商业银行的设立

设立商业银行，应当经国务院银行业监督管理机构审查批准。未经国务院银行业监督管理机构批准，任何单位和个人不得从事吸收公众存款等商业银行业务，任何单位不得在名称中使用“银行”字样。设立商业银行，应当具备下列条件：

(1)有符合《商业银行法》和《公司法》规定的章程。

(2)有符合《商业银行法》规定的注册资本最低限额。设立全国性商业银行的注册资本最低限额为10亿元人民币，设立城市商业银行的注册资本最低限额为1亿元人民币，设立农村商业银行的注册资本最低限额为5000万元人民币。注册资本应当是实缴资本。国务院银行业监督管理机构根据审慎监管的要求可以调整注册资本最低限额，但不得少于上述规定的限额。

(3)有具备任职专业知识和业务工作经验的董事、高级管理人员。

(4)有健全的组织机构和管理制度。

(5)有符合要求的营业场所、安全防范措施和与业务有关的其他设施。

设立商业银行，还应当符合其他审慎性条件。

设立商业银行，申请人应持有关材料提请国务院银行业监督管理机构审查批准，通过审查批准后凭国务院银行业监督管理机构颁发的经营许可证，向工商管理部门登记，领取营业执照。经批准设立的商业银行由国务院银行业监督管理机构予以公告。

2. 商业银行的变更

商业银行设立后，在经营过程中，由于各种原因，原登记事项会发生变化。商业银行有下列变更事项之一的，应当经国务院银行业监督管理机构批准：(1)变更名称；(2)变更注册资本；(3)变更总行或者分支行所在地；(4)调整业务范围；(5)变更持有资本总额或者股份总额5%以上的股东；(6)修改章程；(7)国务院银行业监督管理机构规定的其他变更事项。更换董事、高级管理人员时，应当报经国务院银行业监督管理机构审查其任职资格。

3. 商业银行的组织机构

商业银行的组织形式、组织机构适用《公司法》的规定。但鉴于我国的现实国情，在《公司法》施行前设立的商业银行，其组织形式、组织机构不完全符合《公司法》规定的，可以继续沿用原有的规定，适用上述规定的日期由国务院规定。

国有独资商业银行设立监事会。监事会的产生办法由国务院规定。监事会对国有独资商业银行的信贷资产质量、资产负债比例、国有资产保值增值等情况以及高级管理人员违反法律、行政法规或者章程的行为和损害银行利益的行为进行监督。

商业银行根据业务需要，经国务院银行业监督管理机构审查批准，可以在中华人民共和国境内外设立分支机构。在中华人民共和国境内的分支机构，不按行政区划设立。商业银行在中华人民共和国境内设立分支机构，应当按照规定拨付与其经营规模相适应的营运资金额。拨付各分支机构营运资金额的总和，不得超过总行资本金总额的60％。

商业银行分支机构不具有法人资格，在总行授权范围内依法开展业务，其民事责任由总行承担。

经批准设立的商业银行及其分支机构，由国务院银行业监督管理机构予以公告。

商业银行及其分支机构自取得营业执照之日起无正当理由超过6个月未开业的，或者开业后自行停业连续6个月以上的，由国务院银行业监督管理机构吊销其经营许可证，并予以公告。

（三）商业银行的业务范围

根据《商业银行法》第3条的规定，商业银行可以经营下列部分或者全部业务：(1)吸收公众存款；(2)发放短期、中期和长期贷款；(3)办理国内外结算；(4)办理票据承兑与贴现；(5)发行金融债券；(6)代理发行、代理兑付、承销政府债券；(7)买卖政府债券、金融债券；(8)从事同业拆借；(9)买卖、代理买卖外汇；(10)从事银行卡业务；(11)提供信用证服务及担保；(12)代理收付款项及代理保险业务；(13)提供保管箱服务；(14)经中国人民银行批准的其他业务。

除了上述业务以外，商业银行经中国人民银行批准，可以经营结汇、售汇业务。

（四）商业银行基本业务规则

1. 存款业务规则

存款业务是商业银行的一项重要业务，对我国商业银行而言具有重要的现实意义，保护存款人的合法权益是商业银行法的立法宗旨之一。为保护存款人的合法权益，我国《商业银行法》作出如下规定：

(1)商业银行办理个人储蓄存款业务，应当遵循存款自愿、取款自由、存款有息、为存款人保密的原则。

(2)对个人储蓄存款，商业银行有权拒绝任何单位或者个人查询、冻结、扣划，但法律另有规定的除外。

(3)对单位存款，商业银行有权拒绝任何单位或者个人查询，但法律、行政法规另有规定的除外；有权拒绝任何单位或者个人冻结、扣划，但法律另有规定的除外。

(4)商业银行应当按照中国人民银行规定的存款利率的上下限，确定存款利率，并予以公告。

(5)商业银行应当按照中国人民银行的规定，向中国人民银行交存存款准备金，留足备付金。

(6)商业银行应当保证存款本金和利息的支付，不得拖延、拒绝支付存款本金和利息。

2. 贷款业务规则

贷款业务作为商业银行的主要经营业务，是商业银行增加利润的主要途径之一。商业银行根据国民经济和社会发展的需要，在国家产业政策指导下开展贷款业务。

(1)贷款审查制度。商业银行贷款应当实行审贷分离、分级审批的制度。借款人应当提供担保。商业银行应当对保证人的偿还能力，抵押物、质物的权属和价值以及实现抵押权、质权的可行性进行严格审查。经商业银行审查、评估，确认借款人资信良好，确能偿还贷款的，可以不提供担保。

(2)贷款合同制度。商业银行贷款，应当与借款人就贷款种类、借款用途、金额、利率、还款期限、还款方式、违约责任和双方认为需要约定的其他事项订立书面合同。

(3)贷款利率及资产负债比例的规定。商业银行应当按照中国人民银行规定的贷款利率的上下限确定贷款利率。同时，还应当遵守下列资产负债比例管理的规定：第一，资本充足率不得低于8%；第二，贷款余额与存款余额的比例不得超过75%；第三，流动性资产余额与流动性负债余额的比例不得低于25%；第四，对同一借款人的贷款余额与商业银行资本余额的比例不得超过10%；第五，国务院银行业监督管理机构对资产负债比例管理的其他规定。

(4)贷款的禁止性规定。商业银行不得向关系人发放信用贷款。向关系人发放担保贷款的条件不得优于其他借款人同类贷款的条件。此处所称关系人是指商业银行的董事、监事、管理人员、信贷业务人员及其近亲属，上述人员投资或者担任高级管理职务的公司、企业和其他经济组织。

(5)借款人的法律责任。借款人应当按期归还贷款的本金和利息，到期不归还担保贷款的，商业银行依法享有要求保证人归还贷款本金和利息或者就该担保物优先受偿的权利。商业银行因行使抵押权、质权而取得的不动产或者股权，应当自取得之日起两年内予以处分。借款人到期不归还信用贷款的，应当按照合同约定承担责任。

3. 其他业务规则

商业银行从事存款和贷款以外的其他业务，应当遵守以下规则：

(1)商业银行在中华人民共和国境内不得从事信托投资和证券经营业务，不得向非自用不动产投资或者向非银行金融机构和企业投资，但国家另有规定的除外。

(2)商业银行办理票据承兑、汇兑、委托收款等结算业务，应当按照规定的期限兑现，收付入账，不得压单、压票或者违反规定退票。有关兑现、收付入账期限的规定应当公布。

(3)商业银行发行金融债券或者到境外借款，应当依照法律、行政法规的规定报经批准。

(4)同业拆借，应当遵守中国人民银行的规定。禁止利用拆入资金发放固定资产贷款或者用于投资。拆出资金限于交足存款准备金、留足备付金和归还中国人民银行到期贷款之后的闲置资金。拆入资金用于弥补票据结算、联行汇差头寸的不足和解决临时性周转资金的需要。

(5)商业银行不得违反规定提高或者降低利率以及采用其他不正当手段，吸收存款，发放贷款。

(6)商业银行的营业时间应当方便客户，并予以公告。商业银行应当在公告的营业时间内营业，不得擅自停止营业或者缩短营业时间。

(7)商业银行办理业务，提供服务，按照规定收取手续费。收费项目和标准由国务院银行业监督管理机构、中国人民银行根据职责分工，分别会同国务院价格主管部门制定。

(五)监督监管

1. 内部监督管理

(1)商业银行应当按照有关规定，制定本行的业务规则，建立、健全本行的风险管理和内部控制制度。

(2)商业银行应当建立、健全本行对存款、贷款、结算、呆账等各项情况的稽核、检查制度。

(3)商业银行对分支机构应当进行经常性的稽核和检查监督。

(4)商业银行应当按照规定向国务院银行业监督管理机构、中国人民银行报送资产负债表、利润表以及其他财务会计、统计报表和资料。

2. 外部监督管理

(1)国务院银行业监督管理机构有权随时对商业银行的存款、贷款、结算、呆账等情况进行检查监督。检查监督时，检查监督人员应当出示合法的证件。商业银行应当按照国务院银行业监督管理机构的要求，提供财务会计资料、业务合同和有关经营管理方面的其他信息。

(2)中国人民银行有权对商业银行进行检查监督。

(3)商业银行应当依法接受审计机关的审计监督。

第三节　保险法

一、保险法概述

(一)保险概述

1. 保险的概念

保险的基本含义是指以集中起来的保险费建立保险基金，用于对被保险人因保险事故造成的经济损失进行补偿，或者对被保险人的人身伤亡或者疾病等给予保险金的行为。

依据我国《保险法》第 2 条的规定，保险是指投保人根据合同约定，向保险人支付保险费，保险人对于合同约定的可能发生的事故因其发生所造成的财产损失承担赔偿保险金责任，或者当被保险人死亡、伤残、疾病或者达到合同约定的年龄、期限等条件时承担给付保险金责任的商业保险行为。

2. 保险的分类

按不同的标准，保险可作如下分类：

(1)强制保险和自愿保险。按设立保险是否取决于当事人的自由意志，保险可分为强制保险与自愿保险。强制保险又称“法定保险”，是法律或者行政法规强令当事人必须办理的保险，强制保险的投保人有投保的义务，保险人也有承保的义务。自愿保险是以当事人的自愿为基础办理的保险，投保人对保险标的既有投保的权利，也有不投保的自由，而保险人可以承保也可以拒绝承保。实践中以自愿保险居多。

(2)财产保险和人身保险。根据保险标的的不同，保险可分为财产保险与人身保险。财产保险是以各种财产及其有关利益或者责任、信用为保险标的的保险。财产保险的标的一般是有形的、静态的财产，但也包括运动中的财产如车辆、船舶以及无形的权利和责任。人身保险则是以人的生命或健康为保险标的的保险。

(3)原保险和再保险。根据承担责任的次序，保险可分为原保险与再保险。原保险是再保险的对称，又称“第一次保险”，是指保险人对被保险人因保险事故所致损失承担直接原始的赔偿责任或给付责任的保险。再保险也称"分保",是指原始的保险责任由其他保险公司再予承保的保险。再保险是保险人避免危险过于集中,不致因一次巨大事故的发生而无法履行赔偿责任的有效手段,对于保险业的稳定起着重要的作用。

(4)商业保险和社会保险。根据经营目的和职能作用的不同,可将保险分为社会保险与商业保险两大类。商业保险以赢利为目的,几乎所有的保险公司所经营的保险都属商业保险。社会保险是国家为了保障社会成员生活福利而提供的各种物质帮助措施的统称,它不以赢利为目的,多由国家的专门机构管理。本章所论保险,仅指商业保险。

(二)保险法的概念和基本原则

1. 保险法的概念

保险法是调整保险关系的法律规范的总称。保险法有广义和狭义之分。狭义的保险法仅指以保险法命名的法律,即《中华人民共和国保险法》(以下简称《保险法》)。广义的保险法,除了狭义的保险法之外,还包括其他法律、行政法规中关于保险的规定。

2. 保险法的基本原则

(1)合法性原则。这是保险活动应当遵守的最基本原则,它要求任何保险活动的开展不仅要遵守法律的规定,而且要遵守行政法规的规定。

(2)诚实信用原则。我国《保险法》第 5 条规定:"保险活动当事人行使权利、履行义务应当遵循诚实信用原则。"对投保人而言,诚信原则主要表现为:一是在订立保险合同时的如实告知义务,即应当将有关保险标的的重要情况如实向保险人作出陈述;二是履行保险合同中的义务,即严守允诺,完成保险合同中约定的作为或不作为义务。对保险人而言,诚信原则表现为:一是在订立保险合同时将保险条款告知投保人的义务,特别是保险人的免责条款;二是及时、全面地支付保险金的义务。

(3)保险利益原则。我国《保险法》第 12 条规定:"投保人对保险标的应当具有保险利益。投保人对保险标的不具有保险利益的,保险合同无效。"保险利益原则的根本目的在于防止道德风险的发生,具体表现为禁止将保险作为赌博的工具以及防止故意诱发保险事故而牟利的企图。保险利益的成立需具备三个要件:其一,必须是法律上承认的利益,即合法的利益;其二,必须是经济上的利益,即可以用金钱估计的利益;其三,必须是可以确定的利益。

(4)损失补偿原则。这是指当保险事故发生使投保人或被保险人遭受损失时,保险人必须且也只需在责任范围内对损失进行补偿,无损失则无赔偿,同时禁止投保人、被保险人通过保险获得不当利益。

(5)近因原则。近因原则是指保险人按照约定的保险责任范围承担责任时,其所承保危险的发生与保险标的的损害之间必须存在因果关系。在近因原则中造成保险标的损害的主要的、起决定性作用的原因,即属近因。只有近因属于保险责任,保险人才承担保险责任。

二、保险合同

(一)保险合同的概念、特征

1. 保险合同的概念

保险合同,是指投保人与保险人约定保险权利义务关系的协议。投保人是指与保险人订立保险合同,并按照合同约定负有支付保险费义务的人。保险人是指与投保人订立保险合同,并按照合同约定承担赔偿或者给付保险金责任的保险公司。

2. 保险合同的特征

保险合同属双务、有偿和诺成性的合同,它除了具有一般双务、有偿和诺成性民事合同的法律属性外,还具有自己的一些特征:

(1)保险合同是一种要式合同。为保证保险合同的严肃性和切实履行,各国保险法都规定保险合同必须采用书面形式,我国《保险法》第 13 条也作出了同样的规定。

(2)保险合同是一种格式合同。在保险合同中,保险人单方制定出保险合同的基本条款,投保人无权修改其某项内容,出现有需要变更保险单内容的必要时,只能准用保险人事先准备的附加条款或者加贴批注。

(3)保险合同是一种射幸合同。射幸合同是传统民事合同的一种形式,是指为当事人全体或者其中的一人取决于不确定的事件,对财产取得利益或者遭受损失的一种相互的协议。保险合同尤其是财产保险合同,投保人以支付一笔金钱为代价,买到一个将来可能获得补偿的机会。在保险期间如果发生保险标的损失,那么投保人从保险人那里得到的赔偿额就远远超出其所支付的保险费;反之,如无保险事故发生,则投保人只付保险费而无任何收入(人寿保险例外)。保险人的情况恰好与此相反。

(4)保险合同是一种最大诚信合同。最大诚信原则来源于海上保险。它是为适应海上保险的需要而被确立的。众所周知,海上保险的标的为处于运动状态中的财产,危险性极大。在当事人订立海上运输货物或船舶保险合同时,要求保险人核查船舶及其所载货物是非常困难的,因此,保险人常常是根据投保方提供的情况予以承保。换言之,保险人是否决定承保以及怎样确定保险费率,全凭投保人诚实地告知。所以最大诚信原则是维持保险业务正常进行的必不可少的前提条件。

(二)保险合同的种类

保险合同可根据不同的标准加以分类，主要有：

1. 定值保险合同与不定值保险合同

这种分类以保险标的的保险价值是否确定为标准，适用于财产保险合同，人身保险不存在保险价值问题。

定值保险合同又称“定价保险合同”，是指当事人双方事先确定保险标的的价值并载明于合同中的保险合同。该种保险合同成立后，在有效的期限内发生保险事故并造成财产全部损失时，无论保险标的实际价值是多少，保险人都应当按约定的保险价值赔偿；如果是部分损失，则按照损失比例进行赔偿。

不定值保险合同是指在保险合同中，当事人事先不确定保险标的的保险价值，而在合同中载明发生保险事故后，以保险标的的实际价值确定损失额进行赔偿的保险合同。在不定值保险合同中，保险标的的实际价值应当以保险事故发生时当时当地保险标的的市场价格为准。

2. 补偿性保险合同和给付性保险合同

这是根据保险合同的目的来划分的。

补偿性保险合同是指在保险事故发生后，由保险人评定被保险人的实际损失从而支付保险赔偿金的一种合同。大多数的财产保险合同都属补偿性保险合同。补偿性保险合同设立的目的，在于使被保险人遭受灾害和意外事故时获得经济补偿。

给付性保险合同指以帮助遭遇危险事故而受损害的被保险人为目的的保险合同。大多数的人身保险合同都属给付性保险合同。在人身保险合同中，通常根据投保人的实际需要和交付保险费的能力确定一个保险金额，当保险事故发生时，由保险人按事先确定的保险金额承担给付责任。

3. 财产保险合同和人身保险合同

这是根据保险标的不同对保险合同所作的分类，也是最普遍的保险合同分类。

财产保险合同是以财产及其有关利益为保险标的的保险合同。财产保险合同大多数属于损失补偿性质的保险合同。保险人的责任以补偿被保险人的实际损失为限，且不超过保险金额。

人身保险合同是以人的寿命和身体为保险标的的保险合同。大多数的人身保险合同都是非补偿性的定额保险合同。根据保障的危险不同，一般又可分为人寿保险合同、健康保险合同和伤害保险合同。

4. 足额保险合同、不足额保险合同和超额保险合同

根据保险金额与保险价值的关系,保险合同可分为足额保险合同、不足额保险合同和超额保险合同。

足额保险合同是指保险金额等于或者大体上等于保险价值的保险合同。不足额保险合同是指保险金额小于保险价值的保险合同。订立这种合同,保险人不能获得充分的经济保障。超额保险合同是指保险金额大于保险价值的保险合同。我国《保险法》规定保险金额超过保险价值的部分无效。

(三)保险合同的主体

1. 保险合同的当事人

(1)保险人。保险人也称"承保人",是指经营保险业务,与投保人订立保险合同,收取保险费,组织保险基金,并在保险事故发生或者保险期限届满后,对被保险人赔偿损失或者给付保险金的保险公司。保险人具有以下三个特征:第一,保险人仅指从事保险业务的保险公司,其资格的取得必须符合法律的严格规定;第二,保险人有权收取保险费;第三,保险人有履行承担赔偿或者给付保险金的义务。

(2)投保人。投保人也称"要保人",是指与保险人签订保险合同,并承担交付保险费义务的人。在一般情况下,保险合同签订后的投保人即成为被保险人;但投保人可以是被保险人本人,也可以是法律所许可的其他人。无论是自然人还是法人,作为投保人必须具备以下三个条件:第一,具有相应的权利能力和行为能力。第二,对保险标的具有保险利益。所谓保险利益,是指投保人对保险标的具有的法律上承认的利益,即对保险标的具有经济上的利害关系。第三,承担支付保险费的义务。

2. 保险合同的关系人

保险合同的关系人包括被保险人和受益人,他们对保险合同利益享有独立的请求权。

(1)被保险人。被保险人是指受保险合同保障并享有保险金请求权的人。被保险人具有以下四个特征:第一,被保险人是保险事故发生时遭受损失的人。第二,被保险人是享有赔偿请求权的人。第三,被保险人可以是投保人,也可以是第三人。第四,被保险人的资格一般无严格限制,可以是无民事行为能力人;但是在人身保险中,投保人不得为无民事行为能力人投保以死亡给付保险金条件的人身保险,保险人也不得承保。

(2)受益人。受益人是指在人身保险中,保险事件发生后有权获得保险给付的人,其资格一般没有任何限制,自然人、法人均可,即使是胎儿也可作为受益人。就财产保险而言,因领受给付的人多是被保险人自己,故通常无受益人的规

定。投保人、被保险人均可为受益人。受益人具有以下特征：第一，享有保险金的请求权；第二，由被保险人或者投保人指定；第三，被保险人或者投保人本身可以为受益人；第四，受益人不受有无民事行为能力和保险利益的限制。

（四）保险合同的条款和形式

1. 保险合同的条款

我国《保险法》第18条规定，保险合同应当包括下列事项：(1)保险人的名称和住所；(2)投保人、被保险人的姓名或者名称、住所，以及人身保险的受益人的姓名或者名称、住所；(3)保险标的；(4)保险责任和责任免除；(5)保险期间和保险责任开始时间；(6)保险金额；(7)保险费以及支付办法；(8)保险金赔偿或者给付办法；(9)违约责任和争议处理；(10)订立合同的年、月、日。另外，投保人和保险人也可以约定与保险有关的其他事项。

2. 保险合同的形式

保险合同必须采用书面形式。在我国，保险合同的书面形式通常有投保单、保险单和保险凭证等。

(1)投保单。投保单又称“要保书”，是投保人填写的递交给保险人的要求保险的书面要约。投保单通常由保险人根据保险类别事先准备，投保人在要求保险时依所列事项逐一如实填写。投保单是保险合同的组成部分。一个完整的投保单经投保人填具后，如果其内容被保险人完全接受，并在投保单上加盖承保印章时，保险合同视为成立。

(2)保险单。保险单简称“保单”，是保险人出具的关于保险合同的正式书面凭证。保险单由保险人签发并交给投保人。保险单的内容应包括保险合同的全部条款，是保险合同的主要书面表现形式。

(3)保险凭证。保险凭证是由保险人签发交给投保人表明保险合同业已生效的证明文件。保险凭证是保险单的简化形式，与保险单具有同等的效力。但若保险凭证的内容不详或者与保险单的内容不一致时，应以保险单规定的内容为准。保险凭证可以单独使用，也可以与保险单并用。

另外，《保险法》第13条第2款规定：“经投保人和保险人协商同意，也可以采取前款规定以外的其他书面协议形式订立保险合同。”因此，保险合同除采取上述三种形式以外，也可以采取诸如双方共同起草协议，并在协议上双方签字或者盖章等其他书面形式。

（五）保险合同的变更、解除、终止、中止和复效

1. 保险合同的变更

保险合同依法成立即具有法律效力，当事人双方都必须严格遵守，不得擅

自变更或者解除。但保险合同在成立以后,尚未履行或者未完全履行以前,由于客观情况的变化致使保险合同不能履行或者不宜履行的,法律允许变更。保险合同的变更包括:投保人、被保险人的变更和保险合同内容的变更两个方面。

(1)投保人、被保险人的变更。投保人或者被保险人的变更,是指投保人或者被保险人在保险合同有效期限以内将保险合同的利益转让给新的受让人。投保人或者被保险人在转移被保险财产所有权或者经营管理权的同时,将保险合同转让给新的财产受让人是合理的,也可以满足新财产受让人对财产的保险保障的愿望和要求。因此,各国保险法一般都允许保险合同的转让。

(2)保险合同内容的变更。保险合同内容的变更通常为保险标的的数量、品种的增减,用途、存放地点的变化,保险金额、保险价值、保险费的增减,船期、航程的更改以及人身保险中受益人的指定或者变更等。

保险合同的变更有通知变更和协议变更两种方式。通知变更是指保险合同的变更依法不须征得保险人的同意,只要通知保险人即发生合同变更的效力。《保险法》第 49 条规定:"保险标的转让的,被保险人或者受让人应当及时通知保险人,但货物运输保险合同和另有约定的合同除外。"协议变更是指保险合同的变更必须经投保人与保险人双方协商一致以后,才能发生合同变更的效力。《保险法》第 20 条规定:"保险合同有效期限内,投保人和保险人经协商同意,可以变更保险合同的有关内容。"

2. 保险合同的解除

保险合同的解除是指依法提前终止保险合同关系,可以分为协议解除和法定解除两种。协议解除是指保险双方当事人协商一致解除保险合同关系。法定解除是指由于出现法律规定的原因,保险当事人依法行使解除权,消灭已生效的保险合同关系。

为了保障当事人的合法权益、维护正常的经济秩序,我国《保险法》对法定解除的条件作了明确的规定:

(1)除法律另有规定或者保险合同约定的以外,保险合同成立以后,投保人可以解除保险合同;而保险人则不得解除保险合同。但货物运输保险合同和运输工具航程保险合同在保险责任开始后,合同双方当事人不得解除合同。

(2)投保人故意隐瞒事实,不履行如实告知义务,或者因过失未履行告知义务,足以影响保险人决定是否同意承保或者提高保险费率的,保险人有权解除保险合同。

(3)被保险人或者受益人未发生保险事故的情况下,谎称发生了保险事故,向保险人提出赔偿或者给付保险金请求的;或者投保人、被保险人、受益人故意制造保险事故的,保险人有权解除保险合同。

(4)投保人、被保险人未按照约定履行其对保险标的安全应尽的责任的，保险人有权要求解除。

(5)在合同有效期内，保险标的危险程度增加，被保险人未依约及时通知保险人或保险人要求增加保险费被拒绝的，保险人有权要求解除合同。

(6)投保人申报的被保险人年龄不真实，并且其真实年龄不符合合同约定的年龄限制的，保险人可以解除合同。

(7)人身保险合同效力中止后两年内保险双方未达成协议恢复合同效力的，保险人有权解除合同。

3. 保险合同的终止

保险合用的终止又称“保险合同的消灭”，是指保险合同关系的不复存在。保险合同一经终止，就失去了法律效力，保险双方当事人既不享有合同权利，也不再承担合同义务。保险合同的终止，须有一定的原因。根据我国《保险法》的规定，保险合同终止的原因主要有下列几种：

(1)因保险期限届满而终止。

(2)因保险赔偿金或者保险金的给付而终止。在保险有效期限内发生保险事故或者保险事件，保险人依约定给付了保险赔偿金或者保险金，而且给付额达到约定的保险金额的，保险合同终止。但也有例外情况，如简易人身保险的被保险人因意外伤害致残，保险人依约付给保险金(有的甚至付给全额保险金)后，该保险合同不仅在保险期限内继续有效，而且还依约减免保险费。

(3)因行使解除权而终止。保险标的发生部分损失，在保险人赔偿后 30 日内，投保人、保险人都可以解除合同。如果保险人解除合同，则应提前 15 日通知投保人，并将保险标的未受损失部分的保险费扣除自保险责任开始之日起至合同解除之日止期间的应收保险费后，退还投保人。

(4)因被保险人、受益人死亡而终止。在以生存作为给付条件的人身保险合同中，被保险人或者受益人死亡，保险合同终止。

4. 保险合同的中止和复效

保险合同的中止是指保险合同生效后，基于某种原因而发生效力中止。长期人身保险具有投资和储蓄功能，投保人可以分期交付保险费。在投保人缴付第一期保险费以后，如未能按期交付后续保费，且逾期达到一定期间，即可导致保险合同效力的中止。我国《保险法》第 36 条规定：合同约定分期支付保险费，投保人支付首期保险费后，除合同另有约定外，投保人自保险人催告之日起超过 30 日未支付当期保险费，或者超过约定的期限 60 日未支付当期保险费的，合同效力中止，或者由保险人按照合同约定的条件减少保险金额。

保险合同的复效是指保险合同效力中止以后重新开始生效。我国《保险法》

第37条规定:合同效力依照本法第36条规定中止的,经保险人与投保人协商并达成协议,在投保人补缴保险费后,合同效力恢复。但是,自合同效力中止之日起满两年双方未达成协议的,保险人有权解除合同。

(六)保险合同的履行

1. 投保人的义务

依据《保险法》规定,作为合同当事人的投保人有五项义务:

(1)缴纳保险费的义务。保险合同成立后,投保人须按照约定缴纳保险费。保险合同是有偿合同,投保人缴纳保险费实际上是获取保险金的对价,因而缴纳保险费是投保人的重要义务之一。

(2)保险事故的通知义务。投保人、被保险人或者受益人知道保险事故发生后,应当及时通知保险人,以便于保险人采取必要的措施,防止损失的扩大或者保全保险标的的残余部分。同时,及时通知还有利于保险人及时调查损失发生的原因,搜集证据、勘查现场。

(3)维护保险标的安全的义务。被保险人应当维护保险标的的安全。根据合同的约定,保险人可以对保险标的的安全状况进行检查,及时向投保人、被保险人提出消除不安全因素和隐患的书面建议;投保人、被保险人未按照约定履行其对保险标的安全应尽的职责的,保险人有权要求增加保险费或者解除合同。

(4)危险程度增加的通知义务。在保险合同有效期限内,保险标的危险程度增加的,被保险人按照合同的约定应当及时通知保险人,保险人有权要求增加保险费或者解除保险合同;被保险人未履行通知义务的,因保险标的危险程度增加而发生的保险事故,保险人不承担赔偿责任。

(5)采取必要措施防止或者减少损失的义务。保险事故发生时,被保险人有责任尽力采取必要措施防止或者减少损失。保险事故发生后,被保险人为防止或者减少保险标的的损失所支付的必要的、合理的费用,由保险人承担;保险人所承担的数额在保险标的损失赔偿金额以外另行计算,最高不超过保险金额的数额。

2. 保险人的义务

(1)给付保险金。这是保险人应当履行的基本的保险义务。在保险事故发生或者保险合同约定的条件满足时,保险人应当给付保险金。

(2)保守秘密。保险人或者再保险接受人对在办理保险业务中知道的投保人、被保险人、受益人或者再保险分出人的业务和财产情况及个人隐私,负有保密的义务。保险人违反这种保密义务,向他人透露或者传送或者散布有关投保人或者被保险人的业务或者财产情况以及其他个人隐私的,应当承担法律责任;给投保人、被保险人造成损害的,应当赔偿损失。

知识拓展

保险人承担给付义务的条件

根据法律的规定，保险人承担保险责任或给付义务的条件是：(1)必须是保险标的受到损害(在财产保险合同中)。(2)必须是在承保范围内的财产，对于未承保的财产及间接损失，保险人不负赔偿责任。就人身保险而言，必须是保险人承保并在保险合同中列明的被保险人，否则，保险人没有支付保险金的义务。(3)必须是由保险事故引起的。在各类保险合同中，只有发生保险事故并造成损失时，保险人才负赔偿或给付责任。(4)保险金的给付，必须在保险合同规定的限额内。(5)保险标的的损失必须是在保险期限内发生的。

3. 索赔和理赔

索赔是被保险人在保险标的出险后，按照保险合同的有关规定，向保险人要求支付赔偿金的行为。索赔按下列程序进行：(1)提出出险通知。保险事故发生后，投保人、被保险人或受益人应将发生保险事故的时间、地点、原因及其他有关情况尽快通知保险人并提出索赔要求。同时，应当采取合理的施救、整理措施，并保护出险现场，接受保险人的检验，以便保险人能够正确、迅速地审核损失，给付赔偿。(2)提供索赔证明。投保人、被保险人或者受益人应当向保险人提供其所能提供的与确认保险事故的性质、原因、损失程度等有关的证明和资料，如保险单、保险标的的原始单据、出险报告、损失鉴定证明、财产损失清单和施救整理费用等索赔单证。(3)提出索赔请求。被保险人必须在法定的时间内行使索赔权，否则，将丧失对保险人的索赔请求权。(4)领取保险金。

理赔是指保险人依据规定的工作程序处理被保险人所提出的索赔要求的行为。理赔的程序一般包括：(1)立案检验。保险人接到出险通知后，应立即核对保险单立案并派人到现场查勘，了解损失情况及原因。(2)审核责任。保险人须审核被保险人提供的单据是否齐全、真实，审核损失是否发生在保险有效期内，所受损失是否属于保险财产，是否在责任范围之内。保险人依照保险合同的约定，认为有关的证明和资料不完整的，应当通知投保人、被保险人或者受益人补充提供有关的证明和资料。(3)核算损失，给付赔偿金。对属于保险责任的，保险人应当在与被保险人或者受益人达成有关赔偿或者给付保险金额的协议后10日内，履行赔偿或者给付保险金义务。保险合同对保险金额及赔偿或者给付期限有约定的，保险人应当依照保险合同的约定履行赔偿或者给付保险金的义务。保险人未及时履行上述规定义务的，除支付保险金外，应当赔偿被保险人或者受益人因此受到的损失。(4)损余处理。受灾的保险财产有时还有一定的价值，保险公司在全部赔偿后，有权处理损余物资，也可以将损余物资折价给被保险人，以充抵保险金。

三、人身保险合同

（一）人身保险合同的概念和特征

人身保险合同是指以人的寿命和身体为保险标的的保险合同。依照人身保险合同，投保人向保险人支付保险费，保险人对被保险人在保险期间内因保险事故遭受人身伤亡，或者在保险期届满时符合约定的给付保险金条件时，应当向被保险人或者受益人给付保险金。人身保险合同具有如下特点：

1. 保险标的人格化

人身保险合同的保险标的是被保险人的寿命或者身体，以被保险人的寿命或者身体为存在形式的保险利益，属于被保险人的人格利益或者人身利益。

2. 保险金定额支付

人身保险的保险标的不能用具体的金钱价值予以确定，所以各类人身保险的保险金额只能由投保人和保险人协商确定一个固定的数额，以此作为保险人给付保险金的最高限额，在发生约定的保险事故时，保险人向被保险人或者受益人，依照保险条款给付保险金。

3. 人身保险的保险事故涉及人的生死、健康

人身保险合同的保险事故可以为任何导致保险人对被保险人或者受益人承担给付保险金责任的各种法律事实，包括被保险人生存到保险期限、被保险人在保险期限内发生死亡、伤残、疾病和分娩等。

4. 保险费不得强制请求

投保人不按照人身保险合同的约定支付保险费，保险人不得以强制方式要求投保人支付保险费。就投保人而言，投保人在应当支付保险费时，可以选择缴纳保险费以维持合同，也可以选择不缴纳保险费以终止合同。

5. 人身保险不适用代位求偿权

人身保险的被保险人因第三人的行为而发生死亡、伤残或者疾病等保险事故的，保险人向被保险人或者受益人给付保险金后，不得享有向第三人追偿的权利。

（二）人身保险合同的特别条款

1. 受益人的产生

人身保险的受益人由被保险人或者投保人指定。投保人指定受益人时须经被保险人同意。被保险人或者投保人可以指定一人或者数人为受益人。受益人

为数人的，被保险人或者投保人可以确定受益顺序和受益份额；未确定受益份额的，受益人按照相等份额享有受益权。

2. 死亡保险被保险人的资格

投保人不得为无民事行为能力人投保以死亡为给付保险金条件的人身保险，保险人也不得承保。父母为其未成年子女投保的人身保险，不受上述规定限制，但是死亡给付保险金额总和不得超过保险监督管理机构规定的限额。

3. 年龄误报的后果

投保人申报的被保险人年龄不真实，并且其真实年龄不符合合同约定的年龄限制的，保险人可以解除合同，并按照合同约定退还保险单的现金价值，保险人的合同解除权，自保险人知道有解除事由之日起，超过 30 日不行使而消灭。自合同成立之日起超过两年的，保险人不得解除合同，但保险人在合同订立时已经知道投保人未如实告知的情况的，保险人不得解除合同。投保人申报的被保险人年龄不真实，致使投保人支付的保险费少于应付保险费的，保险人有权更正并要求投保人补缴保险费，或者在给付保险金时按照实付保险费与应付保险费的比例支付。投保人申报的被保险人年龄不真实，致使投保人实付保险费多于应付保险费的，保险人应当将多收的保险费退还投保人。

4. 保险费的缴纳

投保人可以按照合同约定向保险人一次支付全部保险费或者分期支付保险费。保险人对人寿保险的保险费，不得用诉讼方式要求投保人支付。

5. 法定受益人

被保险人死亡后，有下列情形之一的，保险金作为被保险人的遗产，由保险人依照《继承法》的规定履行给付保险金的义务：(1)没有指定受益人，或者受益人指定不明无法确定的；(2)受益人先于被保险人死亡，没有其他受益人的；(3)受益人依法丧失受益权或者放弃受益权，没有其他受益人的。受益人与被保险人在同一事件中死亡，且不能确定死亡先后顺序的，推定受益人死亡在先。

6. 法定除外责任

以下情形，保险人不承担给付保险金的责任：(1)投保人故意造成被保险人死亡、伤残或者疾病的；受益人故意造成被保险人死亡、伤残、疾病的，或者故意杀害被保险人未遂的，该受益人丧失受益权。(2)以被保险人死亡为给付保险金条件的合同，自合同成立或者合同效力恢复之日起两年内，被保险人自杀的，保险人不承担给付保险金的责任，但被保险人自杀时为无民事行为能力人的除外。(3)因被保险人故意犯罪或者抗拒依法采取的刑事强制措施导致其伤残或者死亡的，保险人不承担给付保险金的责任。

四、财产保险合同

(一)财产保险合同概念

财产保险合同是指以补偿财产的损失为目的的保险合同,具体又可分为企业财产保险合同、家庭财产保险合同、运输工具保险合同、货物运输保险合同以及农业保险合同等。财产保险合同一般具有如下特征:

1. 财产保险合同中的标的表现为特定的财产以及与财产有关的利益,既可以是有形的物质财富,也可以是无形的与财产有关的利益。

2. 财产保险合同是一种填补损失的合同。财产保险合同以财产及与财产有关的利益作为保险的标的,以补偿被保险人的实际财产损失为其唯一目的。

3. 财产保险合同实行保险责任限定制度。在财产保险合同中,保险人的保险责任以保险合同约定的保险金额为限,超过合同约定的保险金额的损失,保险人不负保险责任。就保险金额的约定而言,保险金额不得超过保险价值,超过保险价值的,超过的部分无效。保险金额低于保险价值的,除合同另有约定的外,保险人按照保险金额与保险价值的比例承担赔偿责任。

4. 财产保险实行保险代位求偿的原则。在财产保险中,如果事故的发生是由第三人造成的,被保险人有权向该责任者请求损害赔偿。为了避免被保险人获得双重赔偿,被保险人只能获得选择权,即请求保险人赔偿,或者请求第三人赔偿。如果被保险人从保险人那里获得了赔偿,那么他必须将对第三人的求偿权让渡给保险人,保险人将因此获得代位求偿权。

(二)代位求偿制度

1. 代位求偿权的概念

代位求偿权也称“代位追偿权”,是指财产保险中保险人赔偿被保险人的损失后,可以取得在其赔付保险金的限度内,要求被保险人转让其对造成损失的第三人享有追偿的权利。在财产保险中,当保险标的发生保险责任范围内的损失,而该项损失应当由第三人负赔偿责任时,投保人既可以要求该第三人即责任人赔偿,也可以要求保险人赔偿。如果投保人选择了后者,保险人承担了保险金赔付责任,便取得对第三人即责任人的追偿权利。

2. 代位求偿权的条件

《保险法》第 60 条第 1 款规定:因第三者对保险标的的损害而造成保险事故的,保险人自向被保险人赔偿保险金之日起,在赔偿数额范围内,代位行使被保险人对第三者请求赔偿的权利。依此规定,保险人行使代位求偿权的要件为:

(1)保险事故是由第三人的行为引起的。第三人的行为可以是违约、侵权、不当得利等可以产生债权请求权的行为，也可以是犯罪行为、违法行政行为。

(2)保险人已向被保险人为保险赔偿。保险赔偿可以是全部的，也可以是部分的，保险人在未向保险人为赔偿前不得行使代位求偿权。

(3)保险人行使代位求偿权的数额以给付的保险金额为限，对于超过保险人已支付的保险金额以外的部分，保险人无权要求第三人赔偿，它仍由被保险人所享有。

3. 代位求偿权的适用范围

代位求偿权的行使范围限于财产保险合同，在人身保险合同中，保险人不得享有代位求偿权。对代位求偿权行使对象的第三人的范围也有一定限制。第三人通常不包括被保险人一定范围的亲属或雇员，除非是由他们的故意行为引起保险事故。

五、保险业法律制度

(一)保险公司

保险公司是经国务院保险监督管理机构批准，从事保险业务的金融机构。经保险监督管理机构批准，保险公司可以在我国境内设立分支机构，但分支机构不具有法人资格，其民事责任由保险公司承担。

1. 保险公司的设立

根据《保险法》第68条的规定，设立保险公司应当具备下列条件：(1)股东具有持续赢利能力，信誉良好，最近3年内无重大违法违规记录，净资产不低于人民币2亿元；(2)有符合《保险法》和《公司法》规定的章程；(3)有符合《保险法》规定的注册资本；(4)有具备任职专业知识和业务工作经验的董事、监事和高级管理人员；(5)有健全的组织机构和管理制度；(6)有符合要求的营业场所和与经营业务有关的其他设施；(7)法律、行政法规和国务院保险监督管理机构规定的其他条件。

2. 保险公司的业务范围及限制

根据《保险法》第95条的规定，保险公司的业务范围主要包括：(1)人身保险业务，包括人寿保险、健康保险、意外伤害保险等保险业务；(2)财产保险业务，包括财产损失保险、责任保险、信用保险、保证保险等保险业务；(3)国务院保险监督管理机构批准的与保险有关的其他业务。

保险公司应当在国务院保险监督管理机构依法批准的业务范围内从事保险经营活动。保险人不得兼营人身保险业务和财产保险业务。但是，经营财产保险业务的保险公司经国务院保险监督管理机构批准，可以经营短期健康保险业务和意外伤害保险业务。

3. 保险公司的经营规则

保险公司在经营过程中，应当遵守下列规则：

(1)提取法定金。第一，责任准备金。保险公司应当根据保障被保险人利益、保证偿付能力的原则，提取各项责任准备金。保险公司提取和结转责任准备金的具体办法，由国务院保险监督管理机构制定。第二，保险保障基金。为了保障被保险人的利益，支持保险公司稳健经营，保险公司应按照保险监督机构的规定提存保险保障基金，保险保障基金应当集中管理，并统筹使用。

(2)维持最低偿付能力。保险公司应当具有与其业务规模和风险程度相适应的最低偿付能力。保险公司的认可资产减去认可负债的差额不得低于国务院保险监督管理机构规定的数额；低于规定数额的，应当按照国务院保险监督管理机构的要求采取相应措施达到规定的数额。

(3)限制自留保险费和承担责任。经营财产保险业务的保险公司当年自留保险费，不得超过其实有资本金加公积金总和的 4 倍。

(4)依法办理再保险。保险公司对每一危险单位，即对一次保险事故可能造成的最大损失范围所承担的责任，不得超过其实有资本金加公积金总和的 10％；超过的部分应当办理再保险。

(5)依法运用资金。《保险法》第 106 条明确规定："保险公司的资金运用必须稳健，遵循安全性原则。可用于银行存款；买卖债券、股票、证券投资基金份额等有价证券；投资不动产；国务院规定的其他资金运用形式。"

(6)保险公司及其工作人员的禁止行为。

(二)保险代理人和保险经纪人

1. 保险代理人和保险经纪人的含义

保险代理人是根据保险人的委托，向保险人收取佣金，并在保险人授权的范围内代为办理保险业务的机构或者个人。保险经纪人是基于投保人的利益，为投保人与保险人订立保险合同提供中介服务，并依法收取佣金的机构。

2. 保险代理人和保险经纪人禁止行为

保险代理人、保险经纪人及其从业人员在办理保险业务活动中不得有下列行为：(1)欺骗保险人、投保人、被保险人或者受益人；(2)隐瞒与保险合同有关的重要情况；(3)阻碍投保人履行《保险法》规定的如实告知义务，或者诱导其不履行《保险法》规定的如实告知义务；(4)给予或者承诺给予投保人、被保险人或者受益人保险合同约定以外的利益；(5)利用行政权力、职务或者职业便利以及其他不正当手段强迫、引诱或者限制投保人订立保险合同；(6)伪造、擅自变更保险合同，或者为保险合同当事人提供虚假证明材料；(7)挪用、截留、侵占保险费或者保险金；(8)利用业务便利为其他机构或者个人牟取不正当利益；(9)串通投保人、被保险人或者受益人，骗取保险金；(10)泄露在业务活动中知悉的保险人、投保人、被保险人的商业秘密。

(三)保险业监管制度

1. 保险业的监督管理机构

保险业的监督管理机关是国务院保险监督管理委员会。

保险业的监督管理目标是：确保保险公司的偿付能力、维护保险当事人的利益，维持保险市场的公平竞争。

2. 保险监督管理的内容

保险业监督管理的内容主要包括：(1)一般监督管理。包括检查保险公司的业务状况、财务状况以及资金运用状况。(2)保险条款和保险费率的审批和备案。关系社会公众利益的保险险种、依法实行强制保险的险种和新开发的人寿保险险种等的保险条款和保险费率，应当报国务院保险监督管理机构批准。其他保险险种的保险条款和保险费率，应当报保险监督管理机构备案。(3)保险公司偿付能力的监督管理。保险公司未依照《保险法》规定提取或者结转各项责任准备金，或者未依照《保险法》规定办理再保险，或者严重违反《保险法》关于资金运用的规定的，由保险监督管理机构责令限期改正，并可以责令调整负责人及有关管理人员。

第四节　票据法

一、票据和票据法概述

(一)票据的概念和特征

在现代社会生活中，一般将人们经常使用的一些有价凭证称为票据。票据有广义和狭义之分。广义的票据是指商业活动中的一切有价凭证，如发票、提单、仓单、支票等。狭义的票据仅指代替现金作为流通手段和支付手段进行结算的有价凭证，如汇票、本票和支票。

票据作为一种有价证券，其记载的金额代表了一定的财产权利。但是票据具有不同于其他有价证券的一些法律特征：(1)票据是文义证券。票据上所载权利义务的内容必须严格按照票据上所载文义确定，即使票据上记载的文字与实际情况不符，仍应以文字记载为准，不允许依据票据记载以外的事实对行为人的意思作出与票据所载文义相反的解释，或者对票据所载文义进行补充或者变更。(2)票据是要式证券。票据法严格地规定了票据的制作格式和记载事项。不按票据法的规定进行票据事项的记载,就会影响票据的效力甚至会导致票据的无效。(3)票据是无因证券。票据上的法律关系是一种单纯的金钱支付关系,权利人享有票据权利只以持有符合票据法规定的有效票据为必要,至于票据赖以发生的基础关系则在所不问。(4)票据是设权证券。票据权利的产生必须首先做成证券。票据权利是随着票据的做成同时发生的。没有票据,就没有票据权利。(5)票据是流通证券。票据的一个基本功能就是流通。票据上的权利,经背书或者单纯交付即可让与他人。一般说来,无记名票据可依单纯交付而转让;记名票据,须经背书交付才能转让。

实例探讨

承兑行拒绝付款的做法正确吗?

甲企业与乙企业签订了货物买卖合同。合同中约定,甲企业签发一张以乙企业为收款人的银行承兑汇票,金额为 20 万元,作为预付款,汇票不得转让,如果合同解除,汇票则作废。但是甲企业未在汇票上记载"不得转让"字样。乙企业取得汇票后,将汇票背书转让给丙企业,抵作工程款。丙企业向承兑行提示付款时,承兑行称甲企业与乙企业之间的买卖合同已经解除,甲企业告知承兑行不得付款,并且汇票不得转让,所以不能向丙企业付款。

问:承兑行应当向丙企业付款吗?

简析:文义性和无因性等是票据的基本特征。首先,根据票据的无因性,甲企业与乙企业之间的买卖合同关系是票据的基础关系,因此,买卖合同的解除,并不能影响到汇票的效力。其次,根据票据的文义性,甲企业虽然与乙企业约定汇票不得转让,但是甲企业并未在汇票上记载"不得转让"字样,所以乙企业转让汇票给丙企业,丙企业取得票据权利。因此,在丙企业提示付款时承兑行应当付款。

(二)票据法的概念和特征

票据法是规定票据的种类、形式和内容,明确票据当事人之间的权利义务,调整因票据而发生的各种社会关系的法律规范。我国票据的专门立法是 1995 年 5 月 10 日第八届全国人大常委会第十三次会议通过、2004 年 8 月 28 日修定实行的《中华人民共和国票据法》。

与其他法律相比,票据法除具有法的一般特征之外,还有一定的独特性:(1)票据法具有强行性。首先,票据的种类由法律规定,不得由当事人任意创设。其次,票据是严格的要式证券,各种票据行为也是严格的要式行为。(2)票据法具有技术性。票据法中的许多规定，如票据形式的严格规定、关于票据行为无因性的规定、背书连续的规定、抗辩切断的规定以及付款责任的规定等，都是由立法者专门设计出来的，而不是基于一般的道德理念或者遵循一般的法律原则而规定的。(3)票据法具有统一性。票据的产生，始于国际贸易。而国际贸易的不断扩大，更使得各国间票据法的统一成为一种需要。票据法是国际上统一程度最高的一种法律。

(三)票据法上的法律关系

票据法上的法律关系包括票据关系和票据法上的非票据关系。

票据关系是指票据当事人基于票据行为而发生的债权债务关系。

票据法上的非票据关系(也称“票据基础关系”)指由票据法直接规定的、不是基于票据行为而发生的法律关系。包括以下三种类型：(1)原因关系。指票据当事人之间授受票据的理由，如出票人与收款人之间签发和接受票据的理由、背书人和被背书人之间转让票据的理由。依照《票据法》的规定，原因关系只存在于授受票据的直接当事人之间，票据一经转让，其原因关系对票据效力的影响力即被切断。(2)票据预约关系。指票据当事人在授受票据之前，就票据的种类、金额到期日、付款地等事项达成协议而产生的法律关系，即当事人之间授受票据的合同所产生的法律关系。(3)资金关系。指汇票出票人和付款人、支票出票人与付款银行或其他资金义务人所发生的法律关系。即出票人之所以委托付款人进行付款的原因。

票据关系与非票据关系的区别在于：(1)票据关系是由当事人的票据行为而发生的，非票据关系是直接由法律的规定而发生的。(2)票据关系的内容是票据权利义务关系，它与票据紧密相连，权利人行使权利以持有票据为必要；而非票据关系则不需要。

(四)票据关系当事人

票据关系的当事人包括基本当事人和非基本当事人。票据关系的基本当事人是指票据一经成立即已存在的当事人，包括出票人、收款人、付款人。他们是构成票据法律关系的必要主体。票据关系的非基本当事人指票据已经成立，通过各种票据行为而后来加入票据关系中的当事人，如背书人、保证人、参加付款人、预备付款人等。

二、票据权利和票据行为

(一)票据权利

票据权利是指持票人向票据债务人请求支付票据金额的权利，包括付款请求权和追索权。

1. 付款请求权

付款请求权是指持票人对主债务人所享有的、依票据而请求支付票据所载金额的权利。付款请求权是第一次请求权，具有主票据权利的性质，持票人必须首先向主债务人行使第一次请求权，而不能越过它直接行使追索权。

2. 追索权

追索权是指在付款请求权未能实现时发生的、持票人对从债务人所享有的、请求偿还票据所载金额及其他有关金额的权利。追索权的行使以持票人第一次请求权未能实现为前提。

(二)票据权利的瑕疵

票据权利的瑕疵包括伪造、变造、更改和涂销。

1. 票据的伪造与变造

票据的伪造是指假借他人的名义，在票据上为一定的票据行为。一般来说，票据法意义上的票据伪造指票据签章的伪造，而不包括其他事项的伪造。票据的变造是指无票据记载事项变更权限的人，对票据上记载事项加以变更，从而使票据法律关系的内容发生改变。

根据我国《票据法》第 14 条第 1 款的规定，票据上的记载事项应当真实，不得伪造、变造。伪造票据上的签章和其他记载事项的，应当依法承担法律责任：

(1)伪造、变造者的法律责任。伪造、变造者的法律责任包括民事责任、行政责任和刑事责任。因票据的伪造、变造而导致票据当事人未能获得承兑或者付款时，其所支付的费用及利息损失均应由伪造、变造者承担民事赔偿责任；并给予伪造、变造的责任者个人处分，给予公司、企业警告、罚款、停业整顿、吊销营业执照的行政处罚；构成犯罪的，对伪造、变造责任者以刑事处罚。

(2)其他签章人的法律责任。我国《票据法》第 14 条第 2 款规定，票据上有伪造、变造的签章的，不影响票据上其他真实签章的效力。其他签章人仍需依其签章按照票据所载文义承担票据责任。《票据法》第 14 条第 3 款规定，票据上其他记载事项被变造的，在变造之前签章的人，对原记载事项负责；在变造之后签章的人，对变造之后的记载事项负责；不能辨别是在被变造之前或之后签章的，视同在变造之前签章。票据变造与票据伪造的不同之处是有票据的变造人却无被变造人。因为票据变造使得票据上的权利义务关系发生了变化，所以票据变造涉及的就不仅是被变造的记载事项的原记载人，而是所有票据当事人。

2. 票据的更改与涂销

票据的更改和涂销是指将票据上的签名或其他记载事项加以更改或者涂抹销除的行为。

根据我国《票据法》第 9 条的规定：票据金额、日期、收款人名称任何人不得更改，更改会导致票据无效。权利人故意所为的票据涂销行为就其实质来说就是票据内容的更改，应发生票据更改的法律后果。权利人非故意所为的涂销，涂销行为无效，票据依其未涂销时的记载事项发生法律效力；非权利人所为的票据涂销行为，发生票据伪造、变造的法律后果。

（三）票据行为

票据行为是指以行为人在票据上进行必备事项的记载、完成签名并予以交付为要件，以发生或者转移票据上权利、负担票据上债务为目的的要式法律行为。在我国《票据法》上，就票据行为来说，汇票包括出票、背书、承兑、保证，本票包括出票、背书、保证，支票包括出票和背书。

出票是指出票人签发票据并将其交付收款人的票据行为。它是最基本的票据行为，其他票据行为必须在出票行为的基础上才能进行。

背书是指持票人将票据权利转让给他人或者将一定的票据权利授予他人行使的票据行为。根据我国《票据法》第 31 条的规定，持票人依背书连续证明自己的合法持票人身份。

承兑是指汇票付款人承诺在汇票到期日支付汇票金额的票据行为。汇票上的付款人一经承兑，就必须承担无条件的绝对的付款责任。

保证是指行为人对特定票据债务人的票据债务承担连带责任的票据行为。

三、票据抗辩和补救

（一）票据抗辩

票据抗辩是指票据债务人根据票据法的规定对票据债权人拒绝履行义务的行为。通常根据抗辩事由和抗辩效力的不同，可将票据抗辩分为对物的抗辩和对人的抗辩。

1. 对物的抗辩

对物的抗辩是指因票据本身所存在的事由而发生的抗辩。对物的抗辩其抗辩事由来自于票据本身，基于票据的无因性、文义性，它对任何持票人都可以主张，并且与票据当事人之间的关系无关，又称为“绝对的抗辩”。

2. 对人的抗辩

对人的抗辩是指因票据义务人与特定的票据权利人之间存在一定关系而发生的抗辩。这种抗辩来源于票据当事人之间存在的一定个人因素的关系，而非票据本身，所以仅能对特定的票据权利人主张，又称为“相对的抗辩”。

(二)票据的丧失与补救

票据的丧失与补救，是指在票据权利人由于票据被盗、丢失或者灭失等丧失对票据的实际占有，使票据权利的行使遭到一定障碍时，为使权利人的票据权利能够实现，而对其提供的法律救济途径。包括挂失止付、公示催告和民事诉讼三种。

1. 挂失止付

挂失止付是指票据权利人在丧失票据占有时，为防止可能发生的损害，保护自己的票据权利，通知票据上的付款人，请求其停止票据支付的行为。

挂失止付的效力，在于使收到止付通知的付款人承担暂停票据付款的义务。但挂失止付只是失票人丧失票据后可以采取的一种临时性补救措施，票据本身并不因挂失止付而无效，失票人的票据责任并不由此免除，失票人的票据权利也不能因挂失止付得到最终的恢复。另外，挂失止付不是公示催告和民事诉讼的必经程序。我国《票据法》第 15 条第 3 款就明确规定，失票人可以在票据丧失后，直接向人民法院申请公示催告或提起诉讼。

2. 公示催告

公示催告是指在票据等有价证券丧失的场合，由人民法院依申请人的申请，向未知的利害关系人发出公告，告知其如果未在一定期间申报权利、提出证券，则人民法院会通过判决的形式宣告其无效，从而催促利害关系人申报权利、提出证券的一种特别程序。

有权提出公示催告的申请人应为票据的合法权利人，包括票据上所载的收款人、能够以背书连续证明自己合法持票人身份的被背书人。由于可能发生出票人在票据上签章后票据遗失的情况，因此，应当允许出票人作为公示催告的申请人。在票据遗失后，已经知道现实持有人的情况下，失票人则不能成为公示催告的申请人，只能依民事诉讼程序，提起返还票据的诉讼。

进行公示催告，需要首先由申请人向有管辖权的人民法院提出公示催告的申请。根据我国《票据法》第 15 条的规定，如果失票人未向付款人发出挂失止付通知，可以随时申请公示催告。如果失票人已经向付款人发出挂失止付通知，则应当在通知挂失止付后 3 日内，申请公示催告。如果失票人已经进行了挂失止付，但未在法定期间内提出公示催告申请，一旦超过挂失止付的暂停支付期间，付款人可能会恢复票据支付，失票人的利益就可能受损。

申请人提出公示催告的申请后，有管辖权的人民法院应对该申请进行必要的审查。认为符合法律规定的，应当予以受理，进行公示催告；认为不符合受理条件的，应在 7 日内裁定驳回申请。人民法院在受理公示催告的申请后，应当在 3 日内发出公告，催促利害关系人申报权利。公示催告的期间，不得少于 60 日。

人民法院受理公示催告的申请后，应当立即向票据付款人发出止付通知。

在公示催告期间，有人提出权利申报或者提出相关的票据主张权利时，人民法院应当立即裁定终止公示催告，并通知申请人和票据付款人。公示催告期间届满，没有人提出权利申报或者提出相关的票据，或者申报人提出的票据非申请人丧失的票据时，则依申请人的申请，由人民法院作出判决，宣告票据无效。自该判决作出之日起，申请人有权依该判决行使其付款请求权和追索权。

3. 民事诉讼

失票人在丧失票据后，可以直接向人民法院提起民事诉讼，请求人民法院判令票据债务人向其支付票据金额。一般认为，在失票人选择诉讼途径救济自己的票据权利时，应当向人民法院提供有关的书面证明，证明自己对所丧失的票据享有所有权，同时还应向人民法院说明所丧失票据上的有关记载事项。

四、汇票

（一）汇票概述

1. 汇票的概念和种类

汇票是出票人签发的、委托付款人在见票时或者在指定的日期无条件支付确定的金额给收款人或者持票人的票据。根据不同的标准对汇票可作不同的分类。

(1)银行汇票和商业汇票。根据汇票当事人身份的不同，可将汇票分为银行汇票和商业汇票。银行汇票是以银行为出票人，同时以银行为付款人的汇票。通常情况下，银行汇票中的出票行与付款行为同一银行。商业汇票是以银行以外的其他公司、企业为出票人，以银行或者其他公司、企业等为付款人的汇票。其中，如果付款人为银行并进行了承兑的，称为银行承兑汇票；当付款人为银行以外的公司、企业等并由其进行承兑的，称为商业承兑汇票。

(2)即期汇票和远期汇票。根据汇票付款期限的不同，可以分为即期汇票和远期汇票。即期汇票也称为“见票即付的汇票”，是指汇票上没有到期日的记载或者明确记载见票即付，收款人或者持票人一经向付款人提示汇票、请求付款，该汇票即为到期，付款人就应当承担付款责任的汇票。远期汇票是指汇票上记载了到期日，付款人在到期时承担付款责任的汇票。

2. 汇票的当事人

汇票法律关系是典型的票据法律关系，其成立必须具备票据法律关系的基本当事人，即出票人、付款人和收款人。

(1)出票人。出票人是指签发汇票的人。出票是最基本的票据行为，它要求行为人必须具有一定的行为能力。我国《票据法》明确规定，出票人必须具有完全民事行为能力，无民事行为能力或者限制民事行为能力的出票行为应由其法定代理人或监护人代理。

(2)付款人。付款人是指履行汇票支付责任的人。银行汇票的付款人是参加全国联行往来的银行；商业汇票的付款人是商品交易活动中接受货物的当事人或者与出票人签订承兑委托协议的银行。

(3)收款人。收款人是指汇票上记载的享有票据权利的人。任何人都可以作为银行汇票的收款人。

(二)出票

出票是指出票人签发票据并将其交付给收款人的票据行为。当出票人按照法律规定的形式做成票据并将其交付收款人时，出票行为即完成。

根据我国《票据法》第22条的规定，汇票上必须记载下列事项，否则汇票无效：(1)表明“汇票”的字样；(2)无条件支付的委托；(3)确定的金额；(4)付款人名称；(5)收款人名称；(6)出票日期；(7)出票人签章。

出票是创设票据权利的行为，所以出票人一旦依照票据法的规定完成出票行为，即产生票据上的效力。出票人签发汇票后，即承担保证该汇票承兑和付款的责任。

知识拓展

汇票出票人在汇票不获承兑或者付款时的清偿责任

我国《票据法》规定，汇票到期被拒绝付款的，持票人可以对背书人、出票人以及汇票的其他债务人行使追索权。因此，当持票人向出票人行使追索权时，出票人应就有关的汇票金额和费用承担清偿责任。根据我国《票据法》第70条的规定，有关的汇票和费用包括：(1)被拒绝付款的汇票金额；(2)汇票金额自到期日或者提示付款日起至清偿日止，按照中国人民银行规定的利率计算的利息；(3)取得有关拒绝证明和发出通知书的费用。

(三)背书

1. 背书的概念及方式

所谓背书是指持票人在票据的背面或者粘单上记载有关事项，完成签章，并将其交付相对人，从而将票据权利转让给他人或者将一定的票据权利授予他人行使的票据行为。

通常在票据的背面，都事先印制好若干背书栏的位置，载明表示将票据权利转让给被背书人的文句，而留出背书人及被背书人的空白，供背书人进行背书时填写。票据法一般并不限制背书的次数，在背书栏或票据背面写满时，可以在票据上粘贴“粘单”，进行背书。背书应当由背书人签章并记载背书日期。如果未记载背书日期，视为在汇票到期日前背书。背书也必须记载被背书人名称。

实例探讨

票据背书中的前手和后手

出票人甲将票据交付给收款人乙，乙通过背书将票据转让给丙，丙又将票据转让给丁，丁又将票据转让给戊，戊为最后持票人。

问：在这一系列的当事人之间，谁是票据背书的前手和后手？这样的区分有何意义？

简析：甲、乙、丙、丁、戊所处的地位是相互独立的，在前者被称为前手，在后者被称为后手。例如：甲为乙的前手，乙为甲的后手，甲、乙、丙、丁均为戊的前手，戊则同时是甲、乙、丙、丁的后手。

前手与后手的区分意义主要在于：票据上的当事人行使追索权时，只能由后手向其前手追索，而前手不能向其后手追索。所以在前后手的关系中，前手为债务人，后手为债权人。

2. 背书的限制情形

在背书中进行特别内容的记载，对背书转让加以一定的限制，就构成限制背书。限制背书实际上是对背书人担保责任或者被背书人权利加以限制的背书。背书的限制情形主要有以下几种情形：

(1)出票人的限制背书。根据我国《票据法》第 27 条第 2 款的规定，汇票的出票人在票据上记载“不得转让”字样，汇票不得转让。这时，如果持票人背书转让的，背书行为无效。

(2)背书人的限制背书。根据我国《票据法》第 34 条的规定，背书人可以在票据上记载“不得转让”字样，如果其后手再背书转让的，原背书人对后手的被背书人不承担保证责任。

(3)回头背书。回头背书是指以先前已经在票据上签名的出票人、背书人等票据债务人为被背书人的背书。回头背书具有一般背书的效力，并不因被背书人是先前的票据债务人而使该票据权利归于消灭，只是在权利担保的效力上有所不同。被背书人是出票人的，由于他是最终的追索义务人，事实上是不能行使追索权的，只有在汇票已经承兑的情况下，才可以向承兑人行使追索权；回头背书的被背书人是先前的背书人的，这时，他既是票据的债务人，又是票据的权利人，他要对其后手承担担保责任，所以也就不能向他们行使追索权。

(4)附条件背书。我国《票据法》第33条第1款规定,背书不得附有条件,背书时附有条件的,所附条件不具有汇票上的效力。背书附条件和付款附条件具有完全不同的法律效力:付款附条件的,票据无效;背书附条件的,票据依然有效,背书也依然有效,只是所附条件不产生票据法上的效力。

(5)期后背书。期后背书是指在票据被拒绝承兑、被拒绝付款或者超过付款提示期限时所作的背书。根据我国《票据法》第36条的规定,期后背书应当属于无效背书,不能发生一般背书的效力,而只具有通常的债权转让的效力。但期后背书的背书人仍需承担票据责任。是否为期后背书的判断标准是票据上记载的背书日期,对该背书日期是否确实为实际的背书日期,持票人不负举证责任。当票据上未记载背书日期时,依据票据法的规定,推定是在期限内所为。

(6)委托收款背书。委托收款背书是指以委托他人代替自己行使票据权利、收取票据金额而进行的背书。委托收款背书不是实质上的票据权利转让,而是以背书形式进行的委托。背书人是委托人,被背书人是受托人。被背书人行使票据权利后,应将所得金额归于背书人。委托收款背书的背书人在进行背书时,必须记载"委托收款"字样。

(四)承兑

1. 汇票承兑的概念

承兑是指汇票付款人承诺在汇票到期日支付汇票金额的票据行为。承兑为汇票所特有,本票和支票均没有承兑行为。

2. 提示承兑

提示承兑是指汇票的持票人,向汇票上所载的付款人出示汇票,请求其承诺付款的行为。

对于定日付款或者出票后定期付款的汇票,持票人应当在汇票到期日前向付款人提示承兑。对于见票后定期付款的汇票,持票人应当自出票日起1个月内提示承兑。汇票未按规定期限提示承兑的,持票人丧失对其前手的追索权。

付款人对向其提示承兑的汇票,应当自收到提示承兑的汇票之日起3日内承兑或者拒绝承兑。付款人在收到提示承兑汇票时,还应当向持票人签发收到汇票的回单,回单上应当记明汇票提示承兑日期并签章。

付款人承兑汇票不得附条件。如果承兑附条件,视为拒绝承兑。付款人承兑汇票的,应当在汇票正面记载"承兑"字样和承兑日期并签章;见票后定期付款的汇票,应当在承兑时记载付款日期。汇票上未记载承兑日期的,以付款人收到提示承兑汇票之日起第3日为承兑日期。

(五)保证

汇票保证是指汇票债务人以外的第三人,担保特定的票据债务人能够履行票据债务的票据行为。当被担保的票据债务人不能履行票据义务时，保证人承担向票据权利人支付款项的义务。

根据我国《票据法》第 46 条的规定，保证人必须在汇票或者粘单上记载下列事项：(1)表明“保证”的字样；(2)保证人名称和住所；(3)被保证人名称；(4)保证日期；(5)保证人签章。

保证人对合法取得汇票的持票人所享有的汇票权利承担保证责任，但是被保证人的债务因汇票记载事项欠缺而无效的除外。被保证的汇票，保证人应当与被保证人对持票人承担连带责任。汇票到期后得不到付款的，持票人有权向保证人请求付款，保证人应当足额付款。这说明：(1)保证人就票据债务来说，与被保证人承担的是同一责任，与被保证人的责任完全相同。(2)保证人的责任是独立责任。即使被保证的票据债务因实质性原因而无效，已经完成的票据保证仍然有效。(3)保证人的责任是连带责任。

保证人清偿汇票债务后，可以行使持票人对被保证人及其前手的追索权。

保证不得附有条件；保证附有条件的，不影响对汇票的保证责任。即汇票保证如果附有条件，保证依然有效，所附条件视为无记载，无论条件成就与否，保证人均须承担保证责任。

（六）付款

票据付款，是指付款人或者承兑人在票据到期时，对持票人所进行的票据金额的支付。

我国《票据法》第 53 条规定，持票人应当按照下列期限提示付款：(1)见票即付的汇票，自出票日起 1 个月内向付款人提示付款。(2)定日付款、出票后定期付款或者见票后定期付款的汇票，自到期日起 10 日内向承兑人提示付款。持票人未按照《票据法》规定的期限提示付款的，在作出说明后，承兑人或者付款人仍应当继续对持票人承担付款责任。

提示付款人应为合法持票人。持票人也可以委托代理人进行提示。我国《票据法》第 53 条第 3 款规定，通过委托收款银行或者通过票据交换系统向付款人提示付款的，视同持票人提示付款。

持票人在《票据法》规定的提示期限内提示付款的，付款人必须在当日足额付款。持票人获得付款的，应当在汇票上签收，并将汇票交给付款人。持票人委托银行收款的，受委托的银行将代收的汇票金额转账收入持票人账户，视同签收。持票人委托的收款银行的责任，限于按照汇票上记载事项将汇票金额转入持票人账户。付款人委托的付款银行的责任，限于按照汇票上记载事项从付款人账户支付汇票金额。付款人及其代理付款人付款时，应当审查汇票背书的连续，并审查提示付款人的合法身份证明或者有效证件。

(七)追索权

1. 追索权的概念

追索权是指持票人在提示承兑或者提示付款,而未获承兑或未获付款时,依法向其前手请求偿还票据金额及其他金额的权利。我国《票据法》第 61 条规定,汇票到期被拒绝付款的,持票人可以对背书人、出票人以及汇票的其他债务人行使追索权。

2. 期前追索权的原因

根据我国《票据法》第 61 条第 2 款的规定,对于定日付款的汇票、出票后定期付款的汇票以及见票后定期付款的汇票,在汇票到期日前,发生下列情形之一时,持票人可以行使追索权:(1)汇票被拒绝承兑的;(2)承兑人或者付款人死亡、逃匿的;(3)承兑人或者付款人被依法宣告破产的或者因违法被责令终止业务活动的。所以,在票据到期前,持票人即可行使追索权,而无须待票据到期。

3. 期后追索权的原因

汇票到期后,如果汇票的付款人、承兑人或者代理付款人拒绝支付,或者付款人提示付款时,汇票上所载的付款场所不存在、付款人不存在或者下落不明,无法进行提示,因而无法获得付款时,持票人可以行使追索权。

4. 追索与再追索

汇票的出票人、背书人、承兑人和保证人对持票人承担连带责任;他们均为追索义务人,对持票人承担无条件给付汇票全部金额的责任。在同时存在若干个追索义务人的情况下,持票人可以选择其中的任何一个人作为追索对象;也可以不限定一名追索对象,而向一个以上的追索义务人行使追索权;持票人还可以不受已经开始的追索权行使的限制,在未实现其追索权之前,再进行新的追索。

被追索人清偿债务后,与持票人享有同一追索权利,可以再向其他汇票债务人行使追索权,直至汇票上的债权债务关系因履行或其他法定原因而消灭为止。持票人为出票人的,对其前手无追索权;当持票人为背书人时,对其后手无追索权。

五、本票和支票

(一)本票

1. 本票的概念

本票是出票人签发的、承诺自己在见票时无条件支付确定金额给收款人或者持票人的票据。我国票据法上的本票仅指银行本票,不包括商业本票和个人本票;而且均为即期本票,无远期本票。银行本票是银行签发的、承诺自己在见票时无条件支付确定的金额给收款人或者持票人的票据。银行本票是银行提供的一种银行信用，见票即付，可当场抵用。

2. 本票的出票

根据我国《票据法》的规定，本票的出票人必须具有支付本票金额的可靠资金。银行本票分为转账和现金两种。申请人或收款人为单位的，不得申请现金银行本票；申请人和收款人均为个人时，才能申请现金银行本票。在银行开立存款账户的持票人向开户银行提示付款时，应在银行本票背面“背书人签章”栏签章，签章应与预留银行签章相同，并将银行本票、进账单递交开户银行，银行审查无误后办理转账。未在银行开立存款账户的个人持票人，凭注明“现金”字样的银行本票向指定代理付款人支取现金的，应在银行本票背面“背书人签章”栏签章，记载本人身份证件名称、号码及发证机关，并交验本人身份证件及复印件。银行审核无误后支付现金。

根据我国《票据法》第 75 条的规定，本票的法定记载事项包括：表明“本票”的字样、无条件支付的承诺、确定的金额、收款人名称、出票日期和出票人签章。本票上欠缺任何一项的记载，都会导致本票无效。

3. 本票的付款

本票的出票人在持票人提示见票时，必须承担付款的责任。本票自出票日起，付款期限最长不超过两个月。

4. 本票适用汇票规定的情况

本票的背书、保证、付款行为和追索权的行使，除《票据法》“本票”一章规定的外，适用该法有关汇票的规定。

（二）支票

1. 支票的概念

支票是出票人签发的、委托办理支票存款业务的银行或者其他金融机构在见票时无条件支付确定的金额给收款人或者持票人的票据。

2. 支票的出票

我国《票据法》规定，支票的出票人只有符合下列条件，才能签发支票：(1)建立账户。开立支票存款账户，申请人必须使用其本名，并提交证明其身份的合法证件。(2)存入足够支付的款项。(3)预留印鉴。

支票的法定记载事项包括：(1)表明“支票”的字样。(2)无条件支付的委托。(3)确定的金额。支票上的金额可以由出票人授权补记，未补记前的支票，不得使用。支票的出票人所签发的支票金额不得超过其付款时在付款人处实有的存款金额。(4)付款人名称。(5)出票日期。(6)出票人签章。支票上未记载上述事项的，支票无效。

3. 支票的付款

支票的持票人应当在出票日起10日内提示付款;异地使用的支票,付款提示期限由中国人民银行另行规定。超过付款提示期限的,付款人可以拒绝付款。因超过提示付款期限付款人不予付款的,持票人仍享有票据权利,出票人仍应对持票人承担票据责任,支付票据所载金额。

付款人依法支付支票金额的,对出票人不再承担受委托付款的责任,对持票人不再承担付款责任。但是,付款人以恶意或重大过失付款的除外。

因出票人签发空头支票或者签发与其签名样式或预留印鉴不符的支票,给他人造成损失的,支票的出票人和背书人应当依法承担民事责任。

4. 支票适用汇票规定的情况

《票据法》第93条规定,支票的背书、付款和追索,除《票据法》支票一章另有规定的,适用汇票的规定。支票的出票行为亦可适用汇票的有关规定。

实例探讨

如何认定空头支票?

甲公司在银行的支票存款共有100万元人民币,该公司签发了一张面额为200万元的转账支票给乙公司。之后甲公司再没有向开户银行存款。

请问:

(1)乙公司所持的支票是否空头支票?如何认定空头支票?

(2)空头支票的付款人是否是票据债务人?

(3)甲公司对空头支票的持票人应负什么责任?

简析:(1)出票人所签发的支票是否为空头支票,应以持票人依该支票向付款银行提示付款之时为准,而不能以出票人签发支票时为准。(2)付款人不是票据上的当然债务人,支票中的付款人在支票存款中足以支付时才有法定的付款义务。(3)甲公司作为出票人必须按照签发的支票金额承担保证向该持票人付款的责任。

六、涉外票据的法律适用

(一)涉外票据的概念

涉外票据是指在票据关系上具有一定涉外因素的票据。它通常在地域上或者当事人上涉及两个或者两个以上的国家,也可以称为国际票据。我国《票据法》明确规定,涉外票据是指出票、背书、承兑、保证、付款等行为中,既有发生在我国境内又有发生在我国境外的票据。

（二）涉外票据的准据法

我国《票据法》根据通常的法律冲突的处理原则，对涉外票据在当事人的行为能力、票据行为方式以及票据权利行使与保全等方面发生法律冲突时，分别规定了相应的准据法。

1. 关于当事人的行为能力

我国《票据法》明确规定票据债务人的民事行为能力，适用其本国法律。而如果依其本国法律为无民事行为能力或限制民事行为能力而依照行为地法律为完全民事行为能力的，适用行为地法律。

2. 关于票据的行为方式

我国《票据法》明确规定汇票、本票出票时的记载事项，适用出票地法律；支票出票时的记载事项，适用出票地法律，经当事人协议，也可以适用付款地法律；背书、承兑、付款和保证行为，适用行为地法律。

3. 关于票据权利的行使与保全

我国《票据法》明确规定票据追索权的行使期限，适用出票地法律；票据的提示期限、有关拒绝证明的方式、出具拒绝证明的期限，适用付款地法律；票据丧失时，失票人请求保全票据权利的程序，适用付款地法律。

知识拓展

冲突规范和准据法

冲突规范，又称"法律适用规范"或"法律选择规范"，是指国内法或国际条约中规定的，指明某一涉外民事法律关系应适用哪一国家和地区的法律作为准据法的法律规范。冲突规范的结构主要由范围和准据法两部分构成。范围是指冲突规范所要调整的民商事法律关系或所要解决的法律问题，准据法是指对"范围"中某种涉外民事关系规定应适用的法律。

例如，某一条冲突规范规定："婚姻的效力适用婚姻缔结地法。"其中，"婚姻的效力"就是这条冲突规范的范围，而"婚姻缔结地法" 就是这条冲突规范的准据法。

第五节　证券法

一、证券法概述

(一)证券

1. 证券的概念

证券是表示一定权利的书面凭证,即记载并代表一定权利的文书。从广义上讲,证券包括资本证券、货币证券和货物证券。资本证券的持有者凭证券可以获得一定收益权(股权或债权),如股票、债券等;货币证券的持有者凭证券可以获得一定票面金额,如汇票、本票和支票等;货物证券的持有者凭证券可以获得一定商品,如提单、仓单等。我国证券法上所规范的证券是狭义上的证券,即仅指资本证券。

2. 证券的种类

目前,我国证券市场上发行和流通的资本证券主要包括股票、债券、投资基金券和国务院依法认定的其他证券。

股票是股份有限公司签发的证明股东权利义务的要式有价证券。

债券是企业、金融机构或者政府为募集资金向社会公众发行的、保证在规定的时间内向债券持有人还本付息的有价证券。根据发行人的不同,债券可分为以下三大类:(1)企业、公司债券,是指一般企业和公司发行的债券;(2)金融债券,是指银行和非银行金融机构为筹集资金补偿流动资金的不足而发行的债券;(3)政府债券,是指政府或者政府授权的代理机构基于财政或其他目的而发行的债券,包括国库券、财政债券、建设公债、特种国债、保值公债等。

投资基金券是指基金发起人为募集投资基金而依法发行,用以记载投资者所持基金单位数的要式有价证券。投资基金券有如下特点:(1)投资数额无限制或者限制数额很低,有利于中小投资者投资;(2)基金由专家管理,具有安全性及获利性特点;(3)基金必须依法分散再投资,风险性小;(4)可以流通转让。

经国务院依法认定的其他证券是指立法上尚未规定,但具有证券性质和特点,需将其纳入证券范围调整的证券品种。主要有证券期货和期权合约等。

(二)证券法的概念和基本原则

1. 证券法的概念

证券法有广义和狭义之分。广义的证券法是指调整证券募集、发行、交易、服务以及对证券市场进行监督管理的法律规范的总和。狭义的证券法仅指我国于1998年12月29日第九届全国人大常委会第六次会议通过、2004年8月28日第十届全国人大常委会第十一次会议第一次修正、2005年10月27日第十届全国人大常委会第十八次会议再次修正的《中华人民共和国证券法》(以下简称《证券法》)。

2. 证券法的基本原则

根据我国《证券法》的规定,证券法的基本原则可以概括为以下几项:(1)保护投资者合法权益的原则。(2)公开、公平、公正原则。(3)平等、自愿、有偿、诚实信用的原则。(4)合法原则。(5)分业经营、分业管理的原则。《证券法》第6条明确规定,证券业和银行业、信托业、保险业分业经营、分业管理。这一原则的目的在于禁止证券业与银行业、信托业、保险业之间业务混合,禁止银行、信托、保险等机构从事高风险的证券业务,以利于实现金融业管理的规范化,降低银行、信托和保险资金的风险。(6)国家集中统一监管与行业自律相结合的原则。

二、证券发行

证券发行是指依法具有发行资格的发行人,以筹集资金为目的,依照法定条件和程序向投资者出售证券的行为。

(一)证券发行的基本条件

公开发行证券,必须符合法律、行政法规规定的条件,并依法报经国务院证券监督管理机构或者国务院授权的部门核准。有下列情形之一的,为公开发行:(1)向不特定对象发行证券的;(2)向特定对象发行证券累计超过200人的;(3)法律、行政法规规定的其他发行行为。

1. 股票发行的基本条件

股票发行一般有两种:一是为设立新公司而首次发行股票,即设立发行、首次发行;二是为扩大已有的公司规模而发行新股,即增资发行、新股发行。两种情形下发行的条件有所不同。

设立股份有限公司公开发行股票,应当符合下列条件:(1)公司的生产经营符合国家产业政策;(2)公司发行的普通股只限一种,同股同权;(3)发起人认购的股本数额不少于公司拟发行的股本总额的35%;(4)在公司拟发行的股本总额中,发起人认购的部分不少于人民币3000万元,但国家另有规定的除外;(5)向社会公众发行的部分不少于公司拟发行的股本总额的25%,其中公司职工认购的股本数额不得超过拟向社会公众发行的股本总额的10%;公司拟发行的股本总额超过人民币4亿元的,证监会按照规定可酌情降低向社会公众发行的部分的比例,但最低不少于公司拟发行的股本总额的15%;(6)发行人在近

3 年内没有重大违法行为；(7)证监会规定的其他条件。

股份有限公司成立后，基于增资目的而再次申请公开发行股票，在公司法中称为增资发行或者新股发行。公开发行新股应当符合下列条件：(1)具备健全且运行良好的组织机构；(2)具有持续赢利能力，财务状况良好；(3)最近 3 年财务会计文件无虚假记载，无其他重大违法行为；(4)经国务院批准的国务院证券监督管理机构规定的其他条件。

公司公开发行新股，应当向国务院证券监督管理机构报送募股申请和下列文件：(1)公司营业执照；(2)公司章程；(3)股东大会决议；(4)招股说明书；(5)财务会计报告；(6)代收股款银行的名称及地址；(7)承销机构名称及有关的协议。依照《证券法》规定聘请保荐人的，还应当报送保荐人出具的发行保荐书。

2. 公司债券发行的基本条件

根据我国《公司法》的规定，凡符合条件的股份有限公司和有限责任公司，为筹集生产经营资金，均可依法发行公司债券。

公开发行公司债券，应当符合下列条件：(1)股份有限公司的净资产不低于人民币 3000 万元，有限责任公司的净资产不低于人民币 6000 万元；(2)累计债券余额不超过公司净资产的 40%；(3)最近 3 年平均可分配利润足以支付公司债券 1 年的利息；(4)筹集的资金投向符合国家产业政策；(5)债券的利率水平不超过国务院限定的利率水平；(6)国务院规定的其他条件。

但是，有下列情形之一的，不得再次公开发行公司债券：(1)前一次公开发行的公司债券尚未募足；(2)对已公开发行的公司债券或者其他债务有违约或者延迟支付本息的事实，仍处于继续状态；(3)违反法律规定，改变公开发行公司债券所募资金的用途。

公开发行公司债券筹集的资金，必须用于核准的用途，不得用于弥补亏损和非生产性支出。

(二)发行方式

证券发行有直接发行和间接发行两种方式。直接发行是指发行人不通过承销机构而直接将证券出售给投资人。间接发行是指发行人通过承销机构代为销售证券。我国《证券法》规定，发行人发行证券必须采取间接发行的方式。在我国，证券承销分为代销和包销两种方式。

代销，又称“代理发行”，是指证券公司代发行人发售证券，在承销期结束时，将未售出的证券全部退还给发行人的承销方式。代销期限届满，向投资者出售的股票数量未达到拟公开发行股票数量 70%的，为发行失败。发行人应当按照发行价并加算银行同期存款利息返还股票认购人。因此，对发行人而言，这种承销方式风险较大，但承销费用相对较低。

包销，是指证券公司将发行人的证券按照协议全部购入或者在承销期结束时将售后剩余证券全部自行购入的承销方式。证券销售不出去的风险由承销人承担，但其费用高于代销的费用。

另外，我国《证券法》规定，向社会公开发行的证券票面总值超过人民币5000万元的，必须采取承销团的形式来销售。承销团应当由主承销和参与承销的证券公司组成。

证券的代销、包销期最长不得超过90日。

三、证券交易

（一）证券交易概述

1. 证券交易的条件

证券交易的条件主要包括：

(1)证券交易当事人依法买卖的证券，必须是依法发行并交付的证券。非依法定程序发行的证券，不得买卖。

(2)依法发行的股票、公司债券及其他证券，法律对其转让期限有限制性规定的，在限定的期限内不得买卖。

(3)经依法核准的上市交易的股票、公司债券及其他证券，应当在依法设立的证券交易所上市交易或者在国务院批准的其他证券交易场所转让。

2. 证券交易的方式

对于证券交易的方式，《证券法》规定必须采用公开的集中竞价交易方式，实行价格优先、时间优先的原则。集中竞价是指所有有关购售该证券的买主和卖主集中在证券交易所内公开申报、竞价交易，每当买卖双方出价相吻合就构成一笔买卖，交易依买卖组连续进行，每个买卖组形成不同的价格。价格优先是指同时有两个或者两个以上的买(卖)方进行买卖同种证券时，买方中出价最高者，应处在优先购买的地位；而卖方中出价最低者，应处在优先卖出的地位。时间优先是指出价相同时，以最先出价者优先成交。

（二）证券交易的暂停和终止

1. 股票交易的暂停和终止

上市公司有下列情形之一的，由证券交易所决定暂停其股票上市交易：(1)公司股本总额、股权分布等发生变化不再具备上市条件；(2)公司不按照规定公开其财务状况，或者对财务会计报告作虚假记载，可能误导投资者；(3)公司有重大违法行为；(4)公司最近3年连续亏损；(5)证券交易所上市规则规定的其他情形。

上市公司有下列情形之一的，由证券交易所决定终止其股票上市交易：(1)公司股本总额、股权分布等发生变化不再具备上市条件，在证券交易所规定的期限内仍不能达到上市条件；(2)公司不按照规定公开其财务状况，或者对财务会计报告作虚假记载，且拒绝纠正；(3)公司最近3年连续亏损，在其后一个年度内未能恢复赢利；(4)公司解散或者被宣告破产；(5)证券交易所上市规则规定的其他情形。

2. 债券交易的暂停和终止

公司债券上市交易后，公司有下列情形之一的，由证券交易所决定暂停其公司债券上市交易：(1)公司有重大违法行为；(2)公司情况发生重大变化不符合公司债券上市条件；(3)发行公司债券所募集的资金不按照核准的用途使用；(4)未按照公司债券募集办法履行义务；(5)公司最近两年连续亏损。

公司有上述第(1)项、第(4)项所列情形之一经查实后果严重的，或者有上述第(2)项、第(3)项、第(5)项所列情形之一，在限期内未能消除的，由证券交易所决定终止其公司债券上市交易。公司解散或者被宣告破产的，由证券交易所终止其公司债券上市交易。

(三)限制和禁止的证券交易行为

1. 一般规定

《证券法》对限制和禁止的证券交易行为作了一般性的规定，这些规定包括：

(1)证券交易当事人依法买卖的证券，必须是依法发行并交付的证券。非依法发行的证券，不得买卖。依法发行的证券，法律对其转让期限有限制性规定的，在限定的期限内，不得买卖。

(2)依法公开发行的股票、公司债券及其他证券，应当在依法设立的证券交易所上市交易或者在国务院批准的其他证券交易场所转让。

(3)证券交易以现货和国务院规定的其他方式进行交易。

(4)证券交易所、证券公司、证券登记结算机构从业人员、证券监督管理机构工作人员和法律、行政法规禁止参与股票交易的其他人员在任期或者法定限期内，不得直接或者以化名、借他人名义持有、买卖股票，也不得收受他人赠送的股票。任何人在成为上述所列人员时，其原已持有的股票，必须依法转让。

(5)为股票发行出具审计报告、资产评估报告或者法律意见书等文件的证券服务机构和人员，在该股票承销期内和期满后6个月内，不得买卖该种股票。除上述规定外，为上市公司出具审计报告、资产评估报告或者法律意见书等文件的证券服务机构和人员，自接受上市公司委托之日起至上述文件公开后5日内，不得买卖该种股票。

(6)持有一个股份有限公司已发行的股份5%的股东，应当在其持股数额达到该比例之日起3日内向该公司报告，公司必须在接到报告之日起3日内向国务院证券监督管理机构报告；属于上市公司的，应当同时向证券交易所报告。上市公司董事、监事、高级管理人员、持有上市公司股份5%以上的股东，将其持有的该公司的股票在买入后6个月内卖出，或者在卖出后6个月内又买入，由此所得收益归该公司所有，公司董事会应当收回其所得收益。但是，证券公司因包销购入售后剩余股票而持有5%以上股份的，卖出该股票不受6个月的时间限制。

公司董事会不按上述规定执行的，股东有权要求董事会在30日内执行。公司董事会未在上述期限内执行的，股东有权为了公司的利益以自己的名义直接向人民法院提起诉讼。公司董事会不按上述规定执行的，负有责任的董事依法承担连带责任。

2. 禁止内幕交易行为

内幕交易是指知悉证券交易内幕信息的知情人和非法获取内幕信息的人，利用内幕信息进行证券交易的活动。知悉证券交易内幕信息的知情人员或者非法获取内幕信息的其他人员，不得买入或者卖出所持有的该公司的证券，或者泄露该信息或者建议他人买卖该证券。内幕交易行为给投资者造成损失的，行为人应当依法承担赔偿责任。

3. 禁止操纵证券市场行为

操纵证券市场行为，是指行为人背离市场自由竞价和供求关系原则，以各种不正当的手段，影响证券市场价格或者证券交易量，制造证券市场假象，以引诱他人参与证券交易，为自己谋取不正当利益或者转嫁风险的行为。操纵证券市场行为给投资者造成损失的，行为人应当依法承担赔偿责任。

4. 禁止虚假陈述和信息误导行为

《证券法》规定，禁止国家工作人员、传播媒介从业人员和有关人员编造、传播虚假信息，扰乱证券市场。禁止证券交易所、证券公司、证券登记结算机构、证券服务机构及其从业人员，证券业协会、证券监督管理机构及其工作人员，在证券交易活动中作出虚假陈述或者信息误导。各种传播媒介传播证券市场信息必须真实、客观，禁止误导。

5. 禁止欺诈客户行为

欺诈客户，是指证券公司及其从业人员在证券交易及相关活动中，为了谋取不法利益，而违背客户的真实意思进行代理的行为，以及诱导客户进行不必要的证券交易的行为。欺诈客户行为给客户造成损失的，行为人应当依法承担赔偿责任。

四、证券上市

证券上市，是指已公开发行的股票、债券等有价证券符合法定条件，经由证券交易所依法审核同意后，在证券交易所集中竞价交易的行为。

(一)股票上市

1. 股票上市的申请

申请股票上市交易，应当向证券交易所提出申请，由证券交易所依法审核同意，并由双方签订上市协议。申请股票上市交易，应当向证券交易所报送下列文件：(1)上市报告书；(2)申请股票上市的股东大会决议；(3)公司章程；(4)公司营业执照；(5)依法经会计师事务所审计的公司最近3年的财务会计报告；(6)法律意见书和上市保荐书；(7)最近一次的招股说明书；(8)证券交易所上市规则规定的其他文件。

2. 股票上市的条件

股份有限公司申请股票上市，应当符合下列条件：(1)股票经国务院证券监督管理机构核准已公开发行。(2)公司股本总额不少于人民币3000万元。(3)公开发行的股份达到公司股份总数的25%以上；公司股本总额超过人民币4亿元的，公开发行股份的比例为10%以上。(4)公司最近3年无重大违法行为，财务会计报告无虚假记载。

3. 股票上市的公告

股票上市交易申请经证券交易所审核同意后，签订上市协议的公司应当在规定的期限内公告股票上市的有关文件，并将该文件置备于指定场所供公众查阅。

(二)债券上市

1. 债券上市的申请

申请公司债券上市交易，应当向证券交易所报送下列文件：(1)上市报告书；(2)申请公司债券上市的董事会决议；(3)公司章程；(4)公司营业执照；(5)公司债券募集办法；(6)公司债券的实际发行数额；(7)上市交易的公司债券的作价原则；(8)证券交易所对该公司债券上市的意见；(9)证券交易所上市规则规定的其他文件。

申请可转换为股票的公司债券上市交易，还应当报送保荐人出具的上市保荐书。

2. 债券上市的条件

公司申请其发行的公司债券上市交易，必须报经国务院证券监督管理机构核准,并符合下列条件:(1)公司债券的期限为1年以上;(2)公司债券实际发行额不少于人民币5000万元;(3)公司申请其债券上市时仍符合法定的公司债券发行条件。

(三)信息公开制度

信息公开制度是指上市公司在证券发行和交易过程中,必须真实、准确、完整、及时地按照法律规定的形式向公众投资者公开一切有关公司重要信息的制度。从而使上市公司的证券能够在有效、公开、知情的市场中进行交易。

1. 公开文件

发行股票、公司债券的公司,必须依照《公司法》的规定,经中国证监会批准后,公开必须具备的文件。发行人必须根据真实、完整的原则公告招股说明书、公司债券募集办法,依法发行新股或者公司债券的,还应当公告财务会计报告。

招股说明书是供社会公众了解发行人的情况,说明公司股份发行的有关事宜,指导公众购买公司股份的规范性文件。股份有限公司发行股票应按规定编制招股说明书,向社会公开披露有关信息,其股票获准在证券交易所上市时,上市公司应当编制上市公告书,向社会公开披露有关信息。发行人编制招股说明书应当符合中国证监会的相关规定。凡是对投资者作出投资决策有重大影响的信息地,均应当在招股说明书中披露。

公司债券募集办法是发行人在发行公司债券时,根据法律规定制作的记载与公司债券发行相关的实质性重大信息的一种规范性文件。公司债券募集办法应当载明的事项包括:公司名称;债券总额和债券的票面金额;债券的利率;还本付息的期限和方式;债券发行的起止日期;公司净资产额;已发行的尚未到期的公司债券总额;公司债券的承销机构。

2. 公开报告

依法公开发行新股或者公司债券的,还应当公告财务会计报告。财务会计报告一般分为定期报告和临时报告。定期报告是指上市公司定期公布其财务和经营状况的文件,包括年度报告、中期报告和季度报告。临时报告是指当发生可能对上市公司股票交易价格产生较大影响而投资者尚未得知的重大事件时,上市公司应当立即将有关重大事件的情况向国务院证券监督管理机构和证券交易所提交并说明事件实质的文件。

(1)年度报告。公司应当在每个会计年度结束后4个月内编制完成年度报告,其主要内容包括:公司基本情况;主要会计数据和财务指标;公司股票、债券发行及变动情况,报告期末股票、债券总额、股东总数,公司前10大股东持股情况;持股5%以上股东、控股股东及实际控制人情况;董事、监事、高级管理人员的任职情况、持股变动情况、年度报酬情况;董事会报告;管理层讨论与分析;报告期内重大事件及对公司的影响;财务会计报告和审计报告全文;中国证监会规定的其他事项。

(2)中期报告。公司应当于每个会计年度的上半年结束之日起 2 个月内编制完成中期报告,其内容包括:公司基本情况;主要会计数据和财务指标;公司股票、债券发行及变动情况、股东总数、公司前 10 大股东持股情况、控股股东及实际控制人发生变化的情况;管理层讨论与分析;报告期内重大诉讼、仲裁等重大事件及对公司的影响;财务会计报告;中国证监会规定的其他事项。

(3)季度报告。季度报告应当在每个会计年度第 3 个月、第 9 个月结束后的 1 个月内编制完成并披露。第一季度季度报告的披露时间不得早于上一年度年度报告的披露时间。季度报告应当记载以下内容:公司基本情况;主要会计数据和财务指标;中国证监会规定的其他事项。

3. 信息公开不实的法律后果

根据《证券法》的规定,发行人、上市公司公告的招股说明书、公司债券募集办法、财务会计报告、上市报告文件、年度报告、中期报告、临时报告以及其他信息披露资料,有虚假记载、误导性陈述或者重大遗漏,致使投资者在证券交易中遭受损失的,发行人、上市公司应当承担赔偿责任;发行人、上市公司的董事、监事、高级管理人员和其他直接责任人员以及保荐人、承销的证券公司,应当与发行人、上市公司承担连带赔偿责任,但是能够证明自己没有过错的除外。发行人,上市公司的控股股东、实际控制人有过错的,应当与发行人、上市公司承担连带赔偿责任。

五、上市公司收购制度

(一)上市公司收购的概念和方式

上市公司收购是指投资者依法定程序公开收购股份有限公司已经发行上市的股份以达到对该公司控股或者兼并目的的行为。实施收购行为的投资者称为收购人,作为收购目标的上市公司称为被收购公司。按照《证券法》的规定,投资者可以采取要约收购、协议收购及其他合法方式收购上市公司。

采取要约收购方式的,收购人必须遵守《证券法》规定的程序和规则,在收购要约期限内,不得卖出被收购公司的股票,也不得采取要约规定以外的形式和超出要约的条件买入被收购公司的股票。

采取协议收购方式的,收购人可以依照法律、行政法规的规定同被收购公司的股东以协议方式进行股权转让。以协议方式收购上市公司时,达成协议后,收购人必须在 3 日内将该收购协议向国务院证券监督管理机构及证券交易所作出书面报告,并予公告。在未作出公告前不得履行收购协议。

(二)上市公司收购的程序和规则

1. 报告和公告持股情况

通过证券交易所的证券交易，投资者持有或者通过协议、其他安排与他人共同持有一个上市公司已发行的股份达到5%时，应当在该事实发生之日起3日内，向国务院证券监督管理机构、证券交易所作出书面报告，通知该上市公司，并予公告；在上述期限内，不得再行买卖该上市公司的股票。

投资者持有或者通过协议、其他安排与他人共同持有一个上市公司已发行的股份达到5%后，其所持该上市公司已发行的股份比例每增加或者减少5%，应当依照前款规定进行报告和公告。在报告期限内和作出报告、公告后两日内，不得再行买卖该上市公司的股票。

2. 收购要约

所谓收购要约是指根据证券法的规定，通过证券交易所的证券交易，投资者持有一个上市公司已发行的股份的30%时，继续进行收购的，应当依法向该上市公司所有股东发出收购要约。依照规定，发出收购要约，收购人必须事先向国务院证券监督管理机构报送上市公司收购报告书，并应将公司收购报告书同时提交证券交易所。收购人在依照规定报送上市公司收购报告书之日起15日后，公告其收购要约。

收购要约的期限不得少于30日，并不得超过60日。在收购要约的有效期限内，收购人不得撤销其收购要约；收购人需要变更收购要约中的事项的，必须事先向国务院证券监督管理机构及证券交易所提出报告，经获准后，予以公告。

3. 终止上市交易和应当收购

终止上市交易是指根据《证券法》的规定，收购要约的期限届满，收购人持有的被收购公司的股份数达到该公司已发行的股份总数的75%以上的，该上市公司的股票应当在证券交易所终止上市交易。

应当收购是指根据《证券法》的规定，收购要约的期限届满，收购人持有的被收购公司的股份数达到该公司发行的股份总数的90%以上的，其余仍持有被收购公司股票的股东，有权向收购人以收购要约的同等条件出售其股票，收购人应当收购。

4. 报告和公告收购情况

收购上市公司的行为结束后，收购人应当在15日内将收购情况报告国务院证券监督管理机构和证券交易所，并予以公告。

知识拓展

拉法基要约收购四川双马案

2005年11月5日，拉法基瑞安水泥有限责任公司对外宣称购入四川双马投资集团100%的股权，其中四川双马投资集团持有上市公司四川双马水泥股份有限公司66.5%的股权，这样拉法基瑞安水泥有限责任公司实际拥有四川双马水泥股份有限公司66.5%的股权。

根据我国《上市公司收购管理办法》拉法基水泥有限责任公司应该向四川双马水泥股份有限公司的所有股东发出全面收购要约。根据该《管理办法》的规定，收购人拉法基水泥有限责任公司向中国证监会申请了豁免，最后免于向四川双马水泥股份有限公司的全体股东发出全面要约，并最终取得四川双马水泥股份有限公司的实际控制权。

在并购完成后，作为外资企业的拉法基瑞安水泥有限责任公司，紧随海螺、三狮之后，一举进入中国水泥行业产能前三强。

(三)上市公司收购的法律后果

根据《股票发行与交易管理暂行条例》的规定，收购结束后，收购人所持有的被收购的上市公司股份比例达50%时，为收购成功，收购人取得被收购公司的控制权。在收购行为完成后，如果被收购公司不再具有公司法规定的条件的，则应当依法变更其企业形式。

当要约收购期满，收购人持有的普通股未达到该公司发行在外的股份总数的50%的为收购失败。收购要约人除发出新的收购要约外，其以后每年购买的该公司发行在外的普通股，不得超过该公司发行在外的普通股总数的50%。

收购行为完成后，收购人与被收购公司合并，并将该公司解散的，被解散公司的原有股票由收购人依法更换。

六、证券机构

(一)证券交易所

证券交易所是为证券集中交易提供场所和设施、组织和监督证券交易、实行自律管理的法人。目前，我国有两家证券交易所、即1990年12月设立的上海证券交易所和1991年7月设立的深圳证券交易所。

根据《证券法》的相关规定，证券交易所具有以下职能：(1)为组织公平的集中竞价交易提供保障，公布证券交易即时行情，并按交易日制作证券市场行情表，予以公布。(2)依照法律、行政法规的规定，办理股票、公司债券的暂停上市、恢复上市或者终止上市的事务。(3)因突发性事件而影响证券交易正常进行时，证券交易所可以采取技术性停牌的措施；因不可抗力的突发性事件或者为维护证券交易的正常秩序，证券交易所可以决定临时停市。(4)对在交易所进行的证券交易实行实时监控，并按照国务院证券监督管理机构的要求，对异常的交易情况提出报告；对上市公司披露信息进行监督，督促上市公司依法及时、准确地披露信息。(5)依照证券法律、行政法规制定证券集中竞价交易的具体规则，制定证券交易所的会员管理规章和证券交易所从业人员业务规则，并报国务院证券监督管理机构批准。(6)对违反证券交易所交易规则的证券交易人给予纪律处分；对情节严重的，可撤销其交易资格，禁止其入场进行证券交易。

知识拓展

突发性事件

突发性事件是指对国家安全、社会稳定、经济运行和环境具有重大影响的紧急事件。作为国民经济“晴雨表”的证券市场也不可避免地受到突发性事件的冲击。特别是20世纪80年代后期以来，这一时期是国际上证券市场迅速发展的时期，同时也是突发性事件集中爆发给证券市场造成极大破坏的时期，其间先后发生了1987年10月纽约股灾、1992年英镑危机、1994年墨西哥金融危机、1997年东南亚金融危机、1998年美国长期资本管理公司倒闭、2008年全球金融危机等重大事件。在此期间，处于幼年时期的我国证券市场由于受突发事件的影响也经历了几次大波折，如“327”国债期货事件、国有股减持等，不仅给投资者造成了不应有的损失，而且还延缓了我国证券市场的产品和制度创新、多层次市场体系的建设以及对重大历史遗留问题的彻底解决。

作为金融危机诱因的突发性事件主要有下列几种类型：(1)政治事件，如导致墨西哥金融危机的突发事件是墨西哥总统遇刺身亡；(2)自然灾害和公共卫生事件，如1995年2月日本的神户大地震、2003年4月我国爆发的SARS疫情；(3)以对冲基金为首的国际投机资本的冲击，如1997年东南亚金融危机和1998年香港金融风暴；(4)大规模投机失败，如我国“327”国债期货事件和美国长期资本管理公司(LTCM)倒闭；(5)政策失当等。

(二)证券公司

证券公司是指依照《公司法》的规定并经国务院证券监督管理机构审查批准而成立的专门经营证券业务，具有独立的法人资格的金融机构。

1. 证券公司的设立

证券公司的设立必须经中国证监会依照法定的程序审查批准。如果证券公司需要设立或者撤销分支机构、变更业务范围或者注册资本、变更公司章程、合并、分立、变更公司形式或者解散，也必须经中国证监会批准。

设立证券公司，应当具备下列条件：(1)有符合法律、行政法规规定的公司章程；(2)主要股东具有持续赢利能力，信誉良好，最近3年无重大违法违规记录，净资产不低于人民币2亿元；(3)有符合《证券法》规定的注册资本；(4)董事、监事、高级管理人员具备任职资格，从业人员具有证券从业资格；(5)有完善的风险管理与内部控制制度；(6)有合格的经营场所和业务设施；(7)法律、行政法规规定的和经国务院批准的国务院证券监督管理机构规定的其他条件。

2. 证券公司的组织形式及业务范围

证券公司的组织形式为有限责任公司或者股份有限公司，证券公司必须在其名称中标明“证券有限责任公司”或者“证券股份有限公司”字样。

经国务院证券监督管理机构批准，证券公司可以经营下列部分或者全部业务：(1)证券经纪；(2)证券投资咨询；(3)与证券交易、证券投资活动有关的财务顾问；(4)证券承销与保荐；(5)证券自营；(6)证券资产管理；(7)其他证券业务。

证券公司经营上述第(1)项至第(3)项业务的，注册资本最低限额为人民币5000万元；经营第(4)项至第(7)项业务之一的，注册资本最低限额为人民币1亿元；经营第(4)项至第(7)项业务中两项以上的，注册资本最低限额为人民币5亿元。证券公司的注册资本应当是实缴资本。国务院证券监督管理机构根据审慎监管原则和各项业务的风险程度，可以调整注册资本最低限额，但不得少于上述规定的限额。

(三)证券登记结算机构

证券登记结算机构是为证券交易提供集中登记、存管与结算服务、不以赢利为目的的法人。

设立证券登记结算机构，必须经国务院证券监督管理机构批准，并应具备下列条件：(1)自有资金不少于人民币2亿元；(2)具有证券登记、托管和结算服务所必需的场所和设施；(3)主要管理人员和业务人员必须具有证券从业资格；(4)国务院证券监督管理机构规定的其他条件。证券登记结算机构的名称中应当标明“证券登记结算”字样。

证券登记结算机构履行下列职能：(1)证券账户、结算账户的设立；(2)证券的托管和过户；(3)证券持有人名册登记；(4)证券交易所上市证券交易的清算和交收；(5)受发行人的委托派发证券权益；(6)办理与上述业务有关的查询；(7)国务院证券监督管理机构批准的其他业务。

(四)证券监督管理机构

1. 证券监督管理机构的性质

根据我国《证券法》的规定,国务院证券监督管理机构依法对我国证券市场实行监督管理。根据目前国务院的机构设置,中国证券监督管理委员会依法对全国证券业和期货业进行集中统一监管,履行证券监督管理职责。

国务院证券监督管理机构在对证券市场实施监督管理中履行下列职责:(1)依法制定有关证券市场监督管理的规章、规则,并依法行使审批或者核准权;(2)依法对证券的发行、上市、交易、登记、存管、结算,进行监督管理;(3)依法对证券发行人、上市公司、证券公司、证券投资基金管理公司、证券服务机构、证券交易所、证券登记结算机构的证券业务活动,进行监督管理;(4)依法制定从事证券业务人员的资格标准和行为准则,并监督实施;(5)依法监督检查证券发行、上市和交易的信息公开情况;(6)依法对证券业协会的活动进行指导和监督;(7)依法对违反证券市场监督管理法律、行政法规的行为进行查处;(8)法律、行政法规规定的其他职责。国务院证券监督管理机构可以和其他国家或者地区的证券监督管理机构建立监督管理合作机制,实施跨境监督管理。

(五)证券业协会

1991 年 8 月 28 日,我国成立了中国证券业协会。它是中国证券发展史上第一个全国性的证券行业自律性管理组织,是证券经营机构依法自行组织的自律性会员组织,具有独立的社团法人资格。

证券公司应当加入证券业协会。

证券业协会的权力机构是全体会员组成的会员大会。证券业协会设理事会,理事会成员依章程的规定由选举产生。证券业协会的章程由会员大会制定,并报国务院证券监督管理机构备案。

证券业协会履行下列职责:(1)教育和组织会员遵守证券法律、行政法规;(2)依法维护会员的合法权益,向证券监督管理机构反映会员的建议和要求;(3)收集整理证券信息,为会员提供服务;(4)制定会员应遵守的规则,组织会员单位的从业人员的业务培训,开展会员间的业务交流;(5)对会员之间、会员与客户之间发生的证券业务纠纷进行调解;(6)组织会员就证券业的发展、运作及有关内容进行研究;(7)监督、检查会员行为,对违反法律、行政法规或者协会章程的,按照规定给予纪律处分;(8)证券业协会章程规定的其他职责。

七、违反证券法的法律责任

违反证券法的法律责任是指证券法律关系的主体在证券的发行与交易过程

中违反了证券法的相关规定而应当承担的某种不利的法律后果。《证券法》主要从以下几个方面对证券法律责任作出了规定：(1)违反证券发行规定的法律责任；(2)违反证券交易规定的法律责任；(3)违反证券机构管理、人员管理的法律责任；(4)证券机构的法律责任。

开篇引例解析

意外险的保费计算依据是所从事的职业等级与所购买的保额确定的，陈某没有如实告之投保时所从事的职业是本案的关键。如果陈某确实不知投保意外险，要如实告之现在所从事的职业而投保，保险公司的做法不应是拒赔，而是应该部分履行陈某的意外死亡赔偿责任，因为没有如实告之与发生意外死亡没有直接的因果关系。陈某如果按货柜车司机的职业身份投保50万元意外险所应交的保费比按农民身份所交的要多。换句话说，保险公司应按陈某投保时的职业和所交的保费重新计算保额给予赔偿，既不能全面拒赔，也不能全额赔偿，而是折扣履行赔偿义务。

本章小结

金融是现代市场经济的核心，是商品经济高度发展的产物，它连接生产、交换、分配和消费的各个环节，是社会生产和再生产活动的中枢。金融法作为国家执行货币政策、规范和监督金融、发挥宏观调控作用的法律制度，得到了迅速发展，在我国经济生活中的地位和作用日益突出；它是调整金融管理关系、金融业务关系和金融机构或金融组织的内部关系的法律规范系统。金融法的内容非常广泛，包括银行法、信托法、保险法、票据法、证券法、外汇管理法、金融管理法等，本章主要阐述了银行法、保险法、票据法和证券法的一般法律制度。

复习思考题

一、单项选择题

1. 关于商业银行贷款法律制度，下列哪一个选项是错误的？（　　）

A. 商业银行贷款应当实行审贷分离、分级审批的制度

B. 商业银行可以根据贷款数额以及贷款期限，自行确定贷款利率

C. 商业银行贷款，应当遵守资本充足率不得低于8%的规定

D. 商业银行贷款，应当对借款人的借款用途、偿还能力、还款方式等情况进行严格审查

2. 甲将自己的汽车向某保险公司投保财产损失险，附加盗抢险，保险金额按车辆价值确定为 20 万元。后该汽车被盗，在保险公司支付了全部保险金额之后，该车辆被公安机关追回。关于保险金和车辆的处置方法，下列哪一个选项是正确的？（　　）

A. 甲无需退还受领的保险金，但车辆归保险公司所有

B. 车辆归甲所有，但甲应退还受领的保险金

C. 甲无需退还保险金，车辆应归甲所有

D. 应由甲和保险公司协商处理保险金与车辆的归属

3. 甲签发一张票面金额为 2 万元的转账支票给乙，乙将该支票背书转让给丙，丙将票面金额改为 5 万元后背书转让给丁，丁又背书转让给戊。下列关于票据责任承担的表述中，正确的是（　　）。

A. 甲、乙、丁对 2 万元负责，丙对 5 万元负责

B. 乙、丙、丁对 5 万元负责，甲对 2 万元负责

C. 甲、乙对 2 万元负责，丙、丁对 5 万元负责

D. 甲、乙对 5 万元负责，丙、丁对 2 万元负责

4. 根据《证券法》的有关规定，某证券公司的下列行为中，符合规定的是（　　）。

A. 接受客户全权委托，代为决定客户账户的证券买卖

B. 为吸引客户，承诺在新客户开户 6 个月内赔偿客户证券买卖的所有损失

C. 将自营业务账户借给客户使用

D. 要求客户将交易资金存入指定商业银行，并以每个客户的名义单独立户管理

二、多项选择题

5. 根据我国《商业银行法》、《银行业监督管理法》的相关规定，下列哪些选项是正确的？（　　）

A. 商业银行的组织形式既可以是有限责任公司，也可以是股份有限公司

B. 商业银行的设立、变更等应经中国人民银行批准

C. 由于商业银行涉及存款人的利益，故商业银行不能通过破产程序而终止

D. 中国银监会负责对所有金融机构的监管

6. 王某将自己居住的房屋向某保险公司投保家庭财产保险。保险合同有效期内，该房屋因邻居家的小孩玩火而被部分毁损，损失 10 万元。下列哪些选项是错误的？（　　）

A. 王某应当先向邻居索赔，在邻居无力赔偿的前提下才能向保险公司索赔

B. 王某可以放弃对邻居的赔偿请求权，单独向保险公司索赔

C. 若王某已从邻居处得到10万元的赔偿，其仍可向保险公司索赔

D. 若王某从保险公司得到的赔偿不足10万元，其仍可向邻居索赔

7. 下列关于票据文义记载的法律效果的表述中，符合相关法律规定的有(　　)。

A. 汇票上未记载付款日期的，为见票即付

B. 票据金额的中文大写与数码不一致的，票据无效

C. 出票人记载“不得转让”字样的票据，其后手以此票据进行贴现的，通过贴现取得票据的持票人享有票据权利

D. 背书人未记载被背书人名称即将票据交付他人的，持票人在票据被背书人栏内记载自己的名称与背书人记载具有同等法律效力

8. 根据上市公司证券发行的有关规定，下列关于上市公司非公开发行股票的表述中，正确的有(　　)。

A. 发行对象不得超过200人

B. 发行价格不得低于市场交易价格

C. 控股股东认购的股份36个月内不得转让

D. 非控股股东认购的股份在12个月内不得转让

三、案例分析题

9. 1996年2月30日，某中外合资石化公司向某保险公司投保平安福寿险。徐女士是该公司的职工，受益人为徐女士的丈夫。1998年5月1日晚上，徐女士与丈夫发生争吵，最后被丈夫扼死。徐女士新婚不久，无子女，父母均健在。第二天，犯罪嫌疑人自首。

问题：

(1)徐女士的继承人能否领取保险金？

(2)保险金应该怎样分配？

10. 某股份有限公司董事会根据公司的实际情况，决定以发行债券的方式向社会筹集资金用于扩大生产经营活动和偿还债务，为此特制订了一个发行债券的方案，该方案有关要点如下：

(1)根据会计师事务所的审计结果，本公司的净产金额已经达到4500万元，在此条件下，此次发行债券金额计划为1800万元(不包括前次发行的500万元债券)。

(2)此次发行债券筹集的资金部分用于扩大生产经营规模，部分用于偿还前次发行债券应该偿还而尚未偿还的本息。

(3)为保证本次债券的发行成功，本公司发行的债券利率将高于国务院限定的利率水平1个百分点。

(4)本公司利润最近几年呈上升趋势，近三年的可分配利润分别为120万元、180万元、280万元。由此看来，在发行债券之后的一年，本公司的可分配利润足以支付本次发行债券的利息。

问题：请分别根据《证券法》对上述要点进行分析，说明各要点是否存在问题？为什么？

11. 董某系A市某服装厂的会计。某日，董某前往A市客户方某处催收服装厂的一笔货款。当时，方某刚好收到某公司（出票人）支付给他的一张5万元劳务费的支票。方某见董某前来收款，就将该支票背书给了服装厂，作为支付货款的款项。由于当时已届下班时间，董某遂将收到的支票带回家中，打算第二天再去银行办理手续，但是由于不慎，董某的支票被其家人用洗衣机绞成了碎片。在董某不知所措之际，某服装厂请教有关专家后，决定向人民法院提起公示催告程序。某人民法院立案看了该服装厂的申请公示催告书并了解到有关情况后，拒绝受理，理由有两点：其一，支票虽然被绞碎，但尚未灭失，不存在被冒领的危险，只需要求出票人重新签发一张支票即可，无须启动公示催告程序；其二，即使需要提起公示催告程序，也应由支票上的收款人方某提起，某服装厂不是该支票的收款人，没有资格提起公示催告程序。同时，人民法院也认为应先到银行办理挂失止付，然后才可以提起公示催告程序。

问题：

(1)本案中的支票是否属于票据丧失，为什么？

(2)某人民法院拒绝受理公示催告程序的理由能否成立，为什么？

第十四章　会计、审计、统计法

【学习目标】

1. 了解会计、审计、统计的基本概念以及相应的工作管理体制。

2. 理解会计监督的主要规则、审计工作的基本程序和统计调查资料的管理及公布。

3. 掌握会计核算的基本要求、审计机关的主要职责和统计调查管理的基本要求。

4. 能解释会计、审计、统计工作的基本准则。

5. 能认识并处理实际生活中违反《会计法》、《审计法》和《统计法》的违法现象。

【重点、难点】

1. 会计核算的基本要求。

2. 审计机关的职责。

3. 统计调查管理。

开篇引例

某国有公司总经理李某，在2001年通过篡改会计凭证、隐匿销售事项等行为偷逃税款，被该单位会计张某发现，张某将李某的行为向税务机关进行报告。为此，李某对张某怀恨在心，此后，在没有任何理由的情况下，将张某调离会计岗位，去从事仓库保管工作，随后，李某又以“张某年龄较大，不能胜任仓库保管工作”为由，强行解聘了张某。

问题：李某的行为是否违反我国《会计法》？如果违反，应当承担什么法律责任？

第一节 会计法

一、会计法的概念

会计是以货币为主要计量单位，对经济活动以及财务收支情况连续地、系统地进行核算，并根据核算资料进行分析、检查和监督的一种管理活动。

会计法是调整会计关系法律规范的总称。会计关系是会计机构、会计人员在办理会计事务过程中及国家在管理会计工作过程中所发生的经济关系。从内容上说，会计法主要包括会计工作管理体制、会计核算、会计监督、会计机构和会计人员及法律责任等。

为了规范会计行为，保证会计资料真实、完整，加强经济管理和财务管理，提高经济效益，维护社会主义市场经济秩序，1985 年 1 月 21 日第六届全国人民代表大会常务委员会第九次会议通过了《中华人民共和国会计法》(以下简称《会计法》)；1993 年 12 月 29 日第八届全国人民代表大会常务委员会第五次会议对《会计法》进行了修正；1999 年 10 月 31 日第九届全国人民代表大会常务委员会第十二次会议再次修订了《会计法》。

二、会计工作管理体制

(一)会计工作管理体制

我国的会计管理，分为中央、地方、基层单位等层次。国务院财政部门主管全国的会计工作。县级以上地方各级人民政府财政部门管理本行政区域内的会计工作。单位负责人对单位的会计工作和会计资料的真实性、完整性负责。

由此可见，我国实行的是统分结合的会计工作管理体制，既维护国家统一的会计制度，又尊重各基层单位的财务管理权。

(二)会计机构和会计人员

1. 会计机构和会计人员的设置

各单位应当根据会计业务的需要，设置会计机构，或者在有关机构中设置会计人员并指定会计主管人员；不具备设置条件的，应当委托经批准设立从事会计代理记账业务的中介机构代理记账。国有的和国有资产占控股地位或者主导地位的大、中型企业必须设置总会计师。总会计师的任职资格、任免程序、职责权限由国务院规定。

会计机构内部应当建立稽核制度。出纳人员不得兼任稽核、会计档案保管和收入、支出、费用、债权债务账目的登记工作。

从事会计工作的人员，必须取得会计从业资格证书。担任单位会计机构负责人(会计主管人员)的，除取得会计从业资格证书外，还应当具备会计师以上专业技术职务资格或者从事会计工作三年以上经历。

会计人员应当遵守职业道德，提高业务素质。因有提供虚假财务会计报告，做假账，隐匿或者故意销毁会计凭证、会计账簿、财务会计报告，贪污，挪用公款，职务侵占等与会计职务有关的违法行为被依法追究刑事责任的人员，不得取得或者重新取得会计从业资格证书。除上述人员外，因违法违纪行为被吊销会计从业资格证书的人员，自被吊销会计从业资格证书之日起 5 年内，不得重新取得会计从业资格证书。

2. 会计机构和会计人员的职责

根据《会计法》的规定，会计机构和会计人员的主要职责有：(1)依法进行会计核算；(2)依法实行会计监督；(3)拟定本单位办理会计事务的具体办法；(4)参与拟定经济计划、业务计划，考核、分析预算、财务计划的执行情况；(5)办理其他会计事务。

3. 会计人员工作交接

会计人员调动工作或者离职，必须与接管人员办清交接手续。一般会计人员办理交接手续，由会计机构负责人(会计主管人员)监交；会计机构负责人(会计主管人员)办理交接手续，由单位负责人监交，必要时主管单位可以派人会同监交。

三、会计核算

(一)会计核算的事项

下列经济业务事项，应当办理会计手续，进行会计核算：(1)款项和有价证券的收付；(2)财物的收发、增减和使用；(3)债权债务的发生和结算；(4)资本、基金的增减；(5)收入、支出、费用、成本的计算；(6)财务成果的计算和处理；(7)需要办理会计手续、进行会计核算的其他事项。

(二)会计年度和记账本位币

会计年度自公历 1 月 1 日起至 12 月 31 日止。

会计核算以人民币为记账本位币。业务收支以人民币以外的货币为主的单位，可以选定其中一种货币作为记账本位币，但是编报的财务会计报告应当折算为人民币。

(三)会计核算的基本要求

会计凭证、会计账簿、财务会计报告和其他会计资料，必须符合国家统一的会计制度的规定。使用电子计算机进行会计核算的，其软件及其生成的会计凭证、会计账簿、财务会计报告和其他会计资料，也必须符合国家统一的会计制度的规定。

1. 对会计凭证的要求

会计凭证包括原始凭证和记账凭证。办理经济业务事项，必须填制或者取得原始凭证并及时送交会计机构。会计机构、会计人员必须按照国家统一的会计制度的规定对原始凭证进行审核，对不真实、不合法的原始凭证有权不予接受，并向单位负责人报告；对记载不准确、不完整的原始凭证予以退回，并要求按照国家统一的会计制度的规定更正、补充。

原始凭证记载的各项内容均不得涂改；原始凭证有错误的，应当由出具单位重开或者更正，更正处应当加盖出具单位印章。原始凭证金额有错误的，应当由出具单位重开，不得在原始凭证上更正。

记账凭证应当根据经过审核的原始凭证及有关资料编制。

2. 会计账簿登记

会计账簿登记，必须以经过审核的会计凭证为依据，并符合有关法律、行政法规和国家统一的会计制度的规定。会计账簿包括总账、明细账、日记账和其他辅助性账簿。会计账簿应当按照连续编号的页码顺序登记。会计账簿记录发生错误或者隔页、缺号、跳行的，应当按照国家统一的会计制度规定的方法更正，并由会计人员和会计机构负责人(会计主管人员)在更正处盖章。

各单位发生的各项经济业务事项应当在依法设置的会计账簿上统一登记、核算，不得违反本法和国家统一的会计制度的规定私设会计账簿登记、核算。各单位应当定期将会计账簿记录与实物、款项及有关资料相互核对，保证会计账簿记录与实物及款项的实有数额相符、会计账簿记录与会计凭证的有关内容相符、会计账簿之间相对应的记录相符、会计账簿记录与会计报表的有关内容相符。

3. 对财务会计报告的要求

财务会计报告应当根据经过审核的会计账簿记录和有关资料编制，并符合本法和国家统一的会计制度关于财务会计报告的编制要求、提供对象和提供期限的规定；其他法律、行政法规另有规定的，从其规定。

财务会计报告由会计报表、会计报表附注和财务情况说明书组成。向不同的会计资料使用者提供的财务会计报告，其编制依据应当一致。有关法律、行政法规规定会计报表、会计报表附注和财务情况说明书须经注册会计师审计的，注册会计师及其所在的会计师事务所出具的审计报告应当随同财务会计报告一并提供。

财务会计报告应当由单位负责人和主管会计工作的负责人、会计机构负责人(会计主管人员)签名并盖章;设置总会计师的单位,还须由总会计师签名并盖章。单位负责人应当保证财务会计报告真实、完整。

4. 会计处理办法

各单位采用的会计处理方法,前后各期应当一致,不得随意变更;确有必要变更的,应当按照国家统一的会计制度的规定变更,并将变更的原因、情况及影响在财务会计报告中说明。单位提供的担保、未决诉讼等或有事项,应当按照国家统一的会计制度的规定,在财务会计报告中予以说明。

5. 会计记录的文字及保管

会计记录的文字应当使用中文。在民族自治地方,会计记录可以同时使用当地通用的一种民族文字。在中华人民共和国境内的外商投资企业、外国企业和其他外国组织的会计记录可以同时使用一种外国文字。

各单位对会计凭证、会计账簿、财务会计报告和其他会计资料应当建立档案,妥善保管。会计档案的保管期限和销毁办法,由国务院财政部门会同有关部门制定。

四、会计监督

会计监督也称“会计检查”。根据监督主体不同,会计监督可以分为内部监督和外部监督。内部监督是指各单位的会计机构、会计人员对本单位实行的会计监督。外部监督是指审计、财政和税务部门依照法律规定对单位进行的会计监督。

(一)内部监督

各单位应当建立健全本单位内部会计监督制度。单位内部会计监督制度应当符合下列要求:(1)记账人员与经济业务事项和会计事项的审批人员、经办人员、财物保管人员的职责权限应当明确,并相互分离、相互制约;(2)重大对外投资、资产处置、资金调度和其他重要经济业务事项的决策和执行的相互监督、相互制约程序应当明确;(3)财产清查的范围、期限和组织程序应当明确;(4)对会计资料定期进行内部审计的办法和程序应当明确。

单位负责人应当保证会计机构、会计人员依法履行职责,不得授意、指使、强令会计机构、会计人员违法办理会计事项。会计机构、会计人员对违反《会计法》和国家统一的会计制度规定的会计事项,有权拒绝办理或者按照职权予以纠正。会计机构、会计人员发现会计账簿记录与实物、款项及有关资料不相符的,按照国家统一的会计制度的规定有权自行处理的,应当及时处理;无权处理的,应当立即向单位负责人报告，请求查明原因，作出处理。

（二）外部监督

任何单位和个人对违反《会计法》和国家统一的会计制度规定的行为，有权检举。收到检举的部门有权处理的，应当依法按照职责分工及时处理；无权处理的，应当及时移送有权处理的部门处理。收到检举的部门、负责处理的部门应当为检举人保密，不得将检举人姓名和检举材料转给被检举单位和被检举人个人。

财政部门对各单位的下列情况实施监督：(1)是否依法设置会计账簿；(2)会计凭证、会计账簿、财务会计报告和其他会计资料是否真实、完整；(3)会计核算是否符合《会计法》和国家统一的会计制度的规定；(4)从事会计工作的人员是否具备从业资格。

财政、审计、税务、人民银行、证券监管、保险监管等部门应当依照有关法律、行政法规规定的职责，对有关单位的会计资料实施监督检查。

上述监督检查部门对有关单位的会计资料依法实施监督检查后，应当出具检查结论。有关监督检查部门已经作出的检查结论能够满足其他监督检查部门履行本部门职责需要的，其他监督检查部门应当加以利用，避免重复查账。依法对有关单位的会计资料实施监督检查的部门及其工作人员对在监督检查中知悉的国家秘密和商业秘密负有保密义务。

各单位必须依照有关法律、行政法规的规定，接受有关监督检查部门依法实施的监督检查，如实提供会计凭证、会计账簿、财务会计报告和其他会计资料以及有关情况，不得拒绝、隐匿、谎报。

第二节　审计法

一、审计法概述

所谓审计，通俗地讲就是查账。法律意义上的审计是指审计机关依法独立对被审计单位在经济活动过程中发生的经济业务和资金收支实际情况以及反映这些实际情况的账目进行监督、审查，以判断它的真实性、效益性、正确性以及合法性的行为。

审计法是调整审计关系的法律规范的总称。审计关系是一种经济监督关系，发生于审计主体与被审计单位之间。

为加强国家的审计监督，维护国家财政经济秩序，促进廉政建设，保障国民经济健康发展，1994 年 8 月 31 日第八届全国人民代表大会常务委员会第九次会议通过《中华人民共和国审计法》(以下简称《审计法》)，根据 2006 年 2 月 28

日第十届全国人民代表大会常务委员会第二十次会议进行修正。

二、审计工作管理体制

(一)审计机关的设置和审计人员

1. 审计机关

国务院设立审计署,在国务院总理领导下,主管全国的审计工作。审计长是审计署的行政首长。

省、自治区、直辖市、设区的市、自治州、县、自治县、不设区的市、市辖区的人民政府的审计机关,分别在省长、自治区主席、市长、州长、县长、区长和上一级审计机关的领导下,负责本行政区域内的审计工作。地方各级审计机关对本级人民政府和上一级审计机关负责并报告工作,审计业务以上级审计机关领导为主。

审计机关根据工作需要,经本级人民政府批准,可以在其审计管辖范围内设立派出机构。派出机构根据审计机关的授权,依法进行审计工作。

2. 审计人员

审计人员应当具备与其从事的审计工作相适应的专业知识和业务能力。审计人员办理审计事项,与被审计单位或者审计事项有利害关系的,应当回避。审计人员对其在执行职务中知悉的国家秘密和被审计单位的商业秘密,负有保密的义务。审计人员依法执行职务,受法律保护。

任何组织和个人不得拒绝、阻碍审计人员依法执行职务,不得打击报复审计人员。审计机关负责人依照法定程序任免。审计机关负责人没有违法失职或者其他不符合任职条件的情况的,不得随意撤换。地方各级审计机关负责人的任免,应当事先征求上一级审计机关的意见。

(二)审计机关的职责和权限

1. 审计机关的职责

审计机关对本级各部门(含直属单位)和下级政府预算的执行情况和决算以及其他财政收支情况进行审计监督。

审计署在国务院总理领导下,对中央预算执行情况和其他财政收支情况进行审计监督,向国务院总理提出审计结果报告。地方各级审计机关分别在省长、自治区主席、市长、州长、县长、区长和上一级审计机关的领导下,对本级预算执行情况和其他财政收支情况进行审计监督,向本级人民政府和上一级审计机关提出审计结果报告。

另外,根据《审计法》的规定,审计机关还对以下事项依法进行审计监督:(1)审计署对中央银行的财务收支进行审计监督。审计机关对国有金融机构的资产、负债、损益，进行审计监督。(2)审计机关对国家的事业组织和使用财政资金的其他事业组织的财务收支进行审计监督。(3)审计机关对国有企业的资产、负债、损益进行审计监督。对国有资本占控股地位或者主导地位的企业、金融机构的审计监督，由国务院规定。(4)审计机关对政府投资和以政府投资为主的建设项目的预算执行情况和决算进行审计监督。(5)审计机关对政府部门管理的和其他单位受政府委托管理的社会保障基金、社会捐赠资金以及其他有关基金、资金的财务收支进行审计监督。(6)审计机关对国际组织和外国政府援助、贷款项目的财务收支进行审计监督。(7)审计机关按照国家有关规定，对国家机关和依法属于审计机关审计监督对象的其他单位的主要负责人，在任职期间对本地区、本部门或者本单位的财政收支、财务收支以及有关经济活动应负经济责任的履行情况进行审计监督。(8)除上述的审计事项外，审计机关对其他法律、行政法规规定应当由审计机关进行审计的事项，依照《审计法》和有关法律、行政法规的规定进行审计监督。

2. 审计机关的权限

根据《审计法》的规定，审计机关具有以下审计职权：(1)有权要求被审计单位按照审计机关的规定提供预算或者财务收支计划、预算执行情况、决算、财务会计报告以及其他与财政收支或者财务收支有关的资料。(2)有权检查被审计单位的会计凭证、会计账簿、财务会计报告以及其他与财政收支、财务收支有关的资料和资产。(3)有权就审计事项的有关问题向有关单位和个人进行调查，并取得有关证明材料。(4)有权制止被审计单位正在进行的违反国家规定的财政收支、财务收支行为；制止无效的，经县级以上人民政府审计机关负责人批准，通知财政部门和有关主管部门暂停拨付与违反国家规定的财政收支、财务收支行为直接有关的款项，已经拨付的，暂停使用。审计机关采取的措施不得影响被审计单位合法的业务活动和生产经营活动。(5)审计机关认为被审计单位所执行的上级主管部门有关财政收支、财务收支的规定与法律、行政法规相抵触的，应当建议有关主管部门纠正；有关主管部门不予纠正的，审计机关应当提请有权处理的机关依法处理。(6)审计机关可以向政府有关部门通报或者向社会公布审计结果。

三、审计程序

审计机关根据审计项目计划确定的审计事项组成审计组，并应当在实施审计 3 日前，向被审计单位送达审计通知书；遇有特殊情况，经本级人民政府批准，审计机关可以直接持审计通知书实施审计。被审计单位应当配合审计机关的工作，并提供必要的工作条件。

审计人员通过审查会计凭证、会计账簿、财务会计报告，查阅与审计事项有关的文件、资料，检查现金、实物、有价证券，向有关单位和个人调查等方式进行审计，并取得证明材料。

审计组对审计事项实施审计后，应当向审计机关提出审计组的审计报告。审计组的审计报告报送审计机关前，应当征求被审计对象的意见。被审计对象应当自接到审计组的审计报告之日起10日内，将其书面意见送交审计组。审计组应当将被审计对象的书面意见一并报送审计机关。

审计机关按照审计署规定的程序对审计组的审计报告进行审议，并对被审计对象对审计组的审计报告提出的意见一并研究后，提出审计机关的审计报告；对违反国家规定的财政收支、财务收支行为，依法应当给予处理、处罚的，在法定职权范围内作出审计决定或者向有关主管机关提出处理、处罚的意见。审计机关应当将审计机关的审计报告和审计决定送达被审计单位和有关主管机关、单位。审计决定自送达之日起生效。

上级审计机关认为下级审计机关作出的审计决定违反国家有关规定的，可以责成下级审计机关予以变更或者撤销，必要时也可以直接作出变更或者撤销的决定。

第三节　统计法

一、统计法的概念

统计法所指的统计，是指运用各种统计方法对国民经济和社会发展情况进行统计调查、统计分析，提供统计资料和统计咨询意见，实行统计监督等活动的总称。

统计法是调整在统计活动中发生的经济关系的法律规范的总称。在统计活动中发生的经济关系，简称统计关系，统计关系是统计法的调整对象。

为了科学、有效地组织统计工作，保障统计资料的真实性、准确性、完整性和及时性，发挥统计在了解国情国力、服务经济社会发展中的重要作用，促进社会主义现代化建设事业发展，第六届全国人大常委会第三次会议于1983年12月8日通过《中华人民共和国统计法》，1996年5月15日第八届全国人民代表大会常务委员会第十九次会议对《中华人民共和国统计法》进行了修订，2009年6月27日第十一届全国人民代表大会常务委员会第九次会议再次修订。

二、统计机构和统计人员

（一）统计机构

国务院设立国家统计局，依法组织领导和协调全国的统计工作。国家统计局根据工作需要设立的派出调查机构，承担国家统计局布置的统计调查等任务。县级以上地方人民政府设立独立的统计机构，乡、镇人民政府设置统计工作岗位，配备专职或者兼职统计人员，依法管理、开展统计工作，实施统计调查。

县级以上人民政府有关部门根据统计任务的需要设立统计机构，或者在有关机构中设置统计人员，并指定统计负责人，依法组织、管理本部门职责范围内的统计工作，实施统计调查，在统计业务上受本级人民政府统计机构的指导。

（二）统计人员

统计人员应当具备与其从事的统计工作相适应的专业知识和业务能力。国家实行统计专业技术职务资格考试、评聘制度，提高统计人员的专业素质，保障统计队伍的稳定性。县级以上人民政府统计机构和有关部门应当加强对统计人员的专业培训和职业道德教育。

（三）统计工作职责

统计机构、统计人员应当依法履行职责，如实搜集、报送统计资料，不得伪造、篡改统计资料，不得以任何方式要求任何单位和个人提供不真实的统计资料，不得有其他违反本法规定的行为。

统计人员应当坚持实事求是，恪守职业道德，对其负责搜集、审核、录入的统计资料与统计调查对象报送的统计资料的一致性负责。

统计人员进行统计调查时，有权就与统计有关的问题询问有关人员，要求其如实提供有关情况、资料并改正不真实、不准确的资料。统计人员进行统计调查时，应当出示县级以上人民政府统计机构或者有关部门颁发的工作证件；未出示的，统计调查对象有权拒绝调查。

三、统计调查管理

统计调查，是指统计机构、统计人员为了特定目的，按照统计调查项目进行的专门调查。

（一）统计调查项目

统计调查项目是指国家通过统计调查所要了解和掌握的事情和问题。按照统计调查级别和统计调查项目拟定权的不同，可把统计调查项目分为国家统计调查项目、部门统计调查项目和地方统计调查项目，三者应当明确分工，互相衔接，不得重复。

国家统计调查项目是指全国性基本情况的统计调查项目。国家统计调查项目由国家统计局制定，或者由国家统计局和国务院有关部门共同制定，报国务院备案；重大的国家统计调查项目报国务院审批。

部门统计调查项目是指国务院有关部门的专业性统计调查项目。部门统计调查项目由国务院有关部门制定。统计调查对象属于本部门管辖系统的，报国家统计局备案；统计调查对象超出本部门管辖系统的，报国家统计局审批。

地方统计调查项目是指县级以上地方人民政府及其部门的地方性统计调查项目。地方统计调查项目由县级以上地方人民政府统计机构和有关部门分别制定或者共同制定。其中，由省级人民政府统计机构单独制定或者和有关部门共同制定的，报国家统计局审批；由省级以下人民政府统计机构单独制定或者和有关部门共同制定的，报省级人民政府统计机构审批；由县级以上地方人民政府有关部门制定的，报本级人民政府统计机构审批。

统计调查项目的审批机关应当对调查项目的必要性、可行性、科学性进行审查，对符合法定条件的，作出予以批准的书面决定，并公布；对不符合法定条件的，作出不予批准的书面决定，并说明理由。

（二）统计调查制度

制定统计调查项目，应当同时制定该项目的统计调查制度，并依法一并报经审批或者备案。

统计调查制度应当对调查目的、调查内容、调查方法、调查对象、调查组织方式、调查表式、统计资料的报送和公布等作出规定。

统计调查应当按照统计调查制度组织实施。变更统计调查制度的内容，应当报经原审批机关批准或者原备案机关备案。

统计调查表应当标明表号、制定机关、批准或者备案文号、有效期限等标志。对未标明上述规定的标志或者超过有效期限的统计调查表，统计调查对象有权拒绝填报；县级以上人民政府统计机构应当依法责令停止有关统计调查活动。

（三）统计调查标准

国家制定统一的统计标准，保障统计调查采用的指标含义、计算方法、分类目录、调查表式和统计编码等的标准化。

国家统计标准由国家统计局制定，或者由国家统计局和国务院标准化主管部门共同制定。

国务院有关部门可以制定补充性的部门统计标准，报国家统计局审批。部门统计标准不得与国家统计标准相抵触。

（四）统计调查方法

搜集、整理统计资料，应当以周期性普查为基础，以经常性抽样调查为主体，综合运用全面调查、重点调查等方法，并充分利用行政记录等资料。

县级以上人民政府统计机构根据统计任务的需要，可以在统计调查对象中推广使用计算机网络报送统计资料。

四、统计资料的管理和公布

县级以上人民政府统计机构和有关部门以及乡、镇人民政府，应当按照国家有关规定建立统计资料的保存、管理制度，建立健全统计信息共享机制。

（一）统计资料的管理

国家机关、企业事业单位和其他组织等统计调查对象，应当按照国家有关规定设置原始记录、统计台账，建立健全统计资料的审核、签署、交接、归档等管理制度。统计资料的审核、签署人员应当对其审核、签署的统计资料的真实性、准确性和完整性负责。

县级以上人民政府统计机构应当及时向本级人民政府有关部门提供有关统计资料。

县级以上人民政府有关部门应当及时向本级人民政府统计机构提供统计所需的行政记录资料和国民经济核算所需的财务资料、财政资料及其他资料，并按照统计调查制度的规定及时向本级人民政府统计机构报送其组织实施统计调查取得的有关资料。

统计调查中获得的能够识别或者推断单个统计调查对象身份的资料，任何单位和个人不得对外提供、泄露，不得用于统计以外的目的。

（二）统计资料的公布

县级以上人民政府统计机构和有关部门统计调查取得的统计资料，除依法应当保密的外，应当及时公开，供社会公众查询。

县级以上人民政府统计机构按照国家有关规定，定期公布统计资料。国家统计数据以国家统计局公布的数据为准。

县级以上人民政府有关部门统计调查取得的统计资料，由本部门按照国家有关规定公布。

开篇引例解析

我国《会计法》第5条第2款明确规定："任何单位或者个人不得对依法履行职责、抵制违反本法规定行为的会计人员实行打击报复。"同时，第46条进一步规定："单位负责人对依法履行职责、抵制违反本法规定行为的会计人员以降级、撤职、调离工作岗位、解聘或者开除等方式实行打击报复,构成犯罪的,依法追究刑事责任;尚不构成犯罪的,由其所在单位或者有关单位依法给予行政处分。对受打击报复的会计人员,应当恢复其名誉和原有职务、级别。”

因此,本案中李某的行为违反了《会计法》的相关规定,应当由李某所在单位给予李某行政处分,同时应当恢复会计张某的名誉和原有职务、级别。

本章小结

本章对我国《会计法》、《审计法》和《统计法》的基本规定和基本法律制度进行了简要介绍。会计法是调整会计关系法律规范的总称。会计关系是会计机构、会计人员在办理会计事务过程中及国家在管理会计工作过程中所发生的经济关系。审计法是调整审计关系的法律规范的总称。审计关系是一种经济监督关系,发生于审计主体与被审计单位之间。统计法是调整在统计活动中发生的经济关系的法律规范的总称。在统计活动中发生的经济关系,简称统计关系,统计关系是统计法的调整对象。

复习思考题

一、单项选择题

1. 主管全国会计工作的是(　　)。

A. 国务院财政部门　　B. 国家审计署

C. 国家统计局　　D. 国家税务总局

2. 审计机关应当自收到审计报告之日起(　　)内,将审计意见书和审计决定送达被审计单位和有关单位。

A. 5 日　　B. 10 日　　C. 15 日　　D. 30 日

3. (　　)不得兼任稽核、会计档案保管工作。

A. 会计人员　　B. 会计主管人员

C. 总会计师　　D. 出纳人员

二、多项选择题

4. 担任单位会计机构负责人(会计主管人员)的,除取得会计从业资格证书外,还应当具备下列条件(　　)。

A. 有从事会计工作 5 年以上经历

B. 有从事会计工作 2 年以上经历

C. 有从事会计工作 3 年以上经历

D. 有会计师以上专业技术职务资格

5. 根据《审计法》的有关规定，审计机关对下列单位的有关事项进行审计监督(　　)。

A. 中央银行的财务收支

B. 国家事业单位的财务收支

C. 国有企业的资产、负债、损益

D. 国家建设项目预算的执行情况和决算

6. 按照统计级别的不同，统计调查分为(　　)。

A. 社会统计调查

B. 部门统计调查

C. 地方统计调查

D. 国家统计调查

三、思考题

7. 简述我国会计工作领导体制的有关内容。

8. 简述我国审计体系的组成。

9. 简述统计调查的方法。

第十五章　有关世界贸易组织的法律制度

【学习目标】

1. 了解世界贸易组织（WTO）的发展、宗旨及职能、法律文件框架和我国加入世界贸易组织后的权利以及义务。

2. 理解世界贸易组织的组织机构运行、基本原则和规则以及争端解决机制。

3. 能解释国际贸易中有关世界贸易组织规则适用的基本问题。

【重点、难点】

1. 世界贸易组织的基本原则和规则。

2. 世界贸易组织的争端解决机制。

开篇引例

1995 年 5 月 16 日，美国政府单方面宣布，根据《1974 年美国贸易法》第 301 节、304 节，将对来自日本的豪华轿车征收 100%的关税。美国作出上述决定的第二天，日本向 WTO 表明，希望与美国进行磋商，并声称美国征收高关税的决定已给日本造成了重大损失，而美国则对日本不开放汽车市场提出申诉。5 月 22 日，日本正式提出磋商请求。

经过 6 月 12 日和 28 日的两轮双边磋商，美日双方最终达成了框架协议。协议规定，美国撤回对日进口汽车征收高关税的规定。而日本政府则保证：将采取有效措施确保日本汽车销售商自由销售国外汽车；扩大日本购买国外汽车零部件的机会；在维持环境保护标准的条件下，放松管制以改善国外汽车零部件在日本汽车售后市场的准入。在此基础上，两国决定将每年就此举行磋商。

第一节　世界贸易组织概述

一、世界贸易组织概况

世界贸易组织（World Trade Organization，英文简称 WTO）于 1995 年 1 月

正式成立,总部设在瑞士日内瓦,是一个独立于联合国的永久性国际组织,目前有 153 个成员。其前身是 1947 年建立的关税与贸易总协定(General Agreement on Tarriff and Trade,英文简称 GATT)。WTO 涵盖货物贸易、服务贸易以及知识产权贸易。目前,WTO 的贸易量已占世界贸易的 95%以上,与世界银行、国际货币基金组织一起,并称为当今世界经济的"三大支柱"。

建立世界贸易组织的设想是在 1944 年 7 月举行的布雷顿森林会议上提出的,当时设想在成立世界银行和国际货币基金组织的同时,成立一个国际性贸易组织,从而使它们成为第二次世界大战后左右世界经济的"货币—金融—贸易"三位一体机构。1947 年联合国贸易及就业委员会签署的《哈瓦那宪章》同意成立世界贸易组织,后来由于美国的反对,世界贸易组织未能成立。同年,美国发起拟定了关贸总协定,作为推行贸易自由化的临时契约。1986 年关贸总协定乌拉圭回合谈判启动后,欧共体和加拿大于 1990 年分别正式提出成立世界贸易组织的议案,1994 年 4 月在摩洛哥马拉喀什举行的关贸总协定部长级会议正式决定成立世界贸易组织,以取代成立于 1947 年的关税与贸易总协定(GATT)。

WTO 与 GATT 虽然都属于国际贸易机制,但二者在很多方面存在着明显的差别。从比较的角度而言,WTO 具有以下优点:(1)WTO 是常设的永久性国际组织,具有国际法上独立的法人主体资格,因此是国际法律关系的正式主体;GATT 不是正式的国际组织,其机构的存在不具有法律基础。(2)WTO 超越了货物贸易的限制,还包括了服务贸易和知识产权贸易,其协调与监督范围远大于 GATT。(3)WTO 现有的 153 个成员中,不仅包括了发达国家,而且还包括了众多的发展中国家,其参加成员更为广泛,其贸易额占世界贸易的 95%以上。(4)在规则的适用上,WTO 要求成员国必须一揽子接受,不得保留,保证了 WTO 规则体系的统一性与完整性。(5)WTO 建立了快速有效的争端解决机制,在争端解决中采取了反向一致的原则,保证了专家小组和上诉机构报告的顺利通过,有利于其规则的有效实施,使 WTO 及其规则具有更高的权威性。

1995 年 7 月 11 日,世界贸易组织总理事会会议决定接纳中国为该组织的观察员;2001 年 9 月 12～17 日,世界贸易组织中国工作组第 18 次会议在日内瓦举行,此次会议通过了中国加入世界贸易组织多边文件提交总理事会审议。2001 年 11 月 10 日,在多哈召开的世界贸易组织第四次部长级会议,审议并表决通过中国加入世界贸易组织。2001 年 12 月 11 日,中国正式成为世界贸易组织成员。

二、世界贸易组织的宗旨与职能

(一)世界贸易组织的宗旨

根据《建立世界贸易组织协定》前言的规定，WTO 的宗旨可以概括为以下几个方面:(1)提高生活水平;(2)保证充分就业及大幅度并稳步地增加实际收入和有效需求;(3)扩大货物和服务贸易,扩大对世界资源的充分利用,保证经济的持续发展;(4)保护环境,并强调对发展中国家利益的保护。

在理解 WTO 宗旨时,应当注意一个问题,即 WTO 的正式法律文本使用了贸易自由化这一概念,许多人因此认为 WTO 就是贸易自由化的组织,但有人认为这种看法并不见得准确。我们认为,贸易自由化虽然是 WTO 的工作重点之一,但不能算是其最终目的,也不是其宗旨所在。

(二)世界贸易组织的职能

不论贸易自由化是否属于 WTO 的宗旨,WTO 的主要目的无疑是推动国际贸易的自由化与贸易的自由竞争。为了实现上述宗旨,WTO 具体发挥以下职能:(1)组织职能。组织成员国进行贸易谈判,为谈判提供谈判场所、进行准备、草拟协议框架。(2)监督职能。通过贸易政策审议机制,定期评审各成员国有关贸易的法律、政策、规章及政策性措施,推动成员国提高贸易法律及政策的透明度并认真履行协议规定的义务。(3)实施规则的职能。通过贸易争端解决机制,迅速有效地解决成员国之间的贸易争端,实施 WTO 规则,避免或减少贸易摩擦,保持国际贸易的平衡与公平发展。(4)协调职能。协调与国际货币基金组织、世界银行等国际经济组织的关系,最大限度地保证全球经济政策的一致性。(5)援助职能。对发展中国家和最不发达国家提供技术援助及培训。

三、世界贸易组织的法律文件框架

WTO 的规则主要由一系列的协议和协定构成,即主要由《建立世界贸易组织协定》及 4 个附件组成。具体主要涉及以下 12 个方面:

1. 关税减让协议与规则,主要功能是逐步消除贸易中的关税壁垒,促进贸易自由化。

2. 非关税措施协议与规则,主要功能是消除关税以外的贸易壁垒,包括技术贸易壁垒、进口许可程序、海关估价、装船前的检疫、卫生与动植物检疫措施等。

3. 农产品、纺织品与服装贸易协议与规则,主要消除农产品贸易中的壁垒。

4. 反倾销协议与规则。

5. 反补贴协议与规则。

6. 保障措施协议与规则。

7. 服务贸易协议与规则。

8. 与服务贸易相关的知识产权保护协议与规则。

9. 与服务贸易相关的投资措施协议与规则。

10. 贸易政策审议规则。

11. 贸易争端解决规则。

12. 决策程序规则。

除了上述有关方面的协议之外,WTO 还有两个协议,即《政府采购协议》与《民用航空器贸易协议》,但这两个协议仅对签署方有约束力,成员国可以自愿选择是否加入。

四、世界贸易组织的组织机构

根据《建立世界贸易组织协定》的规定,WTO 的机构主要由部长会议、总理事会和各专门委员会组成。代表团成员及其联盟机构虽然都是 WTO 活动的参与者,但都不属于 WTO 的正式机构。

(一)部长会议

部长会议是 WTO 的最高权力机构,由所有成员国主管外经贸的部长、副部长级官员或者全权代表组成。部长会议至少每两年举行一次,具有广泛的权力。部长会议的基本职责是履行 WTO 的职能,并可为此采取必要的措施,有权对各多边协议中的任何事项作出决定。部长会议作出决定时遵循协商一致的原则,虽然这增加了作出决定的难度,但形成后的决定也因此具有广泛的基础而便于执行。

(二)总理事会

总理事会由所有成员国代表组成,其日常工作机构是秘书处。总理事会是 WTO 的贸易政策审核机构,负有通过预算和其他财政事项,以及在部长会议休会期间代行部长会议职能等方面的职能。此外,在成员国之间发生贸易争端时,总理事会还起到裁决争端的作用,又是 WTO 的贸易争端解决机构。总理事会可视情况需要随时召开会议,自行拟定议事规则和议程,随时召开会议以履行其审议各成员国贸易政策和解决贸易争端等职责。

总理事会下设货物贸易、服务贸易和知识产权贸易三个理事会作为附属机构。货物贸易理事会下设有市场准入委员会、农业委员会、动植物卫生检疫委员会、原产地规则委员会、海关评估委员会、补贴与反补贴措施委员会、反倾销委员会、进口许可证委员会、与贸易相关的投资措施委员会及技术性贸易壁垒委员会等。服务贸易理事会下设一个委员会和若干个工作组，即金融服务贸易委员会、基本电讯谈判组、专业服务工作组、海上运输服务谈判组、自然人移动谈判组等。

（三）专门委员会

专门委员会是部长会议下设的专门处理某方面事务的机构，它与总理事会是工作上的报告关系，须向总理事会报告工作。部长会议共设有：贸易与环境委员会、贸易与发展委员会、国际收支平衡委员会、预算财政与行政委员会等专门委员会。

第二节　世界贸易组织的基本原则和规则

一、非歧视原则

非歧视原则要求任何成员国在贸易中不得给予任何其他成员国以歧视性待遇。非歧视原则具体包含三个层次的要求：

1. 互惠待遇。互惠待遇是两个成员国在国际贸易中相互给予对方以贸易上的优惠待遇。

2. 国民待遇。即任何成员国对进入其国内的另一成员国的产品和服务给予不低于本国产品或者服务所享受的待遇。

3. 最惠国待遇。即任何一成员国给予任何另一成员国的优惠与特权必须同时无条件地给予任何其他成员国。由于这种待遇是多边关系中的待遇问题，故在国际法上称为最惠国待遇。最惠国待遇具有自动性、同一性、相互性及普遍性的特点。

WTO 中的非歧视待遇是一种双边待遇与多边待遇共同组成的双边国际贸易关系。但要注意，互惠待遇、国民待遇与最惠国待遇虽然都属于非歧视待遇原则的内容，但三者并不完全相同：(1)互惠待遇仅仅规定了两个成员国在贸易上的对等利益关系，但双方给予什么样的互惠待遇，该原则并不具体规定；而国民待遇则确定了两个成员国之间互惠待遇的程度。也可以说，国民待遇是互惠待遇中最彻底的一种。(2)互惠待遇与国民待遇仅适用于两个成员国之间的贸易关系，而最惠国待遇则适用于 WTO 所有成员国之间的贸易关系。(3)互惠待遇与国民待遇在适用时除无条件适用于货物贸易外，并不一定立即适用于服务贸易领域，而是根据谈判所达成的具体承诺而确定。相比之下，最惠国待遇的适用是无条件的。

二、市场开放原则

贸易自由化必须以市场开放为前提，因此，市场开放也自然成为 WTO 的一个重要原则。市场开放的目标是消除贸易壁垒，其核心内容集中体现在关税减让、取消数量限制及透明度三个方面的要求上。

1. 关税减让。关税是一种能够进行清楚比较和量化的贸易保护措施，因此，WTO 要求成员国将关税作为主要的贸易手段，尽量取消非关税保护措施；成员国征收高于关税减让表中规定税率的关税和其他费用，并在互惠的基础上不断降低关税；经过多边谈判在互惠基础上达成的关税减让表对所有成员国有约束力，任何国家不得单方改变；如果某一成员国因特殊情况需要提高本国关税时，必须与相关成员国（达成协议时的成员国）进行谈判和协商，并给予相应补偿。

2. 一般取消数量限制。数量限制是一种非关税贸易保护措施，通常包括配额、进出口许可或者禁止、进出口最低价格等。按照取消数量限制的原则要求，除征收税费外，任何成员国不得维持配额、进出口许可证等限制贸易自由的制度与措施。但是，在适用该项要求时应当注意：(1)数量限制不排除关税保护，即允许成员国在关税协定的框架下用关税对本国的产品进行保护；(2)即使确有必要实施数量限制的，应当在遵守非歧视原则的前提下进行，对所有成员国的数量限制应当是相同的，而不能只针对某一成员国实施限制；(3)数量限制的情况一旦消失，应当立即取消限制措施。

3. 透明度原则。该原则包括贸易措施的公布与贸易措施的通知两个基本程序。其宗旨是提高市场制度安排的可知晓性及可预见性，促进公平竞争。按照该原则，如果一成员国要实施新的应当公开的制度或者措施，必须提前公开，否则不得实施。

三、公平竞争原则

自由贸易必须建立在公平之上，公平竞争是 WTO 的一个基本原则，也是其生命力所在。公平竞争原则要求成员在市场准入、国内支持、出口竞争、动植物检疫措施等方面遵守有关协议，保证国际贸易的公平竞争。在货物贸易领域，主要体现在反对倾销和补贴上。倾销指以低于国内价格或低于成本价向他国销售产品。在服务贸易领域，公平竞争原则主要体现在市场准入及垄断与专营服务领域。

四、世界贸易组织基本原则适用中的几种特殊情况

非歧视原则、市场开放原则与公平竞争原则构成了 WTO 最基本的原则体系框架。但由于各国贸易条件和本国的实际情况存在一定的甚至是明显的差别，如果一律毫无例外地适用上述原则，可能会对某些国家产生不公平或者不合理的后果。因此，为了消除上述基本原则在适用中产生不公平后果的现象，WTO 确定了三个原则适用中的特殊情况。这些例外主要包括反倾销税、反补贴措施、保障措施及对发展中国家的特别安排与优惠措施等情况。

（一）反倾销税与反补贴措施

此两种措施作为对影响公平贸易的倾销行为与补贴行为的矫正措施，虽然从表面上看是违反公平竞争原则的，但其作用和目的都是消除倾销与补贴对国际贸易所造成的不公平竞争后果，从而最终实现公平竞争。所以这两种措施实际上都是实现公平竞争原则的特殊手段，被视为非歧视原则与公平竞争原则的例外。WTO 规则体系中包括了专门反倾销与反补贴的协议与规则。

（二）免责规定

此种规定允许成员国在符合某些条件的情况下采取与一般承诺不符合的措施。免责规定包括保障措施、保护幼稚产业措施、国际收支平衡措施与承诺的修改与撤回、义务的豁免四种情况。

（三）例外措施

例外措施通常包括一般例外与安全例外。一般例外是指成员国如采取一般例外措施，在遵守非歧视原则的前提下可以不受 WTO 规则及该成员承诺的约束。一般例外措施通常包括以下情况：(1)为维护公共道德和秩序而采取的措施；(2)为保护人类、动植物的生命与健康所必须采取的措施；(3)有关黄金、白银进出口者；(4)为保证遵守与本协定条款不相抵触的法律或规章所必需者；(5)有关监狱劳动产品；(6)为保护本国有艺术、历史或考古价值的财富而采取者；(7)关于养护可用竭的天然资源者。

上述例外措施与免责规定在实际运用中都必须符合三个共同的条件：一是按照严格的程序进行；二是都必须与受影响成员国进行磋商；三是都必须不违背非歧视原则的要求。

（四）世界贸易组织对发展中国家的优惠与特别安排

为了有效解决发展中国家与发达国家在贸易利益上的矛盾，使 WTO 有更广泛的国际基础，WTO 协议与规则给予了发展中国家一些特别的优惠或特别安排。这些优惠和特别安排对于发展中国家是非常重要的，因为它们关系到发

展中国家的切身利益。在理解与适用 WTO 关于对发展中国家优惠与特别安排时，必须注意三个问题：

1. 发展中国家的认定。WTO 将没有完成工业化且处于发展阶段的国家划为发展中国家。WTO 将发展中国家分为三个基本类别：一是最不发达国家（以联合国的认定为依据，按 1995 年世界银行的标准，人均国民生产总值在 765 美元以下的）；二是不发达国家（人均国民生产总值在 1000 美元以下的）；三是其他发展中国家。

2. 对发展中国家优惠与特别规定的具体内容。WTO 协议中的几乎每一个文件都规定了对发展中国家的优惠与例外规定，从总体上可以概括为以下几大方面：(1)允许发展中国家有较长的时间履行义务或者有较长的过渡期。(2)允许发展中国家在履行义务时有一定的灵活性。(3)给予发展中国家在执行争端解决机构的建议与裁决上的差别与优惠待遇。(4)规定发达国家对发展中国家提供援助和全面单方面开放商品及服务业市场。

3. WTO 对发展中国家优惠与例外规定的实际效果。虽然 WTO 在每一个法律文件中都有优惠与例外规定，不能说这些优惠与例外规定对发展中国家没有好处，但我们应当注意的是，这些优惠与例外规定在实践中存在很多问题：(1)很多规定都比较概括，有很大的弹性，导致发展中国家所享受的优惠程度难以确定。(2)由于国际贸易中各国的利益矛盾比较尖锐，发达国家并不情愿主动地向发展中国家让出某些利益，因此，一些有关发展中国家的优惠与特别安排可能无法付诸实现，或实施的结果无法达到预期目标。(3)这些优惠与特别安排能否对发展中国家发挥实际效果，很大程度上依赖于发展中国家是否精通和很好地运用 WTO 规则。

第三节　世界贸易组织的争端解决机制

一、争端解决机制及其适用

争端解决机构，是由世界贸易组织总理事会在行使争端解决机制的管理职能时的专门称呼，并不是世界贸易组织的一个单独机关。其主要职权有：(1)设立专家组；(2)通过专家组和上诉机构的报告；(3)维持各项裁定和建议之实施的监督；(4)授权中止所涉协定下的减让和其他义务。

争端解决机制适用于以下协定：(1)《建立世界贸易组织协定》；(2)多边贸易协定，包括《货物多边贸易协定》、《服务贸易总协定》、《与贸易有关的知识产权协定》和《关于争端解决规则与程序的谅解》；(3)复边贸易协定，主要是《民用航空器贸易协定》和《政府采购协定》。

如果以上所列协定有特殊的或者附加的规则和程序，而这些规则与争端解决机制规则存在差异的，应以这些协定的特殊或者附加规则和程序为准。各复边协定中的任何特殊或者附加规则和程序由各协定的主管机构确定，并报告争端解决机构。如果涉及一个以上适用协定项下的规则和程序的争端时，而这些规则和程序又相互抵触，而且如果争端各方在专家组设立 20 天内不能就规则和程序达成协议，则由争端解决机构主席在与争端各方磋商后，确定应遵循的规则和程序。

二、争端解决的基本程序

（一）协商

协商是争端解决的必经程序。争端发生后，有关争端方应将要求协商的申请通知争端解决机构及有关的理事会和委员会。被申请协商的成员国应自收到协商请求之日起，在 10 天内作出答复，并在 30 天内进行协商，60 天内解决争端。凡与此争端有重要利益关系的成员国在通知协商各方和争端解决机构后，可以参加协商。

（二）斡旋、调解和调停

斡旋、调解和调停是在争端各方同意下自愿采取的程序。争端任何一方可随时请求进行斡旋、调解和调停。此程序可随时开始，随时终止。一旦斡旋、调解或调停程序终止，起诉方就可开始请求设立专家组。

如果斡旋、调解和调停在收到协商请求之日起 60 天内开始，则应经过自收到协商请求之日起 60 天的时间后，起诉方才能请求设立专家组。如争端各方共同认为斡旋或调停程序未能解决争端，则起诉方可在 60 天期限内请求设立专家组。

如争端各方同意，斡旋、调解或调停程序可在专家组程序进行的同时继续进行。

总干事可依其职权提供斡旋、调停或调解，以期协助各成员国解决争端。

（三）专家组的设立

如果协商、斡旋、调解和调停均不能解决问题时，一方可向争端解决机构请求设立专家小组。专家小组应由三位专家组成，除非自专家组设立的 10 日内，争端各方同意由五位专家组成专家小组。专家组应由资深的政府或者非政府人士包括曾在专家组任职或者曾向专家组陈述案件的人员、曾任一成员代表或者 GATT1947 缔约方代表、秘书处人员、曾讲授或者出版国际贸易法或者政策的人员组成。

专家组的职责是:严格按照专家小组的工作程序和时限对审议的事项作出客观评估,包括对该案件事实的评估、有关适用协定的条件以及有关适用协定的连贯性等作出客观评估,并向争端解决机构提供调查结果报告或有关解决争议的建议。从报告提交起60天内,由争端解决机构会议通过此报告。如争端一方提起上诉,则报告不予通过。

(四)上诉机构的审议

当争端一方对专家小组的报告持有异议并将上诉决定通知争端解决机构,或者争端解决机构一致反对采纳专家小组的报告时,则由争端解决机构常设的上诉机构处理对该案件的上诉。

常设上诉机构由广泛代表世界贸易组织成员的人士组成,他们应在法律、国际贸易和有关协定的专门知识方面是专家或者权威,一共7人,任期4年,可连任一次。该机构不属于任何政府。上诉应限于专家组报告涉及的法律问题和专家组所作的解释。上诉机构的报告应自上诉决定通知争端解决机构之日起60天内作出,它可以确认、修改或者反对专家小组所作出的调查结果和结论。如果上诉机构报告被争端解决机构采纳,则争端各方应无条件接受。

(五)争端解决机构对执行建议和裁决的监督

从专家组成上诉机构报告通过后30天内,在争端解决机构会议上,有关成员国应通过争端解决机构关于其执行争端解决机构建议和裁决的意向。如该成员国不能立即遵守建议和裁决,应给予其合理的期限遵守。合理期限由有关成员国提议,并经争端解决机构批准确定,如未获批准,由争端各方在建议和裁决通过后45天内协商确定;如经协商也无法确定,由争端各方聘请仲裁员确定。此处的仲裁仅仅是确定开始执行争端解决机构的合理期限。在合理期限确定之日起6个月后,应将执行建议与裁决的问题列入争端解决机构的会议日程,直到争端解决为止。

(六)补偿和交叉报复

如果被诉方违反了WTO的有关规定,并且未在合理期限内执行争端解决机构的建议和裁决,则在申诉方的请求下,必须在合理期限届满前与申诉方举行谈判进行补偿。

如果申诉方和被诉方在合理期限届满后20天内未能就补偿问题达成一致,申诉方可以要求争端解决机构授权对被诉方进行报复,即中止对被诉方承担的减让或者其他义务。争端解决机构应在合理期限结束后30天内,给予中止减让或者其他义务的授权,除非争端解决机构经协商一致决定拒绝该请求。

(七)仲裁

如果有关成员国对减让水平提出异议,或者指控实施中止减让方未遵守上述原则和程序,则由原专家小组或者总干事指定的仲裁员进行仲裁。仲裁只进行一次,在仲裁期间,不得中止履行减让或其他义务。裁决作出后应立即通知争端解决机构,以便作出授权决定。仲裁员仅就以下问题作出裁定:(1)减让水平是否与被抵消或者损害的水平相当;(2)中止履行减让义务是否遵循了上述原则和程序;(3)有关协议是否允许中止履行减让及其他义务。

第四节　中国加入世界贸易组织后的基本权利和义务

一、基本权利

(一)享受非歧视待遇

加入 WTO 后,我国将充分享受多边无条件的最惠国待遇和国民待遇,即非歧视待遇。以前在双边贸易中受到的一些不公正待遇会被取消或逐步取消。

(二)全面参与多边贸易体制

加入 WTO 后,我国以正式成员的身份全面参与 WTO 各项工作,以维护我国的利益。充分参与 WTO 新一轮多边贸易谈判;参与制定多边贸易规则;利用 TPRM 机制,监督其他成员方遵守 WTO 义务;利用争端解决机制,在其他成员方与我国发生贸易争端时,维护我国的权利。

(三)享受发展中国家权利

我国是发展中国家,因此在 WTO 各项协议中可以享受许多优惠待遇:可以享受发达国家给予发展中国家的"非互惠的普惠制"待遇;对农业可以提供占农业生产总值 8.5%的"黄箱补贴",使我国的农业国内支持有继续增长的空间;在发生争端时,有权要求 WTO 秘书处提供法律援助。

(四)保留国营贸易体制

为使我国在加入 WTO 后保留对进口的合法调控手段,我国在谈判中要求对重要商品的进出口继续实行国营贸易管理。经过谈判,我国保留了粮食、棉花、植物油、食糖、原油、成品油、化肥和烟草等 8 种关系国计民生的大宗产品的国营贸易管理。

(五)有条件、有步骤地开放服务贸易领域

加入 WTO 后,我国将根据 WTO 的规定和我国法律法规的规定,依法进行管理和审批，有条件、分步骤地开放服务贸易市场。例如，在电信领域，不允许外方控股，所有国际长途业务必须通过中方电信管理当局控制的出入口局进行，以保证对信息的管理和控制；在银行领域，经过两年的过渡期，允许外资银行向中国企业提供人民币本币业务，经过5年的过渡期，可向所有中国用户提供人民币业务；在保险领域，寿险外资比例不得超过50%；在证券领域，不允许外资从事国内股票交易，即不开放资本市场；在音响服务领域，不允许外贸公司在中国生产音响制品，只允许中外合资企业销售我国主管机关审查过的音像制品。

二、基本义务

（一）遵守非歧视原则

在加入WTO前，对与我国签订双边优惠贸易协定的国家，我们已经实施了最惠国待遇。在国民待遇问题上，我国承诺在进行货物、关税、国内税等方面，给予外国产品的待遇不低于给予同类产品的待遇，并对目前仍在实施的与国民待遇原则不符的做法和政策进行必要的修改和调整。

（二）实施统一的贸易政策

《中华人民共和国对外贸易法》已经确立了全国统一的贸易政策的原则，但目前我国不同的地方在具体实施贸易政策上尚存在差别，例如，沿海和内地、东部和西部，在具体的措施上都有所不同，所以急需在全国范围内施行统一的贸易政策。

（三）贸易政策的透明度

透明度是WTO的基本原则。根据这一原则，各成员国必须公布有关贸易的法律、法规和部门规章，未经公布的不得实施。我们承诺了实施WTO的透明度原则，以后的贸易法律、法规和部门规章就必须公布。这是指让其他成员国知晓，而不仅仅是我们在国内报纸上公布一下就算完事。

（四）逐步开放对外贸易权

目前，我国只拥有对外贸易权的企业才能从事进出口贸易，没有对外贸易权的只能通过这些企业代理，这样就严重阻碍了贸易自由。而目前世界上的做法是，只要企业依法注册后，就可以获得对外贸易权。我国承诺在加入WTO 3年后，将取消对外贸易权审批制，所有在中国的企业经过登记后都可以获得对外贸易权。

（五）遵守WTO关于国营贸易的规定

我国承诺国营贸易公司按商业考虑经营，保证这些公司不因其垄断地位而给国际贸易带来危害。

(六)逐步取消关税措施

我国承诺按照 WTO 的规定,将对现在 400 多项产品实施的非关税措施在 2005 年 1 月 1 日以前取消。并承诺今后除非符合 WTO 规定,否则不再增加或实施任何新的非关税措施。

(七)不再实行出口补贴

我国承诺遵照 WTO《补贴与反补贴措施协定》,取消协定禁止的出口补贴和进口替代补贴。

(八)接受过渡性贸易政策审议

在我国加入 WTO 后,直到 2008 年,WTO 相关委员会将对中国履行 WTO 义务和实施加入 WTO 谈判所作承诺的情况进行年度审议,然后在 2010 年终止审议。中方有权就其他成员履行义务的情况向委员会提出质疑,要求 WTO 其他成员履行承诺。

开篇引例解析

1995 年 5 月 16 日,美国政府单方面宣布,根据美国 1974 年贸易法 301 节、304 节(即单边报复制度的"301 条款"),将对来自日本的豪华轿车征收 100%的关税。

日本车占有美国市场 1/4 的份额,而美国车仅占有日本市场 1.5%的份额。在双方的汽车零部件贸易中,美国则有 128 亿美元的逆差。1993 年 7 月,日本虽然同意谈判解决汽车市场的开放问题,但实际上拒绝与美国进入谈判程序。因此,美国采用这样的措施,要求日本向世界汽车商开放市场,而且要求日本市场应该具有相应的透明度和竞争性。

这涉及世界贸易中的一个原则问题:美国依据"301 条款"进行报复的单边性与世界贸易组织争端解决制度的多边性是否相容?简言之,美国在世界贸易组织争端解决机构作出决定之前,是否有权单方面作出制裁决定并实施制裁措施?

出于对美国单边报复制度的不满,1998 年 11 月 25 日,欧盟根据 WTO 规定起诉了美国,认为"301 条款"与 WTO 的相应规定不符,造成了欧盟利益丧失或受损,也损害了关税及贸易总协定和世界贸易组织的目标。

专家组最终裁决,美国不可以在世贸组织争端解决机构作出决定之前单方面确定制裁措施,但"301 条款"并不违反世界贸易组织和关税及贸易总协定的有关规定。这一裁决,使得美国事实上仍然可以运用"301 条款"对其他国家实行贸易制裁和威胁,尤其是对世贸组织的非成员国进行单方的制裁。

中国入世后，虽然我们将来面对的贸易争端可以在世界贸易组织的多边框架下获得相应的解决，但也要注意诸如美国实施“301 条款”这样的单边制裁行为对我们的危害。在遇到这样的情况时，应据理力争，联合其他受到损害者共同提出申诉，根据世界贸易组织解决争端的多边机制维护中国的利益。

本章小结

一体化，已经成为当今世界经济发展的必然趋势。积极地融入国际社会、参与国际竞争，是我国实现民族复兴的必由之路。本章重点阐述了世界贸易组织的规则、争端解决机制，中国加入世界贸易组织后的基本权利和义务等方面的基本问题。

复习思考题

一、单项选择题

1. 世贸组织(WTO)成立于(　　)。

A. 1993 年　　B. 1994 年　　C. 1995 年　　D. 1997 年

2. WTO 的最高决策机构是(　　)。

A. 总理事会　　B. 总干事会　　C. 部长会议　　D. 专门委员会

3. WTO 争端解决机制上诉机构成员由争端解决机构任命，任期(　　)年，可连任一次。

A. 3　　B. 4　　C. 5　　D. 6

二、多项选择题

4. WTO 的非关税措施有(　　)。

A. 进口数量限制　　B. 价格控制

C. 自动出口限制　　D. 与贸易有关的措施

5. WTO 的基本原则包括(　　)。

A. 非歧视原则　　B. 透明度原则

C. 自由贸易原则　　D. 公平竞争原则

6. WTO《服务贸易总协定》将服务贸易分为(　　)。

A. 跨境交付　　B. 境外消费

C. 商业存在　　D. 自然人流动

三、思考题

7. 世界贸易组织争端解决机构的主要职权有哪些？

8. 中国加入世界贸易组织后的基本权利有哪些？

第十六章　广告法

【学习目标】

1. 了解广告的概念和特征。
2. 理解广告准则。
3. 掌握广告行为规则。
4. 能应用《广告法》的基本理论解决实践中的广告问题。
5. 能处理违反《广告法》的情形。

【重点、难点】

1. 广告准则与广告活动。
2. 违反《广告法》的行为类型。

开篇引例

被告(某市京建房地产开发公司)在某市某区建有两栋15层的住宅楼。在楼房尚未建成前,曾多次推出售楼广告,声称“买××花园一处住宅,便可拥有一片面积为140m^2的绿地”。原告李某见到该广告后,十分动心,遂于4月5日找至被告售楼办公室了解详情,被告工作人员为其出示该楼及周围环境的设计图,并指出待楼房盖成后,准备在楼房周围修置约500m^2的草坪花园。原告看后,感到满意,当场便与被告签订合同。同年5月10日,原告按合同规定向被告交付了5万元的定金(总价款的10%)。同年12月1日,被告向原告交付楼房时,原告发现周围仅有50m^2的空地且尚未绿化,遂拿着被告所作的广告与被告交涉。被告提出,合同中并未规定上述广告的内容,被告不负有提供绿地的义务。原告因交涉未果,遂提起诉讼,要求解除合同,并要求被告双倍返还定金并赔偿损失。

问:本案中是否存在违反《广告法》的情形?应如何处理?

第一节　广告法概述

一、广告

(一)广告的概念

所谓广告,简单地说就是“广而告之”,即有目的性地向广大公众告知一定的信息,以便引起他人的注意。一般来说,广告有广义和狭义之分。广义的广告,泛指一切要引起他人注意的宣传品和宣传手段,包括各种国家机关、社会团体、企事业单位以及公民个人等向社会发布的宣言、声明、公报、告示、公告、价目表、说明等。狭义的广告,专指商品经营者或者服务提供者承担费用,通过一定媒介和形式直接或者间接地介绍自己所推销的商品或者所提供的服务的商业广告。

在商业广告中,为推销商品或者提供服务,自行或者委托他人设计、制作、发布广告的法人、其他经济组织或者个人称为广告主。接受委托提供广告设计、制作、代理服务的法人、其他经济组织或者个人称为广告经营者。为广告主或者广告主委托的广告经营者发布广告的法人或者其他经济组织称为广告发布者。

(二)广告的特征

广告作为宣传形式之一,与政治宣传、新闻宣传等其他宣传形式相比,有其自身的特征:

1. 有偿性。广告是一种有偿的活动,而其他的宣传形式大都是无偿的。

2. 特定的目的性。广告的目的主要在于推销商品、服务等,希望信息接受者购买商品、接受服务等,而其他的宣传形式则没有这个目的。

(三)广告的分类

关于广告,从不同的角度或者按照不同的标准可以有多种分类。

1. 商业广告和社会广告

按照广告传播的内容,可将广告分为商业广告和社会广告。商业广告是指商品经营者或者服务提供者承担费用,通过一定媒介或形式直接或者间接地介绍自己所推销的商品或者所提供的服务的广告,一般包括商品广告、企业广告、劳务广告等。社会广告一般是指国家机关、公益性社会组织以及个人等出于非商业性和非营利性的目的所发布的广告,如政府公告、公益广告、公民个人广告等。

2. 报纸广告、杂志广告、电视广告、电影广告、广播广告、海报广告、招贴广告、网络广告、霓虹灯广告、橱窗广告、模型广告和车体广告等这是按照广告所利用的传播媒介对广告进行的分类。随着社会的发展、科技的进步,新的传播媒介会不断地出现,以此为标准划分的广告种类也会越来越多。

3. 室内广告和户外广告

按照广告设置的空间区域,可将广告分为室内广告和户外广告。常见的户外广告有:路边广告牌、高立柱广告牌、灯箱、霓虹灯广告牌、LED 看板、户外电视墙等。另外,热气球、飞艇等先进的户外广告形式也开始出现在人们的视野中。

4. 显性广告和隐性广告

常见的广告一般都是显性广告。所谓隐性广告,是相对于显性广告而言的,它又称"植入式广告"或者"嵌入式广告",主要是指隐藏于载体并和载体融为一体,共同构成受众所真实感受到或者通过联想所感知到的信息内容。

隐性广告虽然与显性广告存在明显的区别,但它具有广告的本质特征:有明确的广告主、有清晰的广告目的、有具体的广告内容以及较为明确的广告受众等,而且要支付一定费用给传播载体。这些都是构成广告的基本要素。

知识拓展

隐性广告

早期的隐性广告多出现在电影中。在国外有据可查的电影隐性广告最早出现在 1951 年的《非洲皇后号》中,片中明显展现了戈登杜松子酒的商标。此后,国外大量的影视剧中都出现了隐性广告。例如,《外星人》中主人公用一种叫"里斯"(Reeses pieces)的巧克力糖把外星人吸引到屋子里,外星人吃完一包"里斯"糖果后,即与小主人成了好朋友。该片上映后,"里斯"糖果的销量提高了 65%。在中国出现隐性广告较早的是 1992 年的电视连续剧《编辑部的故事》,从此以后,隐性广告慢慢在影视剧中蔓延开来。从电影《大腕》、《十面埋伏》、《2046》、《手机》、《功夫》到《天下无贼》等,隐性广告的热潮一浪高过一浪。例如,在《天下无贼》中,惠普笔记本、诺基亚手机、宝马汽车、嘉士伯啤酒、微软 MSN、长城润滑油等十几个品牌物品都成为里面的道具,画面里不时闪现一些品牌的商标、产品名或人物背景中隐藏着的宣传海报等等。

隐性广告在影视片中的成功运用,使得越来越多的企业、媒体、广告公司等看到隐性广告的巨大效用,纷纷寻求可以运用隐性广告的传播载体,于是,在很多的相声、小品、歌曲、游戏、文学作品、文艺演出、体育活动、新闻报道中也渐渐出现了大量的隐性广告。中央电视台春节联欢晚会,从晚会冠名到观众最喜欢的节目评选，从晚会报时到一而再、再而三的企业贺电拜年，从小品到相声再到歌舞节目，隐性广告可谓无时、无处不在。

隐性广告作为一种新兴的广告传播形式，渗透到一切可能的传播领域，产生显著的传播效用，成为传统显性广告的重要补充形式。

二、广告法

(一)广告法的立法概况

我国一直非常重视广告立法，自改革开放以来，分宏观指导类、广告媒体类、医疗药品类、烟酒食品类、印刷品类和其他等几大类，累计颁布了200余件针对广告的法律规范性文件。其中，最重要的是1994年10月27日第八届全国人民代表大会常务委员会第十次会议通过、1995年2月1日起施行的《中华人民共和国广告法》(以下简称《广告法》)。该法共有总则、广告准则、广告活动、广告审查、法律责任和附则6章，总计49个条文。

(二)《广告法》的调整范围

1. 对象范围

《广告法》只调整商业广告，其他非商业广告不在其调整范围之列。

2. 社会关系范围

(1)广告活动关系。即广告主、广告经营者、广告发布者围绕广告的设计、制作、发布等形成的相互关系。

(2)广告管理关系。具体包括两类：一是广告的监督管理关系，即国家依法对广告活动进行监督和管理所形成的社会关系。二是广告发布前的审查管理关系。我国法律规定，一些特殊商品(主要是药品、医疗器械、农药、兽药等)在发布广告前必须依法申请国家有关行政管理部门进行把关审查。

3. 地域范围

广告主、广告经营者、广告发布者在中华人民共和国境内从事广告活动，应当遵守《广告法》的规定。

第二节　广告准则与广告活动

一、广告准则

广告准则是广告法对广告的内容和形式等作出的必须遵守的原则和限制。它是广告活动主体设计、制作和发布广告时所应遵循的一般性准则；同时也是广告审查机关对广告依法进行审查的依据和标准。

（一）一般广告准则

1. 广告必须合法

根据我国《广告法》第7条的规定，广告内容应当有利于人民的身心健康，促进商品和服务质量的提高，保护消费者的合法权益，遵守社会公德和职业道德，维护国家的尊严和利益。广告不得有下列情形：(1)使用中华人民共和国国旗、国徽、国歌；(2)使用国家机关和国家机关工作人员的名义；(3)使用“国家级”、“最高级”、“最佳”等用语；(4)妨碍社会安定和危害人身、财产安全，损害社会公共利益；(5)妨碍社会公共秩序和违背社会良好风尚；(6)含有淫秽、迷信、恐怖、暴力、丑恶的内容；(7)含有民族、种族、宗教、性别歧视的内容；(8)妨碍环境和自然资源保护；(9)法律、行政法规规定禁止的其他情形。

2. 广告必须真实

广告不得含有虚假的内容，不得欺骗和误导消费者。《广告法》规定：(1)广告不得损害未成年人和残疾人的身心健康。(2)广告中对商品的性能、产地、用途、质量、价格、生产者、有效期限、允诺或者对服务的内容、形式、质量、价格、允诺有表示的，应当清楚、明白。广告中表明推销商品、提供服务附带赠送礼品的，应当标明赠送的品种和数量。(3)广告使用数据、统计资料、调查结果、文摘、引用语，应当真实、准确，并标明出处。(4)广告中涉及专利产品或者专利方法的，应当标明专利号和专利种类。未取得专利权的，不得在广告中谎称取得专利权。禁止使用未授予专利权的专利申请和已经终止、撤销、无效的专利广告。

3. 广告主体必须遵循公平、诚信原则

广告主、广告经营者和广告发布者从事广告活动，应当遵守法律、行政法规，遵循公平、诚实信用原则。广告不得贬低其他生产经营者的商品或者服务。广告应当具有可识别性，能够使消费者辨明其为广告。大众传播媒介不得以新闻报道形式发布广告。通过大众传播媒介发布的广告应当有广告标记，与其他非广告信息相区别，不得使消费者产生误解。

（二）特殊商品的广告准则

1. 药品、医疗器械广告

根据我国《广告法》第14条的规定，药品、医疗器械广告不得有下列内容：(1)含有不科学的表示功效的断言或者保证的；(2)说明治愈率或者有效率的；(3)与其他药品、医疗器械的功效和安全性比较的；(4)利用医药科研单位、学术机构、医疗机构或者专家、医生、患者的名义和形象作证明的；(5)法律、行政法规规定禁止的其他内容。

药品广告的内容必须以国务院卫生行政部门或者省、自治区、直辖市卫生行政部门批准的说明书为准。

国家规定的应当在医生指导下使用的治疗药品广告中，必须注明"按医生处方购买和使用"。

麻醉药品、精神药品、毒性药品、放射性药品等特殊药品，不得作广告。

2. 农药广告

农药广告不得有下列内容：(1)使用无毒、无害等表明安全性的绝对化断言的；(2)含有不科学的表示功效的断言或者保证的；(3)含有违反农药安全使用规程的文字、语言或者画面的；(4)法律、行政法规规定禁止的其他内容。

3. 烟草广告

禁止利用广播、电影、电视、报纸、期刊发布烟草广告。禁止在各类等候室、影剧院、会议厅堂、体育比赛场馆等公共场所设置烟草广告。烟草广告中必须标明"吸烟有害健康"。

4. 食品、酒类、化妆品广告

食品、酒类、化妆品广告的内容必须符合卫生许可的事项，并不得使用医疗用语或者易与药品混淆的用语。

知识拓展

卷烟包装体上的健康警语

由国家烟草专卖局和国家质量监督检验检疫总局联合颁布、于2009年1月1日正式实施的《中华人民共和国境内卷烟包装标识的规定》中，明确规定了卷烟包装体上所应当标注的健康警语，例如：

第三条　卷烟包装体上应使用中华人民共和国的规范中文汉字和英文印刷健康警语。警语内容分两组：

第一组：吸烟有害健康

SMOKING IS HARMFUL TO YOUR HEALTH

戒烟可减少对健康的危害

QUIT SMOKING REDUCES HEALTH RISK

第二组：吸烟有害健康

SMOKING IS HARMFUL TO YOUR HEALTH

尽早戒烟有益健康

QUIT SMOKING EARLY IS GOOD FOR YOUR HEALTH

第四条　健康警语必须轮换使用。在市场流通环节中的同一品牌、同一规格、同一包装、同一条码的卷烟，其条、盒每年应轮流或同时使用两组不同健康警语标识，同时使用时不要求条、盒警语一一对应。

第五条　健康警语应位于卷烟条、盒包装正面和背面，正面使用中文警语，背面使用对应英文警语。警语区域所占面积不应小于其所在面的30%，底色可采用原商标的底色(纹)。

第六条　盒包装健康警语应位于其所在面下部，条包装健康警语应位于其所在面右侧。

第七条　健康警语应明确、清晰和醒目，易于识别。中文字体采用黑体字，英文采用 Arial Narrow 字体；中文字体高度不得小于2.0mm，英文不得大于相应汉字。颜色采用与警语区域底色有一定差异的色组。

二、广告活动

(一)广告活动的基本要求

1. 订立广告合同

广告主、广告经营者、广告发布者之间在广告活动中应当依法订立书面合同，明确各方的权利和义务。广告主或者广告经营者在广告中使用他人名义、形象的，应当事先取得他人的书面同意；使用无民事行为能力人、限制民事行为能力人的名义、形象的，应当事先取得其监护人的书面同意。

2. 禁止不正当竞争

广告主、广告经营者、广告发布者不得在广告活动中进行任何形式的不正当竞争。

3. 诚实守信

根据我国《广告法》第24条的规定，广告主自行或者委托他人设计、制作、发布广告，应当具有或者提供真实、合法、有效的下列证明文件：(1)营业执照以及其他生产、经营资格的证明文件；(2)质量检验机构对广告中有关商品质量内容出具的证明文件；(3)确认广告内容真实性的其他证明文件。

广告经营者、广告发布者依据法律、行政法规查验有关证明文件，核实广告内容。对内容不实或者证明文件不全的广告，广告经营者不得提供设计、制作、代理服务，广告发布者不得发布。

(二)广告主从事广告活动的基本要求

广告主自行或者委托他人设计、制作、发布广告，所推销的商品或者所提供的服务应当符合广告主的经营范围。

广告主委托设计、制作、发布广告，应当委托具有合法经营资格的广告经营者、广告发布者。

(三)关于户外广告的有关规定

户外广告的设置规划和管理办法,由当地县级以上地方人民政府组织广告监督管理、城市建设、环境保护、公安等有关部门制定。有下列情形之一的,不得设置户外广告:(1)利用交通安全设施、交通标志的;(2)影响市政公共设施、交通安全设施、交通标志使用的;(3)妨碍生产者或者人民生活,损害市容市貌的;(4)国家机关、文物保护单位和名胜风景点的建筑控制地带;(5)当地县级以上地方人民政府禁止设置户外广告的区域。

开篇引例解析

被告的行为违反了《广告法》的规定。

我国《广告法》第4条规定:"广告不得含有虚假的内容,不得欺骗和误导消费者。"同时,《广告法》第37条规定:"违反本法规定,利用广告对商品或者服务作虚假宣传的,由广告监督管理机关责令广告主停止发布、并以等额广告费用在相应范围内公开更正消除影响,并处广告费用一倍以上五倍以下的罚款;对负有责任的广告经营者、广告发布者没收广告费用,并处广告费用一倍以上五倍以下的罚款;情节严重的,依法停止其广告业务。构成犯罪的,依法追究刑事责任。"

因此,被告发布的广告中含有虚假的内容,已经构成违法。应当由广告监督管理机关依法追究其法律责任。

本章小结

《广告法》重在规范广告市场,维护相关主体的经济利益。本章主要阐述了广告的概念、广告准则及广告活动、法律责任等基本问题。

复习思考题

一、单项选择题

1. 下列广告语中,(　　)违反了《广告法》的规定。

A. ××巧克力,只给最爱的人。

B. 走走看看,首选××家具。

C. 根据国家统计局统计,××产品全国销量第一。

D. 欢迎顶级模特来现场表演。

2. (　　)是广告存在的基础。

A. 真实性　B. 艺术性　C. 思想性　D. 科学性

3. 麻醉药品、精神药品、毒性药品、(　　)等特殊药品,不得做广告。

A. 治疗肝炎药品　B. 放射性药品

C. 治皮肤病药品　D. 治疗性病药品

二、多项选择题

4. (　　)属于公共服务性广告。

A. 政府公告　B. 公益广告

C. 文化娱乐广告　D. 企业形象广告

5. 广告不得有下列情形(　　)。

A. 使用中华人民共和国国旗、国徽、国歌

B. 使用国家机关和国家机关工作人员的名义

C. 使用“国家级”、“最高级”、“最佳”等用语

D. 含有民族、种族、宗教、性别歧视的内容

6. 农药广告中不得有(　　)内容。

A. 无毒　B. 有效率　C. 无害　D. 质量最佳

三、简答题

7.《广告法》的主要特点是什么?

第十七章　政府采购法

【学习目标】

1. 了解《政府采购法》的基本原则和基本制度、政府采购的当事人、政府采购的监督检查和法律责任。

2. 理解政府采购的概念和特征，理解政府采购合同的特殊规定。

3. 掌握政府采购的方式和采购的程序。

4. 能够识别和分辨实践中存在的违反《政府采购法》的现象。

5. 初步具备解决政府采购中的实务问题的能力。

【重点、难点】

政府采购的方式和程序。

开篇引例

某市采购中心为市第一中学采购一批教学用彩色电视机，鉴于所购电视机规格、型号、标准一致，国内产品质量过关，货源充足，价格稳定等特点，决定采用询价方式进行采购。他们是这样实施询价的：第一步，将本中心6名工作人员分成三个询价小组；第二步，将本辖区内的24家销售电视机的商家按地理位置划成三片，每个询价小组负责一片，对各商家不同品牌、相同规格、相同品质电视机的售价进行调查，讨价还价，确定一个意向性价格；第三步，各小组集中讨论，将收集来的信息资料和报价情况进行汇总、整理和分析，按价格最低、服务最好的要求确定成交供应商；第四步，通知被确定成交的供应商并签约。

问题：分析上述采购活动中存在哪些不符合《政府采购法》之处？

第一节　政府采购法概述

一、政府采购的概念和特征

(一)政府采购的概念

政府采购，是指各级国家机关、事业单位和团体组织，使用财政性资金采购依法制定的集中采购目录以内的或者采购限额标准以上的货物、工程和服务的行为。这里的采购主要是一种市场行为，是指以合同方式有偿取得货物、工程和服务的行为，包括购买、租赁、委托、雇佣等。

政府采购的货物，是指各种形态和种类的物品，包括有形物和无形物，除了原材料、燃料、设备、产品等有形物外，商标专用权、著作权、专利权等知识产权也视同货物。

政府采购的工程，是指建设工程，包括新建、改建、扩建、装修、拆除、修缮以及与建设工程相关的勘察、设计、施工、监理等。

政府采购的服务，是指除货物和工程以外的其他政府采购对象，包括各类专业服务、信息网络开发服务、金融保险服务、运输服务以及维修与维护服务等。

（二）政府采购的特征

政府采购主要是一种市场行为，但与个人（或家庭）采购、企业采购等相比，又具有其自身的特点：

1. 采购主体的特定性

政府采购的主体是指行使有关国家权力或从事某种公共职能的国家机关、事业单位和社会团体。

2. 资金来源的特定性

政府采购所使用的资金为财政性资金，包括财政预算资金和纳入财政管理的其他资金。

3. 采购活动的非营利性

政府采购不同于商业性采购，不是为卖而买，而是通过买为政府部门提供消费品或向社会提供公共利益。

4. 采购对象的特定性

政府采购的对象包括两类：一是依法制定的集中采购目录以内的货物、工程和服务，二是限额标准以上的货物、工程和服务。对国家紧急采购、涉及安全与秘密采购以及军事用途采购则不适用《政府采购法》的规定。

5. 采购过程的规范性

政府采购不是简单地一手交钱、一手交货，而是要按照有关政府采购的法律、法规，根据不同的采购规模、采购对象及采购时间要求等，采用法定的采购方式和程序组织采购，使每项采购活动都要规范运作，体现公开、竞争的原则，接受社会监督。

6. 采购结果的政策性

政府采购必须遵守国家政策的要求，如最大限度地节约开支，购买本国产品等。因为公共支出管理是国家管理经济的一个重要手段，而作为公共支出管理的一个重要环节的政府采购，必然承担着执行国家政策的使命。例如，我国《政府采购法》第 9 条规定：政府采购应当有助于实现国家的经济和社会发展政策目标，包括保护环境、扶持不发达地区和少数民族地区、促进中小企业发展等。

7. 政府采购具有极大的影响力

政府是一个国家内最大的消费者，其购买力是十分巨大的。同时，政府采购也影响着一国的社会经济稳定、总体规模或结构的变动，会对社会经济的发展、产业结构及其公众的生活环境发生根本性的影响，因此，各国政府通常都将政府采购作为一种宏观调控的有力手段之一。

二、我国的政府采购立法

（一）政府采购法的概念

政府采购法是指调整政府采购活动的法律规范的总称。

为了规范政府采购行为，提高政府采购资金的使用效益，维护国家利益和社会公共利益，保护政府采购当事人的合法权益，促进廉政建设，第九届全国人民代表大会常务委员会第二十八次会议于 2002 年 6 月 29 日正式通过《中华人民共和国政府采购法》（以下简称《政府采购法》）。该法于 2003 年 1 月 1 日起正式施行。

另外，《政府采购法实施条例》也已经处于广泛征求意见并进一步完善的阶段。

知识拓展

《政府采购法》的意义

《政府采购法》的意义，主要体现在五个方面：

一是有利于促进我国社会主义市场经济的健康发展。党的十四大提出建立社会主义市场经济的目标要求，而市场经济是法制经济，对国内重要的消费市场——政府采购市场实行法制化管理，既可以实现对政府采购行为的规范，又能促进市场公平竞争。

二是有利于规范政府采购行为，促进依法行政目标的实现。《政府采购法》将政府参与市场过程中的行为通过法律的形式予以规范化。同时，通过采购政策调控经济，维护市场秩序。

三是有利于提高财政资金使用效益和财政支出管理水平。《政府采购法》将购买性资金的支出方式以法律的形式确定下来，可以避免传统管理体制下软预算约束的缺陷，从而提高资金使用效益。

四是有利于从源头上遏制腐败。

五是通过政府采购有利于发挥政府的宏观调控作用。政府采购的宏观调控作用主要体现在保护民族企业、支持国内产业发展、打破地区封锁等方面。

(二)政府采购法的基本原则

关于政府采购法的基本原则,《政府采购法》于第3条作出了明确的规定:政府采购应当遵循公开透明原则、公平竞争原则、公正原则和诚实信用原则。

(三)政府采购法的基本制度

1. 集中采购和分散采购相结合

纳入政府采购目录的政府采购项目,应当集中采购;集中采购的目录,属于中央政府的采购预算项目,由国务院确定并公布;属于地方预算的由省级人民政府或者授权的机构公布。

集中采购的目录以外,采购限额标准以上的属于分散采购。政府采购限额的制定,属于中央预算的,由国务院确定并公布;属于地方预算的,由省级人民政府或者授权的机构确定并公布。属于分散采购的,采购人可以自行采购,也可以委托采购代理机构采购。

2. 信息公开制度

政府采购的信息应当在政府采购监督管理部门指定的媒体上及时向社会公开发布。政府采购的项目标准也应当公开,采购人在采购活动完成后,应当将采购结果予以公布。

3. 回避制度

在政府采购活动中,采购人员及相关人员与供应商有利害关系的,必须回避。其中的相关人员,包括招标采购中评标委员会的组成人员、竞争性谈判采购中谈判小组的组成人员、询价采购中询价小组的组成人员等。

供应商认为采购人员及相关人员与其他供应商有利害关系的,可以申请回避。采购人员及相关人员与供应商有利害关系,一般是指采购人员及相关人员:(1)现在或者在采购活动发生前3年内,与供应商存在雇佣关系;(2)现在或者在采购活动发生前3年内担任供应商的财务顾问、法律顾问或技术顾问;(3)现在或者在采购活动发生前3年内是供应商的控股股东或者实际控制人;(4)与供应商的法定代表人或者负责人有直系血亲、三代以内旁系血亲及姻亲关系;(5)与供应商之间存在其他影响或可能影响政府采购活动依法进行的利害关系。

4. 政府采购的政策目标

政府采购有巨大的政策功能,利用政府采购推行国家的社会政策目标,是各国政府采购法立法的重要目标之一。我国《政府采购法》第9条规定:政府采购应当有助于实现国家的社会和经济发展目标，主要包括保护环境、扶持不发达地区和少数民族地区、《政府采购法》促进中小企业发展等。

另外，《政府采购法》第10条又明确了采购本国货物、工程和服务的政策：政府采购应当采购本国货物、工程和服务。但有下列情形之一的除外：(1)需要采购的货物、工程或者服务在中国境内无法获取或者无法以合理的商业条件获取的；(2)为在中国境外使用而进行采购的；(3)其他法律、行政法规另有规定的。

5. 政府采购的监管

各级人民政府财政部门是负责政府采购监督管理的部门，依法履行对政府采购活动的监督管理职责。

各级人民政府其他有关部门依法履行与政府采购活动有关的监督管理职责。

三、政府采购当事人

政府采购当事人是指在政府采购活动中享有权利和承担义务的各类主体，包括采购人、供应商和采购代理机构等。

(一)采购人

采购人是指依法进行政府采购的国家机关、事业单位、团体组织。

采购人采购纳入集中采购目录的政府采购项目，必须委托集中采购机构代理采购；采购未纳入集中采购目录的政府采购项目，可以自行采购，也可以委托集中采购机构在委托的范围内代理采购。

另外，采购人也可以委托经国务院有关部门或者省级人民政府有关部门认定资格的采购代理机构，在委托的范围内办理政府采购事宜。采购人依法委托采购代理机构办理采购事宜的，应当由采购人与采购代理机构签订委托代理协议，依法确定委托代理的事项，约定双方的权利义务。

(二)采购代理机构

采购代理机构，是指政府设立的集中采购机构和经认定资格的采购代理机构。其中，集中采购机构是指设区的市、自治州以上人民政府根据本级政府采购项目组织集中采购的需要设立的非营利事业法人，集中采购机构依法独立设置，隶属于同级人民政府，不与任何政府部门、法人或其他组织存在隶属关系或其他利益关系；根据采购人的委托办理采购事宜。经认定资格的采购代理机构是指经省级以上人民政府财政部门认定资格的，从事政府采购货物、工程和服务采购代理业务的社会中介机构。

集中采购机构进行政府采购活动，应当符合采购价格低于市场平均价格、采购效率更高、采购质量优良和服务良好的要求。其主要职责是:(1)根据采购人委托,组织实施集中采购目录中通用政府采购项目的采购;(2)与采购人商定采购需求、技术规格、供应商资格条件以及其他商务条件等内容;(3)根据采购人委托,参与合同验收;(4)对本机构组织的政府采购项目执行情况进行跟踪问效;(5)制定本机构内部监督管理制度及操作规程;(6)接受采购人委托,代理分散采购项目采购。

(三)供应商

供应商是政府采购活动中的采购方需求的提供者。

1. 供应商的资格

对于供应商的主体资格,《政府采购法》并未作出明确的限制性规定,因此,供应商原则上可以包括法人、其他组织和自然人。但是,采购人有权根据供应商参加政府采购的条件以及采购项目对供应商的特定要求等,要求供应商提供相关资质证明文件和业绩情况,并有权对供应商的资格进行审查。

另外,两个以上的自然人、法人或者其他组织也可以通过签订书面的联合协议组成一个联合体,以一个供应商的身份共同参加政府采购。

2. 供应商参加政府采购的条件

根据《政府采购法》的规定,供应商参加政府采购活动应当具备下列条件:(1)具有独立承担民事责任的能力;(2)具有良好的商业信誉和健全的财务会计制度;(3)具有履行合同所必需的设备和专业技术能力;(4)有依法缴纳税收和社会保障资金的良好记录;(5)参加政府采购活动前 3 年内,在经营活动中没有重大违法记录;(6)法律、行政法规规定的其他条件。

另外,采购人也可以根据采购项目的特殊要求,规定供应商的特定条件,但不得以不合理的条件对供应商实行差别待遇或者歧视待遇。

第二节　政府采购方式与程序

一、政府采购方式

根据《政府采购法》第 26 条的规定,政府采购的方式有以下几种:(1)公开招标;(2)邀请招标;(3)竞争性谈判;(4)单一来源采购;(5)询价;(6)国务院政府采购监督管理部门认定的其他采购方式。

(一)公开招标

公开招标是指招标人以招标公告的方式邀请不特定的法人或者其他组织投

标。它是一种由招标人按照法定程序,在公开媒体上发布或者以其他公开方式发布招标公告,所有符合条件的法人或者组织均可平等参与竞标的竞争性采购方式。由于公开招标这种方式具有更强的公开性、效益性等优势,因此应当作为政府采购的主要方式。

采购人不得将应当以公开招标方式采购的货物或者服务化整为零或者以其他任何方式规避公开招标采购。

(二)邀请招标

邀请招标,是指招标人以投标邀请书的方式邀请 3 个以上特定的法人或者其他组织投标。由于能够参与竞标的对象完全取决于招标人是否向其发出邀请,因此,邀请招标的方式会造成其他潜在投标人的公平竞争机会丧失,因此《政府采购法》对此作出了限制性规定。

符合下列情形之一的货物或者服务,可以依法采用邀请招标方式采购:(1)具有特殊性,只能从有限范围的供应商处采购的;(2)采用公开招标方式的费用占政府采购项目总价值的比例过大的。

(三)竞争性谈判

竞争性谈判采购是指采购人通过与多家供应商就采购事宜进行直接谈判,最后从中确定成交供应商的一种采购方式。符合下列情形之一的货物或者服务,可以依法采用竞争性谈判方式采购:(1)招标后没有供应商投标或者没有合格投标的或者重新招标未能成立的;(2)技术复杂或者性质特殊,不能确定详细规格或者具体要求的;(3)采用招标所需时间不能满足用户紧急需要的;(4)不能事先计算出价格总额的。

(四)单一来源采购

所谓单一来源采购,是指达到了竞争性招标采购的金额标准,但在适当条件下采购人向单一的供应商进行的采购。这种方式一般仅适用于下列情形:(1)只能从唯一供应商处采购的;(2)发生了不可预见的紧急情况不能从其他供应商处采购的;(3)必须保证原有采购项目一致性或者服务配套的要求,需要继续从原供应商处添购,且添购资金总额不超过原合同采购金额 10%的。

(五)询价

所谓询价采购,是指采购人向国内外有关供应商发出询价通知书,让其报价,然后在报价的基础上进行比较,按照符合采购需求、质量和服务相等且报价最低的原则确定成交供应商的一种采购方式。

我国《政府采购法》规定,采购的货物规格、标准统一、现货货源充足且价格变化幅度小的政府采购项目,可以依法采用询价方式采购。

二、政府采购程序

（一）编制政府采购计划

负有编制部门预算职责的部门在编制下一财政年度部门预算时，应当将该财政年度政府采购的项目及资金预算列出，报本级财政部门汇总。部门预算的审批，按预算管理权限和程序进行。

采购人应当根据集中采购目录、采购限额标准和批复的政府采购项目及资金预算编制政府采购实施计划，报同级人民政府财政部门。

（二）确定采购方式

采购人采购货物或者服务应当采用公开招标方式的，其具体数额标准，属于中央预算的政府采购项目，由国务院规定；属于地方预算的政府采购项目，由省、自治区、直辖市人民政府规定；因特殊情况需要采用公开招标以外的采购方式的，应当在采购活动开始前获得设区的市、自治州以上人民政府采购监督管理部门的批准。

（三）供应商资格审查

采购人有权根据供应商参加政府采购的条件以及采购项目对供应商的特定要求等，要求供应商提供相关资质证明文件和业绩情况，并有权对供应商的资格进行审查。采购人也可以根据采购项目的特殊要求，规定供应商的特定条件，但不得以不合理的条件对供应商实行差别待遇或者歧视待遇。

（四）按照程序实施采购

确定采购方式后，采购人即应依照《政府采购法》关于采购程序的规定，实施采购活动。

1. 招标方式采购的程序

货物或者服务项目采取邀请招标方式采购的，采购人应当从符合相应资格条件的供应商中，通过随机方式选择 3 家以上的供应商，并向其发出投标邀请书。

货物和服务项目实行招标方式采购的，自招标文件开始发出之日起至投标人提交投标文件截止之日止，不得少于 20 日。

在招标采购中，出现下列情形之一的，应予废标：(1)符合专业条件的供应商或者对招标文件作实质响应的供应商不足 3 家的；(2)出现影响采购公正的违法、违规行为的；(3)投标人的报价均超过了采购预算，采购人不能支付的；(4)因重大变故，采购任务取消的。废标后，除采购任务取消情形外，应当重新组织招标；需要采取其他方式采购的，应当在采购活动开始前获得设区的市、自治州以上人民政府采购监督管理部门或者政府有关部门批准。

2. 竞争性谈判方式采购的程序

采用竞争性谈判方式采购的，应当遵循下列程序：(1)成立谈判小组。谈判小组由采购人的代表和有关专家共 3 人以上的单数组成，其中专家的人数不得少于成员总数的 2/3。(2)制定谈判文件。谈判文件应当明确谈判程序、谈判内容、合同草案的条款以及评定成交的标准等事项。(3)确定邀请参加谈判的供应商名单。谈判小组从符合相应资格条件的供应商名单中确定不少于 3 家的供应商参加谈判，并向其提供谈判文件。(4)谈判。谈判小组所有成员集中与单一供应商分别进行谈判。在谈判中，谈判的任何一方不得透露与谈判有关的其他供应商的技术资料、价格和其他信息。谈判文件有实质性变动的，谈判小组应当以书面形式通知所有参加谈判的供应商。(5)确定成交供应商。谈判结束后，谈判小组应当要求所有参加谈判的供应商在规定时间内进行最后报价，采购人从谈判小组提出的成交候选人中根据符合采购需求、质量和服务相等且报价最低的原则确定成交供应商，并将结果通知所有参加谈判的未成交的供应商。

3. 单一来源采购的程序

采取单一来源方式采购的，采购人与供应商应当遵循《政府采购法》规定的原则，在保证采购项目质量和双方商定合理价格的基础上进行采购。

4. 询价方式采购的程序

采取询价方式采购的，应当遵循下列程序：(1)成立询价小组。询价小组由采购人的代表和有关专家共 3 人以上的单数组成，其中专家的人数不得少于成员总数的 2/3。询价小组应当对采购项目的价格构成和评定成交的标准等事项作出规定。(2)确定被询价的供应商名单。询价小组根据采购需求，从符合相应资格条件的供应商名单中确定不少于 3 家的供应商，并向其发出询价通知书让其报价。(3)询价。询价小组要求被询价的供应商一次报出不得更改的价格。(4)确定成交供应商。采购人根据符合采购需求、质量和服务相等且报价最低的原则确定成交供应商，并将结果通知所有被询价的未成交的供应商。

(五)签订和履行采购合同

确定成交供应商后，采购人应当与成交供应商签订正式的政府采购合同。合同签订后，当事人均应当遵循诚实信用的原则全面履行合同。

(六)采购验收和文件保存

采购人或者其委托的采购代理机构应当组织对供应商履约的验收。大型或者复杂的政府采购项目，应当邀请国家认可的质量检测机构参加验收工作。验收方成员应当在验收书上签字，并承担相应的法律责任。

采购人、采购代理机构对政府采购项目每项采购活动的记录、采购预算、招标文件、投标文件、评标标准、评估报告、定标文件、合同文本、验收证明、质疑答复、投诉处理决定及其他采购文件等应当妥善保存，不得伪造、变造、隐匿或者销毁。采购文件的保存期限为从采购结束之日起至少保存15年。

第三节　政府采购合同

政府采购合同是指采购人在使用财政性资金采购货物、工程和服务的过程中与供应商之间在平等、自愿的基础上，明确双方权利和义务而订立的协议。由于政府采购行为主要还是一种市场行为，因此，关于政府采购合同的订立、效力、履行以及变更、解除、终止等方面，除依据《政府采购法》的规定外，应当适用《合同法》的一般规定。

一、政府采购合同的订立和履行

(一)合同的订立

采购人与中标、成交供应商应当在中标、成交通知书发出之日起30日内，按照采购文件确定的事项签订政府采购合同。采购合同中的采购标的、规格型号、采购金额、采购数量、质量标准等实质性内容应当与采购文件一致。

中标、成交通知书对采购人和中标、成交供应商均具有法律效力。中标、成交通知书发出后，采购人改变中标、成交结果的，或者中标、成交供应商放弃中标、成交项目的，应当依法承担法律责任。

政府采购项目的采购合同自签订之日起7个工作日内，采购人应当将合同副本报同级政府采购监督管理部门和有关部门备案。

(二)合同的内容与形式

政府采购合同应当采用书面形式。

国务院政府采购监督管理部门应当会同国务院有关部门，规定政府采购合同必须具备的条款。一般来说，合同的主要条款应当包括当事人名称、标的、价款酬金、数量、质量、履约时间和地点、争议处理的方式等。

另外，政府采购合同中还应当列示节能环保、自主创新、扶持中小企业等政府采购政策内容。

(三)合同的履行

采购人不得向供应商收取履约保证金，不得将中标、成交供应商缴纳的投标保证金转为履约保证金。

经采购人同意，中标、成交供应商可以依法采取分包方式履行合同，但是适用优先或强制政府采购优惠政策的采购项目除外。政府采购合同分包履行的，中标、成交供应商就采购项目和分包项目向采购人负责，分包供应商就分包项目承担责任。

二、政府采购合同的变更

合同履行中，采购人需追加与合同标的相同的货物、工程或者服务的，在不改变合同其他条款的前提下，可以与供应商协商签订补充合同，但所有补充合同的采购金额不得超过原合同采购金额的10%。

政府采购合同的双方当事人不得擅自变更、中止或者终止合同。但是，政府采购合同继续履行将损害国家利益和社会公共利益的，双方当事人应当变更、中止或者终止合同。有过错的一方应当承担赔偿责任，双方都有过错的，各自承担相应的责任。

三、供应商的权利

作为政府采购合同的一方当事人，供应商的一般合同权利可以由合同双方当事人在平等、自愿的基础上协商确定。但是，由于采购人具有掌握国家公权力的优势，容易对供应商的合法权益构成一定的威胁，因此，《政府采购法》中也为供应商增设了一些特殊的权益保障措施。

（一）询问、质疑权

1. 供应商对政府采购活动事项有疑问的，可以向采购人提出询问，采购人应当及时作出答复，但答复的内容不得涉及商业秘密。

2. 供应商认为采购文件、采购过程和中标、成交结果使自己的权益受到损害的，可以在知道或者应知其权益受到损害之日起7个工作日内，以书面形式向采购人提出质疑。采购人应当在收到供应商的书面质疑后7个工作日内作出答复，并以书面形式通知质疑供应商和其他有关供应商，但答复的内容不得涉及商业秘密。

3. 采购人委托采购代理机构采购的，供应商可以向采购代理机构提出询问或者质疑，采购代理机构应当依照《政府采购法》的规定就采购人委托授权范围内的事项作出答复。

（二）投诉权

质疑供应商对采购人、采购代理机构的答复不满意或者采购人、采购代理机构未在规定的时间内作出答复的，可以在答复期满后15个工作日内向同级政府采购监督管理部门投诉。

政府采购监督管理部门应当在收到投诉后30个工作日内，对投诉事项作出处理决定，并以书面形式通知投诉人和与投诉事项有关的当事人。

政府采购监督管理部门在处理投诉事项期间，可以视具体情况书面通知采购人暂停采购活动，但暂停时间最长不得超过30日。

投诉人对政府采购监督管理部门的投诉处理决定不服或者政府采购监督管理部门逾期未作处理的，可以依法申请行政复议或者向人民法院提起行政诉讼。

第四节　监督检查与法律责任

一、政府采购的监督检查

（一）行政机关的监督检查

1. 政府采购监管部门的监督检查

政府采购监督管理部门应当加强对政府采购活动及集中采购机构的监督检查。监督检查的主要内容是：(1)有关政府采购的法律、行政法规和规章的执行情况；(2)采购范围、采购方式和采购程序的执行情况；(3)政府采购人员的职业素质和专业技能。

政府采购监督管理部门应当对政府采购项目的采购活动进行检查，政府采购当事人应当如实反映情况，提供有关材料。政府采购监督管理部门应当对集中采购机构的采购价格、节约资金效果、服务质量、信誉状况、有无违法行为等事项进行考核，并定期如实公布考核结果。

政府采购监督管理部门不得设置集中采购机构，不得参与政府采购项目的采购活动。采购代理机构与行政机关不得存在隶属关系或者其他利益关系。

2. 审计机关的监督检查

审计机关应当对政府采购进行审计监督。政府采购监督管理部门、政府采购各当事人有关政府采购活动，应当接受审计机关的审计监督。

3. 监察机关的监督检查

监察机关应当加强对参与政府采购活动的国家机关、国家公务员和国家行政机关任命的其他人员实施监察。

4. 其他机关的监督检查

依照法律、行政法规的规定对政府采购负有行政监督职责的政府其他有关部门，应当按照其职责分工，加强对政府采购活动的监督。

(二)集中采购机构的内部监督

集中采购机构应当建立健全内部监督管理制度。采购活动的决策和执行程序应当明确,并相互监督、相互制约。经办采购的人员与负责采购合同审核、验收人员的职责权限应当明确,并相互分离。

集中采购机构的采购人员应当具有相关职业素质和专业技能,符合政府采购监督管理部门规定的专业岗位任职要求。集中采购机构对其工作人员应当加强教育和培训;对采购人员的专业水平、工作实绩和职业道德状况定期进行考核。采购人员经考核不合格的,不得继续任职。

(三)社会的监督

任何单位和个人对政府采购活动中的违法行为,有权控告和检举,有关部门、机关应当依照各自职责及时处理。

二、法律责任

(一)采购人、采购代理机构在采购过程中的法律责任

采购人、采购代理机构有下列情形之一的,责令限期改正,给予警告,可以并处罚款,对直接负责的主管人员和其他直接责任人员,由其行政主管部门或者有关机关给予处分,并予通报:(1)应当采用公开招标方式而擅自采用其他方式采购的;(2)擅自提高采购标准的;(3)委托不具备政府采购业务代理资格的机构办理采购事务的;(4)以不合理的条件对供应商实行差别待遇或者歧视待遇的;(5)在招标采购过程中与投标人进行协商谈判的;(6)中标、成交通知书发出后不与中标、成交供应商签订采购合同的;(7)拒绝有关部门依法实施监督检查的。

采购人、采购代理机构及其工作人员有下列情形之一,构成犯罪的,依法追究刑事责任;尚不构成犯罪的,处以罚款,有违法所得的,并处没收违法所得,属于国家机关工作人员的,依法给予行政处分:(1)与供应商或者采购代理机构恶意串通的;(2)在采购过程中接受贿赂或者获取其他不正当利益的;(3)在有关部门依法实施的监督检查中提供虚假情况的;(4)开标前泄露标底的。

有上述违法行为之一影响中标、成交结果或者可能影响中标、成交结果的,按下列情况分别处理:(1)未确定中标、成交供应商的,终止采购活动;(2)中标、成交供应商已经确定但采购合同尚未履行的,撤销合同,从合格的中标、成交候选人中另行确定中标、成交供应商;(3)采购合同已经履行的,给采购人、供应商造成损失的,由责任人承担赔偿责任。

(二)采购人、采购代理机构在采购管理方面的法律责任

采购人对应当实行集中采购的政府采购项目,不委托集中采购机构实行集

中采购的，由政府采购监督管理部门责令改正；拒不改正的，停止按预算向其支付资金，由其上级行政主管部门或者有关机关依法给予其直接负责的主管人员和其他直接责任人员处分。

采购人未依法公布政府采购项目的采购标准和采购结果的，责令改正，对直接负责的主管人员依法给予处分。

采购人、采购代理机构违反规定隐匿、销毁应当保存的采购文件或者伪造、变造采购文件的，由政府采购监督管理部门处以 2 万元以上、10 万元以下的罚款，对其直接负责的主管人员和其他直接责任人员依法给予处分；构成犯罪的，依法追究刑事责任。

（三）供应商的法律责任

供应商有下列情形之一的，处以采购金额 5‰以上、10‰以下的罚款，列入不良行为记录名单，在 1～3 年内禁止参加政府采购活动，有违法所得的，并处没收违法所得；情节严重的，由工商行政管理机关吊销营业执照；构成犯罪的，依法追究刑事责任：(1)提供虚假材料谋取中标、成交的；(2)采取不正当手段诋毁、排挤其他供应商的；(3)与采购人、其他供应商或者采购代理机构恶意串通的；(4)向采购人、采购代理机构行贿或者提供其他不正当利益的；(5)在招标采购过程中与采购人进行协商谈判的；(6)拒绝有关部门监督检查或者提供虚假情况的。

供应商有前款第(1)至(5)项情形之一的，中标、成交无效。

（四）政府采购监督管理部门的法律责任

政府采购监督管理部门的工作人员在实施监督检查中违反本法规定滥用职权、玩忽职守、徇私舞弊的，依法给予行政处分；构成犯罪的，依法追究刑事责任。

政府采购监督管理部门对供应商的投诉逾期未作处理的，给予直接负责的主管人员和其他直接责任人员行政处分。

政府采购监督管理部门对集中采购机构业绩的考核，有虚假陈述，隐瞒真实情况的，或者不作定期考核和公布考核结果的，应当及时纠正，由其上级机关或者监察机关对其负责人进行通报，并对直接负责的人员依法给予行政处分。

（五）其他单位和个人的法律责任

任何单位或者个人阻挠和限制供应商进入本地区或者本行业政府采购市场的，责令限期改正；拒不改正的，由该单位、个人的上级行政主管部门或者有关机关给予单位责任人或者个人处分。

开篇引例解析

我国《政府采购法》规定，公开招标应作为政府采购的主要采购方式、如果采购的货物规格、标准统一、现货货源充足且价格变化幅度小的政府采购项目，可以依法采用询价方式采购。另外，《政府采购法》第40条也明确规定了采取询价方式采购应当遵循的程序：(1)成立询价小组。询价小组由采购人的代表和有关专家共3人以上的单数组成，其中专家的人数不得少于成员总数的2/3。询价小组应当对采购项目的价格构成和评定成交的标准等事项作出规定。(2)确定被询价的供应商名单。询价小组根据采购需求，从符合相应资格条件的供应商名单中确定不少于3家的供应商，并向其发出询价通知书让其报价。(3)询价。询价小组要求被询价的供应商一次报出不得更改的价格。(4)确定成交供应商。采购人根据符合采购需求、质量和服务相等且报价最低的原则确定成交供应商，并将结果通知所有被询价的未成交的供应商。

本案中，某市采购中心根据实际情况采取询价的方式进行政府采购，是符合法律要求的，但是其询价采购的程序方面，存在多处违法情况：第一步中，询价小组应当由采购人的代表和有关专家3人以上组成，而不能全部由采购人的代表担任；第二步中，询价小组只能要求被询价的供应商一次报出不得更改的价格，而不能只是一个不具有确定性的意向性价格，更不能讨价还价；第三步中，确定成交供应商应当遵循符合采购需求、质量和服务相等且报价最低的原则进行；第四步中，确定成交供应商后，应当通知所有被询价的未成交的供应商，而不能只通知确定成交的供应商。

本章小结

政府采购行为，不仅是一种市场行为，而且具有一定的宏观调控功能。《政府采购法》的贯彻实施，对于规范政府行为、促进廉政建设，提高财政性资金的合理有效使用，维护公平有序的市场竞争环境，创建“阳光下”的政府和政府行为，从而构建和谐社会等方面，都具有非常重要的意义。本章较为系统地阐述了我国《政府采购法》的主要内容，重点介绍了政府采购的概念和特征、政府采购法的基本制度、政府采购的方式和程序、政府采购合同以及政府采购的监督检查和法律责任等内容。

复习思考题

一、单项选择题

1. 采购人的范围不包括(　　)。

A. 各级国家机关　　B. 医院

C. 各民主党派　　D. 某大型国有独资公司

2. 属于集中采购目录以内的政府采购项目,一般必须通过政府采购中心代理,如单位有特殊要求,要自行采购,必须经过(　　)批准。

A. 设区的市、州以上人民政府

B. 省级以上人民政府

C. 设区的市、州以上人民政府所设的集中采购机构

D. 省级以上人民政府所设的集中采购机构

3. 政府采购应采取的主要方式是(　　)。

A. 公开招标方式　　B. 邀请招标方式

C. 竞争性谈判方式　　D. 询价方式

4. 采购人、采购代理机构对政府采购项目每项采购活动的采购文件应当妥善保存,采购文件的保存期限为从采购活动结束之日起至少(　　)。

A. 5 年　　B. 10 年　　C. 15 年　　D. 20 年

二、多项选择题

5. 关于政府采购的供应商,下列哪些说法是不正确的?(　　)

A. 自然人不能作为政府采购的供应商

B. 除《政府采购法》规定的条件外,政府采购人不得规定供应商的特定条件

C. 两个以上的法人可以组成联合体,以一个供应商的身份共同参加政府采购

D. 中标的供应商必须依法自行履行合同,不得采用分包方式履行合同

6. 下列哪些情形不符合有关政府采购的法律规定?(　　)

A. 某市工商局在招标采购中,因符合技术要求的供应商只有两家而废标

B. 某市某区人民政府设立集中采购机构

C. 某区卫生局在政府采购中要求供应商提供有关资质证明

D. 某县人民政府因需购置一批办公电脑而采用单一来源方式进行采购

7. 政府采购的投诉人对政府采购监督管理部门的投诉处理决定不服或者

政府采购监督管理部门逾期未作处理的，可以采取的救济途径有（　　）。

A. 申请行政复议

B. 申请仲裁

C. 向人民法院提起诉讼

D. 向人民法院提起申诉

三、思考题

8. 简述政府采购的概念和特征。

9. 政府采购的方式主要有哪些？

10. 采用竞争性谈判方式进行采购应当遵循什么样的程序？

第十八章　劳动与社会保障法

【学习目标】

1. 了解劳动法关于劳动时间、劳动工资等的基本规定，劳动合同的概念和特征，劳动合同的履行与变更，我国社会保险的体系和基本制度。

2. 理解劳动法的适用对象和适用范围，劳动者的基本权利和义务，劳动合同订立的原则和要求，劳动争议的解决方式。

3. 掌握劳动合同与集体劳动合同，劳动合同的解除与终止。

4. 能够运用劳动法的相关知识识别劳动关系中发生的各种违法现象。

5. 初步具备解决劳动争议实际问题的能力。

【重点、难点】

1. 劳动法的调整对象。

2. 劳动合同与集体合同、劳务派遣合同。

3. 劳动者的权益保障。

4. 劳动争议的解决方式。

开篇引例

大学毕业生张某与某公司签订了为期3年的劳动合同，自2007年2月1日起至2010年1月31日止，双方约定试用期为6个月。2007年6月15日，张某向某公司提出辞职，并向公司索要经济补偿金。公司认为张某没有提出解除合同的正当理由，也未与公司协商，因而既不同意解除合同，也不负担经济补偿金。

问：

1. 大学生张某提出解除劳动合同时，是否需要说明理由？为什么？

2. 大学生张某是否可单方解除劳动合同？为什么？

3. 某公司应否给予张某经济补偿金？说明理由。

第一节　劳动法概述

一、劳动法的概念和调整对象

劳动法是调整劳动关系以及与劳动关系密切联系的其他社会关系的法律规范的总称。劳动法是我国社会主义法律体系中的重要的独立的法律部门。制定劳动法的目的，在于通过法律调整劳动关系以及与劳动关系密切联系的其他关系，以保护劳动者的合法权益，确立、维护和发展用人单位与劳动者之间稳定、和谐的劳动关系，促进经济发展和社会进步。

(一)劳动关系

劳动法的调整对象主要是劳动关系。劳动法所调整的劳动关系仅限于劳动者与用人单位在运用劳动能力、实现社会劳动过程中形成的社会关系。这种社会关系具有如下几个特点：

1. 参与劳动关系的双方是特定的

一方是劳动者；另一方是用人单位，包括企业、事业单位、国家机关、社会团体以及个体经济组织等。

2. 劳动关系具有平等和隶属关系的性质

在市场经济条件下，劳动关系是通过双方选择确立的，双方当事人在建立、变更或终止劳动关系时，是依照平等、自愿、协商原则进行的，因而劳动关系具有平等关系的属性；但劳动关系一经确立，劳动者一方就从属于用人单位一方，成为用人单位的职工，须听从用人单位的指挥和调度，双方形成管理与被管理的关系，因而又具有隶属关系的性质。

3. 劳动关系具有人身关系与财产关系的属性

劳动关系所反映的是劳动者向用人单位提供自己的劳动力，将其人身在一定的限度内交给用人单位支配，因而具有人身属性。同时劳动者是有偿提供劳动力，用人单位向劳动者提供劳动报酬，由此缔结的社会关系具有财产性质。

(二)与劳动关系密切联系的其他社会关系

包括因管理社会劳动力、执行社会保险、组织工会和职工参与民主管理、监督劳动法规的执行、处理劳动争议等发生的社会关系。这些关系本身不是劳动关系，但与劳动关系有密切联系，因此也是劳动法调整的对象。

二、我国劳动法的适用范围

《中华人民共和国劳动法》(以下简称《劳动法》)第 2 条规定：在中华人民共

和国境内的企业、个体经济组织和与之形成劳动关系的劳动者，适用本法；国家机关、事业组织、社会团体和与之建立劳动关系的劳动者，依照本法执行。根据这一规定及有关行政法规和劳动规章的规定，《劳动法》适用主体如下：

1. 在中国境内的企业、个体经济组织和与之形成劳动关系的劳动者，这里的“企业”包括国有企业、集体所有制企业、中外合资企业、中外合作企业、外商独资企业、股份制企业、混合型企业、港澳台企业、私营企业、联营企业、乡镇企业等。个体经济组织是指雇工在 7 人以下的个体工商户。在中国境内的企业、个体经济组织与劳动者之间，只要形成劳动关系，即劳动者事实上已经成为企业、个体经济组织的成员，并为其提供有偿劳动，不论他们之间是否订立劳动合同都适用《劳动法》。

2. 国家机关、事业单位、社会团体实行劳动合同制度的以及按照规定实行劳动合同制度的工勤人员；其他通过劳动合同与国家机关、事业组织、社会团体建立劳动关系的劳动者，适用《劳动法》。

未建立劳动关系的非工勤人员与国家机关、事业组织、社会团体之间的关系，不适用《劳动法》。实行公务员制度的国家机关以及比照实行公务员制度的事业组织和社会团体与其工作人员，不适用《劳动法》。国家机关、事业组织、社会团体与其公务员或比照公务员实行的工作人员之间的关系适用《国家公务员法》。

3. 实行企业化管理的事业组织的人员。实行企业化管理的事业组织是指国家不再核拨经费，实行独立核算、自负盈亏的事业组织，适用《劳动法》。

国家机关、事业组织、社会团体在劳动关系中应视为用人单位。劳动者在试用期内、退休后都受我国《劳动法》的调整。农村劳动者（乡镇企业职工和进城务工、经商的农民除外）、现役军人和家庭保姆、在中华人民共和国境内享有外交特权和豁免权的外国人等不适用我国《劳动法》。

三、劳动者

（一）劳动者的主体资格

劳动者是依据劳动法律和劳动合同规定，在用人单位从事体力或脑力劳动，并获取劳动报酬的自然人。

自然人要成为劳动者，须具备主体资格，即必须具有劳动权利能力和劳动行为能力。我国《劳动法》规定，凡年满 16 周岁、有劳动能力的公民是具有劳动权利能力和劳动行为能力的人。即劳动者的法定最低就业年龄为 16 周岁，除法律另有规定外，任何单位不得与未满 16 周岁的公民发生劳动法律关系。对有可能危害未成年人健康、安全和道德的职业或工作，最低年龄不应低于 18 周岁，用人单位不得招用已满16周岁不满18周岁的公民从事过重、有毒、有害的劳动或危险作业。

（二）劳动者的权利

根据《劳动法》的规定，劳动者的劳动权利主要有：(1)平等就业和选择职业的权利；(2)取得劳动报酬的权利；(3)休息休假的权利；(4)获得劳动安全卫生保护的权利；(5)接受职业培训的权利；(6)享受社会保险和福利的权利；(7)依法参加工会和职工民主管理的权利；(8)提请劳动争议处理权利；(9)法律规定的其他劳动权利。

四、工作时间和休息休假

（一）工作时间的概念和种类

工作时间是指法律规定的劳动者在一定时间从事生产和工作的小时数。它包括每日工作的小时数和每周工作的小时数和天数。工作时间的种类分为：

1. 日工作时间（简称工作日）。中国标准工作日时间为8小时。

2. 周工作时间（简称工作周）。中国每周标准工作时间为40小时。

3. 缩短工作时间。是法律规定的少于标准工作日和工作周的工作时间，适用于特殊行业和工种。

4. 延长工作时间。是法律规定的超过标准工作时间的工作时间，适用于从事受自然条件和技术条件限制的突击性或季节性工作以及完成其他紧急任务的职工。

5. 综合计算工作时间。是法律规定的以一定时间为周期，集中安排工作和休息，平均工作时间与标准工作时间相同的工作时间。

6. 不定时工作时间。是法律规定的不受固定时数限制的工作时间，适用于高级管理人员、外勤人员等。

（二）休息休假的概念和种类

休息休假是指劳动者在法定工作时间以外不从事生产或工作而自行支配的时间。

1. 休息时间的种类

工作日内间歇时间。是在工作日内给予劳动者休息和用膳的时间，一般为1～2小时，最少不少于半小时。

工作日间的休息时间。是两个临近工作日间的休息时间，一般不少于16小时。

公休假日。又称“周休息日”，是劳动者在一周内享有的连续休息时间。公休假日一般为每周2日，星期六和星期日为周休息日。企业和不能实行上述统一工作时间的事业单位，可根据实际情况灵活安排周休息日。《劳动法》第36条规定："用人单位应当保证劳动者每周至少休息一日。"

2. 休假的种类

法定节假日。我国《劳动法》规定的法定节假日有元旦、春节、五一国际劳动节、国庆节，法律、法规规定的其他休假日。另外，根据国务院2009年12月14日第二次修订通过的《全国年节及纪念日放假办法》的规定，清明节、端午节、中秋节也是全体公民放假的节日。

探亲假。劳动者享有保留工资、工作岗位而同分居两地的父母或配偶团聚的假期。

年休假。《劳动法》第45条规定："国家实行带薪年休假制度。劳动者连续工作一年以上的，享受带薪年休假。具体办法由国务院规定。"

3. 加班加点的主要法律规定

加班是劳动者在法定节假日或公休假日从事生产或工作。加点是劳动者在正常工作日以外继续从事生产或工作。加班加点又通称为延长工作时间。为保证劳动者休息权的实现，《劳动法》规定任何单位和个人不得擅自延长职工工作时间。

(1)一般情况下的加班加点规定。《劳动法》第41条规定："用人单位由于生产经营需要，经与工会和劳动者协商后可以延长工作时间，一般每日不得超过1小时；因特殊原因需要延长工作时间的，在保障劳动者身体健康的条件下延长工作时间每日不得超过3小时，但是每月不得超过36小时。"

(2)在以下特殊情况下，延长工作时间不受《劳动法》第41条的限制：①发生自然灾害、事故或者因其他原因，威胁劳动者生命健康和财产安全，需要紧急处理的；②生产设备、交通运输线路、公共设施发生故障，影响生产和公共利益，必须及时抢修的；③在法定节日和公休假日内工作不能间断，必须连续生产、运输和营业的；④为了完成国防紧急生产任务或者完成上级在国家计划外安排的其他紧急生产任务，以及商业、供销企业在旺季完成收购、运输、加工农副产品紧急任务的；⑤必须利用法定节假日或公休假日的停产期间进行设备检修保养的；⑥法律、行政法规规定的其他情形。

(3)加班加点的工资标准。《劳动法》规定：安排劳动者延长工作时间的，支付不低于工资的150％的工资报酬；休息日安排劳动者工作又不能安排补休的，支付不低于工资的200％的工资报酬；法定节假日安排劳动者工作的，支付不低于工资的300％的工资报酬。

五、工资

(一)工资的概念和特征

工资是指用人单位依据国家有关规定和集体合同、劳动合同约定的标准,根据劳动者提供的劳动数量和质量,以法定货币形式支付给劳动者的劳动报酬。

工资的特征为:(1)工资是基于劳动关系支付给劳动者的劳动报酬;(2)工资是对付出的劳动所给予的物质补偿;(3)工资依据工资法规、工资政策、集体合同、劳动合同的规定确定;(4)工资以法定货币形式定期支付给劳动者本人。

(二)工资形式

工资形式主要有计时工资、计件工资、定额工资、浮动工资、奖金、津贴、特殊情况下的工资等形式。

(三)工资支付保障

工资支付保障,是为保障劳动者劳动报酬权的实现,防止用人单位滥用工资分配权而制定的有关工资支付的一系列规则。用人单位应严格执行工资支付办法,以货币形式按月支付给劳动者本人;严禁用人单位非法扣除工资。为保证用人单位足额支付劳动者工资,《劳动法》作了如下限制性规定:

1. 对代扣工资的限制

用人单位不得非法克扣劳动者工资。有下列情况之一的,用人单位可以代扣劳动者工资:(1)用人单位代扣代缴个人所得税;(2)用人单位代扣代缴的应由劳动者个人负担的社会保险费用;(3)用人单位依审判机关判决、裁定扣除劳动者工资;(4)法律、法规规定可以从劳动者工资中扣除的其他费用。

2. 对扣除工资金额的限制

因劳动者本人原因给用人单位造成经济损失的,用人单位可以按照劳动合同的约定要求劳动者赔偿其经济损失。经济损失的赔偿,可从劳动者本人工资中扣除。但每月扣除金额不得超出劳动者每月工资总额的20%,若扣除后的余额低于当地月工资标准的,则应按最低工资标准支付。

(四)最低工资

1. 最低工资的概念

所谓最低工资,是劳动者在法定工作时间内正常劳动的前提下,其所在用人单位应支付的最低劳动报酬。最低工资不包括下列各项:加班加点工资;中班、夜班、高温、低温、井下、有毒有害等特殊工作环境、条件下的津贴;国家法律、法规和政策规定的劳动者保险、福利待遇;用人单位通过补贴伙食、住房等支付给劳动者的非货币性收入。

2. 最低工资标准的确定和调整

《劳动法》第48条规定:“最低工资的具体标准由省、自治区、直辖市人民政府规定,报国务院备案。”

最低工资标准应当高于当地的社会救济金和失业保险金标准,低于平均工资。最低工资标准发布实施以后,如确定最低工资标准参考的因素发生变化,或本地区职工生活费用价格指数累计变化较大时,应适当调整,但每年最多调整一次。

3. 最低工资支付

《劳动法》明确规定:“用人单位支付劳动者工资不得低于当地最低工资标准。”用人单位支付给劳动者的工资低于最低工资标准的,由当地人民政府劳动保障行政部门责令其限期改正;逾期未改的,由劳动保障行政部门对用人单位和责任者给予经济处罚,并视其欠付工资时间的长短向劳动者支付赔偿金。

六、女职工、未成年工特殊劳动保护

1. 女职工特殊劳动保护

女职工特殊劳动保护,是指根据女职工生理特点和抚育子女的需要,对其在劳动过程中的安全健康所采取的有别于男子的特殊保护。

2. 女职工禁忌劳动范围

禁忌女职工从事下列繁重体力劳动作业:(1)矿山井下作业;(2)森林伐木、流放作业;(3)《体力劳动强度分级》标准中第四级体力劳动强度的作业;(4)建筑业脚手架的组装和拆除作业,以及电力、电信行业的高处架线作业;(5)连续负重(指每小时负重次数6次以上)每次负重超过20公斤,间断负重每次超过25公斤的作业;(6)已婚待孕女职工禁忌从事铅、汞、苯、镉等作业场所属于《有毒分级》标准中第三、第四级的作业。

3. 女职工“四期”的保护

(1)月经保护期。不得安排女职工在经期从事高处、高温、低温、冷水作业和国家规定的第三级体力劳动强度的劳动。

(2)怀孕保护期。不得安排其延长工作时间和夜班劳动。

(3)生育保护期。女职工生育享受不少于90天的产假。

(4)哺乳保护期。不得安排女职工在哺乳未满1周岁的婴儿期间从事国家规定的第三级体力劳动强度的劳动和哺乳期禁忌从事的其他劳动,不得安排其延长工作时间和夜班劳动。

4. 未成年工特殊劳动保护

未成年工,是指年满16周岁未满18周岁的劳动者。对未成年工特殊劳动保护的措施主要有:(1)上岗前培训。未成年工上岗,用人单位应对其进行有关的职业安全卫生教育、培训。(2)禁止安排未成年工从事有害健康的工作。用人单位不得安排未成年工从事矿山井下、有毒有害等劳动强度大和其他禁忌从事的劳动。(3)提供条件对未成年工定期进行健康检查。

第二节 劳动合同

一、劳动合同的概念和特征

劳动合同是劳动者与用人单位确立劳动关系、明确双方权利和义务的书面协议。劳动合同具有以下特征:

1. 劳动合同主体具有特定性。一方是劳动者,另一方是用人单位。双方在实现劳动过程中具有从属关系。

2. 劳动合同是劳动者与用人单位确立劳动关系的法律形式,其内容是明确劳动权利和义务。但劳动者的权利与用人单位的义务并非完全重合,一般来讲,劳动者的权利大于用人单位的义务,如社会保险方面。

3. 劳动合同兼有私法与公法属性。虽然《劳动合同法》第 3 条规定"订立劳动合同,应当遵循合法、公平、平等自愿、协商一致、诚实信用的原则",但民事法律中的契约自由、意思自治原则并不完全适用于劳动合同,因为劳动合同的必要条款中有些是法定标准性条款,如工时、工资、劳动保护、社会保险都有法定的最低或最高标准,并不完全由双方自由约定。因而劳动合同具有公法性特征。

劳动合同既有民事法律的意思自治、契约自由,又有较强的法定性。法律虽允许当事人协商签订劳动合同,但协商的内容不得违反和排斥法律、法规强制性规范,否则无效。

4. 劳动合同的客体具有单一性。劳动合同的客体是劳动行为。

二、劳动合同的订立

劳动合同的订立是劳动者与用人单位之间确立劳动关系,明确双方权利和义务的法律行为。

(一)劳动合同订立的原则

1. 合法原则

合法原则,是指劳动合同的订立不得与法律、法规相抵触,这是劳动合同有效并受国家法律保护的前提条件。订立劳动合同要求劳动合同的主体、内容、程序都要合法,并且订立劳动合同的目的也不能违背法律、法规的规定,不得违背公序良俗。具体要求如下：

(1)劳动合同的主体合法。即劳动合同的当事人必须具备合法资格，劳动者应是年满 16 周岁、身体健康、具有劳动权利能力和劳动行为能力的公民，可以是中国公民、外国人、无国籍人士。用人单位应是依法成立或核准登记的企业、个体经济组织、国家机关、事业组织、社会团体，具有用人的权利能力和行为能力。

(2)劳动合同的内容合法。劳动合同的内容是对劳动合同双方当事人劳动权利和义务的具体规定，其内容必须符合国家法律、行政法规的规定，包括国家的劳动法律、法规，也包括国家的其他法律、法规。劳动合同的内容具体表现为劳动合同的条款。一般分为必备条款和可备条款。

(3)劳动合同的订立程序和形式合法。劳动合同的订立程序必须符合法律的规定，未经双方协商一致、强迫订立劳动合同无效。

2. 平等自愿、协商一致原则

平等，是指劳动者与用人单位具有相同的法律地位。在订立劳动合同的同时，双方当事人是以劳动关系平等主体资格出现的，有着平等的权益要求，平等决定是否缔约，平等决定劳动合同的内容，不存在命令与服从的关系。用人单位不得利用我国劳动力市场供大于求的现实，对劳动者提出不平等的附加条件。

自愿，是指订立劳动合同必须出自当事人双方的真实意思表示，是在充分表达各自意见的基础上，经过平等协商而达成的协议。当事人一方不得强迫或欺骗对方，也不能采取其他诱导方式使对方违背自己的真实意思而接受其条件。

3. 诚实信用原则

诚实信用，是市场经济中的道德准则，要求人们在市场经济活动中讲究信用、恪守诺言、诚信不欺，在不损害他人利益和社会利益的前提下追求自己的利益。

《劳动合同法》第 8 条规定："用人单位招用劳动者时，应当如实告知劳动者工作内容、工作条件、工作地点、职业危害、安全生产状况、劳动报酬以及劳动者要求了解的其他情况；用人单位有权了解劳动者与劳动合同直接相关的基本情况，劳动者应当如实说明。"

在民事法律中，诚实信用原则被称为"帝王条款"，有君临法域的效力。在《劳动合同法》中，诚实信用原则贯彻其始终，从劳动合同的订立、履行、变更与解除，都能看到这一基本原则的身影。

(二)劳动合同订立的基本要求

1. 对劳动合同主体的要求

劳动合同的主体包括劳动者和用人单位。

劳动者是在法定劳动年龄内具有劳动能力，以从事劳动获取合法劳动报酬的自然人。

用人单位作为劳动合同的主体，应具有用人权利能力和用人行为能力。用人权利能力是用人单位依法享有的用人权利和承担用人义务的资格。用人行为能力是指用人单位能够以自己的行为依法行使用人权利和履行用人义务的能力。

2. 对劳动合同内容的要求

劳动合同的内容，一般分为必备条款和可备条款。

劳动合同的必备条款是法律规定的劳动合同必须具备的条款，它是生效劳动合同所必须具备的条款。必备条款不完善，会导致合同不能成立。向劳动者提供载明法律规定的必备条款的劳动合同文本是用人单位的法定义务，不履行这一义务的用人单位将承担行政责任和赔偿责任。必备条款包括：(1)用人单位的名称、住所和法定代表人或主要负责人；(2)劳动者的姓名、住址和居民身份证或者其他有效证件号码；(3)劳动合同期限；(4)工作内容和工作地点；(5)工作时间和休息休假；(6)劳动报酬；(7)社会保险；(8)劳动保护、劳动条件和职业危害保护；(9)法律、法规规定应纳入劳动合同的其他事项。

可备条款，即劳动合同约定条款，是指在法定必备条款外劳动合同当事人可以协商约定也可以不约定的条款。是否约定，由当事人确定，约定条款的多少，并不影响劳动合同的成立。虽然约定哪些条款由当事人双方决定，但国家对约定条款有强制性、禁止性规定的，仍应当遵守，约定条款不得违背法律、法规的规定。可备条款一般包括：(1)试用期条款；(2)保守商业秘密和与知识产权的保密事项条款；(3)培训条款；(4)竞业禁止条款；(5)服务期限条款；(6)违约金条款；(7)补充保险和福利待遇等其他事项。

3. 关于事实劳动关系问题

《劳动合同法》第10条规定："建立劳动关系，应当订立书面劳动合同。已建立劳动关系，未同时订立书面劳动合同的，应当自用工之日起1个月内订立书面劳动合同。"

实践中，用人单位没有与劳动者订立书面劳动合同的现象相当普遍，有的是用人单位故意不与劳动者订立书面劳动合同致使劳动关系不能建立，以便规避法律责任。此类劳动争议发生后，用人单位往往以双方没有订立书面劳动合同为由，否认双方之间的劳动关系，不同意承担责任义务。因此，我国法律承认事实劳动关系。《劳动合同法》第7条明确规定："用人单位自用工之日起即与劳动者建立劳动关系。"事实劳动关系是指用人单位与劳动者没有订立书面合同，但双方实际履行了劳动权利义务而形成的劳动关系。

实践中，认定双方存在事实劳动关系时可参考下列凭证：(1)工资支付凭证或记录、缴纳各项保险的记录;(2)用人单位向劳动者发放的工作证、服务证等能够证明身份的证件;(3)劳动者填写的用人单位招工招聘登记表、报名表等招用记录;(4)考勤记录;(5)其他劳动者的证言等。

同时,《劳动合同法》第82条对用人单位不与劳动者签订劳动合同应当承担的法律责任作了规定:“用人单位自用工之日起超过一个月不满一年未与劳动者订立书面劳动合同的,应当向劳动者每月支付两倍的工资。”这一规定旨在督促用人单位与劳动者签订劳动合同,以保护劳动者的合法权益。

4. 关于试用期问题

试用期是指用人单位对新招收的职工进行思想道德、劳动态度、实际工作能力、身体状况进行进一步考察的时间期限。试用期是一个约定条款,法律规定最长期限为6个月。针对一些用人单位滥用试用期侵害劳动者权益的问题,《劳动合同法》加大了试用期对劳动者的保护力度。

首先,对用人单位劳动合同解除权的限制。在试用期中,除劳动者有《劳动合同法》第39条和第41条第1项、第2项规定的情形外,用人单位不得解除劳动合同。用人单位在试用期解除劳动合同的,应当向劳动者说明理由。

其次,限定了用人单位对劳动者的试用期限。《劳动合同法》规定劳动合同期限3个月以上不满1年的,试用期不得超过1个月;劳动合同期限1年以上不满3年的,试用期不得超过2个月;3年以上固定期限和无固定期限的劳动合同,试用期不得超过6个月。同一用人单位与同一劳动者只能约定一次试用期。以完成一定工作任务为期限的劳动合同或者劳动合同期限不满3个月的,不得约定试用期。试用期包含在劳动合同期限内。劳动合同仅约定试用期的,试用期不成立,该期限为劳动合同期限。劳动者在试用期内应当享有全部的劳动权利。

最后,限定了劳动者试用期工资的最低水平。劳动者在试用期的工资不得低于本单位相同岗位最低档工资或者劳动合同约定工资的80%,且试用期工资不得低于用人单位所在地的最低工资标准。

5. 关于保守商业秘密和竞业限制条款

商业秘密是指不为公众所知悉,能为权利人带来经济利益,具有实用性,经权利人采取保密措施的技术信息和经营信息,如管理方法、产销策略、客户名单、货源情报等经营信息,生产配方、工艺流程、技术技巧、设计图纸等技术信息。它的特点是非公开、不为公众所熟悉,能使经营者获得利益,获得竞争优势,或具有潜在的商业利益。

用人单位在与劳动者签订劳动合同的同时,可以附加保密条款或者保密协议。

《劳动合同法》第23条规定：用人单位与劳动者可以在劳动合同中约定保守用人单位商业秘密的保密事项。对负有保密义务的劳动者，用人单位可以在劳动合同或保密协议中与劳动者约定竞业限制条款，并约定在解除或者终止劳动合同后，在竞业限制期限内按月给予劳动者经济补偿。劳动者违反竞业限制约定的，应当按照约定向用人单位支付违约金。

6. 劳动合同期限

劳动合同的期限，是指劳动合同的有效时间。根据《劳动合同法》第12条的规定：劳动合同分为固定期限劳动合同、无固定期限劳动合同和以完成一定工作任务为期限的劳动合同。

(1)固定期限劳动合同。固定期限劳动合同是指劳动合同规定了明确的起始时间和终止时间，在此期间内合同有效，期限一到，双方的权利义务即告终止，劳动法律关系归于无效。

(2)无固定期限劳动合同。无固定期限劳动合同又可以称为“不定期劳动合同”，它没有明确规定合同的有效期限，劳动关系可以在劳动者的法定劳动年龄范围内和用人单位的存在期限内存在，只有符合法律规定和约定的条件的情况下，劳动关系才终止。无固定期限劳动合同具有以下显著特征：劳动合同不约定存续期限，自劳动合同订立时起至法定离退休年龄时有效；除非存在法定或约定合同解除的情形，否则该合同直至劳动者退休才终止，因此无固定期限劳动合同具有很强的稳定性。按照平等自愿、协商一致的原则，用人单位和劳动者只要达成一致，无论是初次就业的，还是由固定工转制的，都可以订立无固定期限劳动合同。

(3)以完成一定工作任务为期限的劳动合同。以完成一定工作任务为期限的劳动合同，合同成立生效之日为合同的始期，工作完成之日为合同的终止期限。此类合同期限的长短，取决于完成工作的时间。这种劳动合同本质上属于特殊的定期劳动合同，可以适用《劳动合同法》的有关规定。

知识拓展

无固定期限劳动合同的订立

为了更好地保护劳动者的利益，《劳动合同法》第14条第2款规定：有下列情形之一，劳动者提出或者同意续订劳动合同的，除劳动者提出订立固定期限劳动合同外，应当订立无固定期限劳动合同：(1)劳动者在该用人单位连续工作满10年的。“工作满10年”，一是与签订劳动合同的次数和劳动合同的期限没有关系，这10年中从前到后劳动者可以签订多个劳动合同，每个劳动合同的期限都可以不同。二是工作必须是连续的，中间不得有中断。(2)用人单位初次实行劳动合同制度或者国有企业改制重新订立劳动合同时，劳动者在该用人单位连续工作满10年且距法定退休年龄不足10年的。

在实践中，一些用人单位出于种种原因，不愿意与劳动者订立书面劳动合同，这样容易发生争议，不利于保护劳动者的合法权益。为解决书面劳动合同签订率的问题，《劳动合同法》作了一系列规定，其中一条就是，用人单位自用工之日起满1年不与劳动者订立书面劳动合同的，视为用人单位与劳动者已订立无固定期限劳动合同。

为了鼓励和引导用人单位履行签订无固定期限劳动合同的法定义务，《劳动合同法》第82条规定了用人单位不履行该义务时应当加倍支付工资：即用人单位违反《劳动合同法》规定不与劳动者订立无固定期限劳动合同的，自应当订立无固定期限劳动合同之日起向劳动者每月支付两倍的工资。

无固定期限劳动合同，虽然没有期限的约定，但遇有法定事由可以提前解除，也可以根据当事人约定的合同终止条件而终止。在约定终止条件时，无固定期限劳动合同当事人不得将法定解除条件约定终止条件，以规避解除劳动合同时用人单位应承担的支付劳动者经济补偿的义务。

三、劳动合同的履行与变更

(一)劳动合同的履行

劳动合同的履行，是指劳动合同的双方当事人按照合同约定，履行各自应承担义务的行为。劳动合同依法订立即具有法律效力，劳动合同的双方当事人应当按照劳动合同的约定，全面履行各自的义务。

(二)劳动合同的变更

劳动合同的变更，是指劳动合同当事人双方对尚未履行或者尚未履行完毕的劳动合同，依照法律规定的条件和程序，对原劳动合同进行修改和增删的行为。

劳动合同的变更，应遵循平等自愿、协商一致的原则，不得违背法律、行政法规的规定。用人单位和劳动者协商一致，可以变更劳动合同的内容。变更劳动合同，应当采取书面形式。其变更的程序应与订立劳动合同的程序相同，如原劳动合同经过公证的，变更后的劳动合同也应当经过公证，方为有效变更。

四、劳动合同的解除和终止

(一)劳动合同的解除

劳动合同的解除，是指劳动合同双方当事人在劳动合同期限届满之前，依法提前终止劳动合同关系的法律行为。劳动合同的解除可分为协商解除、用人单位单方解除和劳动者单方解除等。

1. 双方协商解除劳动合同

用人单位与劳动者协商一致可以解除劳动合同。我国《劳动合同法》对双方协商解决劳动合同没有规定实体、程序上的限定条件，只要双方达成一致，内容、形式、程序没有违反法律、法规禁止性、强制性规定，不损害第三方利益，该解除行为就有效。但如果是由用人单位提出解除劳动合同动议，并与劳动者协商一致的，用人单位应当向劳动者支付解除劳动合同的经济补偿金。

2. 用人单位单方解除劳动合同

即具备法律规定的条件时，用人单位享有单方解除权，无须双方协商达成一致意见。用人单位单方解除劳动合同，应当事先将事由通知工会。用人单位违反法律、法规规定或者劳动合同约定，工会有权要求用人单位纠正；用人单位应当研究工会的意见，并将处理结果书面通知工会。用人单位单方解除劳动合同有三种情况：

(1)过错性解除。即劳动者有过错性情形时，用人单位有权单方解除劳动合同，并无须向劳动者支付解除劳动合同的经济补偿金。《劳动合同法》第 39 条作了如下规定：在试用期间被证明不符合录用条件的；严重违反用人单位的规章制度的；严重失职、营私舞弊，给用人单位造成重大损害的；劳动者同时与其他用人单位建立劳动关系，对完成本单位的工作任务造成严重影响，或者用人单位提出，拒不改正的；因本法第 26 条第 1 款第 1 项规定的情形致使劳动合同无效的；依法被追究刑事责任的。

(2)非过错性解除。即劳动者本人无过错，但由于主客观原因致使劳动合同无法履行，用人单位在符合法律规定情形，履行法律规定程序后有权单方解除劳动合同。《劳动合同法》第 40 条规定，有下列情形之一的，用人单位提前 30 日以书面形式通知劳动者本人或者额外支付一个月工资后，可以解除劳动合同：劳动者患病或者非因工负伤，在规定的医疗期满后不能从事原工作，也不能从事由用人单位另行安排的工作的；劳动者不能胜任工作，经过培训或者调整工作岗位，仍不能胜任工作的；劳动合同订立时所依据的客观情况发生重大变化，致使劳动合同无法履行，经用人单位与劳动者协商，未能就变更劳动合同内容达成协议的。

(3)经济性裁员。裁员是指用人单位为降低劳动成本，改善经营管理，因经济或技术等原因一次裁减 20 人以上或者不足 20 人但占企业职工总数 10%以上的劳动者。《劳动合同法》对经济性裁员作出了规定。有下列情形之一的，用人单位提前 30 日向工会或者全体职工说明情况，听取工会或者职工意见后，裁减人员方案经向劳动行政部门报告，可以裁员：依照《企业破产法》规定进行重整的；生产经营发生严重困难的；企业转产、重大技术革新或者经营方式调整，经变更劳动合同后，仍须裁减人员的；其他劳动合同订立时所依据的客观经济情况发生重大变化，致使劳动合同无法履行的。

为保护劳动者的利益，法律规定用人单位裁减人员时，应当优先留用下列人员：与本单位订立较长期限的固定期限劳动合同的；与本单位订立无固定期限劳动合同的；家庭无其他就业人员，有需要抚养的老人或者未成年人的。

为保护劳动者的利益，防止用人单位滥用解除权，《劳动合同法》规定了劳动者有下列情形之一的，用人单位不得根据第40条非过错性解除劳动合同的规定、第41条裁员的规定单方解除劳动合同：从事接触职业病危害作业的劳动者，未进行离岗前职业健康检查，或者疑似职业病病人在诊断或者医学观察的；在本单位患职业病或者工伤并被确认丧失或者部分丧失劳动能力的；患病或者因公负伤，在规定的医疗期限内的；女职工在孕期、产期、哺乳期的；在本单位连续工作满15年，且距法定退休年龄不足5年的；法律、行政法规规定的其他情形。

3. 劳动者单方解除劳动合同

劳动者单方解除劳动合同（即劳动者的辞职权），是指在具备法律规定的条件时，劳动者享有单方解除权，无须双方协商达成一致意见，也无须征得用人单位的同意。劳动者单方解除劳动合同有三种情况：

（1）预告解除。辞职是《劳动合同法》赋予劳动者的法定权利，在一般情况下，劳动者履行预告程序后就可以单方解除劳动合同（即辞职）。预告解除有两种：一是劳动者提前30日以书面形式通知用人单位就可以解除劳动合同；二是劳动者在试用期内提前3日通知用人单位，就可以解除劳动合同。但劳动者违反劳动合同约定，要依法承担违约责任，对于造成用人单位损害的要承担赔偿责任。

（2）用人单位有违法、违约情形，劳动者有权可以随时单方解除劳动合同，且无须提前30日以书面形式通知用人单位。主要有以下几种情况：未按照劳动合同约定提供劳动保护或者劳动条件的；未及时足额支付劳动报酬的；未依法为劳动者缴纳社会保险费的；用人单位的规章制度违反法律、法规的规定，损害劳动者权益的；因《劳动合同法》第26条第1款规定的情形致使劳动合同无效的；法律、行政法规规定劳动者可以解除劳动合同的其他情形。

（3）立即解除劳动合同。在用人单位危及劳动者人身自由和人身安全时，劳动者有权立即解除劳动合同。用人单位以暴力、威胁或者非法限制人身自由的手段强迫劳动者劳动的，或者用人单位违章指挥、强令冒险作业危及劳动者人身安全的，劳动者可以立即解除劳动合同，不需要事先告知用人单位。

（二）劳动合同的终止

劳动合同的终止，是指符合法律规定情形时，双方当事人关于劳动合同的权利义务消灭。劳动合同终止不存在约定终止，只有法定终止。《劳动合同法》第44条规定，有下列情形之一的，劳动合同终止：(1)劳动合同期满的；(2)劳动者开始依法享受基本养老保险待遇的；(3)劳动者死亡，或者被人民法院宣告死亡或者宣告失踪的；(4)用人单位被依法宣告破产的；(5)用人单位被吊销营业执照、责令关闭、撤销或者用人单位决定提前解散的；(6)法律、行政法规规定的其他情形。

《劳动合同法》对某些劳动者进行了特殊保护，规定劳动者有下列情形之一的，劳动合同到期也不得终止，应当延至相应的情形消失时终止：(1)从事接触职业病危害作业的劳动者，未进行离岗前职业健康检查，或者疑似职业病病人在诊断或者医学观察期间的；(2)患病或非因工负伤，在规定的医疗期内的；(3)女职工在孕期、产期、哺乳期的；(4)在本单位连续工作15年，且距法定退休年龄不足5年的；(5)法律、法规规定的其他情形。

（三）经济补偿金

经济补偿金是用人单位解除或终止劳动合同时，给予劳动者的一次性货币补偿。经济补偿金的目的在于从经济方面制约用人单位的解雇行为，对失去工作的劳动者给予经济上的补偿，并解决劳动合同短期化问题。《劳动合同法》第46条明确规定了用人单位向劳动者支付经济补偿金的法定条件。

五、劳动合同的特别规定

（一）集体合同

1. 集体合同的概念

集体合同又称“团体协议”或“集体协议”，是企业职工一方与用人单位通过平等协商，就劳动报酬、工作时间、休息休假、劳动安全卫生、保险福利等事项订立的书面协议。它是协调劳动关系、保护劳动者权益、建立现代企业管理制度的重要手段。

2. 劳动合同与集体合同的关系

(1)劳动合同规定的劳动者的个人劳动条件和劳动标准不得低于集体合同的标准。《劳动合同法》第55条规定：用人单位与劳动者订立的劳动合同中，劳动报酬和劳动条件等标准不得低于集体合同规定的标准。

(2)劳动合同约定不明时，适用集体合同的规定。《劳动合同法》第18条规定：劳动合同对劳动报酬和劳动条件等标准约定不明确，引发争议的，用人单位与劳动者可以重新协商；协商不成的适用集体合同规定；没有集体合同或者集体合同未约定劳动报酬的实行同工同酬；没有集体合同或者集体合同未规定劳动条件等标准的，适用国家有关规定。

(3)未订立书面劳动合同的，有集体合同则适用集体合同的规定。《劳动合同法》第 11 条规定：用人单位未在用工的同时订立书面劳动合同，与劳动者约定的劳动报酬不明确的，新招用的劳动者的劳动报酬按照集体合同规定的标准执行；没有集体合同或者集体合同未规定的，实行同工同酬。

3. 集体合同的订立

在我国，集体合同订立主要是由代表劳动者的工会或职工代表与用人单位签订。尚未建立工会的用人单位，由上级工会指导劳动者推举的代表与用人单位签订。

根据《劳动合同法》第 52、53 条的规定：在县级以下区域内，建筑业、采矿业、餐饮服务业等行业可以由工会与企业方面代表订立行业性集体合同。企业职工一方与用人单位可以订立劳动安全卫生、女职工权益保护、工资调整机制等专项集体合同。

集体合同订立程序：(1)讨论集体合同草案或专项集体合同草案。经双方代表协商一致的集体合同草案或专项集体合同草案应提交职工代表大会或全体职工讨论。(2)通过草案。全体职工代表半数以上或全体职工半数以上同意，集体合同草案或专项集体合同草案通过。(3)集体协商双方首席代表签字。

集体劳动合同的生效与劳动合同的生效不同，法律对集体合同的生效规定了特殊程序：集体合同订立后，应当报送劳动行政部门；劳动行政部门自收到集体合同文本之日起 15 日内未提出异议的，集体合同即生效。依法订立的集体合同对劳动者和用人单位具有约束性。行业性、区域性集体合同对当地本行业、本区域的用人单位和劳动者具有约束力。

(二)劳务派遣合同

1. 劳务派遣合同概述

劳务派遣合同是劳动合同的一种特殊形式。所谓劳务派遣，是指劳务派遣单位与劳动者订立劳动合同后，由派遣单位与实际用工单位通过签订劳务派遣协议，将劳动者派遣到用工单位工作，用工单位实际使用劳动者，用工单位向劳务派遣单位支付管理费、劳动者工资、社会保险费用等而形成的关系。劳务派遣是一种新型劳动用工方式。劳务派遣的本质特征在于劳动力的使用者和管理者分离。劳务派遣单位与被派遣劳动者建立劳动关系，签订劳动合同，但并不实际使用劳动者；用工单位实际使用劳动者却不同劳动者建立劳动关系，不同劳动者签订劳动合同。劳务派遣是典型的“有关系无劳动，有劳动无关系”的关系。劳务派遣合同实际上是一种组合合同:一个是劳务派遣单位与被派遣劳动者之间订立的劳动合同;另一个是劳务派遣单位与用工单位之间订立的劳务派遣协议。

2. 劳务派遣合同中的法律关系分析

(1)劳务派遣单位与被派遣劳动者之间的法律关系。

劳务派遣单位是将劳动者派遣到实际用工单位的企业法人。《劳动合同法》明确规定劳务派遣单位就是用人单位,应当履行用人单位对劳动者的义务,遵守劳动法的相关规定,与被派遣的劳动者订立书面劳动合同。其劳动合同内容,除符合一般劳动合同内容的规定外,还应符合如下要求:①劳务派遣单位应当与被派遣劳动者订立两年以上固定期限劳动合同,保障被派遣劳动者的劳动权;②在劳动合同中除应当载明劳动合同的必备条款外,还应当载明被派遣劳动者的工作单位以及派遣期限、工作岗位等情况;③劳务派遣单位应按月支付劳动者劳动报酬;④被派遣劳动者在无工作期间,劳务派遣单位应当按照所在地人民政府规定的最低工资标准,向劳动者按月支付劳动报酬;⑤劳务派遣单位不得克扣用工单位按照劳务派遣协议支付给被派遣劳动者的劳动报酬;⑥劳务派遣单位跨地区派遣劳动者的,被派遣劳动者享有的劳动报酬和劳动条件按照用工单位所在地的标准执行。

(2)劳务派遣单位与实际用工单位之间的法律关系

劳务派遣单位与实际用工单位,应当按照《劳动合同法》的有关规定,在各自的义务范围内,对被派遣劳动者负责,应当就劳务派遣事宜签订书面协议。劳务派遣协议内容应当包括派遣岗位和人员数量、派遣期限、劳动报酬和社会保险费的数额与支付方式以及违反派遣协议的责任。劳务派遣协议一般在临时性、辅助性或者替代性的岗位上实施。用工单位应当根据工作岗位的实际需要与劳务派遣单位确定派遣期限,不得将连续用工期限分割订立数个短期劳务派遣协议。劳务派遣单位应当将劳务派遣协议的内容告知被派遣劳动者,被派遣劳动者享有知情权。

(3)实际用工单位与被派遣劳动者之间的法律关系

对于实际用工单位与被派遣劳动者之间的法律关系,《劳动合同法》没有给出十分明确的定性。《劳动合同法》不强制用工单位与被派遣劳动者签订劳动合同,双方不存在一般劳动合同意义上的劳动关系。但《劳动合同法》从以下几个方面强化了劳务派遣中实际用工单位的义务:①执行国家劳动标准,提供相应的劳动条件和劳动保护;②告知被派遣劳动者的工作要求和劳动报酬;③支付加班费、绩效奖金,提供与工作岗位相关的福利待遇;④对在岗被派遣劳动者进行工作岗位所必需的培训;⑤连续用工的,实行正常的工资调整机制;⑥不得设立劳务派遣单位向本单位或者所属单位派遣劳动者。

被派遣劳动者在实际用工单位也应当遵守劳动合同的约定，遵守实际用工单位的合理的规章制度，履行自己的义务。

(4)被派遣劳动者的权利

《劳动合同法》赋予被派遣劳动者如下权利：①参加和组织工会的权利，维护自己的合法权利；②解除劳动合同的权利；③享有与用工单位的劳动者同工同酬的权利。

六、违反劳动合同的法律责任

(一)用人单位的法律责任

用人单位违法违约应承担法律责任。根据《劳动合同法》的规定，用人单位应承担的法律责任有：(1)违反规章制度的法律责任；(2)违法订立劳动合同的法律责任；(3)侵犯劳动者报酬权的法律责任；(4)劳动合同无效的法律责任；(5)违法解除或终止劳动合同的法律责任；(6)违法进行劳务派遣的法律责任；(7)侵犯劳动者人身权的法律责任。

用人单位承担责任的方式包括：(1)劳动行政部门责令改正，给予警告；(2)处以罚款；(3)给予劳动者经济补偿或经济赔偿；(4)构成犯罪的，依法追究刑事责任。

(二)用人单位的连带赔偿责任

《劳动合同法》第 91 条规定：用人单位招用与其他用人单位尚未解除或者终止劳动合同的劳动者，给其他用人单位造成损失的，应当承担连带责任。该项法律责任的构成要件包括三点：(1)用人单位招用劳动者时，该劳动者与其他用人单位仍存在劳动关系。(2)用人单位招用劳动者对其他用人单位造成损失。(3)用人单位招用劳动者的行为与其他用人单位的损失之间存在因果关系。

承担连带赔偿责任，即其他用人单位既可以同时请求该用人单位和劳动者承担赔偿责任，也可以任意选择该用人单位或劳动者承担赔偿责任。

(三)劳务派遣单位的法律责任

《劳动合同法》第 92 条规定："劳务派遣单位违反本法规定的，由劳动行政部门和其他有关主管部门责令改正；情节严重的，以每人 1000 元以上 5000 元以下的标准处以罚款，并由工商行政管理部门吊销营业执照；给被派遣劳动者造成损害的，劳务派遣单位和用工单位承担连带责任。"

(四)劳动者的法律责任

《劳动合同法》第 90 条规定："劳动者违反本法规定解除劳动合同，或者违反劳动合同中的保密义务或者竞业限制，给用人单位造成损失的，应当承担赔偿责任。”

违反约定保密义务给用人单位造成重大损失或者特别严重后果的，即构成侵犯商业秘密罪，应当依法追究刑事责任。

第三节　劳动争议的解决

一、劳动争议的概念和分类

(一)劳动争议

劳动争议又称“劳动纠纷”，是指劳动关系双方当事人因执行劳动法律、法规或履行劳动合同、集体合同发生的争议。劳动争议发生在劳动者与用人单位之间，劳动争议的主体与《劳动法》、《劳动合同法》规定的劳动关系主体一致。

(二)劳动争议的分类

劳动争议按不同的标准，可分为以下几类：

1. 按照劳动争议当事人人数的不同，可分为个人劳动争议和集体劳动争议。个人劳动争议是劳动者个人与用人单位之间发生的劳动争议。集体劳动争议是指劳动者一方当事人人数在3人以上，有共同理由的劳动争议。

2. 按照劳动争议内容不同，可分为因确认劳动关系发生的争议；因订立、履行、变更、解除和终止劳动合同发生的争议；因工作时间、休息休假、社会保险、福利、培训以及劳动保护发生的争议；因劳动报酬、工伤医疗费、经济补偿或赔偿金发生的争议；法律、法规规定的其他争议。

3. 按照当事人国籍的不同，可分为国内劳动争议与涉外劳动争议。国内劳动争议是指我国的用人单位与具有我国国籍的劳动者之间发生的劳动争议。涉外劳动争议，是指涉外因素的劳动争议，包括我国在国(境)外设立的机构与我国派驻该机构工作的人员之间发生的劳动争议、外商投资企业的用人单位与劳动者之间的劳动争议。

二、劳动争议的解决

劳动争议发生后，当事人可以协商解决；不愿协商或者协商不成的，可以向本企业劳动争议调解委员会申请调解；调解不成的，可以向劳动争议仲裁委员会申请仲裁。当事人也可以直接向劳动争议仲裁委员会申请仲裁。对仲裁裁决不服的，可以向人民法院起诉。

（一）劳动争议的调解

劳动争议调解委员会是依法成立的调解本单位发生的劳动争议的群众性组织。企业劳动争议调解委员会由职工代表和企业代表组成。职工代表由工会成员担任或者由全体职工推举产生，企业代表由企业负责人指定。企业劳动争议调解委员会主任由工会成员或者双方推举的人员担任。

（二）劳动争议仲裁

劳动争议仲裁委员会是国家授权、依法独立地对劳动争议案件进行仲裁的专门机构，由劳动行政部门代表、工会代表和企业方面代表组成。劳动争议由劳动合同履行地或者用人单位所在地的劳动争议仲裁委员会管辖。

当事人应当从知道或者应当知道其权利被侵害之日起60天内，以书面形式向仲裁委员会申请仲裁。如期限届满，即丧失请求保护其权利的申诉权，仲裁委员会对其仲裁申请不予受理。

劳动争议仲裁委员会依法进行仲裁，依法决定劳动争议案件的受理、仲裁庭的组成、仲裁员的回避，依法对案件进行调查研究、进行调解和作出裁决。

仲裁是解决劳动争议诉讼的必经程序，未经仲裁的劳动争议案件，当事人不得向人民法院起诉。

（三）诉讼

劳动争议当事人对仲裁裁决不服的，可以自收到仲裁裁决书之日起15日内向人民法院提起诉讼。对经过仲裁裁决，当事人向法院起诉的劳动争议案件，人民法院必须受理。人民法院一审审理终结后，对一审判决不服的，当事人可在15日内向上一级人民法院提起上诉；对一审裁定不服的，当事人可在10日内向上一级人民法院提起上诉。经二审所作出的裁决是终审裁决，自送达之日起发生法律效力，当事人必须履行。

第四节　社会保险

一、社会保险的概念和特征

社会保险是指具有一定劳动关系的劳动者在暂时或永久性丧失劳动能力及失业时，获得国家、社会经济补偿和物质帮助的一种社会保险制度。《劳动法》规定：“国家发展社会保险事业，建立社会保险制度，设立社会保险基金，使劳动者在年老、患病、工伤、失业、生育等情况下获得帮助和补偿。”

二、我国社会保险的结构

我国目前的社会保险由基本社会保险、用人单位补充保险和个人储蓄保险三个层次组成。

(一)基本社会保险

基本社会保险是由国家统一建立并强制实行的为劳动者平等地提供基本生活保障的社会保险。它是法定的强制保险,覆盖面广,在各个险种的结构中,属于基本组成部分,是第一层次的社会保险。保险基金统一筹集使用。保险基金一般由国家、用人单位、劳动者三方合理负担。

(二)用人单位补充保险

用人单位补充保险是指除了国家基本保险以外,用人单位根据自己的经济条件为劳动者投保的高于基本保险的补充保险。用人单位补充保险是第二层次的社会保险,以用人单位具有经济实力,能承受为前提;由用人单位自愿投保,保险基金统一筹集使用。国家鼓励用人单位根据本单位实际情况为劳动者建立补充保险。

(三)个人储蓄保险

个人储蓄保险是指劳动者个人以储蓄形式参加社会保险,它是第三层次的社会保险。劳动者根据自己的经济实力和意愿决定是否负担。国家提倡劳动者个人进行储蓄保险。

三、各项社会保险制度

(一)养老保险

养老保险是指劳动者因年老丧失劳动能力、退出劳动领域,定期领取生活费用的一种社会保险制度。我国的养老保险是实行国家、企业和个人三方共同负担,职工个人也缴纳一定费用的保险制度。其中,基本养老保险费用由企业和个人共同负担。它为劳动者老有所养提供物质保障。我国职工领取养老保险有三种形式:(1)退休领取养老保险金,即职工因年老失去劳动能力,退出生产或工作岗位后,养老休息时获得一定物质帮助。(2)离休领取养老保险金,即新中国成立前参加革命工作的老干部达到一定年龄离职休养后获得一定的物质帮助。(3)退职领取养老保险金,即职工不符合退休条件但丧失劳动能力而退出工作岗位后获得一定物质帮助。

(二)失业保险

失业保险,在我国又称“待业保险”,是指劳动者在失业期间,由国家和社会给予一定物质帮助，以保障其基本生活并促进其再就业的一种社会制度。

（三）工伤保险

工伤保险，又称“职业伤害赔偿保险”，是指职工因工而致伤、病、残、死亡，依法获得经济赔偿和物质帮助的一种社会保险制度。工伤费用由用人单位承担，劳动者不需缴纳任何费用。

（四）疾病、生育、死亡保险

疾病保险，是指劳动者及其亲属非因工病伤后，在医疗和生活上获得物质帮助的一种社会保险。

生育保险，是指女职工因怀孕、分娩导致不能工作，收入暂时中断，国家和社会给予必要物质帮助的社会保险制度。

死亡保险，是指劳动者死亡后，为解决其善后事宜及其生前所供养直系亲属的基本生活，按照法律规定给予物质帮助的社会保障制度。

开篇引例解析

1.张某提出解除劳动合同时，无须说明理由。我国《劳动合同法》第37条规定：“劳动者提前三十日以书面形式通知用人单位，可以解除劳动合同。劳动者在试用期内提前三日通知用人单位可以解除劳动合同。”因此，张某必须提前3日通知用人单位而无须向其说明理由，即可在试用期内要求解除合同。

2.根据《劳动合同法》第37条的规定，张某可以单方解除劳动合同。

3.《劳动合同法》第46条明确了用人单位向劳动者支付经济补偿金的法定条件。本案中，是张某主动要求解除劳动合同，不符合给予经济补偿金的条件。故某公司不应给予张某经济补偿金。

本章小结

本章介绍了《劳动法》的适用范围、劳动者的基本权利和义务，着重介绍了劳动合同的效力，变更、解除的条件，违反劳动合同的责任，劳动者的工作时间与休息休假的规定，工资与社会保险，劳动者权益保护，劳动争议的解决。

复习思考题

一、单项选择题

1. 我国《劳动法》的适用范围为(　　)。

A. 国家机关、事业组织、社会团体和其劳动者之间的关系,参照劳动法执行

B. 国家与国家机关工作人员之间的劳动关系和企业与劳动者之间的社会关系是相同的

C. 国家机关、事业组织、社会团体和与之建立劳动合同关系的劳动者,适用劳动法

D. 公务员制度由劳动法调整

2. 在下列哪种情况下,劳动者可以解除劳动合同,但需提前通知用人单位?(　　)

A. 在试用期内

B. 劳动者欲选择新的用人单位

C. 用人单位以暴力、威胁手段强迫劳动的

D. 用人单位未及时支付劳动者的报酬

3. 劳动争议当事人从知道或应当知道权利被侵害之日起,应在(　　)天内向劳动争议仲裁委员会提出申诉。(　　)

A. 15　　B. 30　　C. 60　　D. 90

二、多项选择题

4. 以下各项中,哪些属于《劳动法》所称的劳动关系的范畴?(　　)

A. 劳动者甲在单位的劳动过程中与同事乙之间的关系

B. 承揽人与定作人之间的关系

C. 个体经营单位与其所请帮工之间的关系

D. 外资企业的职员与企业之间的关系

5. 在下列何种情况下,用人单位无须以任何方式提前通知劳动者,即可解除劳动合同?(　　)

A. 在试用期间被证明不符合录用条件的

B. 因经济性裁减人员

C. 劳动者不能胜任工作,经过培训或调整工作岗位仍不能胜任工作的

D. 严重违反劳动合同或用人单位规章制度的

6. 甲属于乙企业职工，因劳动报酬问题双方发生争议，其争议的解决办法有(　　)。

A. 双方协商解决

B. 向乙企业的劳动争议调解委员会申请调解

C. 向乙企业所在地的县级劳动争议仲裁委员会申请仲裁

D. 如不服从仲裁协议，可以向人民法院提起诉讼

三、案例分析题

7. 1999 年 7 月李某等 50 人与甲厂签订劳动合同。合同约定月工资 300 元。2000 年 2 月，李某等人所在省人民政府发布了该省的最低工资标准为每月 350 元，于 2000 年 3 月 1 日起实施。同年 3 月，李某等人向甲厂要求按每月 350 元的标准支付其工资，甲厂以合同已有约定而未予同意，遂发生劳动争议。

问：甲厂与李某等人签订的劳动合同的工资条款是否有效？李某等人应如何处理与甲厂之间的劳动争议？

第十九章 经济仲裁与经济诉讼法律制度

【学习目标】

1. 了解仲裁的概念及仲裁机构的设置、经济诉讼的概念。
2. 理解仲裁法的基本原则、理解经济诉讼的管辖制度。
3. 掌握仲裁的程序及其效力、经济诉讼的程序及其效力。
4. 能解释经济仲裁与经济审判的基本程序。
5. 能应用经济仲裁和经济诉讼制度处理经济生活中的经济纠纷。

【重点、难点】

1. 经济仲裁的特征。
2. 经济仲裁的基本原则。
3. 仲裁协议的法律意义。
4. 经济诉讼的程序。
5. 经济仲裁与经济诉讼的区别。

开篇引例

1. 张某早年离异，后一直没有结婚。因考虑到日后的养老问题，张某决定收养子女。1995 年张某通过法定程序收养了孤儿院的李某，李某当时年仅 9 岁。张某对李某十分疼爱，尽其所能地照顾和抚养李某。谁想李某长大成人后，对张某不仅不孝顺，而且还经常和张某发生口角。张某对此感到十分伤心，认为再继续维持收养关系已经没有任何意义。二人经协商决定解除收养关系，签订了书面的仲裁协议，并于 2009 年 8 月向其所在地的某市仲裁委员会提出了解除收养关系的仲裁请求。

问：二人能否通过仲裁解决该纠纷？若不能，应如何解决？

2. 广州的甲公司向北京的乙公司订购了一套生产设备，乙公司按合同约定如期向甲公司发送了设备，甲公司收到设备后，以设备质量不合格为由拒绝向乙公司支付货款，而乙公司则坚持认为自己的生产设备没有问题，双方经多次协商仍无法解决问题。

问：如果乙公司决定起诉甲公司，乙公司应当向哪个人民法院提出诉讼？

第一节　经济仲裁

一、经济仲裁的概念

仲裁，又称“公断”，是指双方当事人发生争议时，自愿将争议提交第三方从中调停，由第三方作出对双方当事人都有约束力的裁决。经济仲裁是指双方当事人在经济活动中因权利义务发生争议时，提请第三方依照法律作出对双方当事人都有约束力的裁决。在我国，经济仲裁分为国内经济仲裁和涉外经济仲裁，国内经济仲裁主要是指合同仲裁，涉外经济仲裁主要是指对外经济贸易仲裁和海事仲裁。

随着我国社会主义市场经济的发展以及国际经济交往的增多，经济仲裁作为一种与经济诉讼并行的纠纷解决方式，由于其具有灵活性、快捷性和经济性等特点，在我国已经被越来越多的人所认可和适用。1994 年 8 月 31 日第八届全国人民代表大会常务委员会第九次会议通过的《中华人民共和国仲裁法》（以下简称《仲裁法》）的颁布和实施，标志着我国现代仲裁制度的真正建立。

知识拓展

经济纠纷的解决方式

目前，我国解决经济纠纷的方法通常有四种：协商、调解、经济仲裁和经济诉讼。

协商是双方当事人在发生纠纷以后，本着自愿、平等的原则，在友好的气氛中化解纠纷、解决问题。这种方法简便易行，省事、省时、省力。

调解又叫“调停”、“和解”，是指在第三方的主持下，查清事实，分清是非，通过说服教育和劝导协商使双方当事人在自愿、互谅互让的基础上解决经济纠纷。由于是在当事人自愿的基础上达成的调解协议，所以，以调解方式解决经济纠纷，有利于双方当事人的团结协作，而且能够为事后执行创造良好的基础，从而不仅使经济纠纷得到及时的顺利解决，而且还可以避免不必要的经济损失。

但是，由于协商和调解方式不具有法律的强制约束力，这就使得经济仲裁和经济诉讼日益成为经济生活中两种最重要的纠纷解决方式。

二、经济仲裁的原则

根据《仲裁法》的规定，平等主体的公民、法人和其他组织之间发生的合同纠纷和其他财产权益纠纷,可以仲裁。而经济仲裁活动与经济司法活动一样,都必须遵循一定的原则,根据相关的法律规定,当事人采用仲裁方式解决纠纷应当遵循以下原则:

(一)自愿仲裁原则

当事人发生经济纠纷时,既可以协商解决,也可以经过调解或仲裁解决,还可以直接向人民法院起诉,所以当事人决定采用仲裁方式解决纠纷,应当双方自愿,达成仲裁协议,没有仲裁协议,仲裁委员会不予受理。

(二)以事实为根据,以法律为准绳

仲裁机关受理经济纠纷案件以后,应当认真调查研究,查清事实,根据法律法规,严格依法办事,作出正确裁决。

(三)先行调解原则

根据《仲裁法》的规定,仲裁庭在作出裁决前,可以先行调解。当事人自愿调解的;仲裁庭应当调解;调解不成的,应当及时作出裁决。调解达成协议的,仲裁庭应当制作调解书或者根据协议的结果制作裁决书,调解书与裁决书具有同等法律效力。调解书经双方当事人签收后,即发生法律效力。在调解书签收前当事人反悔的,仲裁庭应当及时作出裁决。

(四)仲裁独立原则

仲裁机关的仲裁实行独立原则,仲裁机关受理案件后依法独立进行裁决,不受行政机关、社会团体和个人的干涉。

(五)一裁终局原则

仲裁实行一裁终局的制度。根据《仲裁法》第 9 条的规定,仲裁机关作出裁决后,当事人就同一纠纷再申请仲裁或者向人民法院起诉的,仲裁委员会或者人民法院不予受理。

三、仲裁的范围

《仲裁法》第 2 条明确规定:"平等主体的公民、法人和其他组织之间发生的合同纠纷和其他财产权益纠纷,可以仲裁。"由此可见,适用仲裁解决纠纷有两个条件的限制:一是在平等主体之间的纠纷;二是合同纠纷和其他财产权益纠纷。

同时,《仲裁法》第 3 条又明确规定两类纠纷不能适用仲裁方式解决:一类是婚姻、收养、监护、扶养、继承等涉及身份关系的纠纷;另一类是依法应当由行政机关处理的行政争议。

四、仲裁协议

(一)仲裁协议的概念和类型

仲裁协议是指争议发生之前或者之后，双方当事人自愿达成的将特定争议事项提请约定的仲裁委员会进行仲裁的书面协议。仲裁协议主要有以下三种类型：

1. 仲裁条款

仲裁条款是指双方当事人在签订的合同中订立的，将今后可能因该合同所发生的争议提交仲裁的条款。除订立于合同中的仲裁条款之外，双方当事人在补充合同、协议或者备忘录等中对仲裁意思表示的修改或者补充，也构成合同中仲裁条款的组成部分。

2. 仲裁协议书

仲裁协议书是指在争议发生之前或者之后，双方当事人经过协商一致达成的，将某种争议提请仲裁机构裁决的一种独立的协议。

3. 其他有关书面文件中包含的仲裁协议

其他有关书面文件指电报、传真、信件、电子数据交换、电子邮件等书面形式。

(二)仲裁协议的内容

根据《仲裁法》第16条的规定，仲裁协议应当包括以下三项内容：(1)请求仲裁的意思表示；(2)仲裁的事项；(3)选定明确的仲裁委员会。对仲裁事项或者仲裁委员会没有约定或者约定不明确的，当事人可以补充协议。

(三)仲裁协议的有效条件

有效的仲裁协议应当具备以下条件：

1. 仲裁协议具有书面形式。
2. 签订仲裁协议的当事人必须具有完全民事行为能力，意思表示必须真实、自愿。
3. 提交仲裁的事项属于仲裁范围，即具有法律规定的允许采用仲裁制度处理的事项。
4. 仲裁协议的内容完备。

(四)仲裁协议的无效

根据《仲裁法》的规定，下列情况下仲裁协议无效：

1. 约定的仲裁事项超出仲裁范围。
2. 无民事行为能力或者限制民事行为能力人订立的仲裁协议。

3．一方采用胁迫手段，迫使对方签订的仲裁协议。

4．仲裁协议对仲裁事项或者仲裁委员会没有约定或者约定不明确，当事人之间没有达成补充协议的。

5．仲裁协议没有采取书面形式。

仲裁协议无效，当事人可以根据具体情况决定重新订立有效的仲裁协议申请仲裁或者选择其他方式解决纠纷。有权确认仲裁协议无效的机构是仲裁机构和人民法院。

仲裁协议具有独立性，合同的变更、解除、终止或者无效，不影响仲裁协议的效力。

五、仲裁机构与仲裁员

仲裁委员会和仲裁庭，称为仲裁机构。仲裁委员会是对仲裁的日常事务、仲裁工作、仲裁人员进行管理、组织和协调的仲裁管理机构。仲裁庭是临时组成的对当事人请求仲裁的协议进行审理和裁决的机构。

(一)仲裁委员会

根据《仲裁法》的规定，仲裁委员会可以在省、自治区、直辖市人民政府所在地的市设立，也可以根据需要在其他设区的市设立。仲裁委员会不按行政区划层层设立，与人民法院的建制不同。仲裁委员会的设立由政府组织有关部门和商会统一组建，并经省、自治区、直辖市司法行政部门登记。仲裁委员会独立于行政机关，与行政机关没有隶属关系，仲裁委员会相互之间也没有隶属关系。

根据《仲裁法》第 11 条规定，仲裁委员会应当具备以下条件：(1)必须有自己的名称、住所和章程。(2)必须有必要的财产。(3)有该委员会的组成人员。仲裁委员会由主任 1 人、副主任 2～4 人和委员 7～11 人组成。仲裁委员会的组成人员中，法律、经济贸易专家不得少于 2/3。(4)必须有聘任的仲裁员。仲裁委员会应当从公道、正派的人员中聘任若干符合法定条件的仲裁员。仲裁委员会应当置备全体仲裁员名册，供当事人申请仲裁后选择指定仲裁员组成仲裁庭。

(二)仲裁协会

仲裁协会属于社会团体法人，是仲裁委员会的自律性组织。仲裁委员会必须加入中国仲裁协会，成为其会员，接受其业务指导和管理。

(三)仲裁庭

仲裁委员会受理仲裁申请后，并不直接审理和裁决案件，而是组成仲裁庭来行使审理和裁决权，仲裁庭的裁决权基于当事人双方的授权。

仲裁庭采用独任制或合议制两种组成形式。

（四）仲裁员

1. 仲裁员的资格条件

仲裁委员会应当从公道、正派的人员中聘任仲裁员，并且应当符合下列条件之一：(1)从事仲裁工作满 8 年的；(2)从事律师工作满 8 年的；(3)曾任审判员满 8 年的；(4)从事法律研究、教学工作并具有高级职称的；(5)具有法律知识、从事经济贸易等专业工作并具有高级职称或者具有同等专业水平的。

2. 仲裁员名册制度

为了便于当事人选定仲裁员，增加仲裁委员会工作的透明度，仲裁委员会依法应当按照不同专业设置仲裁员名册。仲裁员名册制度的建立，有利于提高仲裁员的素质与仲裁工作的质量，有利于增强仲裁员的责任感和当事人对仲裁员的信赖感，有利于仲裁裁决的顺利执行。

六、仲裁程序

仲裁程序与民事诉讼程序有很多相似之处，但也具有明显的区别。

（一）申请和受理

仲裁申请是指平等主体的公民、法人和其他组织，就他们之间发生的合同纠纷和其他财产权益纠纷，根据仲裁协议，请求仲裁委员会进行裁决的行为。

仲裁受理是指仲裁委员会在收到仲裁申请书以后，认为符合法定条件，予以接受仲裁的行为。

当事人提出仲裁申请，仲裁委员会受理了仲裁申请，仲裁程序正式开始。

（二）仲裁规则

仲裁规则是指在仲裁过程中应遵循和运用的程序规则，包括仲裁机构制定的仲裁规则和当事人自行拟定的仲裁规则。仲裁规则只有在当事人选定适用时，才产生相应的约束力。我国国内的仲裁规则，由中国仲裁协会制定。

（三）仲裁员的指定

1. 当事人指定

由 3 名仲裁员组成的仲裁庭，由当事人各方分别选定 1 名仲裁员，第 3 名仲裁员由双方当事人共同选出，为首席仲裁员。独任仲裁员组成仲裁庭的，由当事人共同选定。由当事人指定的仲裁员，除了当事人同意以外，还必须得到被选仲裁员的同意。

2. 仲裁机构指定

当事人之间对独任仲裁员、第 3 名仲裁员的人选难以达成一致意见，需要通过仲裁委员会主任指定。

(四)开庭审理

仲裁以开庭审理为主,书面审理为辅。

仲裁开庭审理的程序与民事诉讼法规定的开庭审理的审理程序基本相同。

(五)仲裁裁决

仲裁裁决与民事诉讼中的判决一样,都是审理者对争议案件经过审理后作出的判定。

1. 仲裁裁决作出的方式

(1)按多数仲裁员的意见作出仲裁裁决。

(2)按首席仲裁员的意见作出仲裁裁决。

2. 仲裁裁决的种类

(1)先行裁决,是指在仲裁程序进行过程中,仲裁庭就已经查清的部分事实所作出的裁决。

(2)最终裁决,是指仲裁庭在查明事实、分清责任的基础上,就当事人申请仲裁的全部争议事项作出的终局性裁定。

(3)缺席判决,是指仲裁庭在被申请人无正当理由不到庭或未经许可中途退庭情况下作出的裁决。

(4)合意裁决,是指仲裁庭根据双方当事人达成协议(包括当事人自行和解达成协议和经仲裁庭调解后、双方达成协议)的内容作出的仲裁裁决。

3. 仲裁裁决的效力

裁决书自作出之日起发生法律效力,主要体现在以下几个方面:

(1)当事人不得就已经裁决的事项再行申请仲裁,也不得就此提起诉讼。

(2)仲裁机构不得随意变更已经生效的仲裁裁决。

(3)其他任何机关和个人均不得变更生效的仲裁裁决。

(4)仲裁裁决具有执行力。

七、仲裁裁决的执行

我国《仲裁法》规定,仲裁裁决书自作出之日起发生法律效力,当事人应当履行仲裁裁决;仲裁调解书与仲裁裁决书具有同等的法律效力,调解书经双方当事人签收,即应自觉予以履行。当事人如果不自动履行仲裁裁决,另一方当事人即可请求人民法院强制执行仲裁裁决。

第二节　经济诉讼

在经济交往过程中，当经济主体之间的纠纷无法通过协商方式予以解决时，向人民法院提起诉讼就是一种可行的选择。在我国因经济纠纷而导致诉讼时，所适用的是《中华人民共和国民事诉讼法》(以下简称《民事诉讼法》)及其相关司法解释。因此，本书将采用学界通行的“民事诉讼”这一提法来指代“经济诉讼”。

一、民事诉讼的概念与特征

民事诉讼是指人民法院、当事人和其他诉讼参与人，在审理民事案件(包括经济案件)过程中所进行的各种诉讼活动，以及由这些活动所产生的诉讼法律关系的总和。

与调解、仲裁这些诉讼外的解决民事纠纷的方式相比，民事诉讼具有如下特征：

1. 民事诉讼具有公权性。民事诉讼是由人民法院代表国家行使审判权解决民事争议，具有公权性，相异于调解和仲裁的私权性。

2. 民事诉讼具有强制性。强制性是公权力的重要属性。民事诉讼的强制性既表现在案件的受理上，也反映在裁判的执行上。只要原告的起诉符合《民事诉讼法》规定的条件，无论被告是否愿意，诉讼均会发生。当事人不自动履行生效裁判所确定的义务，法院可以依法强制执行。

3. 民事诉讼具有程序性。民事诉讼是依照法定程序进行的诉讼活动，违反诉讼程序常常会引起一定的法律后果，如人民法院的裁判被上级人民法院撤销，当事人失去为某种诉讼行为的权利等。

二、民事诉讼的基本原则

民事诉讼的基本原则，是指在民事诉讼的整个过程中，或者在重要的诉讼阶段，起指导作用的准则。民事诉讼具有以下基本原则：

(一)当事人诉讼权利平等原则

当事人诉讼权利平等原则，具体体现为以下几个方面：

1. 当事人拥有平等的诉讼地位。

2. 当事人拥有的行使诉讼权利的手段是同等的，并且受到人民法院平等的保护。

3. 在适用法律上对当事人一律平等。

(二)民事调解的自愿、合法原则

自愿、合法原则,具体体现为以下几个方面:

1. 人民法院在审理民事案件的过程中有权进行调解。

2. 人民法院进行调解应当遵循自愿、合法的原则。

3. 在调解不成时,人民法院应当及时判决,不得久调不决。

(三)处分原则

处分即自由支配,对于权利可以行使,也可以放弃。该原则是指民事诉讼当事人有权在法律规定的范围内,根据自己的意志处分自己的民事权利和诉讼权利。

(四)辩论原则

辩论原则是指在人民法院主持下,当事人有权就案件事实和争议问题,各自陈述自己的主张和根据,互相进行反驳和答辩,以维护自己的合法权益。"理不辩不清",只有经过辩论核实的事实才能作为判决的根据。

(五)检察监督原则

根据检察监督原则的要求,人民检察院实行监督的内容主要有两方面:一是监督审判人员贪赃枉法、徇私舞弊等违法行为;二是对人民法院作出的生效判决、裁定是否正确合法进行监督。

三、民事诉讼的基本制度

我国民事诉讼的基本制度有合议制度、回避制度、公开审判制度和两审终审制度。

(一)合议制度

合议制是指由若干名审判人员组成合议庭对民事案件进行审理的制度。实行合议制,是为了发挥集体的智慧,弥补个人能力上的不足,以保证案件的审判质量。

按合议制组成的审判组织,称为合议庭。根据《民事诉讼法》的规定,在不同的审判程序中,合议庭的组成人员有所不同。总的来说,合议庭由3个以上的单数的审判人员组成。在普通程序中,合议庭的组成有两种形式:一种是由审判员和人民陪审员共同组成,陪审员在人民法院参加审判期间,与审判员有同等的权利。另一种是由审判员组成合议庭。

合议庭评议,实行少数服从多数的原则。评议中的不同意见,必须如实记入评议笔录。

(二)回避制度

回避制度，是指为了保证案件的公正审判，而要求与案件有一定的利害关系的审判人员或者其他有关人员，不得参与本案的审理活动或者诉讼活动的审判制度。该项制度的基本内容包括：

1. 回避适用的对象

根据《民事诉讼法》的规定，适用回避的人员包括：审判人员（包括审判员和人民陪审员）、书记员、翻译人员、鉴定人、勘验人员等。

2. 适用回避的情形

根据《民事诉讼法》第 45 条的规定，具有下列情形之一的，应当回避：第一，审判人员或者其他人员是本案当事人或者当事人、诉讼代理人的近亲属；第二，审判人员或者其他人员与本案有利害关系；第三，与本案当事人有其他关系（指有除与案件有利害关系及与当事人近亲属关系之外的、足以影响案件公正审理的特殊亲密或者仇嫌关系）可能影响对案件的公正审理。

3. 回避的程序

回避的提出，可以是当事人提出申请，也可以是审判人员或其他人员主动自行提出。

回避应当在案件开始审理时提出，回避事由在案件开始审理后知道的，可以在法庭辩论终结前提出。提出回避申请应当说明理由。

回避申请提出后，是否准许申请，由人民法院决定，具体程序为：审判人员的回避，由人民法院院长决定；其他人员的回避，由审判长决定。人民法院对当事人提出的回避申请，应当在申请提出 3 日内，以口头或书面形式作出决定，申请人对决定不服的，可以在接到决定时申请复议一次。

4. 回避的法律后果

在当事人提出回避申请到人民法院作出是否同意申请的决定期间，除案件需要采取紧急措施的外，被申请回避的人员应暂停执行有关本案的职务。人民法院决定同意申请人回避申请的，被申请回避人退出本案的审判或者诉讼；人民法院决定驳回回避申请而当事人申请复议的，复议期间，被申请回避的人员不停止参与本案的审判或者诉讼。

(三)公开审判制度

公开审判制度是指人民法院审理民事案件，除法律规定的情况外，审判过程及结果应当向群众、社会公开。但根据法律规定，下列案件不能公开审判：一是涉及国家秘密的案件；二是涉及个人隐私的案件；三是离婚案件、涉及商业秘密的案件，当事人申请不公开审理的，可以不公开审理。

（四）两审终审制度

两审终审制度是指一个民事案件经过两级人民法院审判后即告终结的制度。但最高人民法院审理的民事案件属于一审终审。

四、民事诉讼中的管辖

民事诉讼中的管辖，是指各级人民法院之间和同级人民法院之间受理第一审民事案件的分工和权限。

（一）级别管辖

级别管辖是指按照一定的标准，划分上下级法院之间受理第一审民事案件的分工和权限。我国的人民法院有四级，故需要运用级别管辖对各级人民法院受理一审民事案件的权限进行分工。

1. 基层人民法院管辖的第一审民事案件

《民事诉讼法》第 18 条规定：基层人民法院管辖第一审民事案件，但本法另有规定的除外。这一规定实际上把大多数民事案件都划归基层人民法院管辖。基层人民法院是我国法院系统中最低一级的人民法院，它们数量多、分布广，遍布各个基层行政区域。由基层人民法院管辖一审民事案件，既便于当事人参与诉讼，也便于人民法院审理案件。

2. 中级人民法院管辖的第一审民事案件

依据《民事诉讼法》第 19 条的规定，中级人民法院管辖的第一审民事案件有三类：

(1)重大涉外案件。是指争议标的额大，或者案情复杂，或者居住在国外的当事人人数众多的具有涉外因素的民事案件。

(2)在本辖区有重大影响的案件。指案件的影响超出了基层人民法院的辖区，在中级人民法院辖区内产生了重大影响。

(3)最高人民法院确定由中级人民法院管辖的案件。目前，这类案件主要有：①海事、海商案件。我国已在大连、青岛、广州、厦门、上海、武汉等地设立了海事法院，海事法院均为中级人民法院。②专利民事案件，包括关于专利申请公布后，专利权授予前使用发明、实用新型、外观设计的费用的纠纷案件；关于专利侵权的纠纷案件；关于转让专利申请权或者专利权的合同纠纷案件。③重大的涉港、澳、台民事案件。④诉讼标的金额大或者诉讼单位属省、自治区、直辖市以上的经济纠纷案件。

3. 高级人民法院管辖的第一审民事案件

高级人民法院的主要任务是对本辖区内中级人民法院和基层人民法院的审

判活动进行指导和监督，审理不服中级人民法院判决、裁定的上诉案件。从当前的情况看，各地一般都是把诉讼标的额大的民事案件作为在本辖区内有重大影响的案件，具体数额则由各高级人民法院根据本地的情况作出规定后报最高人民法院批准。

4. 最高人民法院管辖的第一审民事案件

最高人民法院管辖的第一审民事案件有两类：一类是在全国有重大影响的案件，另一类是认为应当由本院审理的案件。

（二）地域管辖

《民事诉讼法》虽然通过级别管辖将民事案件在四级人民法院中做了分配，划定了各级人民法院受理第一审民事案件的权限，但是仍然不能确定某一诉讼案件具体由哪个人民法院受理，因为除最高人民法院外，在同一级中仍然有许多个法院，所以还需要进行第二次分配，将已划归同一级法院管辖的一审案件在各个法院之间进行分配。这一任务是由地域管辖完成的。因此，地域管辖的作用在于确定同级法院在各自辖区内受理第一审民事案件的分工和权限。

1. 一般地域管辖

一般地域管辖，是指以当事人的所在地与人民法院的隶属关系来确定诉讼管辖。

一般地域管辖的通行做法是实行“原告就被告”的原则，即以被告所在地作为确定管辖的标准。实行原告就被告的理由一方面在于抑制原告滥行诉讼，使被告免受原告不当诉讼的侵扰；另一方面也有利于人民法院传唤被告参加诉讼，对诉讼标的物进行保全或勘验，有利于判决的执行。

我国《民事诉讼法》是以被告所在地管辖为原则，原告所在地管辖为例外来确定一般地域管辖的。

(1)原则规定——被告所在地人民法院管辖

①被告为公民，由被告住所地人民法院管辖。被告住所地与经常居住地不一致的，由经常居住地人民法院管辖。公民的住所地是指该公民的户籍所在地。经常居住地是指公民离开住所至起诉时已连续居住满 1 年的地方，但公民住院就医的地方除外。

②被告为法人或其他组织，由被告住所地法院管辖。这里的住所地是指法人或其他组织的主要办事机构所在地或主要营业地。被告如为没有办事机构的公民合伙、合伙型联营体，则由注册地人民法院管辖。没有注册地，几个被告又不在同一辖区的，几个被告住所地的人民法院都有管辖权。

(2)例外规定——原告所在地人民法院管辖

《民事诉讼法》规定的原告所在地人民法院管辖的情形是：(1)对不在中华人

民共和国领域内居住的人提起的有关身份关系的诉讼；(2)对下落不明或者宣告失踪的人提起的有关身份关系的诉讼；(3)对正在被劳动教养的人提起的诉讼；(4)对正在被监禁的人提起的诉讼。上述规定中的身份关系，是指与人的身份相关的各种关系，如婚姻关系、亲子关系、收养关系等。

2. 特殊地域管辖

我国《民事诉讼法》规定的特殊地域管辖，是指以被告住所地、诉讼标的所在地、法律事实所在地为标准确定的管辖。《民事诉讼法》第 24～33 条规定了 9 种属于特殊地域管辖的诉讼。

(1)因合同纠纷提起的诉讼，由被告住所地或者合同履行地法院管辖。

(2)因保险合同纠纷提起的诉讼，由被告住所地或者保险标的物所在地法院管辖。

(3)因票据纠纷提起的诉讼，由票据支付地或被告住所地法院管辖。

(4)因铁路、公路、水上、航空运输和联合运输合同纠纷提起的诉讼，由运输始发地、目的地或被告住所地法院管辖。

(5)因侵权行为提起的诉讼，由侵权行为地或者被告住所地法院管辖。

(6)因铁路、公路、水上和航空事故请求损害赔偿提起的诉讼，由事故发生地或者车辆、船舶最先到达地、航空器最先降落地或者被告住所地法院管辖。

(7)因船舶碰撞或者其他海损事故请求损害赔偿提起的诉讼，由碰撞发生地、受碰撞船舶最先到达地、加害船舶被扣留地或者被告住所地法院管辖。

(8)因海难救助费用提起的诉讼，由救助地或被救助船舶最先到达地法院管辖。

(9)因共同海损提起的诉讼，由船舶最先到达地、共同海损理算地或者航程终止地法院管辖。

(三)专属管辖

专属管辖，是指法律规定某些特殊类型的案件专门由特定的人民法院管辖。专属管辖是排他性管辖，它排除了诉讼当事人以协议方式选择国内的其他人民法院管辖。专属管辖与一般地域管辖和特殊地域管辖的关系是：凡法律规定为专属管辖的诉讼，均适用专属管辖，不得适用一般或特殊地域管辖。我国《民事诉讼法》规定的属于专属管辖的诉讼有以下三类：(1)因不动产纠纷提起的诉讼；(2)因港口作业发生纠纷提起的诉讼；(3)因继承遗产纠纷提起的诉讼。

五、民事诉讼的诉讼主体

(一)审判组织

根据诉讼程序的不同，可将审判程序分为第一审审判组织和第二审审判组织。第一审审判组织，是指第一审人民法院所组成的对案件进行审理的组织，包括合议庭和独任审判员两种形式。第二审审判组织是指对上诉案件进行审理的人民法院所组成的对案件进行审理的组织，只有合议庭一种形式。

（二）诉讼参加人

诉讼参加人是指参与民事诉讼的当事人及其代理人。

当事人是指因民事纠纷而以自己的名义参与民事诉讼，并且其权益将受到人民法院生效判决实质影响的利害关系人。当事人在第一审民事诉讼中是指原告、被告和第三人。在第二审民事诉讼中是指上诉人和被上诉人。

诉讼代理人是指根据法律规定或者受当事人的委托，而代理当事人参加民事诉讼的人。

六、民事诉讼证据

《民事诉讼法》规定的证据种类主要有书证、物证、视听资料、证人证言、当事人的陈述、鉴定结论和勘验笔录等。

各种证据只有经过当事人质证，并经人民法院查证属实后才能作为定案的依据。但下列事实，当事人无需举证证明：(1)众所周知的事实；(2)自然规律及定理；(3)根据法律规定或者已知事实和日常生活经验法则能推定出的另一事实；(4)已为人民法院发生法律效力的裁判所确认的事实；(5)已为仲裁机构的生效判决所确认的事实；(6)已为有效公证文书所证明的事实。

七、民事诉讼程序

我国对于民事案件(包括经济案件)实行两审终审制。对应两审终审制的审判制度，我国的审判程序主要分为一审诉讼程序和二审诉讼程序。另外，为了使错误的判决能够得以纠正，我国还设立了审判监督程序。

（一）第一审普通程序

1. 起诉和受理

起诉是指公民、法人和其他组织在其民事权益受到侵害或与他人发生争议时，向人民法院提起诉讼，请求人民法院通过审判予以司法保护的行为。依照《民事诉讼法》第 108 条的规定，起诉必须同时具备以下条件：(1)原告必须是与本案有直接利害关系的公民、法人或其他组织；(2)有明确的被告；(3)有具体的诉讼请求、事实和理由；(4)属于人民法院受理民事诉讼的范围和受诉人民法院管辖。

起诉的方式，以书面起诉为原则，以口头起诉为例外。起诉状应当按照法律规定的内容书写，内容如有欠缺的，受诉人民法院应告知原告限期补正。依照《民事诉讼法》第110条的规定，起诉状应当写明：(1)当事人的有关情况；(2)原告的诉讼请求，以及诉讼请求所依据的事实和理由；(3)证据和证据来源、证人的姓名、住所等；(4)受诉人民法院的名称、起诉的时间、起诉人签名或盖章。

受理是指人民法院通过对当事人的起诉进行审查，对符合法律规定条件的，决定立案审理的行为。当事人的起诉行为只有与人民法院的受理行为相结合，才能引起民事诉讼程序的开始。人民法院审查起诉主要从三个方面进行：(1)要审查原告的起诉是否属于人民法院受理民事诉讼的范围，是否属于受诉人民法院的管辖；(2)要审查起诉是否符合法定的四个条件；(3)要审查起诉手续是否完备，起诉书内容是否明确具体。

人民法院对起诉审查以后，针对不同情况作出不同的处理：(1)人民法院认为起诉符合法定条件的，应当在7日内立案并通知当事人。(2)人民法院认为起诉不符合法定条件的，应当在7日内裁定不予受理；原告对不予受理裁定不服的，可以提起上诉。如果人民法院在立案后，发现起诉不符合法定条件的，裁定驳回起诉，当事人对驳回起诉的裁定不服，可以提起上诉。

2. 审理前的准备

(1)送达起诉状副本和提出答辩状。

根据《民事诉讼法》第113条的规定，人民法院应当在立案之日起5日内将起诉状副本送达被告，原告口头起诉的案件，也应当在立案后5日内以书面形式将口头起诉的内容告知被告。被告应当在收到起诉状副本之日起15日内提出答辩状。人民法院在收到答辩状之日起5日内将答辩状副本送达原告。

(2)告知当事人诉讼权利义务及合议庭组成人员。

对于已决定受理的案件，为保障当事人充分行使诉讼权利、正确履行诉讼义务，人民法院应当在受理案件通知书和应诉通知书中告知原告和被告所享有的诉讼权利、所承担的诉讼义务，或者以口头形式告知当事人诉讼权利义务。

普通程序的审判组织必须采用合议制，为保障当事人申请回避权的充分行使，审理案件的合议庭组成后，人民法院应当在3日内把合议庭的组成人员告知当事人。

(3)审阅诉讼材料，调查收集必要的证据。

(4)追加当事人。

在审理前的准备工作中，如果人民法院发现应当参加诉讼的当事人没有参加诉讼，应当通知其参加诉讼，或者由当事人向人民法院申请追加，此谓当事人的追加。追加当事人只有在诉讼属于共同诉讼的情况下才会发生。

3. 开庭审理

开庭审理是指在人民法院审判人员的主持下，在当事人和其他诉讼参与人的参加下，在人民法院固定的法庭上或法律允许设置的法庭上，依照法定的程序和顺序对案件进行实体审理，从而查明案件事实、分清是非，并在此基础上对案件作出裁判的全部过程。依照普通程序开庭审理案件必须严格按照法定的阶段和顺序进行。

(1)准备开庭。开庭审理前，书记员应当查明当事人以及其他诉讼参与人是否到庭，然后宣布法庭纪律。正式开庭时，由审判长核对当事人，宣布案由以及审判人员、书记员名单，并口头告知当事人有关的诉讼权利和义务，询问当事人是否提出回避申请，从而使当事人、其他的诉讼参与人以及旁听的群众了解案情以及各自的诉讼权利和义务，应遵守的法庭纪律。

(2)法庭调查。即在法庭上通过展示与案件有关的所有证据，对案件事实进行全面的调查，从而为进入开庭审理的下一个阶段做好准备的活动。法庭调查是开庭审理的重要阶段，其任务是审查核实各种诉讼证据，对案件进行直接的、全面的调查。法庭调查按下列顺序进行：当事人陈述；证人出庭作证；出示书证、物证和视听资料；宣读鉴定结论；宣读勘验笔录。

(3)法庭辩论。即双方当事人及其诉讼代理人充分行使自己的辩论权，在法庭上就有争议的事实和法律问题进行辩驳和论证。在案件受理后，法庭辩论结束前，原告增加诉讼请求，被告提出反诉，第三人提出与本案有关的诉讼请求，可以合并审理的，法院应当合并审理。此外，法庭辩论终结后，人民法院作出判决前，对于能够调解的，可以在事实清楚、是非明确的基础上再进行调解。调解不成的，应当及时判决。

(4)评议和宣判。即由合议庭的人员在法庭调查和法庭辩论的基础上，认定案件事实，确定适用的法律，最后宣告案件的审理结果，这是开庭审理的最后阶段。定期宣判的，应在10日内向当事人发送判决书；当庭宣判的，应在宣判后立即发给判决书。

(5)审理期限。审理期限是指某一案件从人民法院立案受理到作出裁判的法定期间。依照《民事诉讼法》的有关规定，适用普通程序审理的案件，人民法院应当在立案之日起6个月内审结。有特殊情况需要延长的，报请院长批准，批准延长的期限，最长不超过6个月；在上述期限内还未审结，需要延长的，则由受诉人民法院报请上级人民法院批准，延长的期限，由上级人民法院决定。

4. 延期审理、诉讼中止和诉讼终结

(1)延期审理。延期审理是指人民法院开庭审理后，由于发生某种特殊情况，使开庭审理无法按期或继续进行从而推迟审理的制度。根据《民事诉讼法》

第 132 条的规定，有下列情形之一的，可以延期审理：第一，必须到庭的当事人和其他诉讼参与人有正当理由没有到庭的；第二，当事人临时提出回避申请的；第三，需要通知新的证人到庭，调取新的证据，重新鉴定、勘验，或者需要补充调查的；第四，其他应当延期的情形。

(2)诉讼中止。诉讼中止是指在诉讼进行过程中，因发生某种法定中止诉讼的原因，诉讼无法继续进行或不宜进行，因而人民法院裁定暂时停止诉讼程序的制度。根据《民事诉讼法》第 136 条的规定，有下列情况之一的，应当中止诉讼：第一，一方当事人死亡，需要等待继承人表明是否参加诉讼的；第二，一方当事人丧失诉讼行为能力，尚未确定法定代理人的；第三，作为一方当事人的法人或者其他组织终止，尚未确定权利义务承受人的；第四，一方当事人因不可抗拒的事由，不能参加诉讼的；第五，本案必须以另一案的审理结果为依据，而另一案尚未审结的；第六，其他应当中止诉讼的情形。

(3)诉讼终结。诉讼终结是指在诉讼进行过程中，因发生某种法定的诉讼终结的原因，使诉讼程序继续进行已没有必要或不可能继续进行，从而由人民法院裁定终结诉讼程序的制度。根据《民事诉讼法》第 137 条的规定，可以适用于诉讼终结的情形有：第一，原告死亡，没有继承人，或者继承人放弃诉讼权利的；第二，被告死亡，没有遗产，也没有应当承担义务的人的；第三，离婚案件中的一方当事人死亡的；第四，追索赡养费、扶养费、抚育费以及解除收养关系案件的一方当事人死亡的。

(二)第二审诉讼程序

第二审程序是指由于民事诉讼的当事人不服地方各级人民法院生效的第一审裁判而在法定期间内向上一级人民法院提起上诉而引起的诉讼程序，是第二审级的人民法院审理上诉案件所适用的程序。

1. 上诉

根据《民事诉讼法》的有关规定，不服判决的上诉期间为 15 日，不服裁定的上诉期间为 10 日，从裁判送达之日起计算。上诉状应写明以下内容：(1)当事人的姓名，当事人是法人或者其他组织的，还应写明法人或其他组织的全称，法定代表人或者主要负责人的姓名和职务。(2)原审人民法院的名称、案件的编号和案由。(3)上诉的请求和理由。

2. 受理

当事人提起上诉，符合法定的上诉条件的，均应受理，并履行如下法定程序：

(1)诉讼文书的接收与送达。原审人民法院收到当事人的上诉状及其副本后，应在 5 日内将上诉状副本送达对方当事人。对方当事人收到上诉状副本后，应当在 15 日内提出答辩状。被上诉人提交答辩状的，人民法院应当在收到答辩状之日起5日内将答辩状副本送达上诉人。

(2)诉讼案卷和证据的报送。原审人民法院收到上诉状和答辩状后，应当在5日内连同全部案卷和证据，报送二审人民法院。至此，案件全部脱离一审人民法院，诉讼法律关系在一审人民法院全部结束，而由二审人民法院对案件进行审理，产生二审的诉讼法律关系。

3. 审理

第二审人民法院仅就当事人的上诉请求进行审理。二审人民法院对上诉案件的审理，不仅包括双方当事人之间的实体权利义务之争，而且还包括审查一审裁判认定的事实是否清楚、适用的法律是否正确、有无违反法定程序等。

二审人民法院审理上诉案件，原则上应开庭审理，经过阅卷和调查，询问当事人，在事实核对清楚后，合议庭认为不需要开庭审理的，也可以径行判决、裁定。

上诉案件开庭审理的程序，适用第一审普通程序的规定。

4. 裁判

针对一审裁判的不同情况，二审人民法院对上诉案件要作出不同裁判。

(1)驳回上诉，维持原判。二审人民法院经过审理，认为原判对上诉请求的有关事实认定清楚、适用法律正确的，判决驳回上诉，维持原判。

(2)依法改判。二审人民法院经过审理，认为原判决对上诉请求的有关事实认定清楚，但适用法律错误的，二审人民法院在确认一审判决认定的事实的同时，依法改判，以纠正原判决在适用法律上的错误。原审判决认定事实错误，或者认定事实不清、证据不足，二审人民法院可以在查清事实后依法改判。

(3)发回重审。二审人民法院经过审理，认为原判决违反《民事诉讼法》规定的程序(如应当组成合议庭审理，但一审人民法院采取独任审理的)，可能影响案件正确判决的，可以裁定撤销原判，发回原审人民法院重审。发回重审的案件，应按一审程序审理，审理后作出的裁判为一审裁判，当事人不服的仍可以上诉。

此外，当事人对不予受理的裁定、对管辖权有异议的裁定和驳回起诉的裁定，也可以依法上诉。

按照《民事诉讼法》的规定，第二审人民法院审理不服判决的上诉案件，应当在第二审人民法院立案之日起3个月内审结。第二审人民法院审理不服裁定的上诉案件，应当在二审人民法院立案之日起30日内作出终审裁定，没有特殊情况延长的规定。

(三)审判监督程序

审判监督程序即再审程序，是指对已经发生法律效力的判决、裁定、调解书，人民法院认为确有错误，对案件再行审理的程序。审判监督程序只是纠正生效裁判错误的法定程序,它不是案件审理的必经程序,也不是诉讼的独立审级。

审判监督程序的提起,只能是特定的机关和人员。有权提起再审的主体,或者是各级人民法院院长、上级人民法院、最高人民法院依法定的方式提起再审;或者是有审判监督权的人民检察院提起抗诉;或者是当事人依照法定的条件申请再审。但当事人申请再审,应当在判决、裁定发生法律效力后两年内提出并不得因申请再审停止判决、裁定的执行。

开篇引例解析

1. 根据《仲裁法》第 3 条的规定,婚姻、收养、监护、扶养、继承纠纷,虽属平等主体之间的纠纷但因涉及身份关系,而不能适用《仲裁法》。张某与李某之间的纠纷可以通过向人民法院起诉的方式解决。

2. 根据我国《民事诉讼法》的规定,一般地域管辖是以被告所在地管辖为原则,原告所在地管辖为例外来确定的。本案中并没有什么特殊情况,因而应当适用被告所在地管辖的原则,也就是乙公司应当向甲公司住所地(指法人或者其他组织的主要办事机构所在地或者主要营业地)人民法院提出诉讼。

本章小结

经济纠纷的解决通常有协商、调解、经济仲裁和经济诉讼四种方式,经济仲裁和经济诉讼是最重要的两种。本章较全面地介绍了经济仲裁的原则、程序,经济诉讼的程序等核心问题。

复习思考题

一、单项选择题

1. 我国的仲裁实行(　　)。

A. 一裁终局制　　B. 二裁终局制

C. 三裁终局制　　D. 四裁终局制

2. 发生法律效力的民事判决、裁定以及刑事判决、裁定中的财产部分,由下列哪一个人民法院执行?(　　)

A. 终审人民法院　　B. 第二审人民法院

C. 第一审人民法院　　D. 基层人民法院

3. 关于民事案件的级别管辖,下列哪一选项是正确的?(　　)

A. 第一审民事案件原则上由基层人民法院管辖

B. 涉外案件的管辖权全部属于中级人民法院

C. 高级人民法院管辖的一审民事案件包括在本辖区内有重大影响的民事案件和它认为应当由自己审理的案件

D. 最高人民法院仅管辖在全国有重大影响的民事案件

二、多项选择题

4. 下列哪些城市可以设立仲裁机构(　　)。

A. 北京市　　B. 上海市　　C. 兰州市　　D. 天津市

5. 当事人申请仲裁，应当具备下列哪些条件？(　　)

A. 有书面的仲裁协议

B. 有具体的仲裁请求和事实理由

C. 属于仲裁机构受理的范围

D. 受理仲裁的仲裁机构有管辖权

6. 当事人向人民法院起诉应具备下列哪些条件？(　　)

A. 受理的法院有管辖权

B. 当事人没有事先或事后约定由仲裁机构裁决的协议

C. 当事人没有就同一事实、同一诉讼标的再行向法院提起诉讼

D. 起诉时必须采取书面形式

三、案例分析题

7. 2006 年，尹某因工作需要出国，临行前将自己所属房屋两间交邻居王某代管，言明代管 3 年，其间可以出租但不可出卖。3 年过后，尹某也未回国，王某要去外地工作，因此又将该两间房屋出租给张某并由其代管，同时向张某表明该房产权属尹某，不可出卖。2010 年 2 月，张某未经王某同意，将房屋卖给李某。因过户手续无法办理，李某诉至人民法院，要求张某立即交房并办理过户手续。诉讼中尹某回国，得知张某和李某之间正在对自己所属房屋进行诉讼，即向人民法院提出房屋产权归自己的主张。

问：

(1)尹某在诉讼中居于什么地位？

(2)人民法院应否通知王某参加诉讼？王某如参加诉讼，其诉讼地位如何？

参考文献

[1]钟立国:《中国: WTO 法律制度的适用》,吉林人民出版社 2001 年版。

[2]李双元、蒋新苗:《世贸组织(WTO)的法律制度》,中国方正出版社 2001 年版。

[3]王继军:《市场规制法研究》,人民法院出版社 2005 年版。

[4]许步国、王凤民:《经济法学》,华东理工大学出版社 2006 年版。

[5]田水牛:《经济法教程》,中国广播电视出版社 2007 年版。

[6]曲振涛、王福友:《经济法》,高等教育出版社 2007 年版。

[7]张忠军:《经济法》,中国时政经济出版社 2007 年版。

[8]黄河、张卫华:《经济法概论》,中国政法大学出版社 2007 年版。

[9]吴志攀:《金融法概论》,北京大学出版社 2008 年版。

[10]常爱芳:《经济法概论》,中国广播电视出版社 2008 年版。

[11]王立波:《经济法教程》,清华大学出版社、北京交通大学出版社 2008 年版。

[12]戚伟平:《新编经济法概述》,上海财经大学出版社 2009 年版。

[13]国家司法考试辅导用书编辑委员会:《2009 年国家司法考试辅导用书(修订版)》(第一卷、第三卷),法律出版社 2009 年版。

图书在版编目(CIP)数据

经济法概论/凌程明,郑本兵,宋保年主编.—济南:山东大学出版社,2010.7(2018.1重印)
ISBN 978-7-5607-4121-5

Ⅰ.①经…
Ⅱ.①凌… ②郑… ③宋…
Ⅲ.①经济法—中国—高等学校—教材
Ⅳ.①D922.29

中国版本图书馆CIP数据核字(2010)第145795号

山东大学出版社出版发行
(山东省济南市山大南路20号 邮政编码:250100)
山 东 省 新 华 书 店 经 销
济南华林彩印有限公司印刷
787×1092毫米 1/16 26.75印张 488千字
2010年7月第1版 2018年1月第4次印刷
定价:39.80元